말과 글의 달인이 되는 법:
우리말 어원 사전

말과 글의 달인이 되는 법:
우리말 어원 사전

초판 1쇄 발행 2022년 1월 25일
초판 3쇄 발행 2023년 3월 15일

지은이 | 조항범
펴낸곳 | (주)태학사
등록 | 제406-2020-000008호
주소 | 경기도 파주시 광인사길 217
전화 | 031-955-7580
전송 | 031-955-0910
전자우편 | thspub@daum.net
홈페이지 | www.thaehaksa.com

책임편집 | 김선정
편집 | 조윤형 여미숙
디자인 | 한지아
마케팅 | 김일신
경영지원 | 김영지

값 17,000원
ISBN 979-11-6810-041-1 03700

말과 글의 달인이 되는 법:

조항범 지음

우리말
어원 사전

알면 알수록 빠져드는 '말'들의 히스토리

태학사

서문

저는 2017년 4월 7일부터 2019년 10월 4일까지 근 2년여에 걸쳐 《문화일보》에 우리말 어원에 관한 글을 연재한 바 있습니다. 매주 쓰는 원고에 힘이 부치고 간혹 마감 시간에 쫓기기는 하였지만, 좋아서 하는 일이라 내심 신바람이 났습니다. 저의 한줌도 안 되는 학문을 그래도 필요로 하는 데가 있다는 생각에 보람되기도 하였습니다. 그런데 한참 원고 쓰기에 재미를 붙일 즈음 병원 신세를 지게 되어 부득이 연재를 중단하게 되었습니다. 아쉬움이 컸지만 어쩔 수 없었습니다.

시간이 좀 지나서, 아쉬움을 달래기 위해 연재한 글을 모아 책으로 엮는 일을 구상했습니다. 지면이 한정되어 있어 못다 한 이야기가 많았고 또 미진한 내용도 있어서 연재 글을 다시 살펴볼 필요가 있던 터였습니다. 몸이 허락하는 선에서 연재 글을 다시 읽으며 각 항목별 글의 양을 조절하고 또 내용도 보완했습니다. 그리고 책의 분량을 고려하여 항목을 추가했습니다. 이렇게 하여 부끄럽게도 또 한 권의 책을 세상에 내놓게 되었습니다.

이 책에서 저는 200개 항목의 어원을 소개했습니다. 물론 여기 소개한 어원이 모두 참신한 것은 아닙니다. 이미 제가 쓴 이전의 글에서 다룬 것도 있고 또 다른 연구자의 글에서 다룬 것도 있습니다. 저나 다른 분들이 이미 다룬 어원을 굳이 다시 거론한 데에는 저 나름의 이유가 있습니다. 흥미로운 내용이어서 좀 더 널리 알리기 위해서이기도 하고, 또 잘못된 것이어서 바로잡기 위해서이기도 합니다.

기존의 잘못된 어원설을 바로잡는 일은 새로운 어원론을 펼치는 것만큼이나 중요합니다. 우리말 어원에 대한 작금의 혼란상을 참작하면 이러한 일은 아주 절실하기까지 합니다. 제도권 안에서의 어원 연구가 신뢰를 주지 못하는데 일반인들이야 얼마나 혼란스럽겠습니까. 요즘에는 비전문가들이 '어원'을 너무 쉽고 가볍게 여기는 듯하여 씁쓸하기 그지없습니다. 어원 연구의 전공자가 한마디 하면 그 말을 도리어 의심하고 또 나무라기까지 하니 야속하기까지 합니다.

우리 어원 연구가 한 단계 도약하려면, 학계나 전공자가 나서서 기왕의 잘못된 어원설을 바로잡는 일을 꾸준히 전개해야 한다고 생각합니다. 그리고 설명이 어려운 어원에 대해서는 솔직히 고백하여 연구의 여지를 남겨두어야 한다고 봅니다. 만약 이 책이 이런 일에 조금이라도 기여한다면 더 이상 바랄 것이 없습니다. 물론 다시 손을 댄 내용이 잘못된 것일 수도 있어 여전히 두렵습니다.

제도권의 어원론이 신뢰를 줄 때 여러분과 같은 일반 독자들은 아주 편한 마음으로 '어원'이라는 신비의 세계에 빠져들 수 있다고 봅니다. 물론 신비감에 도취하는 것으로 만족해서는 안 됩니다. 우리말 '어원' 속에 녹아 있는 우리의 생활, 역사, 문화, 사유, 인식 등의 편린을 찾아내는 일에도 관심을 기울여야 합니다. 그것이 '어원' 공부의 궁극적 도달점이기 때문입니다.

어렵사리 책을 꾸리고 나니, 고마운 분들이 더 각별히 생각이 납니다. 변방의 학자에게 연재의 기회를 준 문화일보사, 설익은 글을 꼼꼼히 읽으며 준(準)을 보아준 《문화일보》 김정희 팀장님께 깊은 감사의 말씀을 올립니다. 그리고 출판을 허하여준 태학사 지현구 회장님, 원고를 매기단하여준 김선정 이사님께도 감사의 인사를 올립니다. 특히 병구완에 애쓴 아내와 누님들께 고맙다는 말을 전합니다.

2022년 1월
조항범

004 서문

1장. 친족과 가족

018 가시버시   '부부'를 낮잡아 이르는 말도 있다

020 겨레   '친척'에서 '민족'으로

022 누나   오빠가 여동생을 '누나'라고 불렀다

024 동생   한배에서 태어난 사람

026 며느리   '며느리'는 적폐 언어가 아니다

028 어버이   '부(父)'와 '모(母)'를 지시하는 단어가 결합하다

030 언니   여자뿐만 아니라 남자에게도 쓰였다

032 의붓아비   새 아버지 '義父', 접두사가 되어가는 '의붓-'

034 할배   '할바'의 지역 방언형

036 할빠/할마   '할아버지, 할머니'가 '아빠, 엄마'의 역할을 하다

2장. 별난 사람들

040 개구쟁이   짓궂은 아이는 개궂다

042 개차반   '개'의 밥은 똥이다

044 고바우   흔한 남자 이름, '바우'

046 깡패   '깡패'는 '갱(gang)'인가?

048 꺼벙이 꿩의 어린 새끼는 꺼벙해 보인다

050 꼴통 골수를 담는 통

052 꽃제비 정처 없이 떠도는 고단한 삶

054 나부랭이 나불나불, 하찮게 날리는 것들

056 놈팡이 '놈'보다 더 형편없는 놈

058 등신 사람 형상의 신, '등신'은 어리석지 않다

060 또라이 머리가 돌처럼 굳다

062 벽창호 평안도 벽동과 창성의 소는 크고 억세다

064 병신 '병든 몸', '병신'은 어쩌다 욕이 되었나

066 불쌍놈 고약하고 나쁜, '쌍놈 중의 쌍놈'

068 빨갱이 '빨간 깃발'에서 '공산주의자'로

070 숙맥 '콩'과 '보리'는 서로 다른 곡물

072 얌생이 염소를 이용한 도둑질은 얌체 짓이다

074 얌체 '얌체'는 염치를 모른다

076 양아치 '거지'와 '양아치'는 한 족속

078 얼간이 약간 절인 간은 부족하고 모자라다

080 우두머리 '머리'가 된(爲頭) '머리'?

082 졸개 '졸'로 보이면 '졸개'가 된다

084 쪼다 영화 〈벤허〉의 주인공인가, 뒷골목의 은어인가

086 호구 '호랑이의 아가리'에 들어가면 살아남지 못한다

088 화냥 '고향'으로 돌아온 여자가 아니다

3장. 음식과 과일

092 갈매기살 '가로막살(횡격막살)'이 갈매기살이 된 연유

094 개장국 '개장국'은 이제 설 땅이 없다

096 곶감 '감'을 꼬챙이에 꽂아 말리면 '곶감'이 된다

098	김치	절인 채소, '딤치'에서 온 말
100	단무지	'다꾸앙'을 대체한, 달콤한 '무지'
102	돈저냐	'돈'처럼 작고 동그란 전, 동그랑땡
104	불고기	평안도 사람들이 즐긴, 불에 구운 고기
106	비빔밥	부비고 비빈, 한 그릇 밥
108	빈대떡	'전'을 '떡'이라 하고, '떡'에 '빈대'를 붙인 이유는?
110	삼겹살	'삼겹'이 아니라 '세겹'이다
112	새알심	동짓날 팥죽 한 그릇에 담긴, 새알 같은 덩이
114	송편	솔잎 위에 찐 귀한 떡
116	수박	여름 과일의 제왕, 물 많은 박
118	수육	삶아 익힌 쇠고기, '熟肉(숙육)'에서 '수육'으로
120	수제비	'손'으로 떼어 만드는 음식인가?
122	양념	'약'에서 '약념', 다시 '양념'으로
124	외톨밤	밤송이 안에 밤톨 하나, 육백 년 전의 '외트리밤'
126	제육볶음	돼지고기, '저육(豬肉)'으로 만든 음식
128	짬밥	'잔반(殘飯)'이 '잔밥'을 거쳐 '짠밥'으로
130	찌개	찌지개, 지지개, 지짐이…아무튼 '지지는' 음식
132	청국장	'청국장'은 청나라와 무관하다

4장. 문화와 전통과 생활

136	가위바위보	'가위'와 '바위'와 '보자기'의 위력
138	가짜/짝퉁	'가짜'가 판치니 모조 언어도 늘어난다
140	까치설	까치는 설을 쇠지 않는다
142	깡통	'캔(can)'이 '깡'이 된 연유
144	냄비	조선 시대에 일본어에서 들어온 말
146	누비	천여 년 전에 중국에서 들어온 겨울 패딩

148 도떼기 물건을 돗자리째 사고팔다

150 도시락 '밥고리'의 후예

152 말모이 말을 모아 정리하면 '사전'이 된다

154 보리윷 윷놀이에서도 천대받는 보리의 신세

156 사다리 바큇살, 부챗살처럼 '살'이 달린 다리

158 수저 숟가락과 젓가락

160 숟가락 '숫가락'으로 표기하는 것이 맞다

162 쌈짓돈 쌈지에 든 적은 돈이지만 내 맘대로 쓴다

164 썰매 눈 위를 달리는 말

166 안성맞춤 안성 장인에게 맞춘 놋그릇이 최고다

168 어깃장 문짝에 어긋나게 붙인 막대기

170 오지랖 걷옷 앞자락의 폭은 적당해야 한다

172 한가위 한 달의 가운데인 보름 중에서 가장 큰 보름

174 한글 한글은 '조선의 글'이다

176 행주치마 '행주'는 행주대첩과는 무관한, 부엌살림의 필수품

178 허수아비 가을 들판의 가짜 남자 어른, '헛아비'

180 헹가래 축하할 때도 벌 줄 때도, 헤엄치듯 가래질

5장. 공간과 지명

184 가두리 '가두리'는 가두는 곳이 아니다

186 나들목 나고 드는 길목, 본래는 지명

188 난장판 조선 시대 과거장도, 현대의 정치판도 난장판

190 노다지 '노 러치(no touch)' 설은 근거 없는 민간어원

192 논산 그 산에는 논이 있다

194 독도 외로운 섬이 아니라, 돌로 된 섬

196 뒤안길 뒤꼍 장독대로 이어지는 좁다란 길

198 말죽거리 　전국 곳곳에 말에게 죽을 먹이던 거리가 있었다

200 민둥산 　아무것도 없는, 황폐한 동산(童山)

202 선술집 　서서 술을 마시는 술집

204 쑥대밭 　쑥이 한번 번지면 온통 쑥대밭이 된다

206 아우내 　두 개의 물줄기를 아우른 내

208 오솔길 　호젓하고 좁은 길

210 올레길 　거리에서 대문으로 통하는 좁은 길, '오래'의 흔적

212 짱깨집 　중국 음식이나 짜장면을 파는 집

214 판문점 　판문점에는 '널문다리'가 있다

6장. 자연과 날씨와 시간

218 가마솥더위 　한번 달구어지면 열기가 후끈한 가마솥과 같은

220 고드름 　곧게 뻗은 '곧얼음'인가, 꼬챙이처럼 뾰족한 '곶얼음'인가

222 곰팡이 　'곰'이라는 곰팡이가 피다

224 까치놀 　까치를 닮은 너울, '까치놀'은 노을이 아니라 파도

226 나이 　주격형이 명사로 굳어지다

228 만날 　'백날', '천날'이 있으면 '만날'도 있다

230 메아리 　산(뫼)에 사는 정령

232 무더위 　푹푹 찌지만 '물더위'는 아니다

234 미리 　민값(선금), 민빚(외상), 민며느리, 민사위…

236 사흘 　셋은 사흘, 넷은 나흘

238 소나기 　몹시(쇠) 내리는 비

240 우레 　하늘이 우는가, 소리치는가

242 장마/장맛비 　오랫동안 내리는 비 또는 그런 현상

244 애시당초 　'애시'와 '당초'는 비슷한 말

246 올해 　'지난'과 '오는' 사이, '올'의 정체는 불분명하다

7장. 짐승과 새와 물고기

250 고슴도치 가시와 같은 털이 있는, 돼지(돝)를 닮은 짐승

252 과메기 '관목(貫目)'에서 '과메기'로

254 기러기 '그력 그력' 우는 새

256 꽃게 꽃을 닮은 게가 아니라, 꼬챙이(곶)가 있는 게

258 나방 '나비'를 통해 새롭게 만들어진 말

260 넙치 넓적한 물고기, '광어(廣魚)'에 밀려난 '넙치'

262 도루묵 '도로 묵이라고 불러라'는 근거 없는 민간어원

264 두더지 이리저리 잘 뒤지는, 쥐 닮은 짐승

266 따오기 '다왁 다왁' 우는 새

268 딱따구리 딱딱 소리를 내며 우는 새

270 말똥구리 말똥을 굴리며 사는 곤충

272 말미잘 말(馬)의 항문(미주알)을 닮은 생물

274 미꾸라지 미끄러운 작은 것

276 박쥐 박쥐는 정말 '눈이 밝은 쥐'일까

278 방아깨비 방아를 찧는 곤충

280 버마재비 '범'의 아류인 곤충

282 비둘기 '닭'의 한 종류인 새

284 살쾡이 고양이를 닮은 삵

286 삽살개 긴 털로 덮여 있는 개

288 스라소니 못생긴 호랑이? 여진어 '시라순'에서 온 말

290 쓰르라미 '쓰를 쓰를' 우는 매미

292 얼룩빼기 '얼룩박이' 황소는 칡소가 아니다

294 염소 작지만 소와 닮은 짐승

296 잔나비 한반도에 살았던 잿빛 원숭이

298 조랑말 제주에는 아주 작은(조랑) 말이 산다

300 청설모 청설모는 본래 '청서(靑鼠)'의 털이다

302 크낙새 골락 골락 우는 '골락새', 클락 클락 우는 '클락새'

304 호랑이 범과 이리, '호랑'에서 이리가 사라지다

8장. 풀과 나무

308 가문비나무 '검은 비자나무'인가, '검은 껍질의 나무'인가

310 개나리 풀에도 '개나리'가 있다

312 고구마 '고구마'는 일본어 차용어다

314 괴불나무/괴좆나무 고양이 불알을 닮은 열매

316 나도밤나무/너도밤나무 '너도 나도' 밤나무를 닮았다

318 담쟁이 담장을 타고 올라가는 나무

320 모과 나무에 달리는 참외, '목과(木瓜)'

322 무궁화 '무궁화'는 중국어에서 온 말이다

324 물푸레나무 물을 푸르게 하는 나무

326 박태기나무 밥알(밥태기)과 같은 꽃이 피는 나무

328 배롱나무 100일 동안 붉은 꽃, '백일홍(百日紅)'에서 '배롱'으로

330 시금치 붉은 뿌리의 채소, 중국어 '赤根菜(치근차이)'에서 온 말

332 억새 '억새'는 억센 풀이 아니다

334 엄나무 엄니 모양의 가시를 품은 나무

336 옥수수 옥구슬같이 동글동글한 알맹이가 맺히다

338 이팝나무 쌀밥 같은 꽃이 피는 나무

340 찔레 배처럼 둥근 열매가 달린다

342 함박꽃 큰 박처럼 탐스러운 꽃이 핀다

9장. 육체와 정신, 생리와 질병과 죽음

346 감질나다 '감질(疳疾)'이라는 병이 나면 자꾸 먹고 싶어진다

348 고뿔 감기에 걸리면 코에서 불이 난다

350 골로 가다 사람이 죽으면 깊은 골(골짜기)에 묻힌다

352 곱창 지방 성분으로 이루어진 창자

354 기침 지금은 쓰이지 않는 동사 '깇다'가 있었다

356 꼬락서니 꼴이 말이 아니면 '꼬락서니'가 된다

358 뒈지다 뒤집어지면 죽을 수도 있다

360 맨발 아무것도 없는 '맨-'과 '민-'

362 사랑 오랫동안 생각하면 사랑이 싹튼다

364 손님 손님처럼 정중히 모셔야 할 병, '천연두'

366 쓸개 맛이 써서 '쓸개'가 아니다

368 어이없다 정신이 없으면 어이가 없어진다

370 얼 쓸개가 빠지면 얼빠진 사람이 된다

372 얼굴 얼굴은 '얼'을 담은 그릇이 아니다

374 염병할 전염병에 대한 공포와 혐오

376 콩팥 콩을 닮은 모양, 팥을 닮은 색깔

378 학을 떼다 '학질'이라는 무시무시한 병에서 벗어나기

10장. 말과 행위, 상황과 심리

382 감쪽같다 감나무에 접을 붙인 것처럼 흔적이 없다

384 개판 승부가 나지 않으면 다시 하게 되는 판

386 꼬치꼬치 꼬챙이처럼 뾰족하고 날카로운

388 꼴불견 외양은 우스워도 내면은 충실해야

390 꼼수 작고 얕은 수는 소용없다

392 꿀밤 굴참나무에 달리는 밤톨 같은 열매

394 낙동강 오리알 어미 품을 벗어난 오리알

396 노가리 명태는 한꺼번에 수많은 알을 깐다

398 떵깡 '간질'을 뜻하는, 일본어 잔재

400 말썽 '말'에도 모양새가 있다

402 부랴부랴 "불이야! 불이야!"

404 뻘쭘하다 틈이 벌어지면 난감하고 머쓱해진다

406 삿대질 삿대를 저어 배를 밀고 나가듯

408 설거지 수습하고 정리하는 일

410 싸가지 막 땅을 뚫고 나온 싹을 보면 앞날을 알 수 있다

412 안달복달 안이 달고(조급해지고), 또 달다

414 여쭙다 나는 선생님께 여쭙고, 선생님은 나에게 물으셨다

416 영문 조선 시대 감영의 문은 언제 열리는지 알 수 없었다

418 을씨년스럽다 심한 기근이 들었던 '을사년'의 공포

420 이판사판 불교 용어 '이판(理判)'과 '사판(事判)'이 결합하면?

422 일본새 일에도 모양새가 있다

424 점잖다 젊지 않으니 의젓하다

426 조촐하다 깨끗해야 조촐해진다

428 주책 줏대 있는 판단력, '주착(主着)'에서 온 말

430 줄행랑 줄지어 있는 행랑이 '도망'의 뜻으로

432 찾아보기

1장
친족과 가족

가시버시
'부부'를 낮잡아 이르는 말도 있다

간혹 카페나 찻집 등에서 '가시버시'라는 상호(商號)를 보게 된다. 대체로 부부가 함께 오순도순 운영하는 가게에서 이러한 상호를 쓰고 있다. '가시버시'가 '부부(夫婦)'를 뜻하는 말이니 두 사람이 함께 하는 가게에 이보다 잘 어울리는 상호는 없어 보인다. 그런데 이 말이 여성 비하(卑下) 의식이 깔린, '부부'를 낮잡아 이르는 말이라는 사실을 안다면 어떤 생각이 들까 궁금해진다.

'가시버시'는 옛 문헌에서 발견되지는 않지만, "안고 자면 가시버시지(식은 안 올렸어도 함께 살 대고 지내면 부부 아니겠느냐)"와 같은 속담에 등장하는 것을 보면, 한때 일상에서 널리 쓰이던 말이었음을 짐작할 수 있다. 최근까지도 '가시버시'의 어원을 구명하기 어려웠으나 《조선어사전》(1938)에서 '가시밧('내외'의 옛말)'을 찾은 후 해결의 실마리를 잡았다.

'가시버시'는 바로 '가시밧'에 접미사 '-이'가 결합된 '가시바시'에서 제3음절의 모음 'ㅏ'가 'ㅓ'로 변한 어형이고, '가시밧'은 '가시밖'의 '밖(밧)'이 단독으로 쓰이는 환경에서 '밧'으로 표기된 어형이다. '가시밖'의 '가시'는 '갓(아내)'의 주격형이 명사로 굳어진 어형으로 '아내'를 뜻하고, '밖(밧)'은 '남편'을 뜻한다. 《조선어사전》(1938)에서는 '가시'를 '아내에 대한 옛말'로, '밧'을 '사내(남편)'의 뜻으로 풀이하고 있다. 이렇게 보면 '가시밧', 곧 '가시버시'는 '아내와 남편'이라는 의미가 된다.

특이한 점은 '부부'를 뜻하는 합성어를 만드는 데 '아내'를 뜻하는 단어를 앞에 내세우고 '남편'을 뜻하는 단어를 뒤에 둔 것이다. 이러한 배열 방식은 '부부'를 뜻하는 '남진계집(남진 + 계집)'을 비롯하여 친족 관련 합성어인 '오누이(오라비 + 누이)', '아들딸(아들 + 딸)' 등의 조어법과 차이가 있다.

'가시버시'가 합성어 배열에서 '아내 + 남편', 곧 '여성 + 남성'의 순서를 취한 이유는, 남성은 높이고 여성은 낮추는 전통사회의 엄격한 남존여비 의식 때문이다. 부부를 지시하되 낮춤의 자질이 있는 단어를 만들 때 남존여비 의식에 사로잡혀 여성과 관련된 단어를 의도적으로 앞에 내세운 것이다. 아마도 '가시버시'는 전통사회에서 낮은 신분의 '부부'를 지시하던 말로 추정된다.

이러한 남존여비의 의식 속에서 합성어의 배열 순서가 정해진 단어에 '연놈'도 있다. '연놈'은 여자와 남자를 낮잡는 부정적인 말인데, 여기서도 여성과 관련된 단어를 의식적으로 앞에 내세웠다. 여성 비하 의식이 단어 만들기에도 반영되어 오랫동안 어두운 그림자를 남긴 것이다. 그 그림자를 지우기 위해서인지 요즘에는 일부러 '연놈'을 '놈연'으로 바꾸어 쓰기도 한다.

'연놈'을 '놈연'으로 과감히 바꾸어 남녀 차별에 저항하듯이, 만약 '가시버시'의 조어 과정에 여성 비하의 못된 사고가 반영되어 있다는 사실을 안다면, 이 단어에 대한 애정을 거둘 수도 있다는 생각을 해본다. 여성 단체에서 '가시버시'에 대해 현재까지 시비를 걸지 않고 있는 것을 보면, 이 단어에 숨겨진 탄생의 비밀을 아직 모르고 있는 듯하다.

겨레
'친척'에서 '민족'으로

1990년대 초의 대학가는 '민족주의' 열기에 휩싸여 있었다. 이 시절 막 대학에 부임한 젊은 필자에게 한 학생이 찾아와 '민족'을 뜻하는 고유어에 '겨레' 말고 또 다른 단어가 없느냐고 진지하게 물었다. '민족주의'에 깊이 빠져 있는 듯, '겨레' 하나로는 성이 차지 않는다는 눈치였다. 그 질문에 '겨레' 이외의 단어는 없고, '겨레'조차도 본래부터 '민족'을 뜻하던 단어가 아니라는 답을 한 기억이 난다.

그때 공부가 덜 되어서 '겨레'의 어원이나 의미 변화에 대해 상세히 알려주지 못했던 것이 늘 부담으로 남아 있었다. 그런데 최근 '겨레'의 어원을 묻는 학생이 있어서 그 못다 한 답을 할 수 있게 되었다.

'겨레'는 16세기 문헌에 '겨레'로 처음 보인다. '겨레'의 어원에 대해서는 여러 설이 있지만, 아직 명쾌한 답은 없다. 다만 '겨레'가 '겨레'로 소급하며, 이것이 '겨레', '겨레'를 거쳐 '겨레'로 변했다는 것 정도는 밝혀졌다. 좀 더 나아가 '겨레'의 제1음절 모음이 본래 양성모음이었다는 것, 그리고 '결'은 '결찌(어찌어찌하여 연분이 닿는 먼 친척)'의 그것과 같다는 것까지는 추정할 수 있게 되었다.

'겨레'의 의미 변화에 대해서는 비교적 정확히 말할 수 있다. 16세기의 '겨레'가 중세국어 이래 20세기 초까지도 '친척'을 뜻하다가 1910년대에 와서 '집단', '집합'의 의미를 거쳐 '민족'의 의미로 확대된 사실을 실제 용례를 통해 확인할 수 있기 때문이다. "사람끼리는 겨레라는 담을 쌓고 나라끼리는 경계라는 간을 질러서, 네 것 내 것 하고"(《동명》제12호, 1922년 11월 19일)에 보이는 '겨레'는 '친척'의 의미로, "각 기의 결에를 서로 박구어 씀이 잇으니 이를 기몸박굼이라 이름이라"(주시경,《국어문법》, 1910)에 보이는 '결에'는 '무리, 집단'의 의미로, "우리 결에 말과 글이 이 땅 우에 첫재가옵네"(이규영,《온갖것》, 1911~1913)에 보이는 '결에'는 '민족'의 의미로 쓰인 것이다. 1920년대 문헌에는 '민족'의 의미로 쓰인 '결레'(김두봉,《깁더조선말본》, 1922) 또는 '겨레'(주요한,〈외로움〉, 1923)가 두루 나온다.

잘 알다시피 1910년대는 서구에서 '민족' 개념이 들어와 광범위하게 퍼지던 시기다. 이러한 시기에 '겨레'가 '민족'이라는 의미로 변한 것은 '민족'을 뜻하는 단어를 요구한 시대적 상황과도 무관하지 않다. 20세기 초는 새롭게 얻은 '무리', '민족'이라는 의미와 함께 '친척'이라는 의미도 여전히 살아 있던 시기다.《조선어사전》(1938)에서 '겨레'를 '일가, 친척, 족속, 민족, 결레(겨레)'로 다양하게 풀이한 것도 그 때문일 것이다.

그런데 현재는 '겨레'에서 '친척', '집단'의 의미는 사라지고, '민족'의 의미만 남아 있다. 의미가 대폭 축소된 것이다. 현재 '친척'의 의미는 '겨레붙이(같은 핏줄을 이어받은 사람)'의 '겨레'에서나 흔적을 찾을 수 있다.

누나
오빠가 여동생을 '누나'라고 불렀다

여자 동기(同氣)와 관련된 친족어휘를 들어보자. '누나'를 비롯하여 '누이, 누님, 누이동생'을 들 수 있을 것이다. 이들 가운데 '누이'와 '누님'은 역사가 깊은 반면 '누나'와 '누이동생'은 그렇지 못하다. '누이'와 '누님'은 각기 '누의'와 '누의님'으로 15세기 문헌에도 나오나 '누나'와 '누이동생'은 19세기 이후 문헌에나 보이기 때문이다.

'누의'가 '누이'로 변하는 것은 아주 자연스럽다. 그런데 '누의'의 어원은 알기 어렵다. '누이'를 '눕다'에서 파생된 명사로 보고, '같이 누워서 자는 친구', 곧 '寢友(침우)'로 해석하기도 하는데, 이는 상상으로 풀어본 민간어원에 불과하다. '누이'는 '어머니, 아주머니' 등과 같은 다른 여성 관련 친족어휘와 형태상 너무 동떨어져 있어서 그 어원을 추적하기가 매우 어렵다.

그런데 '누나'는 '누이'보다는 사정이 좀 낫다. 최근 '누니'라는 단어를 발견함으로써 '누나'의 어원을 밝힐 수 있는 길이 열렸기 때문이다. '누니'가 《조선어사전》(1938)에 올라 있는데, 여기서는 '누나'의 동의어로 기술하고 있다. 문헌에서 '누니'의 실제 용례는 확인되지 않으나 이것이 사전에까지 실려 있는 것을 보면 그 존재를 부인하기 어렵다. 마침 제주 방언에 '누니'가 살아 있어 더욱 그렇다.

그럼 갑자기 나타난 '누니'는 어떻게 설명해야 할까? '누니'는 존칭형 '누님'에서 말음 'ㅁ'이 탈락한 어형으로 추정된다. '누님'이 '누니'

로 변한 것은 '어마님(어머님)'이 '어마니(어머니)'로, '아바님(아버님)'이 '아바니(아버니)'로 변한 것과 평행적이다. '누니'에 호격조사 '아'가 결합된 '누니아'가 줄어든 어형이 바로 '누나'다. '누이'에 '아'가 붙어 '누야'가 되듯, '누니'에 '아'가 붙어 '누나'가 되는 것은 자연스럽다. '누나'는 19세기 말의 《한영자전》(1897)에 처음 보인다.

무엇보다 주목되는 점은 초기의 '누나'는 여자 동기 모두에게 적용되었다는 사실이다. 곧 손위의 누이는 물론이고 손아래의 누이도 '누나'라고 불렀던 것이다. 오빠가 여동생을 '누나'라고 불렀다니 좀 놀랍지 않은가. 이러한 호칭법이 20세기 초 소설 작품에서도 발견된다.

그런데 현재는 적용 범위가 축소되어 손위의 누이에게만 쓰인다. 손아랫사람에 대한 예법이 퇴색하여 손아래 동기를 지시하거나 부르는 친족어휘의 용법이 쇠퇴하면서 '누나'에도 의미 변화가 일어난 것이다.

이러한 현상은 '누이'에서도 발견된다. '누이' 또한 손위와 손아래 여성 동기 모두에게 적용되다가 손위 쪽으로 기울어지는 양상이다. 그 간극을 메우기 위해 나타난 것이 손아래 여성 동기를 지시하는 '누이동생'인데, 이는 '누이 중에서 동생'이라는 뜻이다. 염상섭의 소설 《암야》(1921)에서 처음 발견된다.

요즘 젊은 세대는 '누이, 누님, 누이동생'이라는 말을 잘 쓰지 않는다. 윗사람을 존중하고 아랫사람을 배려하는 의식이 희박해지면서 생겨난 현상이다. 손위의 여자 동기는 그나마 평칭인 '누나'로 대접하지만 손아래의 여자 동기는 이름을 불러 하대한다.

동생
한배에서 태어난 사람

'형'의 반대말을 물어보면 대부분의 사람들은 '동생'이라 답한다. 물론 '아우'라 답하는 사람도 간혹 있다. 이는 '동생'과 '아우'를 같은 의미로 인식한다는 증거다. 그러나 엄밀히 말하면 '동생'과 '아우'가 똑같은 의미를 띠는 것은 아니다. '동생'의 어원을 살펴보면, 두 단어 사이의 의미 차이를 바로 알 수 있다.

'동생'은 16세기 문헌에 '동ᄉᆡᆼ'으로 보인다. 이는 한자어 '同生(동생)'이다. 이 시기의 '동ᄉᆡᆼ'은 관형사로서 한자 뜻 그대로 '함께 태어난'이라는 의미를 띠었다. 그리하여 '동ᄉᆡᆼ아ᅀᆞ'라 하면 '한배에서 태어난 아우', 곧 '친아우'를 가리켰고, '동ᄉᆡᆼ형'이라 하면 '한배에서 태어난 형', 곧 '친형'을 가리켰다. 지금의 '동생'과 품사는 물론이고 의미가 달랐던 것이다.

'동ᄉᆡᆼ'은 '한배에서 태어난'이라는 의미의 관형사에서 '한배에서 태어난 사람들', 곧 '同氣(동기)'라는 의미의 명사로 기능을 달리한다. "아ᅀᆞ와 동ᄉᆡᆼ의 ᄌᆞ식ᄃᆞᆯ히(아우와 동기의 자식들이)"《소학언해》, 1588)에서 보듯 명사로서의 '동ᄉᆡᆼ'이 16세기 말 문헌에 보인다. 이와 같은 의미의 '동ᄉᆡᆼ'이 "이생 양주(兩主)가 저생 동생(부부는 어디서나 서로 만나게 된다는 뜻)"이라는 속담 속에 남아 있다.

'동ᄉᆡᆼ'은 '同氣(동기)'라는 의미로 변하면서 비로소 친족어휘 체계로 들어오게 된다. 그러나 곧바로 지금과 같은 '弟(제)'의 의미를 얻은 것은 아니었다. '동싱'은 'ㆁ'이 'ㅇ'으로 표기되어 '동싱'이 되고, '동싱'은 'ㆍ'의 변화에 따라 '동생'으로 변하여 현재에 이른다. 그리고 근대국어의 어느 시기에 '同氣'라는 총칭적 의미에서 '동기 중 손아랫사람'이라는 의미로 변한다. 이러한 의미로 쓰인 '동싱'이 19세기 문헌에서 발견된다. '한배에서 태어난'에서 '同氣(동기)'를 거쳐 '동기 중 손아랫사람(弟)'이라는 의미로 숨 가쁘게 변해온 것이다. 이로써 '동싱(동생)'이 비로소 '弟(제)'의 의미 범주로 들어와 중세국어 '아ᅀᅮ'에서 출발하는 '아우'와 의미상 관계를 맺게 된다.

'弟(제)'의 '동생'은 동성은 물론이고 이성 간에도 적용된다는 점에서 특별하다. 형이 남동생에게, 언니가 여동생에게 쓸 수 있을 뿐만 아니라, 오빠가 여동생에게, 누나가 남동생에게도 쓸 수 있는 것이다. 이는 동성 간에만 적용되는 '아우'의 용법과 다른 점이다. '아우'는 형이 남동생에게, 언니가 여동생에게는 쓸 수 있어도 오빠가 여동생에게, 누나가 남동생에게는 쓸 수 없다. 이러한 적용상의 차이 때문에 '동생'과 '아우'가 똑같은 의미를 띠는 것은 아니라고 말한 것이다.

사전에서도 '동생'을 '같은 부모에게서 태어난 사이거나 일가친척 가운데 항렬이 같은 사이에서 손윗사람이 손아랫사람을 부르는 말'로, '아우'를 '같은 부모에게서 태어난 사이거나 일가친척 가운데 항렬이 같은 남자들 사이에서 손아랫사람을 이르는 말'로 기술하여 차이를 두고 있으나, '아우'를 남자들 사이에서 쓰는 말로 한정한 것은 재고의 여지가 있다. 아직도 나이 많은 여성 사이에서 '아우'를 쓰고 있기 때문이다.

며느리
'며느리'는 적폐 언어가 아니다

과연 '며느리'는 여성 비하의 의미를 담고 있는 적폐 대상의 말인가? 일부지만 이러한 주장을 펴는 여성운동가들이 있어 심히 걱정스럽다. '며느리'의 어원을 살펴보니 그런 나쁜 의미가 들어 있다는 것인데, 어원학자의 한 사람으로서 쉽게 수긍하기 어렵다. '며느리'에 여성 비하의 의미가 들어 있다고 단정하기 어렵기 때문에 이 문제를 극단적으로 끌고 가는 것은 바람직스럽지 않다고 생각한다.

'며느리'는 15세기 문헌에도 '며느리'로 나온다. 이 시기에는 '며느리'와 더불어 '며느리'도 보이는데, 이것이 더 오래된 어형이다. 이른바 모음조화를 고려하면 '며느리'의 제1음절 모음도 제2음절 모음과 같이 양성모음이었을 것이며, 제1음절의 양성모음이 음성모음 'ㅓ'로 변한 뒤에 그 영향으로 둘째 음절의 양성모음 'ㆍ' 또한 음성모음 'ㅡ'로 변한 것으로 추정된다.

'며느리'는 '며늘'에 접미사 '-이'가 결합된 어형일 가능성이 있다. '며늘'과 '아기'가 결합된 '며늘아기'라는 단어가 그러할 가능성을 높인다. 그러나 '며늘'의 어원을 밝히기는 지금으로서는 어렵다. 이 정도가 현재 우리 학계가 '며느리'의 어원과 관련하여 언급할 수 있는 최대한의 것이 아닌가 한다.

그런데 '며느리'의 어원이 궁금해지자 언중은 그들 나름의 그럴듯한 해석을 내놓기도 했다. '며느리'의 또 다른 표기 형태인 '며나리'를 들어 '며'를 '밥'을 뜻하는 '메'로 보고, '나리'를 '나아오다'의 뜻으로 보아 '밥을 가지고 나오다'로 해석한 것이다. 이런 해석에는 여성을 낮고 하찮게 여기는 남녀 차별 의식이 배어 있다.

여기서 한발 더 나아가 어떤 국어학자는 '며느리'를 '메(밥)'와 '느리-(나르다)'와 '-이(접미사)'로 분석하여 '밥을 나르는 사람'으로 해석하기도 하고, 또 어떤 국어학자는 '며느리'를 '며늘(기생하다)'과 '아이(兒)'로 분석하여 '내 아들에게 딸려 기생하는 존재'로까지 해석하기도 한다. '느리'가 '나르다'는 뜻이고, '며늘'이 '기생하다'는 뜻이라니 무엇에 근거해서 그렇게 설명한 것인지 도통 알 수가 없다. '나르다'의 중세국어는 '나르다'이므로 '느리'와 관련이 없고, '기생하다'는 뜻의 '며늘'이라는 단어는 아예 없으므로 '며느리'의 '며늘'이 그러한 뜻을 가질 리가 없다.

이런 자극적인 어원설을 아무런 근거 없이 주장하는 것은 정말 문제이다. 또한 이런 어원설을 아무 비판 없이 받아들여 '며느리'를 몹쓸 적폐 언어로 몰아가는 것도 문제다. '며느리'의 어원에 대해서는 아직 학계에 합의된 설이 없다. 더욱이 제기된 여러 설은 학계에서 인정을 받지 못하고 있다. 이런 사정을 감안하여 '며느리'의 어원이 정확히 밝혀질 때까지는 '며느리'라는 단어의 폐기 여부를 성급하게 언급해서는 안 될 것이다.

어버이
'부(父)'와 '모(母)'를 지시하는 단어가 결합하다

매년 5월 8일은 '어버이날'이다. 나를 낳아주시고 길러주신 아버지, 어머니의 거룩하고 애틋한 사랑을 되새기는 뜻 깊은 날이다. 그런데 정작 '어버이'라는 말은 이제 우리에게 그렇게 친숙하지 않다. '부모(父母)'라는 한자어에 밀려나 아주 제한적으로 쓰이기 때문이다.

'어버이'는 15세기 문헌에 '어버싀'로 보인다. 15세기 이전부터 쓰인 것으로 추정되는, 아주 역사가 깊은 단어다. '어버싀'에 대해서는 세 가지 정도의 어원설이 있다. 첫째 부성(父性)의 어근 '업'과 '母(모)'의 '어싀'가 결합된 어형이라는 설, 둘째 '父(부)'의 '어비'와 '母(모)'의 '어싀'가 결합된 '어비어싀'가 줄어든 어형이라는 설, 셋째 '父(부)'의 '업'과 '母(모)'의 '엇'과 접미사 '-이'가 결합된 어형이라는 설이 바로 그것이다.

이 가운데 필자는 두 번째 설을 지지한다. '어비'와 '어싀'가 결합하는 과정에서 '어비'의 제2음절 모음 'ㅣ'가 탈락하여 '어버싀'가 될 수 있기 때문이다. 이렇듯 합성어 사이에서 'ㅣ'가 탈락하는 현상은, '오라비'와 '동생'이 결합된 '오라비동생'이 '오랍동생'으로 축약되는 과정에서도 발견된다.

'어비'는 '아비(父)'와 제1음절의 모음에서만 차이가 날 뿐 같은 말이다. 이미 15세기에 세력을 잃고 '어비아돌(父子)', '어비묻(귀족, 고관)' 등과 같은 합성어에 흔적을 남겼다. '어싀'는 중세국어에서 '인간의 어미'와 '짐승의 어미'를 두루 가리켰다. 물론 '父母(부모)'라는 의미도 있었다. 그런데 지금은 '어이'로 변하여 '짐승의 어미'라는 의미로만 쓰인다. '인간의 어미'라는 의미는 합성어 '어이딸(母女)', '어이아들(母子)'에서나 확인된다. '父母(부모)'라는 의미는 한자어 '부모'에 넘겨준 지 오래다.

단어 구성으로 보면, '어버싀'는 '아버지와 어머니'라는 뜻이 된다. '父(부)', 즉 '남성'과 관련된 단어가 앞에 오고 '母(모)', 즉 '여성'과 관련된 단어가 뒤에 오는 합성어의 일반적 배열 구조를 따르고 있다. 여기에서도 남성 존중의 의식을 엿볼 수 있다. 15세기의 '어버싀'는 'ㅿ'이 소실되어 '어버이'로 변한다. 물론 지역에 따라서는 'ㅿ'이 'ㅅ'으로 변하여 '어버시(강원, 함북 방언)'가 되기도 한다.

'어버이'라는 단어는 곧 사라질지도 모른다. '祖父母(조부모)'를 뜻하는 '한어버이', '伯叔父母(백숙부모)'를 뜻하는 '아자버이'가 대응 한자어에 밀려나 사라졌기에 예감이 불길하다. '어버이'의 세력이 약화되자 덩달아 그것을 포함하는 '안어버이(어머니)', '바깥어버이(아버지)'도 기를 펴지 못하고 있다. '어버이날'을 맞아 '어버이'가 한자어 '부모(父母)'를 제치고 당당히 부활하기를 기대해본다. '어버이날'이라도 있어서 '어버이'가 그나마 버티고 있다고 생각하니 애처로운 마음마저 든다.

언니
여자뿐만 아니라 남자에게도 쓰였다

졸업식 하면 떠오르는 노래는 "빛나는 졸업장을 타신 언니께"로 시작하는 〈졸업식 노래〉(1946)다. 그런데 요즘 졸업식장에서는 이 노래를 부르기 꺼려한다고 한다. 이유인즉 현실에 맞지 않는 가사를 담고 있어서다. '언니', '물려받은 책으로 공부를 하여', '새 일꾼이 되겠습니다' 등이 문제의 노랫말로 지적된다. 그런데 다른 예는 몰라도 '언니'가 그런 대접을 받는 이유는 좀 부당해 보인다.

우리의 친족어휘 가운데 '언니'는 좀 묘한 존재다. '여성'과 관련된 다른 여타의 친족어휘와 비교하여 형태상 아무런 관련성이 없을 뿐만 아니라, 뒤늦게 문헌에 나타나 쓰이다가 형태는 물론이고 의미까지 변했기 때문이다.

필자가 본 것으로 가장 오래된 예는 《한영자전》(1897)에 나오는 '어니'다. 우선 '언니'가 아니라 '어니'라는 점이 눈에 띈다. '어니'가 지금 일부 방언에 남아 있다. '어니'에 'ㄴ'이 첨가된 어형이 바로 '언니'다. 국어학계에서는 한동안 '어니'의 존재를 모른 채 '언니'를 '앗(始初)' 또는 '엇(親)'에 접미사 '-니'가 붙은 어형, '웃누이'에서 변한 어형 등으로 설명했다. 이들 설명은 '언니'의 이전 어형이 '어니'라는 점만 들어도 설 자리를 잃게 된다. 분명한 것은 아니지만 '어니'는 '兄(형)'을 뜻하는 일본어 'あに(아니)'와 기원적으로 관련이 있어 보인다. 놀랍게도 이와 같은 지적이 국학자 안확(1886~1946)의 1915년 글에 나온다.

'어니', 곧 '언니'와 관련하여 특히 주목되는 점은, 이것이 여성은 물론이고 남성에게도 적용된 사실이다. 이는 한자어 '형'과 동일한 용법이다. 〈졸업식 노래〉에 나오는 '언니'도 여성과 남성 모두에게 적용된 예다. 1970년대만 해도 '언니'는 남자 형제나 선후배 사이에서도 쓰였다. 신문수(1939~)의 만화 〈우리 집 콩돌이〉(1977)에서는 주인공의 형이 "이리 와, 언니가 잘 가르쳐줄게"라고 말하고 있고, 길창덕(1930~2010)의 만화 〈크라운 철〉(1977)에서는 남자 초등학생이 학교 선배에게 "하기는 나도 1학년 때 언니들이 보살펴줘서 얼마나 고마웠는지 몰라"라고 말하고 있다. 그러나 현재 '언니'는 여성에게만 쓰인다. 이는 비교적 최근에 일어난 의미 변화다. 물론 아직도 동래정씨 양파공파 문중에서는 남성 사이에서 '언니'를 고집하고 있다.

이렇듯 '언니'가 '남성'과 '여성'에게 모두 적용되다가 '여성'만으로 적용 범위가 축소된 이유는, 같은 의미를 지니던 '형'과의 유의(類義) 경쟁의 관점에서 설명할 수 있다. 두 단어가 같은 의미를 놓고 서로 다투다가 '언니'는 여성 쪽을, '형'은 그 반대의 남성 쪽을 택하여 서로 살길을 모색한 것이다. 지금은 '언니'가 주로 여성과 여성 사이에서 손위의 여성 동기를 가리키고 있어서 자칫 졸업생 중에 '형'은 없고 '언니'만 있느냐는 의심을 받을 수 있다. 그러나 〈졸업식 노래〉에 나오는 '언니'는 '형'까지 아우르는 개념이어서 전혀 문제가 되지 않는다.

의붓아비(義---)

새 아버지 '義父', 접두사가 되어가는 '의붓-'

우리말 친족어휘에 '의붓아비, 의붓어미, 의붓아들, 의붓딸, 의붓자식' 등과 같이 '의붓'을 포함하는 특수한 계열어가 있다. 그런데 사전에서는 '의붓'을 별도로 처리하지 않고 있을 뿐만 아니라 또 그 어원에 대해서도 언급하지 않고 있다. 어원이 분명한 '의붓' 계열어의 원조 격인 '의붓아비'에도 어원 표시가 달려 있지 않아 좀 아쉽다.

'의붓아비'는 '어머니가 재혼함으로써 생긴 아버지'다. 물론 여기에는 새로 생긴 아버지를 낮잡는 의미가 있다. 이에 대한 평칭어는 '의붓아버지'다. 한자어로는 '가부(假父), 계부(繼父), 의부(義父), 후부(後父)'라고 하는데, 이들 가운데 '계부'가 가장 익숙하다.

'의붓아비'는 다름 아닌 한자어 '의부(義父)'와 고유어 '아비' 사이에 사이시옷이 개재된 어형이다. '의부'는 그 자체로 '의붓아버지'를 가리키고, '아비'는 본래 '父(부)'를 지시하는 평칭의 지칭어였다. 이렇게 보면 '의부' 뒤에 연결된 '아비'는 '의부(義父)'의 '부(父)'와 의미상 중복되는 잉여적 요소가 된다.

그 잉여 요소까지 합하여 '의붓아비'를 풀이하면 '의붓아버지의 아버지'가 되어 의미가 아주 이상해진다. '의부'라고만 해도 되는데, 굳이 여기에 의미가 중복되는 '아비'를 덧붙인 이유는 '의부'만으로 의미 전달이 충분하지 않다고 생각하여 의미를 보강하기 위해서가 아니었을까 한다. 이것은 '산채(山菜)'에 '채(菜)'와 의미가 같은 고유어 '나

친족과 가족

물'을 덧붙여 '산채나물'을 만들고, '역전(驛前)'에 '전(前)'과 의미가 같은 고유어 '앞'을 덧붙여 '역전앞'을 만든 이치와 같다.

'의붓아비'가 본래부터 상대를 낮잡는 말은 아니었다. '아비'가 본래 '父(부)'에 대한 평칭의 지칭어였기 때문에 '의붓아비' 또한 평칭이던 시기가 있었다. '父(부)'의 '아비'가 비칭화하면서 이를 포함하는 '의붓아비' 또한 비칭화한 것이다. 이후 평칭의 자리는 '의붓아버지'가 떠맡게 되었다. 이로써 비칭(의붓아비)과 평칭(의붓아버지)의 이원 구조가 형성된 것이다. 요즘에는 평칭으로 '의붓아빠'도 쓰이는데, 이는 유아어라는 점에서 성인어인 '의붓아버지'와 구분된다.

'의붓'의 '의부'가 '義父'이므로 '의붓어미, 의붓아들, 의붓딸, 의붓자식' 등은 아주 이상한 의미의 단어가 된다. '의붓어미'는 '의붓아버지의 어머니', '의붓아들'은 '의붓아버지의 아들', '의붓딸'은 '의붓아버지의 딸', '의붓자식'은 '의붓아버지의 자식'이 되어 본래의 뜻과 너무 다르기 때문이다. 이들은 '의붓아비'에 유추되어 생성된 비정상적 구조의 합성어다.

요즘에는 '의붓남매, 의붓누이, 의붓언니, 의붓오빠, 의붓형제' 등도 쓰이고 있다. 이들에 쓰인 '의붓'에서는 '혈연관계가 없는' 정도의 접두사적 의미가 감지된다. 이쯤 되면 '의붓'을 접두사로 처리할지에 대한 논의가 있어야 하지 않나 한다.

할배
'할바'의 지역 방언형

〈꽃보다 할배〉, 이는 황혼에 접어든 '꽃할배'들이 배낭여행을 하면서 겪는 자잘한 이야기를 담은 텔레비전 프로그램이다. 제목이 특별히 신선하고 또 정감이 넘친다. 어두운 노년을 화려한 '꽃'에 비유하고, 엄숙한 노인을 친숙한 방언형 '할배'로 순치한 점이 돋보인다.

'할배'는 잘 알다시피 '할아버지'를 뜻하는 경상도 말이다. 현재 표준어에는 이에 대응하는 말이 없으나, 근대국어에만 해도 '할바'라는 단어가 있었다. 지금도 역사극에서 종종 듣게 되는 궁중어 '할바마마'의 '할바'가 바로 그것이다. '할바'는 '아바마마, 어마마마, 할마마마'에 보이는 '아바(父), 어마(母), 할마(祖母)'와 평칭이면서 호칭어라는 점에서 공통적이다.

'할바'는 중세국어에서는 '한아바'였다. 이는 '하다(大)'의 관형사형 '한'과 '父(부)'에 대한 평칭의 호칭어 '아바(아빠)'가 결합된 어형이다. 할아버지가 아버지보다 한 세대 위의 인물이기에 '아바'에 '大(대)'의 '한'을 붙여 그것과 변별한 것이다. 중세국어에는 '祖父(조부)'와 관련된 친족어휘로 '한아바' 외에 '한아비'와 '한아바님'도 있었다. '한아바'와 '한아비'는 평칭이라는 점에서는 같았지만, 전자는 호칭어이고 후자는 지칭어라는 점에서 달랐다. '한아바님'은 존칭으로서 호칭과 지칭 기능을 모두 갖추고 있었다. '한아비'는 '할아비'로, '한아바님'은 '할아버님'으로 변하여 현재에 이른다. '할아비'는 평칭에서 비칭화했다는 차이가 있다. 현대국어에서 가장 일반적으로 쓰이는 '할아버지'는 '한아바지'로 소급하며, 이는 특이하게도 근대국어 후반에나 문헌에 나타난다. 그만큼 이질적인 친족어휘다.

'한아바'는 '할바'로 변하여 근대국어의 얼마 동안까지 쓰이다가 사라졌다. 또한 '祖母(조모)'의 '할마'도 '할바'와 같은 운명을 겪었다. '할바'가 사라진 것은 근대국어에 등장한 '한아바지(할아버지)'에, '할마'가 사라진 것은 근대국어에 등장한 '할마니(할머니)'에 세력을 빼앗겼기 때문이다. 반면 '父(부)'의 '아바'와 '母(모)'의 '어마'는 각기 현대국어 '아빠'와 '엄마'로 살아 있다.

'할바'의 마지막 음절에 'ㅣ'가 첨가된 어형이 경상 방언 '할배'다. 이러한 변화는 같은 방언권에서 '父(부)'의 '아바'가 '아배'로, '母(모)'의 '어마'가 '어매'로, '祖母(조모)'의 '할마'가 '할매'로 변한 것과 같다. '할바'와 '할마'의 흔적이 경상 방언 '할배'와 '할매'에 남아 있어 단어의 끈질긴 생명력을 엿볼 수 있다.

〈꽃보다 할배〉라는 프로그램이 성공하면서 덩달아 '할배'라는 말도 자주 입에 오르내린다. '할배'라는 호칭어가 더욱 익숙해지면 언젠가 표준어로서의 자격을 얻을지도 모른다는 생각이 든다.

할빠/할마
'할아버지, 할머니'가 '아빠, 엄마'의 역할을 하다

얼마 전 신문을 읽다가 좀 색다른 단어에 눈길이 갔다. 다름 아닌 '할빠'와 '할마'였다. 맞벌이하는 자식 부부를 대신하여 어린 손주를 돌봐주는 할아버지와 할머니를 그렇게 부른다고 한다. 얼른 이들 단어를 인터넷에서 검색해보니 2014년 신문 기사에서 처음 확인된다. '황혼(黃昏) 육아족(育兒族)'이 생겨나면서 쓰이기 시작한 신조어라 한다.

필자가 '할빠'와 '할마'에 특별히 주목한 것은 '조부(祖父)'와 '조모(祖母)'를 직접 부르던 중세국어 '할바'와 '할마'라는 호칭어가 문득 떠올랐기 때문이다. 처음에는 혹시 이들 친족 호칭어가 시대를 뛰어넘어 부활한 것이 아닌가 생각했는데, 이내 그러한 것이 아니라는 사실을 알게 되었다.

친족 호칭어 '할바'와 '할마'는 현재 사라진 말이다. 물론 지금도 텔레비전 역사극 속의 궁중어(宮中語) '할바마마'와 '할마마마'에서 간혹 들을 수는 있다. 또한 경상 방언 '할배, 할매'에서 그 흔적을 찾을 수 있다. '할배'와 '할매'는 '할바'와 '할마'에 각기 'ㅣ'가 첨가된 어형이다. '할바, 할마'는 궁중어 '아바마마, 어마마마'에서 확인되는 '아바, 어마'와 평칭(平稱)의 친족 호칭어라는 점에서 동질적이다.

'祖父(조부)'에 대한 '할바'는 '한아바'로, '祖母(조모)'에 대한 '할마'는 '한아마' 또는 '한어마'로 소급하는 아주 역사가 깊은 호칭어다. '할바'

친족과 가족

와 '할마'는 근대국어에 '할아버지'와 '할머니'가 등장하여 세력을 잡은 이후 이들에 밀려나 사라졌다. '아바'와 '어마'가 근대국어에 새롭게 등장한 '아버지'와 '어머니'의 강력한 견제를 받았음에도 '아빠'와 '엄마'로 이어져 굳건히 살아남은 것과는 대조적이다.

유행어 '할빠, 할마'는 전통적 친족 호칭어인 '할바, 할마'와는 아무런 관련 없이 나타난 것이다. '할빠'는 '할아버지'와 '아빠'가, '할마'는 '할머니'와 '엄마'가 뒤섞여 만들어진 말이기 때문이다. '할아버지'가 '아빠'의 역할을, '할머니'가 '엄마'의 역할을 하면서 이러한 기형적 구조의 단어가 새롭게 만들어진 것이다. '할빠'에 대한 '할아빠', '할마'에 대한 '할엄마'도 있다고 하는데, 이들도 '할빠, 할마'와 동일한 절차를 거쳐 만들어진 말이다. '할빠'를 '할아버지'와 '아빠', '할마'를 '할머니'와 '엄마'가 합성된 단어로 설명하기도 하나, 이는 잘못이다. 엄밀히 말하면 합성된 것이 아니라 혼효(混淆, 뒤섞임)된 말이기 때문이다.

황혼의 육아는 아주 힘들다. 몸이 따라주지 않을 뿐만 아니라 자칫 무리하면 몸이 망가지기까지 한다. 그래도 손주 돌보는 재미가 쏠쏠할 것이고 또 용돈까지 얻을 것이니 크게 보면 손해 보는 일은 아닐 듯싶다. 문득 아들딸 혼인시켜 이미 '할빠, 할아빠'가 된 옛 동무들이 부러워진다.

2장
별난 사람들

개구쟁이
짓궂은 아이는 개궂다

'개구쟁이'는 '짓궂게 장난질하는 아이'를 가리킨다. '까불이, 망나니, 심술꾸러기, 악동(惡童), 장난꾸러기' 들과 의미가 통한다. 이 말은 너무나 익숙하여 일찍부터 서울에서 쓰였을 것으로 생각되나, 용례가 20세기 이후 문헌에나 나타나고 있어 실제 그러했는지 분명하지 않다.

'개구쟁이'는 《조선일보》 1949년 1월 8일 자 기사에서 처음 확인된다. 1950년대 신문 기사에는 '개구장이'도 보여 한동안 '개구쟁이'와 '개구장이'가 함께 쓰였음을 알 수 있다. 그런데 《조선말큰사전》(1947)이나 《국어대사전》(1961)과 같은 규모가 있는 사전에조차 '개구쟁이'나 '개구장이'는 올라 있지 않다. 그 이유가 무엇인지 대단히 궁금하다.

'개구쟁이'의 어원에 대해서는 아직 이렇다 할 공식적인 논의가 없다. 물론 인터넷 공간에는 '개그(gag)'에 접미사 '-쟁이'가 결합된 어형, '개구라장이'가 변한 말, '개(犬)'와 '구(狗)'가 결합된 '개구'에 접미사 '-쟁이'가 결합한 어형이라는 근거 없는 어원설이 떠돌고 있다.

'개구쟁이'에 대한 공식적인 어원론은 《고려대한국어대사전》(2009)에 처음 보인다. 여기서는 '개구쟁이'를 '개구'와 '-쟁이'로 분석하고 '개구'를 불완전 어근으로, '-쟁이'를 접미사로 처리하고 있다. 그러나 '개구쟁이'를 그렇게 분석할 수 있는지는 의문이다. '개구쟁이'는

별난 사람들

형용사 '개궂다'의 어간 '개궂-'에 접미사 '-앙이'가 결합된 '개구장이'에서 변한 말로 보이기 때문이다.

사전에서는 '개궂다'를 '짓궂다(장난스럽게 남을 괴롭고 귀찮게 하여 달갑지 아니하다)'에 대한 경북 방언으로 소개하고 있다. '짓궂다'가 명사 '짓'에 접미사 '-궂다'가 결합된 어형이기에 '개궂다'는 명사(또는 어근) '개'에 접미사 '-궂다'가 결합된 어형으로 볼 수 있으나, '개'의 정체는 분명하지 않다. 사전에 따라서는 '개궂다'를 '게궂다'(경상 방언), '게궂다'(북한어)로 제시하고 있어 더욱 '개'의 정체가 모호해진다. 접미사 '-궂다'는 '심술궂다, 앙살궂다, 왁살궂다, 험궂다' 등에 보이는 그것과 같이 일부 명사나 어근 뒤에 붙어 '그러한 상태가 심함'의 뜻을 더한다. 이는 형용사 '궂다(험하고 거칠다)'에서 온 것일 가능성이 높다.

접미사 '-앙이'는 '고양이(괴+-앙이)', '꼬맹이(꼬마+-앙이)' 등에 보이는 '-앙이'와 같이 '작은 대상'을 지시한다. 그러므로 '개구장이'는 '짓궂은 장난을 하는 작은 아이'라는 뜻이다. '개구장이'의 'ㅣ' 모음 역행동화 형태가 '개구쟁이'다. '개구장이'가 경북 방언 '개궂다'에서 파생된 명사라면, '개구장이' 또한 경북 방언으로 간주할 수도 있다. 그러나 '개궂다'에서 파생된 '개구지다'가 비교적 넓게 쓰이고 있어 '개궂다' 역시 한때 그러했다고 본다면, '개구장이'가 본래부터 경북 방언이었다고 못 박을 수는 없다. 다만 앞에서도 말했듯이, 《조선말큰사전》(1947), 《국어대사전》(1961)과 같이 당시를 대표하는 사전에 '개구장이'나 '개구쟁이'가 실려 있지 않은 이유가 궁금할 뿐이다.

개차반
'개'의 밥은 똥이다

'개차반'이라는 단어를 아는가? "그는 성질이 개차반이어서 모두 가까이하기를 꺼린다", "술만 마시면 개차반이라 아예 내놨지" 등에서 보듯 '개차반'은 '언행이 몹시 더러운 사람'을 속되게 이르는 말이다. '술주정뱅이, 양아치, 망나니' 등이 '개차반'에 속하는 군상(群像)이다.

'개차반'은 이른 시기의 문헌에 보이지 않는다. 속된 말이어서 문헌에 잘 나타나지 않은 것일 뿐, 실제 언어생활에서는 일찍부터 쓰였을 것으로 추정된다. '개차반'은 《동아일보》 1930년 10월 25일 자 기사에서 확인된다. 사전으로는 《조선어사전》(1938)에 처음 올라 있는데, '품행이 나쁜 사람의 별명'으로 기술되어 있으며, 특이하게도 그 동의어로 '개장수(개를 잡는 것을 업으로 삼는 사람)'가 대응되어 있다. '개장수(개백장)'의 언행이 아주 더러워 '개장수'를 '개차반'이라 한 것이 아닌가 하나, 이후 출간된 사전에는 '개장수'에 '개차반'의 의미는 달려 있지 않다.

'개차반'은 '개'와 '차반'이 결합된 합성 형태다. '개'는 '犬(견)'의 뜻인 것이 분명하나 '차반'의 정체는 좀 모호하다. '차반'을 '찬반(饌飯)' 또는 '채반(예물로 가져가거나 들어오는 좋은 음식)'에서 온 것으로 보기도 하지만 미덥지 않다. 도리어 '채반'이 '차반'에서 온 것일 가능성이 있다.

'차반'은 근세 중국어 '茶飯'을 차용한 말이다. 중세국어 문헌에 '차반'이라는 말이 많이 나오는데, "廚는 차반 밍ᄀᆞᄂᆞᆫ ᄃᆡ라(부엌은 음식

만드는 곳이다)"《내훈》, 1573)에서 보듯 '음식'을 뜻했다. 이에 따르면 '개차반'은 '개가 먹는 음식'이라는 뜻이다.

여기서 '개가 먹는 음식'은 다름 아닌 사람의 '똥'이다. 예전에는 '똥'을 먹는 '똥개'가 아주 흔했다. 보신한다고 잡아먹던 '누렁이, 검둥이, 워리' 등은 모두 똥개였던 것이다. 사람 똥을 먹은 똥개를 잡아먹었으니 개고기를 즐긴 사람들은 자기 똥을 먹은 것이나 진배없다.

똥개는 아이들이 똥을 누려 하면 유심히 지켜보고 있다가 볼일을 다 보면 얼른 대들어 그것을 먹어치웠다. 어떤 못난이 똥개는 자기가 싼 똥을 먹기도 했다. 개의 처지에서는 먹을 것이 부족하니 사람 똥이든 자기 똥이든 가리지 않고 먹어 배를 채울 수밖에 없었을 것이다. 고급 사료 먹으며 주인 사랑 듬뿍 받는 현대의 팔자 좋은 반려견과는 처지가 달랐다.

사람의 똥은 무엇보다 더럽고 불결한 것이 특징이다. 그리하여 '똥'을 뜻하는 '개차반'에 '더러운 행세와 마음을 가진 사람'이라는 비유적 의미가 생겨날 수 있다. 이러한 사람을 '개차반'에 접미사 '-이'를 붙여 '개차반이'라고도 하나 '개차반'에 비해 잘 쓰이지 않는다.

고바우
흔한 남자 이름, '바우'

〈야로씨〉, 〈나대로 선생〉, 〈왈순 아지매〉, 〈두꺼비〉, 〈고바우 영감〉은 예전 일간지에 연재되던 네 컷짜리 만화이다. 이들은 촌철살인(寸鐵殺人)의 만평(漫評)으로 오랫동안 독자의 마음을 사로잡았다. 이 가운데 가장 인기를 끈 것은 〈고바우 영감〉이 아니었나 한다. 주인공의 몰골이 우스워 특별히 눈에 띄기도 했지만, 다른 어떤 만화보다도 거침없는 풍자와 비판으로 강골의 시대정신을 여실히 보여주었기 때문이다.

〈고바우 영감〉은 김성환(1932~2019) 화백이 그린 만화다. 얼마 전 별세했다는 슬픈 소식에 젊은 시절 애독했던 그의 만화가 주인공 '고바우'와 함께 문득 떠올랐다. 〈고바우 영감〉은 1950년 육군 본부가 발행한 〈사병만화〉에 첫선을 보인 이후 우여곡절을 겪으면서 2000년까지 근 50년 세월을 버텨왔다고 하니 놀랍지 않은가. 세계에서 최장 기간 동안 연재한 네 컷 시사만화라는 영예를 안고 또 대한민국 등록문화재 제538호로 지정되는 영광을 얻은 것도 우연한 일은 아니다.

〈고바우 영감〉이 1950년부터 연재되었으니 그 주인공 이름인 '고바우'도 이때 등장한 것이 된다. '고바우'는 '고'씨 성의 '바우('바위'의 방언)'라는 이름을 가진 남자다. 예전에는 남자아이가 바위처럼 튼튼하게 잘 자라기를 바라는 마음에서 '바우'라는 이름을 지어주곤 했다.

별난 사람들

그런데 만화 주인공 '고바우'는 나이 지긋한 영감이라는 점에서 좀 특별하다.

'고바우'가 '인색한 사람'이라는 의미로 쓰이고 있어 주목된다. 이러한 의미는 만화 주인공의 투사적 이미지와는 좀 동떨어진 것이다. '고바우'가 '吝嗇漢(인색한)'이라는 의미를 띠게 된 것은 1959년 제작된 〈고바우〉라는 영화 때문이 아닌가 한다. 영화의 주인공 고바우는 고리대금업까지 손을 댄, 돔바르기 짝이 없는 인물이다. 영화 속 고바우가 몹시 인색한 사람이기에 '고바우'에 '인색한'이라는 일반적 의미가 생겨난 것이다. 이렇게 하여 '고바우'는 고유명사에서 일반명사로 바뀌게 된다.

'인색한'이라는 의미의 '고바우'가 사전으로는 《표준국어대사전》(1999)에 처음 올라 있다. 그런데 이러한 의미로 쓰인 '고바우'의 용례는 잘 발견되지 않는다. 이 사전에 인용된 문장 속의 '고바우'는 "네가 우리를 한꺼번에 고바우 만들었어. 이 새끼…… 백만 원이면 너 같은 종자 고깃값으론 모자라"(황석영, 《어둠의 자식들》, 1980)에서 보듯 '인색한'이 아니라 '바보'라는 의미로 쓰인 것이어서 적절한 예가 되지 못한다.

'바보'라는 의미는 만화 속 고바우 영감의 외모가 너무 우스꽝스럽고 또 하는 짓이 엉뚱하기도 하여 생겨난 의미로 추정된다. '바보'라는 의미를 인정한다면, '고바우'에는 '인색한'과 '바보'라는 두 가지 의미가 있다고 보아야 한다.

깡패
'깡패'는 '갱(gang)'인가?

시인이자 문학평론가인 김기림(1908~?)이 1949년 《학풍》에 실은 〈새 말의 이모저모〉에 다음과 같은 글이 나온다. "「길아싯순」(안내자)은 三八선과 함께 등장한 말이며 「껑패」니 「가다」니 「날린다」 등의 좀 부량심을 띤 새말들은 거리의 뒷골목에 유행할 뿐, 아직은 일반화 하지 못하였으며~." 이를 통해 '깡패'가 '껑패'로도 쓰였고, '껑패'가 1949년 즈음에 등장했으며, 이때에는 이 단어가 아직 널리 쓰이지 않았음을 짐작할 수 있다.

'깡패'라는 어형은 《동아일보》 1953년 4월 14일 자 기사에 처음 보인다. 이로써 초기에는 '껑패'와 '깡패'가 함께 쓰였음을 알 수 있다. '깡패'는 8·15광복 이후 사회·정치적 혼란을 틈타 폭력을 쓰며 못된 짓을 일삼는 패거리가 생기자 그 무리를 지칭하기 위해 새롭게 만든 단어로 추정된다.

민간에서는 대체로 '깡패'를 '깡통'의 '깡'과 한자 '패(牌)'가 결합된 어형으로 보고 있다. 이는 이승만 정권의 자유당 시절 박수 부대로 동원된 건달들이 깡통을 두드리며 상대편 유세를 방해했다는 사실 이나 깡통을 찬 거지 떼가 몰려다니며 못된 짓을 자행했다는 사실에 기반한 설인데, '패'가 무리를 뜻하는 '牌(패)'인 것은 분명하지만, '깡' 을 '깡통'으로 보기는 어렵다. 국어학계에서는 '깡패'의 '깡'을 영어 'gang(갱)'과 관련하여 설명한다. 그런데 'gang'이 '깡'으로 되는 과정에

별난 사람들

대해서는 아직 명쾌한 설명이 없다. 필자는 이에 대해 두 가지 생각을 해 본다.

첫째는 영어 'gang'이 국어에서 '깽'으로 변한 뒤에 그것과 한자 '패(牌)'가 결합되어 '깽패'가 만들어지고, 이것이 변하여 '깡패'가 된 것으로 본다. 이러한 설명은 '깽패'가 '깡패'로 변한 것을 일종의 이화(異化)작용으로 설명할 수 있다는 점에서 그럴듯해 보인다. 그러나 여기에는 '깽패'라는 단어가 '깡패'에 앞서 실제 비중 있게 쓰였다는 사실이 밝혀져야 하는 전제가 있다. 아쉽게도 '깽패'는 1960년대 신문에서 두 번 검색될 뿐이며, 그마저도 이는 오자일 가능성이 있다.

둘째는 영어 'gang'에 대한 일본식 취음(取音)인 '걍그'가 국어에서 '꺙그'로 변한 뒤에 이것을 '깡'으로 받아들여 '패(牌)'와 결합한 어형으로 본다. 실제 "「걍그」의 도시 시아고(市俄古)에"《동아일보》 1932년 9월 7일), "은행 습격하는 「꺙그」 두목 한 사람이"《동아일보》 1934년 12월 5일) 등에서 보듯 '걍그, 꺙그'가 일제강점기에 국어에 들어와 쓰였고, 또 '꺙그'를 이어서 바로 '깡패'라는 단어가 등장하므로 이들의 관련성을 무시할 수 없다. 필자는 두 가능성 가운데 후자에 더 무게를 두고 있다. 여러분의 생각은 어떠하신가?

꺼벙이
꿩의 어린 새끼는 꺼벙해 보인다

웬만한 기성세대라면 길창덕(1930~2010) 화백이 그린 〈꺼벙이〉라는 명랑 만화를 기억할 것이다. 〈꺼벙이〉는 1970년대와 1980년대에 폭발적 인기를 끌던 만화였다. 얼마 전 이 만화가 '서울 미래 유산'으로 지정되었다는 반가운 소식을 들었다. 홀대받던 만화가 이제야 창작물로서 제대로 된 대접을 받는 것 같아 어린 시절 만화를 애독했던 독자의 한 사람으로서 흐뭇한 마음이 들었다.

이 만화의 주인공인 '꺼벙이'는 외양이 그야말로 꺼벙할뿐더러 생각도 약간 부족하고 모자란 듯한 초등학생이다. '꺼벙이'라는 별명이 딱 들어맞는 인물이다. 사전적 의미로 '꺼벙이'는 '야무지지 못하고 조금 모자란 듯한 사람'이다. 그런데 '꺼벙이'가 본래부터 그와 같은 어형과 의미를 띠고 있었던 것은 아니다. '꺼벙이'는 '꺼병이'에서 변한 것이며, 이는 '꿩의 어린 새끼'를 뜻하기 때문이다. '꺼병이'를 '꿩병아리'에서 변한 말로 설명하기도 하나, 그렇게 보기는 어려울 듯하다.

꿩의 어린 새끼는 털이 거칠고 또 온전히 자라지도 않아 푸석푸석하고 엉성하다. 이러한 꺼병이의 꺼칠한 모습이 인간의 외양에 적용되어 '외양이 꺼칠해 보이는 사람'을 뜻하게 된다. "영화를 보면서 왜 우리 선수가 저렇게 꺼병이인가 부끄러운 생각이 들었다. 더부룩한 머리에 꺼먼 얼굴을 한 젊은이가 스크린에 자꾸 클로즈업되었다"(《경향신문》1964년 9월 7일)에서 '꺼병이'의 모습이 잘 드러난다. 여기서 '우리 선수'는 다름 아닌 마라토너 손기정(1912~2002) 선수다. 식민지 청년의 까칠하고 수심어린 얼굴이 애처롭게 보인 것이다.

'꺼병이'에서 변한 '꺼벙이'는 1950년대 문헌에 처음 보인다. 그런데 '꺼병이'에서 '꺼벙이'로 직접 변한 것은 아닌 듯하다. '꺼병이>꺼벙이'는 'ㅕ'가 'ㅓ'로 변한 것인데, 이러한 변화가 '혈(魂)>얼'에서도 확인되나 그렇게 일반적인 변화는 아니기 때문이다. 아마도 '꺼병이'가 '꺼뱅이'로 변한 뒤에 이것을 '꺼벙이'의 'ㅣ' 모음 역행동화 형태로 잘못 유추한 나머지 '꺼벙이'가 나타난 것으로 추정된다. 드물지만 실제 '꺼뱅이'라는 어형도 문헌에 나온다.

주목되는 점은 어형이 변하면서 의미도 '성격이 야무지지 못하고 모자란 사람'으로 변한 것이다. 이는 엉성하고 거친 외양이 성격에 적용되어 생겨난 의미다. '꺼벙이'는 이러한 의미만 지녀 '꿩의 어린 새끼'와 '외양이 엉성하고 거칠어 보이는 사람'이라는 두 가지 의미를 지니는 '꺼병이'와 뚜렷이 구별된다. 이제 '꺼벙이'와 '꺼병이'는 다른 말이 되었다.

'꺼병이'에서 '꺼벙이'가 나온 뒤에 이를 근거로 '꺼벙하다'라는 형용사가 만들어진 것으로 보인다. 물론 '꺼벙하다'를 통해 '꺼벙이'가 나온 것으로 생각할 수도 있으나 '꺼벙하다'에 대한 '꺼병하다'나 '꺼뱅하다'라는 단어가 존재하지 않으므로 그렇게 보기는 어려울 듯하다.

꼴통
골수를 담는 통

요즘과 같은 정치 극단주의 시대에는 언어도 제멋대로 요동친다. '수꼴, 좌빨, 토왜' 등과 같은 출처 불명의 기상천외한 가학적(加虐的) 말들이 만들어져 함부로 쓰이고 있지 않은가. 아마 이들보다 상대를 거칠게 공격하고 모멸하는 독설(毒舌)은 없어 보인다. 최근 모 방송국의 진행자가 내뱉은 '수꼴(수구 + 꼴통)' 발언이 가져온 논란과 파문 그리고 이로 인한 깊은 상처는 이를 여실히 증명한다.

그런데 '수꼴'에 포함된 '꼴통'이 처음부터 이렇듯 모질고 독한 말은 아니었다. 몇 차례의 변신 끝에 뒤틀린 정치 상황과 맞물려 혐오 언어의 반열에 오른 것이다. 이런 사실은 이 말의 어원을 살펴보아도 드러난다.

'꼴통'은 19세기 말의 《한영자전》(1897)에 '골통'으로 처음 나오며, 단순히 '머리'로 풀이되어 있다. '골'은 '골수'를 뜻하고 '통'은 한자 '桶'이니 '골통'은 '골수를 담는 통'이 된다. 20세기 초 이후의 사전도 '골통'을 '머리'로 기술하고, '속어(俗語)'로 분류한다. 현재의 의미와는 좀 달랐던 것이다. 사전에 따라서는 '골통'을 '골통이'의 준말로 설명하기도 하나, '골통'에 접미사 '-이'가 결합되어 '골통이'가 만들어진 것이므로 이러한 설명은 맞지 않는다.

그런데 '골통'은 의미가 급속하게 변했다. 일차적으로 '머리(속어)'에서 '머리가 나쁜 사람(속어)'이라는 의미로 변했는데, 이는 '대상'에서 '그 대상과 관련된 사람'으로의 변화다. '골통'의 이와 같은 의미 변화는 '밥통'이 '밥을 담는 통'에서 '밥만 축내고 제 구실도 못하는 사람'으로 변한 것과 같다. '머리가 나쁜 사람'을 표현하는 데는 된소리화한 '꼴통'이 더 잘 어울린다. 이러한 '꼴통'이 1960년대 문헌에서 발견되나, 이것이 사전에 오른 것은 1970년대 이후다.

'골통'은 '말썽꾸러기나 골치를 썩이는 사람(속어)'이라는 의미로 또 변했다. 이러한 의미는 '머리가 나쁜 사람'이 갖는 행위적 속성을 근거로 해서 파생된 것이다. '골통'의 의미 변화에 따라 그 된소리화 어형인 '꼴통'도 그와 똑같은 의미 변화를 겪는다. "서무계 안 병장 그 꼴통 새끼가"(조정래, 〈한강〉, 《한겨레》 1999년 8월 9일)에서 보듯 이러한 '꼴통'이 1990년대 문헌에서 확인된다. 그런데 이와 같은 의미는 사전에 반영되어 있지 않다.

'꼴통짓'이나 '수구 꼴통' 등에 쓰인 '꼴통'도 '말썽꾸러기나 골치를 썩이는 사람'이라는 의미로 쓰인 것이다. '수구 꼴통'에 쓰인 '꼴통'에는 '골치 아픈 사람'이라는 의미에서 더 나아가 '상종 못할 사람'이라는 적대적 의미까지 배어 있어 섬뜩한 느낌마저 든다.

꽃제비
정처 없이 떠도는 고단한 삶

'꽃제비'는 꽤나 알려진 북한어다. 탈북민의 전언에 의하면, 먹을 것을 찾아 떠돌아다니는 16세 이하의 아이들을 일컫는다고 한다. 그리고 '꽃제비'에는 장마당에서 음식을 강탈하여 먹는 '덮치기 꽃제비', 길거리의 쓰레기통을 뒤져 먹는 '쓰레기 꽃제비', 몸을 팔아 먹고사는 '매춘 꽃제비'가 있다고 한다.

여러 경로를 통해 이들 '꽃제비'의 참상이 적나라하게 드러났건만, 정작 북한 당국은 그 존재 자체를 부인한다. 또한 '꽃제비'라는 단어를 사전에서 배제할 정도로 말 자체도 금기시한다. 지상낙원이라 선전했으니 부끄러웠던 모양이다.

'꽃제비'라는 말이 언제, 어떤 연유로 만들어졌는지는 분명하지 않다. 8·15광복 이후 생겨나 6·25동란을 겪으면서 널리 쓰인 후 한동안 사라졌다가 1985년 이후 다시 등장한 단어로 보기도 하고, 식량난이 본격화된 1990년대 초반부터 주민들 사이에 유행한 신조어로 보기도 한다. 《매일경제》 1992년 6월 20일 자 기사에서는 '꽃제비'를 '깡잭이, 뚜룩꾼, 야생, 호제꾼' 등과 함께 당시에 유행한 북한 은어로 분류하고 있다. 그런데 여기서는 '꽃제비'를 특이하게도 '소매치기'로 풀이한다. '꽃제비'가 먹고살기 위해 남의 물건을 슬쩍 훔치는 짓까지 마다하지 않았기에 '소매치기'로 본 것이 아닌가 한다.

'꽃제비'의 어원에 대해서는 여러 설이 있다. 꽃이 피는 봄에 제비가 따뜻한 곳을 찾아다니는 것을 빗댄 것이라는 설, '꽃'은 '거지'를 뜻하는 중국어 花子(화즈)에서 온 것이고, '제비'는 '낚아채다'는 의미의 '잡이, 잽이'에서 온 것이라는 설, '유랑, 유목, 떠돌이'를 뜻하는 러시아어 '꼬체비예' 또는 '유목자, 방랑자'를 뜻하는 러시아어 '꼬체브니크'에서 온 것이라는 설 등이 그것이다. 이 가운데 러시아어 유입설이 널리 퍼져 있으며, 그럴듯하다. 만약 '꽃제비'가 러시아어에서 온 것이라면 어형상 가까운 '꼬체비예'와 관련이 있어 보인다.

'꽃제비' 외에 '청제비'와 '노제비'도 있다고 한다. 1990년대 이후 최악의 식량난을 겪으며 가정이 해체되자 어른들까지도 역전, 장마당을 전전하며 연명하게 되면서 16세에서 30세까지의 꽃제비 신세의 청년을 '청제비(젊은 거지)', 40세 이후 꽃제비 신세의 나이 든 사람을 '노제비(늙은 제비)'라 하여 기존의 '꽃제비'와 구분한 것이다.

이들 가운데 나이 어린 '꽃제비'와 나이 많은 '노제비'의 삶이 특히 열악하다고 한다. 물론 '청제비'라고 사정이 크게 나은 것은 아닐 것이다. 고난의 행군이 끝나고 젊은 지도자가 등장한 지금 '꽃제비, 청제비, 노제비'의 수가 얼마나 줄었는지 궁금하다.

나부랭이

나풀나풀, 하찮게 날리는 것들

"이 군번에 저런 나부랭이한테." 국회 법사위에서 두 중진 국회의원이 감정 섞인 설전 끝에 한 의원이 상대 의원에게 날린 말이다. 뒤에서 분풀이로 한 말이지만 좀 과하다는 생각이 들었다. '나부랭이'라는 말 때문이다. '나부랭이'는 어떤 부류의 사람을 낮잡아 이를 때 쓰는 속된 말이니, 국민을 대표하는 국회의원이 동료 국회의원에게 쓸 말은 아니다.

'나부랭이'는 19세기 말 문헌에 '나부랑이'로 처음 보인다. 그렇다고 이 단어가 19세기부터 쓰인 것은 아니다. 우연히 문헌에 늦게 나타난 것일 뿐이다. '나부랑이'가 'ㅣ' 모음 역행동화에 의해 '나부랭이'로 변하는 것은 어렵지 않다. '나부랑이'는 '나브랑이'에서 원순모음화한 어형이며, '나브랑이'는 '나블'에 접미사 '-앙이'가 결합된 어형이다. 그리고 '나블'은 동사 '납다(날다)'의 어간 '납-'에 접미사 '-을'이 결합된 어형으로, 일종의 의태성 어근으로 볼 수 있다. 동사 '납다'는 문헌에 나타나지 않으나 파생 명사 '나비'를 통해 그 존재를 확인할 수 있다. 접미사 '-을'은 '가믈가믈(가물가물)'의 '가믈', '구믈구믈(구물구믈)'의 '구믈' 등에서도 확인된다.

'나블'은 원순모음화하여 '나불'이 된다. '나불'은 '나부랭이'를 비롯하여 그 비규범적 어형인 '나부라기(나불 + -아기)' 그리고 동사 '나불거리다', 부사 '나불나불'에서도 확인된다. 접미사 '-앙이'는 '고양이

별난 사람들

(괴 + -앙이)', '꼬맹이(꼬마 + -앙이)' 등에 보이는 그것과 같이 '작은 것'을 지시한다. 이렇게 보면 '나브랑이', 곧 '나부랭이'는 '날리는 작은 조각' 정도의 의미를 띤다. 바람에 날릴 만한 종이, 새끼, 헝겊 등의 자질구레한 조각이나 오라기가 '나부랭이'다.

종이나 헝겊 등의 조각이나 오라기는 아주 하찮고 형편없는 것이다. 그리하여 '나부랭이'에 '그러한 특성을 갖는 물건, 사람, 말'이라는 의미가 생겨날 수 있다. '잡지 나부랭이', '아전(衙前) 나부랭이', '핑계 나부랭이' 등의 '나부랭이'에서 그러한 의미가 잘 드러난다.

'나부랭이'가 특히 '사람'에게 적용될 때는 그가 속한 집단 전체를 비하하는 속성이 있다. 민망하여 차마 예를 들 수는 없지만, '나부랭이'를 이용한 집단 비하 표현이 제법 흔하다. 혹여 '국회의원' 집단도 국민으로부터 '나부랭이'로 대접받지 않을까 걱정된다.

'나부랭이'와 같은 의미의 단어로 '너부렁이'도 사전에 올라 있다. '나부랭이'와 '너부렁이'는 어감에서 차이를 보이는 복수 표준어다. 그런데 "옷을 만들고 남은 헝겊 너부렁이가 여기저기 흩어져 있다"에서 보듯 '너부렁이'가 종이나 헝겊과 관련하여 쓰이면 '널브러져 있다'는 의미가 더 들어 있는 느낌이다.

놈팡이
'놈'보다 더 형편없는 놈

'놈팡이'와 '놈팽이' 가운데 맞는 말은? 표준어와 관련하여 자주 등장하는 퀴즈다. 물론 답은 '놈팡이'다. 그런데 '놈팡이'의 어원을 물으면 좀 뜬금없는 답이 나온다. 독일어 '룸펜(lumpen)'을 들고 있기 때문이다. 국어학 전공자 중에서도 이런 설에 솔깃해하는 사람이 있어 놀라울 뿐이다. 의미와 어형이 유사하다고 하여 우리말의 어원을 무턱대고 독일어에까지 연결하는 것은 너무 무리다.

'놈팡이'라는 말이 19세기 말 사전인 《한불자전》(1880)에 나오는 것만 보아도, 이것이 독일어에서 왔다고 말하기 어렵다. 19세기 말에 독일어가 국어에 들어와 마치 고유어처럼 자리를 잡았다는 것은 시기상으로 맞지 않기 때문이다.

'놈팡이'는 역행동화에 의해 '놈팽이'로 변한다. 20세기 초 사전은 물론이고 《사정한 조선말 표준어 모음》(1936)에서도 '놈팽이'를 표준어로 삼고 있다. 그런데 《조선말큰사전》(1949)과 그 이후 사전에서는 도리어 '놈팡이'를 표준어로 인정하고 있다.

'놈팡이'의 어원에 대해 우리말에 관심이 있는 사람이라면 금방 '놈'과의 관련성을 떠올릴 것이다. 그리고 '놈팡이'를 '놈'에 접미사 '-팡이'가 결합된 형태로 분석할 것이다. '놈'은 15세기에는 '남자' 또는 '사람'을 지시하는 평칭이었는데, 16세기 이후 의미 가치가 하락하여 비칭으로 떨어졌다. 곧 처음부터 지금과 같은 비칭이 아니었던 것이다. 이러한 사실은 학계의 상식이다.

'놈'과 상대되는 '년'도 평칭에서 비칭화한 것이다. 평칭으로서의 흔적이 현대국어 '언년(손아래의 어린 계집애를 귀엽게 부르는 말)'의 '년', 제주 방언 '육지년(육지에서 온 여자)', '큰년(큰딸)'의 '년'에 남아 있다. '놈팡이' 는 '사내'를 낮잡아 이르는 말이므로, 이는 적어도 '놈'이 비칭화한 16세기 이후 만들어진 단어로 추정된다.

문제는 '-팡이'다. 어떤 사람은 '-팡이'를 '지팡이, 곰팡이'의 그것과 같은 것으로 보고, '놈팡이'를 '지팡이'처럼 여자에게 의지하고 '곰팡이'처럼 여자에게 들러붙어 사는 족속으로 설명하기도 한다. 그럴 듯해 보이지만, '지팡이'는 동사 '짚다'의 어간 '짚-'에 접미사 '-앙이' 가 결합된 어형이고, '곰팡이'는 동사 '곰피다'의 어간 '곰피-'에 접미사 '-앙이'가 결합된 어형이어서 이러한 설명은 전혀 맞지 않는다.

추정컨대, '-팡이'는 '좀팡이(좀팽이, 몸피가 작고 좀스러운 사람을 낮잡아 이르는 말)', '잡팡이(잡팽이, 몹시 난잡한 짓을 하는 무리)' 등의 그것과 같으며, '비하(卑下)'의 의미를 띤다고 볼 수 있다. 그러나 '-팡이'가 어디서 온 말인지는 알기 어렵다. '놈'과 '-팡이'의 의미를 고려하면, '놈팡이'는 '놈'을 더욱 낮잡는, '정말 형편없는 놈' 정도의 의미를 띤다.

등신(等神)

사람 형상의 신, '등신'은 어리석지 않다

'등신, 머저리, 멍청이' 등은 '어리석다'는 점에서 한 부류로 묶인다. 이들 가운데 '어리석음'의 정도에서 가장 심한 말은 '등신'이 아닐까 한다. 사전에서 '등신'을 정도부사 '몹시'를 특별히 넣어 '몹시 어리석은 사람을 낮잡아 이르는 말'로 풀이한 것도 이유가 있는 것이다. 그런데 '등신'이 처음부터 이러한 극단의 부정적 의미를 띠었던 것은 아니다.

'등신'은 한자어 '等神'이다. 거의 모든 사전에서 그렇게 보고 있다. '등신'을 '병신'에서 변형된 말, 아니면 그 동의어쯤으로 생각하는 사람도 있으나, '병신'은 '病身(모자라는 사람)'으로 '등신'과는 전혀 다른 것이다.

'等'이 '같다'의 뜻이므로 '等神(등신)'은 '신과 같음'의 뜻을 함축한다. 실제 '등신'은 사람과 같은 형상으로 만들어놓은 신상(神像)을 가리킨다. 이를 '등상(等像)'이라고도 한다. 따라서 '등신'은 처음에는 인간의 능력으로 할 수 없는 일을 해내는 '귀신'과 비슷한 뜻으로 쓰였던 것으로 보인다.

"광목이 처음 나타났을 때, 너무 넓어서 어머니가 「이건 사람이 못 짜. 등신이 짜지」라고 하시던 기억이 난다"(문익환, 《죽음을 살자》, 1986)에서 보듯 실제 그와 같은 의미로 쓰인 '등신'이 발견되기도 한다. 이 글에서 "이건 사람이 못 짜. 등신이 짜지"는 문익환 목사의 모친인 김신묵(1895~1990) 여사의 육성 진술인데, 그렇다면 적어도 이분의 고향인 함경북도에서는 20세기의 얼마간까지도 '등신'이 긍정적 의미로 쓰였다고 볼 수 있다. 김신묵 여사의 육성에 섞여 있는 '등신'은 그 어원을 밝혀줄 수 있는 아주 진귀한 예다.

그런데 현재 '등신'은 본래의 긍정적 의미를 잃고 '몹시 어리석은 사람'이라는 부정적 의미로만 쓰인다. 그 사이에 심각한 의미 변화가 일어난 것인데, 아마도 '등신'이 나무, 돌, 흙 등으로 만들어진, 실체가 없는 사람의 형상이라는 점이 크게 작용한 결과로 이해된다. 실체가 없는 우상(偶像)에는 감정이나 생각, 의지, 능력이 없다. 이는 사람으로 치면 '어리석은 사람'에 해당한다. "당신이 그것을 모른다고 하면 그야말로 등신이지요"(민태원, 《무쇠탈》, 1923)에 쓰인 '등신'이 바로 그러한 것이다.

'등신'은 "등신 같은 놈!"에서 보듯 욕을 만드는 데도 이용된다. 또한 "야, 이 등신아!"에서 보듯 직접 욕으로도 쓰인다. '비어(卑語)'가 '욕설'로 바뀐 예다.

또라이
머리가 돌처럼 굳다

'우최또(우주 최강 또라이)', '또라이박(또라이처럼 멍청한 짓을 하고 박처럼 머리가 빈 사람)', '똘끼(또라이 끼가 있는 사람)', '똘추(또라이 추한 놈)' 등과 같은 유행어를 들어보았는가? 이들은 일반 사전에는 올라 있지 않아도 인터넷 국어사전에는 당당히 올라 있는 '또라이'의 변종어(變種語)들이다. 이들 변종어는 요즘 우리 사회에 정신 나간 '또라이'가 얼마나 많은지를 보여주는 암울한 증표다.

그런데 '또라이'는 그렇게 오래전부터 쓰인 말이 아니며, 또 지금과 같이 심각한 정도나 상태를 나타내는 말도 아니었다. '또라이'는 《경향신문》 1978년 11월 24일 자 기사에 처음 보이는데, 여기에는 아주 흥미로운 내용이 나온다. '또라이'가 권투 경기의 후유증이 심해서 가벼운 정신이상 증세를 일으키거나 비정상적 행동을 하는 권투인을, 권투인 스스로가 붙인 슬픈 이름이라는 것이다. 당시의 권투 열기와 경기 중의 불상사를 기억한다면 이와 같은 기사 내용을 무시할 수는 없지만, 정말 '또라이'가 후유증에 시달리는 권투인을 지시하는 것에서 시작된 말인지는 단언할 수 없다.

'또라이'의 어원에 대해서는 그 의미를 고려하여 동사 '돌다(정신에 이상이 생기다)'와 관련하여 설명하는 것이 일반적이다. 그러나 이는 잘못된 것이다. '또라이'는 다름 아닌 '돌아이'에서 변한 말이며, '돌아이'는 '아이'에 접두사 '돌-'을 결합한 어형이기 때문이다. 1985년 이

두용 감독이 만든 〈돌아이〉라는 영화의 제목이 바로 그것이다.

영화 속의 '돌아이', 곧 '또라이'는 불의를 보고는 참지 못하고 덤벼드는 정의로운 청년이다. 저돌적이고 무모한 성격을 갖고 있다는 점에서는 '또라이'의 속성과 무관하지 않지만, 그렇게 부정적인 인물은 아니다. 앞뒤 가리지 않고 달려드는 '돈키호테' 유형의 인물에 가깝다고나 할까.

접두사 '돌–'은 '돌계집, 돌무당, 돌중' 등의 그것과 같은 것으로, '수준 이하의', '질이 떨어지는' 정도의 의미를 띠며, '石(석)'의 '돌'에서 기원한다. 이에 따른다면 '돌아이'는 보통의 아이와는 달리 수준이 떨어져 이상하고 모자란 생각이나 행동을 하는 아이가 된다.

'돌아이'에 대한 부정적 인식이 부각되면서 '똘아이'로 되게 발음했을 것이고, '똘아이'의 어원이 불분명해지자 '또라이'로 연철 표기했을 것이다. 그리고 상식 밖의 사고와 행동을 하는 사람들이 늘어나면서 '아이'에서 '일반인' 전체로 의미 적용 범위가 확대된 것으로 보인다. 사전에서도 '또라이'를 '이상하고 모자란 생각이나 행동을 하는 아이'로 국한하지 않고 '상식에서 벗어나는 사고방식과 생활방식을 가지고 자기 멋대로 하는 사람'으로 폭넓게 풀이하고 있다. "흥. 저기 또라이 하나 또 들어와 있군」 하고 그의 포승줄을 풀던 교도관이 혼자 꿍얼거렸다"(이호철, 《문》, 1995)에 쓰인 '또라이'는 분명 '어른'이다.

벽창호(碧昌-)

평안도 벽동과 창성의 소는 크고 억세다

고집이 센 사람을 무엇이라 하는가? 보통은 '고집쟁이, 고집통, 고집통이'라 하고, 정도가 좀 심하면 '불고집쟁이(북한어), 쇠고집, 옹고집쟁이, 황고집쟁이'라 한다. 고집이 센 사람을 표현하는 말에 이들 외에 '벽창호'도 있다. "너 참 벽창호구나. 이제 고집 좀 꺾어라"에 쓰인 '벽창호'가 바로 그러한 것이다.

물론 '벽창호'는 고집이 센 사람뿐만 아니라 우둔한 사람을 지시하기도 하고 또 완고하여 말이 도무지 통하지 않는 무뚝뚝한 사람을 가리키기도 한다. 이 가운데서도 주로 '말이 도통 통하지 않는 무뚝뚝한 사람'이라는 의미로 쓰인다.

'벽창호'는 20세기 초 문헌에서나 발견된다. 사전으로는 《큰사전》(1950)에 처음 실렸으며, '벽창우(碧昌牛)'에서 변한 말로 기술되어 있다. 이는 아주 정확한 설명이다. '벽창우'라는 말도 '벽창호'와 마찬가지로 20세기 초 문헌에서 발견된다. 이것이 20세기 초의 대표적 사전인 《조선어사전》(1920)과 《조선어사전》(1938)에 올라 있는 것을 보면 당시에 꽤나 알려진 단어였음을 짐작할 수 있다.

'벽창우'는 본래 '평안북도 벽동(碧潼)과 창성(昌城)에서 나는 소'라는 뜻이다. 단어 구조로 보면, 지명이 선행하고 그 지역에서 나는 특산물이 후행하여 그 대상의 이름이 된 예다. '안주(安州)'에서 나는 '항라(亢羅)'라는 뜻의 '안주항라'가 줄어든 '안항라', '통영(統營)'에서 나는

'갓'이라는 뜻의 '통영갓' 등도 지명과 그 지역 특산물을 지시하는 단어를 합성하여 만든 물건 이름이다.

'벽동'과 '창성'에서 나는 소는 크고 억세어 부리기가 만만치 않다고 한다. 그리하여 '벽창우'가 '고집이 세거나 우둔한 사람'이라는 비유적 의미로 변할 수 있다. 고집이 세고 우둔한 사람은 융통성이 없는 사람이니 얼마든지 '완고하여 도무지 많이 통하지 않는 사람'이라는 비유적 의미로 발전할 수 있다. "허 선생한테 말 좀 해서 서울로 가도록 해주어요. 도모지 벽창우니 어떠케 할 수가 잇어야지"^{(이광수,} 〈흙〉, 《동아일보》 1933년 6월 11일)에 보이는 '벽창우'가 그러한 의미로 쓰인 것이다. 그런데 비유적 의미로는 '벽창우'보다 그 변화형인 '벽창호'가 더 일반적이다. '벽창호'가 비유적 의미를 담당하게 되자 '벽창우'는 그 본래의 의미에 더욱 충실하게 된다. 사전에서는 아예 '벽창우'에서 비유적 의미를 배제하고 있다.

'벽창우'가 '벽창호'로 바뀐 시기나 이유는 정확히 알 수 없다. 다만 그 이유를 '벽에 창문을 내고 벽을 친 것'이라는 의미의 '벽창호(壁窓戶)'라는 단어에 이끌렸기 때문으로 추정할 수는 있다. 좁고 답답한 모습의 '벽창호'와 그러한 성격을 가진 사람과의 연상이 '벽창우'를 '벽창호'로 쉽게 바꾸게 했을 것이라는 판단이다. '벽창호'는 고집 센 사람을 조롱하고 무시하는 말이니 함부로 써서는 안 된다.

병신(病身)
'병든 몸', '병신'은 어쩌다 욕이 되었나

"이 미친 인간아." "이 빙신아." 최근 텔레비전 예능 프로그램에서 왕년의 개그우먼 팽 모 여사가 남편이자 개그맨인 최 모 씨를 향하여 내뱉은 말이다. 웃기려고 한 말이지만, 자기 남편을 '미친 인간', '빙신(병신)'이라 야단치는 막말에 시청자들은 꽤나 놀랐을 것이다. 정작 이 말을 들은 최 모 씨는 실실 웃고 있어서 일순 이 장면을 어떻게 이해해야 할까 당황스러웠다.

'미친 인간'이나 '빙신'은 도긴개긴이다. '빙신', 곧 '병신'이 '모자라는 행동을 하는 정신 나간 사람'이니 '미친 인간'으로 볼 수도 있어서다. 그러나 욕설로는 '병신(빙신)'이 더 야비하고 모욕적일지 모른다.

그럼 욕설로서의 '병신'은 어디서 온 말인가? 필자는 한때 이 말을 한자어 '病人(병인)'에서 온 것으로 본 적이 있다. 존경하는 학계의 원로께서 그렇게 보셨기에 큰 고민 없이 그대로 따랐던 것이다. '病人'의 중세국어 한자음인 '병ᅀᅵᆫ'이 지역에 따라 'ᅀ'이 소실되어 '병인'이 되기도 하고, 'ᅀ'이 'ㅅ'으로 변하여 '병신'이 되기도 하는데, '병신'이 중세국어 '병ᅀᅵᆫ(病人)'에서 변한 '병신'과 같은 것이라는 설명이다.

그런데 최근 필자는 생각이 달라져 '병신'을 한자어 '病人'에서 온 말이 아니라, 한자어 '病身(병신)'으로 보고 있다. 이렇게 생각이 달라진 것은 '病身'으로 보아야만 그 복잡한 의미 변화 과정을 자연스럽게 설명할 수 있기 때문이다. 물론 대부분의 사전에서는 줄곧 '병신'

을 '病身'으로 보아와 색다른 것은 아니다.

'병신(病身)'은 글자 뜻 그대로 '병이 든 몸'이라는 뜻이다. 이를 사전에서는 '신체의 어느 부분이 온전치 못한 기형'으로 풀이한다. 이어서 '병신'은 '신체의 어느 부분이 온전치 못한 사람'이라는 의미로 변한다. 신체를 지시하다가 그러한 신체를 가진 사람을 지시하게 된 것이다. 이후 '병신(病身)'은 다시 '모자라는 행동을 하는 사람'이라는 의미로 변한다. '신체'에 이상이 있는 사람에서 '정신'에 이상이 있는 사람으로 적용 범위가 확대된 것이다.

'병신(病身)'이 '정신'에 문제가 있는 사람에 적용되면서 비로소 욕으로서의 기능을 갖게 된다. "이 병신아, 그것도 못하냐", "그러니까 병신 소리를 듣고 살지" 등에 쓰인 '병신'이 그러한 것이다.

한편 '병신(病身)'은 '어느 부분을 갖추지 못한 물건'을 뜻하기도 한다. 이는 '사람'에서 '사물'로 적용 범위가 확대되어 생겨난 의미다. "장갑을 한 짝 잃어버리면 병신이 되고 만다"에 쓰인 '병신'이 그러한 것이다. 결국 '병신(病身)'에는 '신체의 어느 부분이 온전치 못한 기형이거나 그런 사람', '모자라는 행동을 하는 사람', '어느 부분을 갖추지 못한 물건'이라는 세 가지 의미가 달려 있음을 알 수 있다.

불쌍놈
고약하고 나쁜, '쌍놈 중의 쌍놈'

말이나 행실이 아주 고약하고 천박한 사람을 낮잡아 '불쌍놈'이라
한다. 이 말은 너무 혐오스러워 아무에게나 쓰지 못할뿐더러 발설
하기조차 거북하다. 이런 말을 최근 한 진보적 성향의 역사학자가
SNS(사회 관계망 서비스)를 통해 제1야당의 원내대표에게 거침없이 해
댔다. 내용인즉, 야당 원내대표가 대통령의 유럽 순방을 '개망신'으
로 깎아내리자 이를 '불쌍놈의 말버릇'으로 되받아친 것이다.

그런데 흥미로운 점은 문제의 역사학자가 '불쌍하다'와 '불쌍놈'의
어원까지 동원하여 자기 논리를 편 것이다. 그 글에서는 '불쌍하다'
의 '불쌍'은 물론이고 '불쌍놈'의 '불쌍'까지 한자어 '불상(不常)'으로 보
고, '불쌍하다'를 '정상이 아니다'로, '불쌍놈'을 '쌍놈 수준에조차 미
달하는 사람'으로 해석하고 있다. 그러나 '불쌍놈'의 '불쌍'까지 한자
어 '불상(不常)'으로 본 것은 아무래도 이상하다. 이에 국어학자로서
좀 다른 견해를 말하고자 한다.

'불쌍놈'은 다름 아닌 '불상놈'을 세게 발음한 말이다. '불상놈'은
'불쌍하다'를 고려하면 '불상'과 '놈'으로 분석될 것 같으나 그렇지 않
다. 이는 '상놈(常-)'에 접두사 '불-'이 결합된 어형이다. 접두사 '불-'
은 '불가물(아주 심한 가물)', '불강도(아주 지독한 강도)', '불깍쟁이(아주 지독한
깍쟁이)' 등에 보이는 그것과 같이 '몹시 심한'이라는 뜻을 더한다. 이
러한 의미를 고려하면 접두사 '불-'은 명사 '불(火)'에서 온 것으로 보

별난 사람들

이는데, '불'이 지니는 '격렬함', '거셈' 등과 같은 속성이 매개가 되어 이와 같은 접두사로서의 의미가 생겨난 것이다.

한편 '상놈(常-)'은 예전에 '상인(常人)', 곧 '평민'을 낮잡아 이르던 말이다. 물론 지금은 '본데없고 버릇없는 남자'를 낮잡아 이르는 말로 일반화하여 쓰이고 있다. '상놈'의 센말이 바로 '쌍놈'이다.

'상놈' 가운데서도 아주 심각한 수준의 상놈을 접두사 '불-'을 붙여 '불상놈'이라 강조한 것이고, 이를 더욱 강렬하게 발음하여 '불쌍놈'이라 한 것이다. 그러므로 '불쌍놈'은 '쌍놈 수준에조차 미달하는 사람'이 아니라 '쌍놈 중에서도 쌍놈'이다. 곧 '아주 천한 사람'을 가리킨다. 그러기에 '불'을 한자 '不'로 보고 해석해서는 안 된다. 천한 사람들의 언행은 대체로 고약하고 더럽다. 이렇듯 언행이 고약하고 나쁜 사람을 '불상놈' 또는 '불쌍놈'에 특별히 접두사 '개-'를 붙여 '개불상놈' 또는 '개불쌍놈'이라 한다.

역사학자도 얼마든지 우리말의 어원에 관심을 가질 수 있고, 또 역사학적 관점에서 접근할 수 있다. 그렇다고 어원론을 쉽게 생각해서는 안 된다. 어원론은 역사학이 아니라 언어학이기 때문이다.

빨갱이
'빨간 깃발'에서 '공산주의자'로

'홍갱이'라는 말을 들어보았는가? 정치인 '홍준표'와 '빨갱이'가 혼합된 말로, 북한 《로동신문》이 홍준표 대표를 비난하기 위해 만든 여러 별칭 중의 하나라고 한다. 홍준표 대표가 대선전(大選戰)에서 이른바 '빨갱이 장사'를 한다고 하여 그렇게 비아냥댄 것인데, 순혈 빨갱이인 북한이 제물로 '빨갱이'라는 말을 들고 나온 것이 좀 우스꽝스럽다.

'빨갱이'는 본래부터 '공산주의자'를 가리키던 말이 아니다. 그리고 처음부터 '빨갱이'라는 어형으로 존재한 것도 아니다. 처음에는 '발강이'였고, 이것이 '빨강이'를 거쳐 '빨갱이'가 된 것이다. '발강이'는 '발강'에 접미사 '-이'가 결합된 어형이고, '발강'은 형용사 '밝다'의 어간 '밝-'에 접미사 '-앙'이 결합된 어형이다.

'빨강이'나 '빨갱이'는 본래 '빨간색 물건'이나 '얼굴색이 빨간 사람'을 지시했다. 20세기 초에 나온 소설이나 신문을 보면, 빨간색 꽃을 '빨강이'라 했으며, 다혈질이어서 시뻘건 얼굴을 한 사람을 '빨갱이'라 했다. "화랑을 좇아 다니다가 입산한 지 얼마 안 되는 「빨갱이」가 그 별명맞다나 다혈질의 시뻘은 얼굴을 더욱 붉히며 자리를 헤치고 나앉는다"(현진건, 〈무영탑〉, 《동아일보》 1938년 7월 22일)에 나오는 '빨갱이'는 '시뻘건 얼굴을 한 사람'을 뜻한다.

그런데 《큰사전》(1950)에는 '빨강이'만 올라 있으며, 그것도 '빨간

빛의 물건'이라는 의미만 달려 있다. 사전이 '빨강이'의 현실 용법을 제대로 반영하지 못했음을 알 수 있다.

이후 '빨강이'나 '빨갱이'는 '공산주의자'라는 의미로 변한다. 이러한 의미의 '발강이'나 '빨갱이'는 1948년 문헌에서 처음 발견된다. "문태석은, 그 빨강이라는 이름으로 불리워지는 것이 자못 유쾌하였다. 문태석은 저 자신을 공산주의자라고는 생각지도 않거니와"(채만식, 《도야지》, 1948)에서 '빨강이'가 '공산주의자'를 가리켰음이 분명히 드러난다. 물론 '공산주의자'로의 의미 변화는 1948년 이전부터 진행되었을 것으로 추정된다.

'빨강이'나 '빨갱이'가 '공산주의자'라는 의미를 띤 것은 공산당의 혁명기가 빨간 색깔이어서 빨간색이 공산주의를 상징했기 때문일 것이다. '공산주의자'를 가리키는 '빨강이'나 '빨갱이'가 1948년 이후 문헌에 본격적으로 나타나는 것을 보면, 좌우 대립이 극렬해지면서 더욱 부각된 것으로 보인다.

그런데 현대국어 사전의 '빨강이'에는 '빨간빛을 띤 물건'이라는 의미만, '빨갱이'에는 '공산주의자'라는 의미만 달려 있다. 형태가 다른 '빨강이'와 '빨갱이'가 의미를 나누어 가지게 된 셈이다. 이 과정에서 아쉽게도 '얼굴색이 빨간 사람'이라는 의미는 놓쳐버리고 말았다. 현대국어 '빨강이'와 '빨갱이' 어디에도 이러한 의미는 배정되어 있지 않다.

숙맥(菽麥)
'콩'과 '보리'는 서로 다른 곡물

사전에서 한번 '숙맥'이라는 단어를 찾아보라. ① '콩과 보리', ② '사리 분별을 못 하고 세상 물정을 잘 모르는 사람'이라는 두 가지 의미가 달려 있을 것이다. '숙맥'은 한자어 '菽麥'이니 이것이 ①의 의미를 갖는 것은 당연하다. 그런데 ②는 ①과 너무나 동떨어져 있어서 이것이 어떻게 '菽麥'과 연결될 수 있는지 궁금하다.

②는 ①에서 직접 파생되어 나온 것이 아니라 한자 성어 '숙맥불변(菽麥不辨)'의 의미를 토대로 하여 새롭게 생겨난 것이다. '숙맥불변'은 중국 문헌인 《좌전(左傳)》에 나오는 말이다. 주자(周子)라는 사람에게 형이 하나 있었는데, 지혜가 없어 '콩'과 '보리'도 분간하지 못했다고 한다. 그래서 '콩과 보리도 분간하지 못하다'는 의미의 '숙맥불변'이라는 표현이 만들어진 것이다. "동셔를 아지 못ᄒᆞ며 슉ᄆᆡᆨ을 분변치 못ᄒᆞᆫ즉 엇지 부언을 지어낼 리 이시리오(동서를 알지 못하며 숙맥을 분변하지 못한즉 어찌 근거 없는 소문을 지어낼 까닭이 있으리오)"《명의록언해》, 1777)에 나오는 '슉ᄆᆡᆨ을 분변치 못ᄒᆞ다(숙맥을 분변하지 못하다)'는 '菽麥不辨(숙맥불변)'을 직역한 표현이다. '콩'과 '보리'는 전혀 다른 곡물인데 이들을 분변(分辨)하지 못할 정도라니 딱한 노릇이다.

'숙맥불변'은 '콩인지 보리인지 분간하지 못하다'는 의미에서 '콩과 보리도 분간하지 못하는 어리석은 사람'이라는 의미로 변한다. 사물을 분간하지 못한다는 점이 촉매제가 되어 의미 변화가 일어난 것이

　　　　　　　　　　　　　　　별난 사람들

다. "숙맥불변이라더니 내가 누군지 아직도 모르겠느냐?"에 쓰인 '숙맥불변'이 그러한 의미로 쓰인 예다.

'숙맥불변'은 '불변'이 생략되어 '숙맥'으로 변형되기도 한다. 그런데 이렇게 변형된 '숙맥'은 변형되기 전의 '숙맥불변'이 지니던 '모자라고 어리석은 사람'이라는 의미를 그대로 유지한다. "그는 세상 물정을 모르는 숙맥이다"에 쓰인 '숙맥'이 바로 그러한 것이다. 생략형 '숙맥'이 '숙맥불변'과 같은 의미의 표현이 된 셈이다. '어리석은 사람'을 뜻하는 '숙맥'은 '숙맥불변'에서 온 것이어서 '콩과 보리'를 뜻하는 '숙맥'과는 성격이 다르다. 따라서 사전에서는 ①과 ②의 '숙맥'을 함께 제시하더라도 ②는 '숙맥불변'에서 온 것임을 분명히 밝혀야 한다.

'숙맥불변'에서 '불변'이 생략된 '숙맥'은 '모자라고 어리석은 사람'이라는 뜻이므로, '콩과 보리'라는 의미의 '숙맥'의 처지에서 보면 의미가 변한 것이다. 특정 요소가 생략되면서 생겨난 현상이어서, 이를 언어학에서는 '생략(省略)'에 의한 의미 변화라고 한다.

얌생이
염소를 이용한 도둑질은 얌체 짓이다

'얌생이'는 현재 '염소'를 뜻하는 경상 방언이자 '남의 물건을 조금씩 슬쩍슬쩍 훔쳐 내는 짓'을 뜻하는 표준어다. 이는 '염소'를 뜻하는 '얌'에 접미사 '-생이'가 결합된 어형이다. 중세국어에 '염소'를 뜻하는 '염'이 있었으므로, 이에 대한 '얌'도 있었을 것으로 추정된다. 접미사 '-생이'는 '괴생이(고양이, 경남 방언)', '강생이(강아지, 경상·제주 방언)', '말생이(망아지, 경상 방언)' 등과 같은 다른 동물 이름에서도 발견된다.

'얌생이'는 무엇보다 한 단어가 방언과 표준어의 자격을 모두 갖고 있다는 점에서 특별하다. 그런데 요즘 젊은이들 사이에서 유행하는 '얌생이'는 '얌체'를 뜻하여 방언과 표준어로서의 '얌생이'와 또 다른 면모를 보인다. 물론 경남의 일부 지역에서 '얌생이'가 '얌체'를 뜻하므로 '얌생이'가 그러한 의미의 유행어로 쓰이는 것이 아주 이상하지는 않다. 정말 이상한 것은 본래 '염소'의 방언인 '얌생이'가 '남의 물건을 조금씩 슬쩍슬쩍 훔쳐 내는 짓'이라는 의미의 표준어로 쓰이는 점이다. '얌생이'가 그러한 의미를 띠게 된 데는 그만한 사연이 있다.

"때는 해방 후 미군정(美軍政) 시절이다. 막 독립한 한국을 돕기 위한 다량의 원조 물자가 미국에서 부산 미군 부대로 들어왔다. 이 물자를 훔쳐다 파는 도둑이 많아 삼엄한 경비가 펼쳐졌는데, 어느 날 물자를 쌓아놓은 철망 안쪽으로 염소 한 마리가 들어왔다. 당황한

별난 사람들

염소 주인은 미군 초병에게 양해를 구해 염소를 쫓아 철망 안쪽으로 들어갔다가 물건을 슬쩍 훔쳐 나왔다. 여기에 맛을 들인 염소 주인은 계획적으로 염소를 철망 안쪽으로 몰아넣고는 들어가서 물건 면내기(훔치기)를 거듭했다. 그러다가 들통이 나 결국 철창신세를 지게 되었다."

이런 일로 해서 다른 일을 빙자하여 계획적으로 물건을 훔쳐 내는 짓을 '얌생이 몰다' 또는 '얌생이 치다'라고 표현했다. 그리고 이러한 관용구의 의미로부터 '얌생이'에 '물건을 훔쳐 내는 짓' 또는 '그와 같은 짓을 하는 사람(도둑)'이라는 의미가 생겨났다. 전자를 '얌생이 짓', 후자를 '얌생이꾼'이라고도 한다. 표준어로서의 '얌생이'에는 이 두 가지 뜻이 있으므로 사전의 의미 기술도 이에 따라 조정되어야 할 것이다. '남의 물건을 조금씩 슬쩍슬쩍 훔쳐 내는 짓을 속되게 이르는 말'이라는 의미만으로 부족한 것이다.

알량한 핑계를 대고 남의 물건을 몰래 훔쳐 나오는 사람은 필경 약아빠지고 비열한 사람이다. 그리하여 '얌생이'에 '얌체'라는 의미가 얼마든지 생겨날 수 있다고 본다. 물론 '얌생이'에 '얌체'라는 의미가 생겨난 데는 뾰족한 턱에 수염이 난 염소의 얄미운 모습을 연상한 까닭과 함께 '얌체'와 같이 '얌'을 포함하는 단어인 까닭도 있을 수 있다.

'얌생이'에 새로 생긴 '얌체'라는 의미는 현재 큰 세력을 잡은 것은 아니다. 아직 특정 세대의 언어 속에 갇혀 있는 유행어일 뿐이다. 만약 '얌체'라는 의미까지 인정한다면 '얌생이'에는 '얌생이 짓', '얌생이꾼', '얌체'라는 세 가지 의미가 달려 있는 셈이다.

얌체
'얌체'는 염치를 모른다

'얌체'는 대부분의 사전에 '얌치가 없는 사람을 낮잡아 이르는 말'로 풀이되어 있다. 여기서 '얌치'는 '마음이 깨끗하여 부끄러움을 아는 태도'라는 뜻이므로 결국 '얌체'는 '부끄러움을 아는 태도가 없는 사람'을 가리킨다. 경남 방언에서는 이런 사람을 '얌치'라고도 한다.

그런데 '얌체'가 본래부터 이러한 의미를 띤 것은 아니다. '얌체'는 20세기 초만 하여도 '염치(廉恥)' 또는 '얌치'와 같은 의미로 쓰였다. "요 얌체 업난 것 네가 남이냐"(이인직, 《귀의성》, 1907)의 '얌체'를 '염치' 또는 '얌치'로 바꾸어도 의미상 전혀 문제가 없다. 20세기 초에는 '염치'와 같은 의미의 단어로 '염체'도 쓰여, 한때 의미는 같으나 어형에서 약간 차이가 나는 '염치, 얌치, 염체, 얌체'라는 네 단어가 함께 쓰였음을 알 수 있다.

'염치, 얌치, 염체, 얌체'는 어형상 '염치'와 '얌치', '염체'와 '얌체', '염치'와 '염체', '얌치'와 '얌체'로 묶일 수 있다. 일견 '염치'가 변하여 '얌치'와 '염체'가 되고, '얌치' 또는 '염체'가 변하여 '얌체'가 된 것으로 생각할 수도 있으나, 제1음절에서 'ㅕ'가 'ㅑ'로 변한 이유, 제2음절에서 'ㅣ'가 'ㅔ'로 변한 이유를 음운론적으로 설명하기란 쉽지 않다.

다만 '부끄러움을 아는 태도'의 정도를 좀 더 얕게 표현하기 위해 음성모음 'ㅕ'를 양성모음 'ㅑ'로 바꾸었다고 볼 수 있고, 한자 '恥(치)'에 대한 중국 음이 '톄'인 시절이 있어 그 흔적이 우리말에 '체'로 남게

별난 사람들

된 것이라 설명할 수는 있다.

현재 '염치'와 '얌치'는 어감의 차이는 있지만 여전히 같은 의미로 쓰이고 있다. 그런데 이들과 같은 의미를 지니던 '염체'는 방언으로 제약되어 있으며, '얌체'는 '얌치가 없는 사람'으로 변했다. "에이 얌체 같으니라고"(《동아일보》 1953년 4월 3일)에서 보듯 변화된 의미로서의 '얌체'가 1950년대 문헌에서 확인된다.

이렇듯 '얌체'가 '염치(廉恥)'라는 긍정적 의미에서 '얌치가 없는 사람'이라는 부정적 의미로 변한 것은, 이것과 적극적으로 어울려 나타나는 부정어 '없다'의 부정적 의미 가치에 전염(傳染)되었기 때문이다. 곧 '전염'이라는 방식에 의해 의미가 변한 것이다. '염치가 없이 막된 사람'을 '만무방'이라 한다. 김유정의 단편 소설 〈만무방〉의 제목도 그러한 뜻이다.

'전염'에 의한 의미 변화는 아주 빈번하다. '분수'가 '분별, 지혜'라는 긍정적 의미에서 '분별력이 없는 것. 또는 그런 사람'이라는 부정적 의미로 변한 것, '주책'이 '일정하게 자리 잡힌 생각'이라는 긍정적 의미에서 '줏대가 없는 짓. 또는 그런 사람'이라는 부정적 의미로 변한 것도 부정어 '없다'의 의미 가치에 전염되었기 때문이다. 먹을 가까이하는 사람은 검어진다는 근묵자흑(近墨者黑)의 논리가 언어에도 적용된 것이다.

양아치
'거지'와 '양아치'는 한 족속

2017년 대선(大選) 정국에서도 이전 선거 때와 마찬가지로 상대를 노골적으로 공격하는 비속어가 난무했다. '양아치, 영감탱이, 쫄보, 호구' 등 옮기기도 민망한 말들이 사정없이 오갔다. 이 가운데에서 가장 듣기 거북하고 민망한 말은 '양아치'였다. 뒷골목 잡배들이나 쓰는 저속한 말이 나라를 대표하겠다는 후보자나 그런 분을 돕는 사람들의 입에서 나오다니 그저 놀라웠을 뿐이다.

'양아치'는 '동냥아치'에서 온 말이다. '동냥아치'의 '동'이 생략되어 '냥아치'가 되고, '냥아치'의 어두음 'ㄴ'이 탈락하여 '양아치'가 된 것이다. '동냥아치'는 '동령아치'가 '동녕아치'를 거쳐 나온 말이다. '동령'은 불교 용어 '동령(動鈴)'으로, '방울을 흔듦'이라는 뜻이다. 스님들이 방울을 흔들며 탁발(托鉢, 도를 닦는 승려가 경문을 외면서 집집마다 다니며 동냥하는 일)을 했기에 '동령'에 '구걸하는 행위'라는 의미가 생겨났다. '-아치'는 '벼슬아치, 장사아치(장사치)' 등의 그것과 같이 '그 일에 종사하는 사람'의 의미를 더하는 접미사다. 이에 따르면 '동령아치'는 '구걸하는 일을 하는 사람', 곧 '거지'가 된다.

'동령아치'가 '거지'의 뜻이므로 이것에서 변한 '동냥아치'나 '양아치'도 그러한 의미를 띠는 것은 당연하다. 그런데 한때 '양아치'는 '거지' 외에 '넝마주이(헌 옷이나 헌 종이, 빈 병 등을 주워 모으는 사람)'라는 의미로도 쓰였다. 구걸하지 않고 폐품을 주워 어느 정도 자립하여 살아

가지만 거지 신세와 다름없는 '넝마주이'를 '양아치(거지)' 범주에 넣은 것이다.

이어서 '양아치'는 '품행이 천박하고 못된 짓을 일삼는 사람'이라는 의미로 또 변한다. '거지'나 '넝마주이'가 천박하고, 거칠고, 야비했기에 이러한 속성을 근거로 이와 같은 부정적 의미가 파생되어 나온 것이다. 특히 한때 '넝마주이'는 허구한 날 몰려다니며 악장치며 행패 부리던 불량꾼들이었다.

그런데 현재 '양아치'에 '넝마주이'라는 의미는 없다. 정부의 꾸준한 관리와 도움으로 넝마주이가 새로운 환경에서 완전히 자립하게 되면서 '양아치'에서 그러한 의미가 빠져나간 것이다. 물론 '양아치'에서 '거지'라는 의미도 위태위태하다. '거지'라는 단어가 그 의미를 대신하고 있기 때문이다. 현재 '양아치'는 주로 '품행이 천박하고 못된 짓을 일삼는 사람'이라는 의미로 쓰이고 있다.

'양아치'는 최소한의 예의, 의리, 염치도 없는 후안무치의 인간이다. 깡패나 건달도 자기를 양아치라고 하면 기분 나빠 한다고 하지 않나. 이 양아치 중에서도 가장 천박하고 못된 사람을 속되게 일러 '생양아치'라 한다. 아직 '생양아치'라는 말은 정치인들의 입에서 나오지 않아 그나마 다행이다.

얼간이

약간 절인 간은 부족하고 모자라다

'얼간이'는 '됨됨이가 변변하지 못하고 덜된 사람'을 조롱하는 말이다. '얼간, 얼간망둥이'라고도 한다. 이들은 '바보, 멍청이'와 큰 의미 차이가 없다. 그런데 이상하게도 '얼간이'라는 말은 20세기 이전 문헌에서는 발견되지 않는다. 《동아일보》 1932년 7월 27일 자 기사에서 처음 확인된다.

비슷한 시기의 《조선어사전》(1938)이나 《큰사전》(1957)에 이 단어가 올라 있지 않아 그것도 이상하다. 이들 사전에는 '얼간이' 대신 의미가 비슷한 '얼간망둥이(탐탁한 맛이 없이 껑충거리기만 하는 사람을 농으로 이르는 말)'가 올라 있다. '얼간이'가 사전으로는 《국어대사전》(1961)에 처음 올라 있다.

'얼간이'는 '얼간'에 접미사 '-이'가 결합된 어형이다. 그러므로 그 어원은 '얼간'의 어원을 찾는 것으로부터 풀어갈 수 있다. '얼간'의 '얼'에 대해서는 대체로 魂(혼)을 뜻하는 '얼'로 본다. 그러고는 '얼간이'를 대뜸 '넋이 나간 사람'으로 해석한다. '얼간이'의 의미를 고려해 볼 때 이러한 해석이 그럴듯해 보이지만, '간'의 의미가 반영되어 있지 않을 뿐만 아니라 '얼'이 魂(혼)을 뜻하는 것도 아니어서 받아들이기 곤란하다. 魂(혼)의 '얼'이 20세기를 넘어서 '쓸개'를 뜻하는 '열'로부터 변형되어 나온 말이라는 사실을 알았다면 이러한 어원설은 나오지 않았을 것이다.

별난 사람들

'얼간'의 '얼'은 '얼개화(완전하게 되지 못하고 어중간하게 된 개화)', '얼승낙(확답은 아니지만 어느 정도 긍정적인 승낙)', '얼요기(대강하는 요기)' 등에 보이는 '얼'과 같은 것으로 보는 것이 합당하다. 이들에서의 '얼-'은 '덜된', '모자라는', '어중간한' 등의 의미를 더하는 접두사다. 접두사 '얼-'은 그 의미나 형태를 고려할 때 중세국어 형용사 '어리다(어리석다)'의 어간 '어리-'와 관련이 있어 보인다.

한편 '얼간'의 '간'은 '음식물의 짠 정도'를 지시한다. 이에 따르면 '얼간'은 '소금을 쳐서 약간 절인 간'으로 해석된다. 곧 '담염(淡鹽)'과 같은 의미다.

'얼간'은 이러한 의미에서 '다소간 부족하고 모자란 사람'이라는 의미로 변한다. '얼간'이 갖는 '덜됨', '모자람'과 같은 특성이 사람에 적용되어 이러한 의미가 파생되어 나온 것이다. '얼간'에 사람을 지시하는 접미사 '-이'를 붙여 그 지시 의미를 더욱 구체화한 것이 '얼간이'다. 그러므로 의미가 변한 '얼간'과 이를 통해 새로 만들어진 '얼간이'는 동의어가 된다. '얼간'에 '망둥이'를 덧붙인 것이 '얼간망둥이'다. '망둥이'라는 물고기가 잘 뛰는 습성이 있어서 '분별없이 덩달아 나서는 것'을 비유하는 데 이용된 것이다.

'얼간이'의 반대말로 '얼찬이'가 쓰이고 있어 흥미롭다. '얼찬이'는 '얼간이'의 '얼'을 魂(혼)의 뜻으로 잘못 파악한 뒤에 새로 만든 단어로 추정된다. '얼이 꽉 찬 사람', 곧 '정신이 똑바로 박힌 사람'이 '얼찬이'다.

우두머리
'머리'가 된(爲頭) '머리'?

어떤 모임이나 단체에서 으뜸이 되는 인물을 '우두머리'라고 한다. 우두머리를 중심으로 모임이나 단체의 일이 추진되고 관리되므로 우두머리의 역할은 아주 중요하다. 우두머리가 한 조직의 핵심 인물이라는 점은 그 어원을 살펴보아도 잘 드러난다.

'우두머리'라는 말은 15세기 문헌에도 나올 정도로 역사가 깊다. 물론 이 시기에는 '우두머리'가 아니라 '위두머리'여서 형태가 좀 달랐다. '위두머리'의 '위두'는 한자어 '爲頭'로, 본래 '(우두)머리가 됨'이라는 뜻인데, 이미 15세기에 '우두머리'라는 뜻으로 굳어져 있었다. 15세기에는 '위두, 위두머리'와 같은 의미의 단어로 '웃머리'도 쓰여 결국 동일한 의미의 세 단어가 상호 경쟁 관계에 있었다.

'위두'와 '위두머리' 가운데 먼저 나타난 단어는 물론 '위두'다. '위두머리'는 '위두(爲頭)'에 '두(頭)'와 의미가 같은 '머리'를 덧붙인 어형에 불과하다. '위두'만으로도 '우두머리'를 지시하는 데 아무 문제가 없는 터에 굳이 '머리'를 덧붙여 '위두머리'라는 동의 중복형 단어를 만든 것은 의미를 강조하여 표현하기 위해서였을 것이다. 이는 '산채(山菜)'를 두고 '산채나물'이라는 단어를, '역전(驛前)'을 두고 '역전앞'이라는 단어를 새로 만든 이치와 같다고 볼 수 있다.

15세기의 '위두'는 17세기 이후에는 제1음절에서 'ㅣ'가 탈락한 '우두'로 나타나기 시작한다. 이에 따라 '위두머리'도 '우두머리'로 변한

별난 사람들

다. '우두머리'가 19세기 말 문헌에 보이며, 20세기 이후 문헌에는 높은 빈도로 나타난다. 이 기세에 눌려 '우두'는 세력을 잃고 만다. 현대국어 사전에서는 '우두'를 아예 올리지 않고, '위두(爲頭)'를 들어 '우두머리의 옛말'이라 기술하고 있다. 또한 '위두, 위두머리'와 함께 쓰이던 '웃머리'도 '우두머리'에 밀려나 지금은 북한어에만 남아 있다. 바야흐로 '우두머리' 단독 시대가 열린 것이다.

한편 현대국어 사전의 '우두머리'에는 ① '어떤 일이나 단체에서 으뜸인 사람'이라는 의미 이외에 ② '물건의 꼭대기'라는 의미도 달려 있다. "눈이 너무 많이 와 나무도 우두머리만 보일 뿐이었다"에 나오는 '우두머리'가 그러한 것인데, 이러한 의미는 '우두머리'가 인간에서 물건으로 적용 범위가 이동하면서 생겨난 것이다.

요즘 ①의 '우두머리'에도 변화가 감지된다. 부정적 이미지의 인물에도 적용되면서 의미 가치가 상당히 떨어진 것이다. 그래서 그런지 긍정적 이미지의 상대에게는 주로 '수장(首長)'이라는 한자어를 선택하여 쓴다. 부정적 이미지를 띠는 '패거리'의 '우두머리'를 특별히 '두목(頭目)'이라 칭한다.

졸개
'졸'로 보이면 '졸개'가 된다

'왕의 졸개', '두목의 졸개', '포청의 졸개' 등에서 보듯 '졸개'는 주로 '누구누구의 졸개'라는 형식으로 쓰인다. 이런 표현 방식만 보아도 '졸개'가 어떤 세력가 밑에서 잔심부름이나 하며 부하 노릇을 하는 하찮은 인물임을 알 수 있다. 그리하여 상대에게 당신은 '누구의 졸개'라고 하면 아주 모욕적이다.

'졸개'라는 말은 일찍부터 쓰였을 것이나 문헌상으로는 18세기에 처음 보인다. 19세기 문헌에도 간혹 나타나지만 이상하게도 20세기 초에 나온 사전에는 올라 있지 않다. 사전으로는 《국어대사전》(1961)에 처음 올라 있는데, '졸개(卒-)'로 제시하여 '졸'이 한자 '卒'임을 분명히 보이고 있다. 이후 나온 대부분의 사전에서도 '졸'을 '卒'로 보고 있다.

현대국어에서 '졸(卒)'은 그 자체로 '만만하거나 우습게 보는 대상'을 비유적으로 이르는 말로 쓰인다. "내가 졸인 줄 아느냐?"에 쓰인 '졸'이 바로 그러한 것이다. 이러한 의미의 '졸'은 '卒' 자를 새긴 장기 짝과 관련이 있어 보인다. 장기판에서 '졸'은 한편에 다섯 개씩 있는데, 앞이나 옆으로 한 칸씩 다닐 수는 있으나 뒤로 갈 수는 없는 별 볼일 없는 존재이기 때문이다.

한편 '개'의 정체는 분명하지 않다. '개'를 한자 '介(개)'로 보기도 하나, 이는 취음자(取音字, 음만 취한 글자)에 불과하다. '졸개'를 '졸도(卒徒)'

라고 한다는 점에서 '개'를 '도(徒, 무리)'에 대응하여 '무리'를 뜻한다고 볼 수도 있겠지만 그러한 의미로서의 '개'는 발견되지 않는다. 다만 '개'는 현대국어 '아무개', '얄개(야살스러운 짓을 하는 아이)', '왈개(함남 방언, 놀새)' 등에 보이는 '개'와 같이 '사람'을 지시하되 낮춤의 의미가 있다고 볼 수 있다.

이 가운데 '아무개'는 근대국어 문헌에 '아모가히' 또는 '아므가히'로 나오는데, 그렇다면 '아무개'를 비롯하여 '졸개, 얄개, 왈개' 등의 '개'는 '가히'로 소급한다고 볼 수 있다. '가히'가 '가이'를 거쳐 '개'로 변한 것은 의심의 여지가 없으나, '가히'가 무엇인지는 정확히 알 수 없다. 혹시 '개'에 낮춤의 의미가 있다는 점에서, '가히'가 '犬(견)'을 뜻하는 그것과 같은 것이 아닌가 추정해볼 수는 있지만 조심스럽다.

요즘에는 '졸개'보다 '쫄따구'라는 말이 더 흔히 쓰인다. 이는 '졸개'보다 더 비속한 느낌을 준다. '쫄따구'는 본래 전남 방언인데, 이것이 군대 사회로 들어가 쓰이다가 다시 일반 사회로 넘어와 쓰이고 있다. '쫄따구'는 '졸(卒)'에 접미사 '-다구'가 결합된 '졸다구'에서 변한 어형이다. '늙은이'를 뜻하는 경북 방언 '늘따구'에서도 접미사 '-다구(>-따구)'가 확인되나 이것이 어디서 온 말인지는 알 수 없다.

쪼다
영화 〈벤허〉의 주인공인가, 뒷골목의 은어인가

우리말은 우리말인데 우리말답지 않은 말이 간혹 있다. 어리석고 모자란 사람을 속되게 이르는 '쪼다'도 그러한 말 중의 하나다. 일본어 냄새도 나고 외래어 냄새도 나나 어디서 온 말인지 잘 드러나지 않는다.

다만 이 말의 역사가 그리 깊지 않은 것만은 분명하다. 1964년 신문 기사에 당시 어린이들이 쓰던 은어와 속어 가운데 하나로 소개된 것을 보면, 이 말은 1964년 바로 이전 어느 시점에 등장한 것으로 추정된다. 원로 국어학자들도 이 말이 1960년대 이후 등장한 것으로 보고 있다.

유행어가 대체로 그러하듯, '쪼다' 또한 그 어원을 밝히기가 쉽지 않다. '쪼다'의 어원에 대해서는 인터넷을 중심으로, 어리석게도 석가모니를 놀렸다는 '조달(調達)'에서 왔다는 설, '새 대가리 애새끼'를 뜻하는 한자어 '조두아(鳥頭兒)'에서 변한 것이라는 설, '긴 뱀'을 뜻하는 일본어 '조다'에서 왔다는 설, 고구려 장수왕의 아들 '조다(助多)'에서 왔다는 설 등등 너무나 많은 설이 제기되어 있다.

필자는 아직 '쪼다'의 어원에 대한 분명한 견해를 갖고 있지는 않지만, 영화 〈벤허〉의 주인공인 '쥬다 벤허(유다 벤허)'에서 왔거나, 아니면 범죄자 집단의 은어인 '조다(봉, 이용해 먹기 좋은 사람)'에서 온 것으로 추정하고 있다.

별난 사람들

‘쥬다 벤허’ 설은 일견 엉뚱해 보이나《동아일보》1965년 2월 25일 자 기사에도 나오고 있어 무감하게 넘기기 어렵다. 이 기사에서는 당시 남자 대학생들이 술에 취하면 상대를 ‘쬬다(쪼다)’나 ‘벤허’라 욕을 했는데, 이 두 단어는 ‘쥬다 벤허’에서 온 것이고 ‘바보’를 뜻한다고 설명하고 있다. 가족과 명예와 부를 모두 잃고 노예로 전락한 채 복수의 일념으로 사는 주인공 ‘쥬다 벤허’가 어리석고 모자란 사람으로 보여 ‘쥬다’나 ‘벤허’를 ‘바보’의 대명사로 인식할 수 있다고 본 것이 아닌가 한다.

영화 〈벤허〉가 국내에서 상영된 것이 1962년 2월 1일이니 ‘쥬다 벤허’ 설은 시기상으로도 문제가 되지 않는다. 다만 주인공 ‘쥬다 벤허’를 바보 같은 사람으로 볼 수 있는지, 그리고 ‘쥬다’가 단기간 내에 ‘쪼다’로 변할 수 있는지는 의문이다.

‘조다(봉)’ 설은 ‘조다’가 ‘쪼다’로 변할 수 있고, ‘봉’이라는 의미가 얼마든지 ‘바보’라는 의미로 변할 수 있다는 점에서 보면 그럴듯해 보인다. 다만 이 설은 범죄자 집단의 은어인 ‘조다(봉)’가 학생 집단으로 들어가 ‘바보’라는 의미로 변할 수 있을 만큼 힘을 갖고 있었다는 점이 전제될 때에만 설득력이 있다.

여러분은 두 설 가운데 어느 설이 더 그럴듯하다고 생각하는가? 아니면 두 설 모두 문제가 있다고 생각하는가? 우리는 ‘쪼다’가 어디에서 온 말인지 정확히 모르면서 잘도 쓰고 있다.

호구(虎口)

'호랑이의 아가리'에 들어가면 살아남지 못한다

얼마 전 휴대전화를 바꾸는 과정에서 속칭 '호갱'이 된 적이 있다. '호갱', 참 희한한 말이다. '호구'와 '고객'이 뒤섞인 말이라고 하니 '호구와 같은 고객'이라는 뜻일 것이다. 약아빠진 젊은 점원이 추레한 노인네라고 호구 취급을 한 듯하다. 고객의 처지에서는 호구를 잡힌 것이다. 휴대전화를 구매하다가 느닷없이 호구가 되었으니 약간은 억울하다.

'호구'를 어떤 사람들은 한자어 '戶口(호구, 호적상 집의 수효와 식구 수)'나 '護具(호구, 검도나 태권도 따위에서 몸을 보호하기 위하여 착용하는 기구)'로 보기도 하고, 심지어 일본어 'ほご(호고, 휴지나 소용없는 물건)'에서 변한 말로 보기도 하나 모두 잘못이다. '호구'는 '호랑이의 아가리'를 뜻하는 한자어 '虎口(호구)'이기 때문이다.

'호랑이의 아가리'는 크고 날카로운 엄니가 버티고 있는 아주 무시무시한 곳이다. 사람이든 짐승이든 호랑이에게 물려 일단 그 아가리에 들어가면 용빼는 수를 써도 빠져나올 수 없다. 이렇듯 '호구'는 목숨을 잃을 수 있는 곳이어서 '아주 위험한 곳'임에 틀림이 없다. 이곳에서는 목숨을 잃느냐 마느냐 하는 매우 위급한 상황이 펼쳐진다. 그리하여 '호구'에 '매우 위태로운 처지나 형편'이라는 의미가 생겨날 수 있다. '호구에 들어가다', '호구를 벗어나다'와 같은 표현 속의 '호구'가 바로 그러한 의미로 쓰인 것이다.

별난 사람들

'호구'는 바둑 용어로 전용되어 쓰이기도 한다. 바둑에서 상대방의 바둑돌 석 점이 둘러싸고 한쪽만 트인 그 속을 '호구(虎口)'라 한다. 바둑돌 석 점이 에워싼 속이 마치 호랑이의 크게 벌린 아가리의 속과 같아 보인다고 하여 그렇게 부른 것이다. '호구' 자리를 만드는 것을 '호구를 치다'라고 표현한다. '호구'가 되는 자리는 공방(攻防, 서로 공격하고 방어함)의 급소여서 놓쳐서는 안 될 중요한 곳이다.

'호구'에 바둑돌을 놓으면 영락없이 먹히고 만다. 바보가 아니고서야 누가 '호구'에 바둑돌을 놓는 악수(惡手)를 두겠는가마는, 그런 사람도 있는 모양이다. '호구'에 바둑돌을 놓는 바보처럼 어수룩하게 행동하여 이용하기 좋은 사람을 빗대어 '호구'라 한다. "야, 이 호구야. 왜 그렇게 호구 짓을 하고 다니느냐?"와 같이 표현하는 것이다. 이 경우의 '호구'는 상대를 낮잡아 이르는 비어(卑語)다.

요즘 '호구'라는 말이 제법 쓰이는 모양이다. 얼마 전 한 유력한 대통령 후보의 입에서도 이 말이 나와 자못 놀란 적이 있다. 그래도 누구 하나 시비하여 지적하지 않는 게 이상했다. 그만큼 우리는 비속어에 무뎌진 저급한 사회에 살고 있는 것이 아닌가 한다.

화냥
'고향'으로 돌아온 여자가 아니다

'화냥'은 요즘 잘 쓰이는 말은 아니지만 전통 사회에서는 아주 흔하게 쓰이던 말이다. 남편이 있음에도 불구하고 외간 남자와 사사로이 정을 통하는 여자를 '화냥'이라 한다. '샛계집'과 의미가 통하는 말이다. 이런 여자를 비속하게 표현할 때에는 명사 '년'이나 접미사 '-떼기'를 붙여 '화냥년'이나 '화냥떼기'라 한다. 아직도 정절을 중시하는 우리 사회에서 '화냥'은 여성에게 아주 치명적인 욕이다.

'화냥'의 어원에 대해서는 대체로 두 가지 설이 알려져 있다. 그하나는 만주어 'hayan'(하얀, 음탕한 계집)에서 왔다는 설이고, 다른 하나는 한자어 '환향'(還鄕, 고향으로 돌아옴)에서 변형된 것이라는 설이다. 전자는 병자호란(丙子胡亂, 1636) 때 만주족이 농락한 조선 여인네를 자기네 말로 '하얀'이라 멸시하여 불렀다는 데에, 후자는 병자호란 때 청나라의 수도 선양에 끌려갔다가 천신만고 끝에 귀국한 조선 여인네를 고향으로 돌아왔다 하여 '환향'(還鄕)'이라 불렀다는 데에 근거하고 있다. 이 가운데 '환향'(還鄕) 설이 마치 정설인 양 굳어져 있다.

만주어 'hayan' 설이나 한자어 '환향'(還鄕) 설은 병자호란을 배경으로 하고 있다는 공통점이 있다. 따라서 '하얀'이나 '환향'(還鄕) 설이 성립하려면 '화냥'이 병자호란 이후에 나타난 단어라는 사실이 입증되어야 한다. 그런데 '화냥'(花娘)'이 병자호란 이전의 문헌에도 나오고 있어 두 설은 어느 것도 성립하기 어렵다.

《(금성판) 국어대사전》(1991)에서는 '화냥기(남자를 밝히는 여자의 바람기)'라는 단어를 설명하면서, '화냥'을 '화류계 계집'을 뜻하는 중국어로 기술하고 있다. 어떤 근거에 의한 것인지는 몰라도 '화냥'을 중국어 차용어로 본 최초의 언급이라는 점에서 주목된다. 실제 '花娘(현재의 중국어 발음은 huāniáng)'이라는 말이 일찍부터 중국어에서 쓰였다. 원말명초(元末明初)의 학자인 도종의(陶宗儀)가 지은 《철경록(輟耕錄)》에는 "娼婦曰花娘(창부를 화냥이라 한다)"이라는 구체적인 기록까지 나온다. '娼女(창녀)'를 뜻하는 중국어 '花娘(화냥)'이 우리말에 들어와 '서방질하는 여자'를 뜻하게 된 것이다.

이쯤 되면 만주어 'hayan' 설이나 한자어 '환향(還鄉)' 설은 설 자리를 잃게 된다. 그럼에도 불구하고 《표준국어대사전》(1999)은 물론이고 《우리말샘》(2006)에서도 여전히 그 어원을 만주어 'hayan'에 있는 것으로 보고 있다. 여기에는 국립국어연구원 어문연구실태부장으로 있으면서 사전의 마무리 작업에 관여한 필자의 책임도 있어 마음이 무겁다.

3장
음식과 과일

갈매기살

'가로막살(횡격막살)'이 갈매기살이 된 연유

《동아일보》 1985년 7월 20일 자를 보면 "도축 인부들을 시켜 내장에 붙은 횡격막살(일명 갈매기살)을 매일 300~400킬로그램씩 빼내 팔아 가로채왔다는 것"이라는 기사가 나온다. '횡격막살'을 일명 '갈매기살'이라 한다는 사실을 괄호를 이용하여 친절하게 알려주고 있다. 이로 보면 '갈매기살'이라는 말은 1985년쯤 등장한 단어임을 짐작할 수 있다.

횡격막살의 횡격막(橫隔膜)은 포유류의 배와 가슴에 있는 근육성 막으로, 수축과 이완을 거듭하면서 폐의 호흡 운동을 돕는다. 소나 돼지의 횡격막에 붙어 있는 살이 바로 횡격막살이다. 한자어 '횡격막(橫隔膜)'에 대한 고유어가 '가로막'인데, 이는 '배 속을 가로로 막고 있는 막'이라는 뜻이다. '횡격막'을 이용한 '횡격막살'이 있다면, '가로막'을 이용한 '가로막살'이 있는 것이 당연하다. 가로막살 가운데 소의 가로막 부위에 있는 살을 특별히 '안창살'이라 한다.

가로막살은 얇은 껍질로 뒤덮여 있는 근육질의 힘살이다. 그러다 보니 다른 부위의 고기보다 질길 수밖에 없다. 오랫동안 이 고기를 기피한 이유가 바로 여기에 있다. 가로막살을 방치하다가 어느 날 누군가 이 고기를 모아 껍질을 벗긴 뒤 팔기 시작했다. 그 담백한 맛과 싼 가격으로 갑자기 수요가 늘어나 이 고기를 전문으로 파는 고깃집이 이곳저곳에 생겨났고, 급기야 집단을 이루게 되었다. 성남시

여수동 일대와 서울시 마포 등이 그 대표적인 '갈매기살' 전문 식당 구역이다.

그런데 정작 고깃집에서는 이 고기를 '가로막살'이라 하지 않고 특이하게도 '갈매기살'이라 했다. 그러자 쇠고기나 돼지고기를 파는 고깃집에서 '갈매기'와 같은 새고기도 파느냐고 수군거리기까지 했다. '가로막살'이 '갈매기살'로 크게 변형되면서 생겨난 웃지 못할 해프닝이었다.

'가로막살'에서 '갈매기살'까지의 변화는 생각보다 복잡하다. 간단히 말하면 '가로막살'이 '가로마기살'을 거쳐 '가로매기살'로 변한 뒤에 '갈매기살'이 된 것이다. '가로막살'이 '가로마기살'로 변하고, '가로마기살'이 '가로매기살'로 변한 것은 음운론적으로 설명할 수 있지만, '가로매기살'이 '갈매기살'로 변한 것은 그렇지 못하다. 여기에는 언중(言衆)의 자의적 해석이 반영되어 있기 때문이다.

아마도 '가로막살'이 '가로매기살'로 크게 변하자 언중은 '가로막'과 '가로매기'의 관련성을 인식하지 못했을 것이다. 이어서 언중은 '가로매기'에 대해 의문을 품고 그것이 무엇인지를 놓고 고민하기 시작했을 터인데, 마침 '가로매기'와 어형이 유사한 '갈매기'가 있어 이를 재빨리 끌어들여 '가로매기살'을 '갈매기살'로 변형한 뒤 시치미를 뚝 떼었을 것이다. 이렇게 하여 '가로막살'과는 거리가 먼 '갈매기살'이라는 변종 이름이 탄생한 것이다. 민간어원적 재해석 과정을 통해 '가로막살'이 '갈매기살'로 재탄생한 것이다.

개장국(-醬-)
'개장국'은 이제 설 땅이 없다

대학생들에게 '개장국'을 아느냐고 물어보니 고개를 갸우뚱한다. '보신탕(補身湯)'으로 바꾸어 말하자 그제야 고개를 끄덕인다. '보신탕'도 익숙하지 않은 듯 별 관심을 보이지 않는다. 대학생들의 대답만 보아도 현재 '개장국'이라는 말이 '보신탕'이라는 말에 밀려나 잘 쓰이지 않고 있음을 알 수 있다.

'개장국'은 개고기를 식용한 역사만큼 오래된 단어로 추정된다. 일상에서는 자주 쓰이는 말이었을 터이나, 17세기의 《음식디미방》에서야 '개쟝국'으로 처음 보인다. 이 책에는 '개쟝국'과 더불어 '개쟝'도 보이는데, 이로써 '개쟝국'이 '개쟝'과 '국'이 결합된 단어임을 알 수 있다. '개쟝'의 '개'는 '狗(구)'의 뜻이고, '쟝'은 한자 '醬(장)'이다. 《음식디미방》에서는 '개쟝'을 '삶은 개고기에 양념을 한 것'이라는 의미로 쓰고 있다. 최남선도 《조선상식》(1948)에서 '개쟝'을 '팽구(烹狗, 삶은 개고기)에 자극성의 조미료를 얹은 것'으로 설명하고 있어 이에 부합한다. '개쟝'을 끓인 국이 바로 '개쟝국'이다. '개쟝국'을 '개'와 '장국'의 합성체로 보고 '개고기를 된장으로 끓인 장국에 말아 먹는다'는 뜻에서 나온 말로 설명하기도 하는데, 이는 잘못이다.

'개장국'은 20세기 초 이후 문헌에 아주 빈번하게 나온다. 특히 신문 기사에서 자주 목격된다. 여기서는 '개장'도 '개장국'의 의미로 쓰이고 있어 주목된다. 이러한 의미의 '개장'은 '개장국'에서 '국'이 생략된 것일 가능성이 있다. '개장'이 '개장국'의 의미를 띠면서 '삶은 개고기에 양념을 한 것'이라는 그 본래의 의미는 사라졌다.

'개장국'은 1950년대 초 이후 '보신탕'이 '개장국'을 뜻하게 되면서 점차 '개고기를 끓인 국'을 뜻하는 대표어로서의 지위를 잃게 된다. '삼계탕, 용봉탕, 추어탕' 등과 같이 보신용으로 먹는 탕을 총칭하던 '보신탕'이 '개장국'까지 지시하게 된 것은, 개고기를 먹는 것을 혐오하는 사회적 분위기가 팽배하면서 이를 대체하는 완곡한 단어를 필요로 했기 때문이다. 그런데 '보신탕'으로도 음식에 대한 혐오감이 불식되지 않자 '영양탕(營養湯)'이라는 좀 더 에두른 말까지 등장했는데, 이는 1980년대 문헌에서부터 보이기 시작한다.

요즘 '개고기'는 예전만큼 '보신탕'의 재료로 이용되지 못하고 있다. 동물 애호가들의 강력한 반대에 부딪혀 '개고기'를 파는 가게가 거의 문을 닫았기 때문이다. 이에 따라 '개장국'이니, '보신탕'이니, '영양탕'이니 하는 말도 입에 잘 올리지 않는다. 어느새 이들이 '혐오어' 내지 '금기어'가 된 것이다.

곶감
'감'을 꼬챙이에 꽂아 말리면 '곶감'이 된다

'곶감'은 쫄깃한 육질, 달콤한 맛으로 오랫동안 우리의 입맛을 사로잡아왔다. 요즘 곶감은 색조도 화려하여 더욱 먹음직스럽다. 곶감이 겨울철 간식거리로 최고 대접을 받는 이유다.

'곶감'은 17세기 문헌에 '곳감'으로 처음 보인다. 물론 그 이전에도 '곳감'으로 쓰였을 것이다. '곳감'은 동사 '곶다(꽂다)'의 어간 '곶-'과 명사 '감(柹)'이 결합된 합성명사다. '곶감'이 당시의 표기법에 따라 '곳감'으로 표기된 것뿐이다. '곳감'은 18~19세기를 거쳐 1920년대 문헌에까지도 보인다. 그 이후 문헌에는 어원을 의식하여 표기한 '곶감'으로 나온다. '곳감'이나 '곶감'은 모두 [곧깜]으로 발음된다.

동사 '곶다'는 '꼬챙이'를 뜻하는 명사 '곶'에서 온 것으로, 지금 '꽂다'로 남아 있다. '내리꽂다, 메다꽂다' 등의 '꽂다'도 그러한 것이다. '꼬챙이'를 뜻하는 '곶'은 '꼬챙이, 꽂게, 고깔, 곡괭이, 송곳' 등에 그 흔적을 남기고 사라졌다. 이를 '꼬챙이'가 대신하고 있다.

'감'은 《계림유사》(1103)에 한자 '坎(감)'으로 차자 표기되어 나오는데, 이로써 적어도 고려 시대 이후 '감'으로 존재해 왔음을 알 수 있다. '감'의 어원을 그 맛이 '달다'고 하여 한자 '甘(감)'으로 보기도 하나, 중세국어 '감'과 한자 '甘'의 성조가 다르다는 점에서도 그 가능성이 낮아 보인다. '감'의 어원은 지금으로서는 알기 어렵다.

17세기의 '곳감'이 '곶-'과 '감'의 결합체이므로 '곳감'은 '(꼬챙이에)

꽂은 감'으로 해석된다. 떫은맛이 있는 땡감의 껍질을 얇게 벗겨 싸리 꼬챙이에 열 개씩 꿰어 햇볕이 잘 들고 통풍이 잘 되는 곳에 매달아 말려 만들었기에 '곶다(꽂다)'를 이용하여 그렇게 명명한 것이다. '곶감'에 대응하는 '관시(串柿, 뚫을 관, 감 시)'라는 한자어를 통해서도 '곶감'이 어떤 관점에서 만들어진 단어인지 짐작할 수 있다. '곶감'에 대응하는 한자어에는 '관시' 외에도 '건시(乾柿), 백시(白柿)'도 있다. '건시'는 '말린다는 점'이, '백시'는 '하얀 분가루로 덮여 있다는 점'이 특별히 강조되어 만들어진 명칭이다.

그런데 요사이 꼬챙이에 꽂아 만든 곶감은 보기 힘들다. 꼬챙이에 붙은 부분이 삭으면서 맛이 떨어진 곶감을 입맛이 고급스러워진 소비자가 외면한 탓이다. 요즘 시장에 나오는 곶감은 대개가 '준시(蹲柿)'다. '준시'는 땡감의 꼭지를 살려 깎은 뒤에 꼬챙이에 꿰지 않고 말린 곶감이다. '곶감(관시)'과 만드는 방식이 다른 '준시'를 곶감이라 하고 있으니 이제 곶감의 정의도 달라져야 할 것이다.

김치
절인 채소, '딤치'에서 온 말

코로나19에 김치가 탁월한 효험이 있다는 외국 연구소의 보고서가 나와 흥미를 끈다. 발효된 배추가 코로나19 증상을 완화하는 효과가 있다는 것이다. 이런 발표가 나오자 국내 김치 소비량은 물론이고 해외 수출량도 크게 늘었다고 한다. 고마운 김치가 아닐 수 없다.

김치가 우리의 전통 음식이다 보니 '김치'라는 말 자체를 실물과 함께 등장한 아주 오래된 고유어로 생각하는 사람들이 많다. 그러나 '김치'라는 말은 김치를 담가 먹으면서 쓰기 시작한 것이 아니며 또한 고유어도 아니다. 아울러 처음부터 '김치'라는 어형으로 존재한 것도 아니다.

'김치'보다 먼저 쓰인 말은 '디히'다. '디히'가 15세기 문헌에서도 확인되므로 역사가 제법 깊은 단어임을 짐작할 수 있다. '디히'에 대해서는 대체로 '떨어지게 하다'라는 뜻의 사동사 '디다'에서 파생된 명사로 보고 있다. 초기의 '김치'가 채소를 소금에 절여서 가라앉힌 음식이라는 점에서 이러한 추정이 무리는 아니라고 본다. 다만 '디다'라는 동사가 확인되지 않는 점이 문제가 된다.

'디히'는 '지히, 지이' 또는 '디이, 지이'를 거쳐 '지'로 변한다. 그런데 현대국어에서 '지'는 더 이상 쓰이지 않고, '싱건지, 오이지, 젓국지' 등과 같은 합성어에나 그 흔적을 남기고 있다. 물론 전라 지역에서는 아직도 '김치'를 '지'라 하고 있다.

긴 역사를 자랑하는 고유어 '지'가 사라진 것은 '지'보다 뒤에 나타난 한자어 '김치'에 세력을 빼앗겼기 때문이다. '김치'는 16세기 문헌에 '딤치'로 보이는데, 이는 한자어 '沈菜(침채)'다. '沈菜(침채)'의 당시 현실음은 '팀치'였으나, 그보다 앞선 음은 '딤치'였다. 곧 '딤치'가 더 오래된 한자음인 것이다. '沈菜(침채)'는 한자 뜻 그대로 '절인 채소'라는 뜻이다. 초기의 김치가 채소를 소금에 절인 음식이었기에 이를 반영하는 '沈菜(침채)'라는 한자어가 만들어질 수 있었다고 본다. '沈菜(침채)'는 우리가 직접 만든 한자어라는 점에서 애정이 더 간다. '김치'를 뜻하는 단어로 '디히'라는 고유어가 있었음에도 또 다른 이름을, 그것도 한자를 이용하여 만든 이유가 무엇인지 궁금하다.

16세기의 '딤치'는 '딤츼, 짐츼, 김츼'를 거쳐 '김치'로 변하거나, '짐치, 짐츼, 김츼'를 거쳐 '김치'로 변한다. '딤치'로부터 복잡한 음운 변화를 거쳐 나온 '김치'가 19세기 문헌에 비로소 보인다. '딤치'가 '김치'로 크게 변함으로써 한자어라는 색채는 거의 가셨다.

한편 중세국어 '팀치'는 '침채'로 변했다. 《동아일보》 1928년 12월 12일 자 5면 기사에 '침채'와 '김치'가 함께 나온다. 한동안 '침채'와 '김치'가 같이 쓰였음을 알 수 있다. 《큰사전》(1957), 《국어대사전》(1961) 등에서도 '침채(沈菜)'와 '김치'를 동의어로 기술하고 있다. 그런데 현재 '침채'는 표준어가 아니고 전남 방언이다. '침채'가 일부 지역에서는 제사상에 올리는 '소금에 절인 무'를 가리키고 있다.

단무지
'다꾸앙'을 대체한, 달콤한 '무지'

짜장면에는 반찬으로 단무지, 양파, 김치 등이 곁들여진다. 이들이 있어야 짜장면의 느끼한 맛을 덜 수 있다. 이들 가운데에서도 짜장면에 꼭 있어야 할 반찬은 노란색의 '단무지'다.

그런데 '단무지'를 처음부터 그렇게 부른 것은 아니다. 처음에는 그것을 '다꾸앙' 또는 줄여서 '다꽝'이라 불렀다. '다꾸앙'은 우리말 속에 뿌리 깊게 박혀 있던 일본말 중의 하나였다. 이렇듯 생활 깊숙이 들어와 있던 일본말을 '단무지'라는 새로운 말(新語)을 만들어 대체한 것이다. 지금은 '단무지'가 일본어 잔재인 '다꾸앙'을 완전히 몰아내고 세력을 굳혔다. 우리말 '도시락'이 일본어 '벤또'를 물리쳤듯이.

'단무지'는 1950년대 중반 이후 쓰인 말이다. 당시 내무부(內務部)의 어느 기관에서 왜색(倭色)을 일소하기 위한 계획의 하나로 일본 음식 이름을 우리말로 바꾸기 위해 모 학회에 질문했는데, 그 학회에서 '다꾸앙'을 '단무지'로 순화하여 답한 것이다. 이때 순화한 일본 음식 이름에 '단무지(다꾸앙)' 이외에 '꼬치안주(오뎅안주), 초밥(스시), 생선회(사시미), 유부초밥(이나리스시)' 등도 있다.

'단무지'가 사전으로는 《국어대사전》(1961)에 처음 올라 있다. 그러나 아쉽게도 '다꾸앙'의 부표제어로 되어 있다. 1960년대에는 '다꾸앙'의 위세가 여전했던 것이다. 필자가 고등학교를 다니던 1970년대만 해도 '단무지'보다 '다꾸앙'을 더 많이 썼으니 더 말할 나위가 없다. 이런 '다꾸앙'을 제치고 '단무지'가 득세한 것은 아마도 1980년대 이후가 아닌가 한다. 물론 신문 기사를 보면 1990년대에도 '다꾸앙'이 나온다. 그러나 이 시기에는 사전에서도 배제될 정도로 세력을 잃었다.

'단무지'는 일종의 '무절이(소금에 절인 무)'다. 새말을 만들 때 채소의 하나인 '무'와 그것을 절인 것을 가리키는 '지'를 이용한 이유는 그 때문일 것이다. '지'는 중세국어 '디히'에서 온 말로, 그저 남새(채소)를 소금에 절인 것을 두루 가리켰다. '싱건지, 오이지, 젓국지' 등에 쓰인 '지'도 그러한 것이다. 그러므로 '무지'는 '무를 소금에 절인 것' 정도로 해석된다.

그런데 '무지'는 사전에 올라 있지 않다. 이 또한 당시에 새로 만든 말일 가능성이 있다. '무지'는 '무지'인데 좀 달짝지근하여 '달다'의 관형사형 '단'을 덧붙여 '단무지'라 한 것이다. 이는 군더더기 하나 없이 잘 만든 새말이다. 그러니 '단무지'가 사회적 공인을 얻어 세력을 키울 수 있었던 것이다.

돈저냐
'돈'처럼 작고 동그란 전, 동그랑땡

'돈저냐'를 아는가? 음식 전문가 외에는 이 단어를 아는 사람은 별로 없을 듯하다. 그럼 '동그랑땡'은 어떠한가? 전(煎)의 일종인 동그랑땡을 모르는 사람은 아마 없을 것이다. 동그랑땡은 돈저냐를 달리 이르는 말이니 '돈저냐'는 '동그랑땡'과 같은 음식이다. '돈저냐'가 생소한 것은 아마도 '저냐'라는 말이 잘 쓰이지 않기 때문일 것이다.

사전에서는 '저냐'를 '얇게 저민 고기나 생선 따위에 밀가루를 바르고 달걀을 입혀 기름에 지진 음식'으로 풀이하고 있다. 이는 '생선이나 고기, 채소 따위를 얇게 썰거나 다져 양념을 한 뒤 밀가루를 묻혀 기름에 지진 음식'을 뜻하는 '전(煎)'과 비슷한 의미지만 꼭 같은 것은 아니다. 엄밀히 말하면 '전'은 생선이나 고기뿐만 아니라 채소까지도 재료가 된다는 점에서 '저냐'와 다르고, '저냐'는 달걀을 입힌다는 점에서 '전'과 다르다. '파전'은 있어도 '파저냐'는 없고, '게전야, 닭저냐, 돈저냐, 복저냐, 양저냐'는 있어도 '게전, 닭전, 돈전, 복전, 양전'이 없는 것은 그러한 이유로 설명할 수 있다.

그런데 '굴저냐'와 '굴전'에서 보듯 '저냐'와 '전'이 같은 의미로 쓰이고, 또 '배추저냐'에서 보듯 채소(배추)를 재료로 그저 기름에 지진 것도 '저냐'로 표현하며, '동태전'에서 보듯 생선(동태)을 재료로 하여 달걀을 입힌 것도 '전'으로 표현하는 것을 보면 '저냐'와 '전'의 의미 경계가 무너졌음을 알 수 있다.

음식과 과일

그럼, '저냐'는 어디서 온 말인가? '저냐'는 한자어 '전유어(煎油魚)'가 복잡한 음운 변화를 거쳐 정착한 것이다. '전유어'가 '생선 따위를 기름에 지짐질로 부친 부침개'를 뜻하므로 '전유어', 곧 '저냐'는 본래 '생선'을 재료로 하는 것만을 지시했다고 볼 수 있다. 그러다가 점차 고기, 채소(배추) 등으로까지 재료가 확대된 것으로 이해된다.

　현재 '전유어'와 '저냐'뿐만 아니라 '전유화(煎油花)'도 쓰이고 있다. 이는 부침개를 꽃 모양으로 만들 수 있다는 점을 떠올려 '전유어'를 그렇게 변형한 것이다. '전유화'는 '전유어'와 마찬가지로 문헌에 잘 나타나지 않는다. 사전은 이들 세 단어를 모두 표준어로 인정하고 있으나 '저냐'가 가장 일반적으로 쓰인다.

　'저냐' 가운데 '엽전'과 같이 동글납작한 모양새의 것을 '돈저냐'라 한다. '돈저냐'는 '저냐' 앞에 '재료'가 아니라 '모양새'를 지시하는 단어가 왔다는 점에서 조어법상 아주 특이하다. 잘게 이긴 고기붙이에 두부, 파, 나물 따위를 섞어 만들기에 딱히 어떤 재료를 내세워 그 명칭을 삼기가 어려웠을 것이다. '동그랑땡'과 더불어 '돈저냐'라는 단어도 적극적으로 썼으면 한다.

불고기
평안도 사람들이 즐긴, 불에 구운 고기

인터넷 공간에서 '불고기'의 어원을 놓고 희한한 논쟁이 벌어진 적이
있다. 이른바 맛 칼럼니스트라 하는 어떤 분이 '불고기'가 일제강점
기에 일본 음식 이름 '야키니쿠(燒肉)'를 번역한 말이라 주장하면서 벌
어진 일이다.

이런 주장에는 '불고기'라는 말이 일제강점기 이전의 문헌에 나오
지 않는다는 점이 크게 작용한 것으로 보인다. 물론 '불고기'는 옛 문
헌에서 발견되지 않는다. 필자가 찾은 최초의 용례는 현진건의 단편
소설 〈타락자〉(1922)에 나오는 것이다. 윤백남의 신문 연재소설인 〈대
도전(大盜傳)〉(《동아일보》 1931년 2월 9일)에도 '불고기'가 보이는데, 여기서
는 "어제 잡은 꿩이올시다. 양념이 업서서 맛은 업지마는 이러케 먹
는 불고기도 먹어나면 미상불 별다른 맛이 남니다"에서 보듯 '불에
직접 구워 먹는 꿩고기'를 가리키고 있다. 이후 '불고기'가 1930년대
소설이나 동시대의 신문 기사 속에 종종 나온다. 주로 '불에 직접 구
워 먹는 쇠고기'를 가리키고 있다. 이로 보면 '불고기'는 어떤 짐승의
고기이든 불을 가까이 놓고 직접 구우면서 먹는 고기임을 알 수 있
다. 이를 반영하여 《큰사전》(1950)에서는 '불고기'를 '숯불 옆에서 직
접 구워 가면서 먹는 짐승의 고기'로 기술하고 있다.

그렇다면 '불고기'는 본래 수렵 문화와 관련되어 만들어진 말이
아닌가 추정해 볼 수 있다. "평양 모란대(牡丹臺) 송림(松林) 속을 노리

터 삼는 주객에게는 매우 섭섭한 일이나 모란대 송림의 명물인 '불고기'는 옥외(屋外)에서 굽지 못하기로 되었다 한다"(《동아일보》 1935년 5월 5일)에서 보듯, 평양 사람들이 '불고기'를 즐겨 먹었다는 사실은 그 가능성을 뒷받침한다. 실제 평양을 비롯한 평안도에서 월남한 분들은 '불고기'를 수렵 문화와 관련된 북쪽 지역의 말로 보고 있다. 국어학계에서도 대체로 그렇게 보고 있다. 물론 '불고기'가 본래 평안 방언이었는지는 더 세심히 살펴야 할 것이다.

'불고기'가 평안 방언이라고 전제할 때, 이 말은 이미 일제강점기에 서울말에 들어와 있었고, 1945년 광복 이후 자리를 잡은 것으로 추정된다. 시인 김기림(1908~?)은 '불고기'가 평양에서 서울로 올라와 삽시간에 퍼졌다고 증언했으며, 평안도 출신 국어학자 이기문(1930~2020) 선생은 여기에 덧붙여 이것이 6·25전쟁 통에 피란민을 따라 대구, 부산으로 내려와 전국에 퍼졌다고 보았다.

그런데 '불고기'는 '불에 직접 구워 먹는 고기'에서 '쇠고기 따위의 살코기를 저며 양념하여 재었다가 불에 구운 음식 또는 그 고기'라는 의미로 변했다. 갑자기 '생고기'가 아니라 '양념 고기'가 된 것이다. 요리법이나 먹는 방식이 달라지면서 '불고기'에 의미 변화가 일어난 것이다. "서글픈 수심가 소리가 흘러나오며 구수한 불고기 전골 내음세가 코를 찌른다"(《동아일보》 1952년 3월 2일)에 나오는 '불고기 전골 내음세'를 참고하면 1950년대 초에 이미 의미가 변해 있었음을 알 수 있다.

비빔밥
부비고 비빈, 한 그릇 밥

'비빔밥'은 무엇보다 여러 재료를 섞어 비빈다는 점이 특징인 음식이다. '비빔밥'이라는 명칭에도 이러한 특징이 잘 반영되어 있다. 이것저것 재료를 넣어 바로 만들어 먹을 수 있다는 이점 때문에 아주 오래전부터 지금까지 즐겨 먹고 있다.

그런데 음식의 역사에 걸맞지 않게 '비빔밥'이나 그와 관련된 명칭은 19세기 문헌에 와서야 발견된다. 19세기 문헌에 '부븸밥'(《시의전서》, 18××), '비빔밥'(《국한회어》, 1895)이 보이고, 20세기 초 문헌에 '비빔밥'(《동아일보》 1924년 1월 3일), '비빔ㅅ밥'(《동아일보》 1932년 8월 17일), '비빈밥'(《동아일보》 1930년 9월 19일), '부븸밥'(《동아일보》 1927년 4월 20일), '부빈밥'(《동아일보》 1921년 9월 30일) 등이 보인다. 물론 한자어 '骨董飯'(골동반)과 '汨董飯'(골동반) 그리고 '混沌飯'(혼돈반)과 같은 이름은 옛 한문 문헌에 일찍부터 등장하고 있어 '비빔밥'의 역사를 증거하고 있다.

19세기 이후 문헌에 등장하는 '부븸밥, 비빔밥, 비빔ㅅ밥, 비빈밥, 부븸밥, 부빈밥' 등은 크게 '부븸밥(>부빔밥), 부빈밥, 부븸밥'과 '비빔밥, 비빔ㅅ밥, 비빈밥'의 두 부류로 나누어볼 수 있다. 앞의 것은 동사 '부븨다'와, 뒤의 것은 동사 '비븨다'와 관련된 어형이라는 차이가 있다. 중세국어 이래 같은 의미의 동사 '부븨다'와 '비븨다'가 함께 쓰였는데, '부븨다'는 '부비다'로, '비븨다'는 '비비다' 그대로 이어졌다. 그런데 현재 '부비다'는 표준어가 아니다. '비비다'에 밀려나 세력을 잃은 것이다.

'부빔밥'은 중세국어 '부븨다'에서 파생된 '부빔'과 '밥'이 결합된 어형이고, '부븬밥'은 '부븨다'의 관형사형 '부븬'과 '밥'이 결합된 어형이다. 그리고 '부빔밥'은 '부븸밥'에서 'ㅢ>ㅣ' 변화를 거친 어형이다.

한편 '비빔밥'은 중세국어 '비비다'에서 파생된 '비빔'과 '밥'이 결합된 어형이고, '비빈밥'은 '비비다'의 관형사형 '비빈'과 '밥'이 결합된 어형이다. '비빈밥'은 중국 연변 지역에서 지금도 쓰이고 있다. '비빈밥'이 변하여 '비빔밥'이 된 것으로 설명하기도 하지만, '비비다'에서 파생된 '비빔'이라는 단어가 있었기 때문에 그렇게 보기는 어렵다. '비빔ㅅ밥'은 '비빔'과 '밥'을 사이시옷을 매개로 나누어 표기한 형태다.

20세기 초의 한글학자들은 '부빔밥, 비빔밥, 비빈밥'을 놓고 어떤 것을 표준어로 삼을까 고심하다가 '비빔밥'을 선택했다. 그러한 고민이 《사정한 조선말 표준말 모음》(1936)에 녹아 있다. 당시에 '비빔밥'이 실제 언어생활에서 가장 우세하게 쓰였으므로 그것을 표준어로 삼은 것은 당연한 일이었다.

빈대떡
'전'을 '떡'이라 하고, '떡'에 '빈대'를 붙인 이유는?

막걸리에 잘 어울리는 안주는 '파전'과 '빈대떡'이다. 파전과 빈대떡은 서로 다른 음식이지만 '전(煎)'이라는 점에서는 공통적이다. 그렇다면 전의 일종인 빈대떡에 '전'이 아니라 '떡'이 이용된 것은 좀 이상하지 않은가? 이러한 의문은 '빈대떡'이라는 말의 변천사를 살펴보면 조금은 풀릴 수 있다.

'빈대떡'과 관련하여 가장 먼저 나오는 단어는 17세기의 '빙져'다. '빙져'는 '餠䭏(병저)'에 대한 중국어 음으로, 중국어에서 국어로 직수입된 차용어다. 이러한 사실은 이미 여러 학자들에 의해 밝혀졌다. 다만 '빙져'에서 '빈대떡'으로의 변화 과정이 깔끔하게 정리되지는 못했다.

17세기의 '빙져'는 같은 시기의 문헌에 '빙쟈'로, 또 '빙쟈'는 같은 시기의 문헌에 '빈쟈'로 변해 나온다. 곧 17세기라는 특정 시기에 '빙져'가 '빙쟈'를 거쳐 '빈쟈'로 급변한 것이다. 그런데 두 세기를 뛰어넘은 19세기 문헌에는 '빙즈'와 '빈쟈'에 '쩍'이 덧붙은 '빙즈쩍'과 '빈쟈쩍'이 나와 주목된다. 이 시기의 '빙즈쩍', '빈쟈쩍'은 음성적으로 '빙자떡', '빈자떡'과 같은 것이다.

이렇듯 기존의 2음절 단어에 '떡'을 덧붙여 3음절 단어를 만든 이유가 무엇인지 궁금하다. 아마도 그 이유는 '빙쟈'나 '빈쟈'의 정체가 모호해지면서 그 의미 공백을 '떡'을 붙여 보완하려 한 데 있지 않았을까 한다. '떡'이 아닌데도 정체성을 부여하기 위해 '떡'의 일종으로 보려는 의도가 있었던 듯하다.

'빙자떡'과 '빈자떡' 가운데 세력을 잡은 것은 '빈자떡'이다. 17세기의 '빙져'가 '빈자'로까지 변하자 언중은 더 이상 상호 관련성을 인식하지 못했을 것이다. 이때 언중은 음이 같은 한자어 '貧者(빈자)'를 재빨리 떠올려 '빈자떡'을 '가난한 사람들이 먹는 떡'으로 그럴듯하게 풀이하기에 이른다. 물론 이는 전형적인 민간어원이다. '빈자떡'을 6·25전쟁 이후까지 서울 사람들이 흔히 썼다고 하나 지금은 '빈대떡'에 밀려나 표준어로서의 자격을 잃었다.

'빈대떡'은 19세기 문헌에 '빈뒤썩'(《명물기략》, 1870)으로 처음 보이는데, 이 시기의 '빈뒤썩'은 음성적으로 '빈대떡'과 같은 것이다. '빈자떡'이 쓰이는 상황에서 갑자기 '빈대떡'이 등장한 것인데, 여기에도 언중의 자의적 해석이 개입되어 있다. '빈자떡'의 어원이 분명하지 않게 되자 그 어원을 회복시키려던 차에 이 떡이 '빈대'와 같이 넓적한 외양을 한 점에 이끌려 '빈자'를 음이 비슷한 '빈대'로 바꾼 뒤에 '빈대떡'을 '빈대처럼 생긴 떡'으로 해석한 것이다.

일부 한자 숭배자들은 '빈대'를 한자어 '賓待(빈대)'로 간주한 뒤 '빈대떡'을 '손님을 맞을 때 내놓는 떡'이라 엉뚱하게 해석하기도 했다. 중국어 '빙져'가 '빙쟈, 빈쟈'를 거쳐 '빈자떡, 빈대떡'으로 어형이 크게 변하면서 연이어 생뚱맞은 해석이 나온 것이다.

삼겹살
'삼겹'이 아니라 '세겹'이다

한국인이 가장 즐겨 먹는 돼지고기 부위는? 답은 '삼겹살'이다. 그럼
이 '삼겹살'이라는 말은 언제부터 쓰였을까? 삼겹살을 먹기 시작했
을 때부터 쓰인, 역사가 깊은 단어일 것으로 생각할 수 있으나 그렇
지 않다. '삼겹살'은《경향신문》 1959년 1월 20일 자 기사에서 처음
확인되어 그 역사가 그리 깊지 않을 가능성을 보인다.《큰사전》(1957)
은 물론이고《국어대사전》(1961)에도 이 단어는 올라 있지 않다.

　'삼겹살'은 일단 '삼겹'과 '살'로 분석해볼 수 있다. '삼겹'은 물론 '삼
(三)'과 '겹(重)'의 합성체다. 이는 '삼겹실(세 가닥의 올로 꼰 실)'의 그것과 같
다. 이로 보면 '삼겹살'은 '세 겹으로 이루어진 살'이라는 뜻이다. 비
계와 살이 세 겹으로 되어 있는 것처럼 보여서 붙여진 이름일 것이
다. '삼'을 한자 '蔘(삼)'으로 보아, '삼겹살'을 '개성 사람들이 인삼을
먹여 키운 돼지의 살'로 설명하기도 하나 터무니없다.

　예전에는 '삼겹살'을 '세겹살, 뱃바지' 혹은 '삼층제육(三層-肉)'이라
불렀다고 한다. '세겹살'은《조선요리제법》(1931)에 처음 보인다. 이
후《동아일보》 1934년 11월 3일 자 기사,《조선요리학》(1940) 등에도
나온다. '세겹살'이 '삼겹살'보다 먼저 등장한 단어임을 알 수 있다.
포개진 상태의 것을 '한 겹', '두 겹', '세 겹'이라 세지 '일 겹', '이 겹',
'삼 겹'이라 세지 않기 때문에 '세겹살'이 어법에 맞는 명칭임을 알 수
있다. '세겹살'이 1931년 문헌에 처음 보이지만 그 이전부터 쓰인,

역사가 긴 단어로 추정된다.

'세겹살'의 '세겹'을 '삼겹(三~)'으로 바꾼 것이 '삼겹살'이다. 이는 '두겹실(북한어)'을 '이겹실(두 올을 겹으로 꼰 실)'로 바꾼 것과 같다. '한 겹', '두 겹', '세 겹'을 '일 겹', '이 겹', '삼 겹'으로 표현하게 되면서 '세겹살'이 '삼겹살'로 바뀐 것이다. '세겹살'은 1970년대 문헌을 끝으로 잘 나타나지 않는다. 이때쯤 해서 '삼겹살'에 밀려나 세력을 잃은 것이다. 물론 아직도 사전에는 '세겹살'이 '삼겹살'의 동의어로 올라 있어 그 생명이 완전히 끝난 것은 아니다.

맛좋은 돼지고기 부위도 많은데, 갑자기 삼겹살이 인기를 끌게 된 데는 이유가 있다. 그 이유를 1960~1970년대 강원도 지역 탄광촌에서 돼지비계가 목에 낀 먼지를 씻어내는 데 특효라 하여 광부들이 먹기 시작했기 때문이라고도 하고, 1970년대에 일본에 돼지고기를 수출할 때 일본에서 수입하지 않는 삼겹살을 아주 싼 가격에 사서 먹을 수 있었기 때문이라고도 한다. 여기에 삼겹살구이의 담백하고 쫄깃한 맛도 삼겹살이 인기를 끄는 데 한몫을 담당했을 것이다.

요즘에는 '벌집 삼겹살', '대패 삼겹살' 등과 같은 아주 특별한 '삼겹살'이 판매되고 있다. '벌집 삼겹살'은 '벌집 모양으로 칼집을 낸 삼겹살'이고, '대패 삼겹살'은 '대패로 민 듯이 얇게 썬 삼겹살'이다. 그런데 '대패'를 한자어 '大敗(대패)'로 알고 있는 사람들이 많다고 하니 참으로 희한하다. 돼지고기에서 '크게 패할' 일이 무엇이 있겠는가.

새알심

동짓날 팥죽 한 그릇에 담긴, 새알 같은 덩이

음력 2020년 11월 7일은 1년 중 밤이 가장 길고 낮이 가장 짧다는 '동지'다. 그것도 음력 11월 10일이 채 못 되어 드는 '애동지'에 해당한다. 애동지에는 보통의 동지 때와는 달리 '팥떡'을 해 먹었다고 한다. 팥죽에 더해서 팥떡을 먹었던 것이니 애동지라고 해서 팥죽을 먹지 않은 것은 아니다.

팥죽은 물론 팥을 재료로 해서 쑨 죽이다. 팥을 푹 삶은 다음 체에 으깨어 밭인 물에 쌀을 넣고 쑨다. 팥죽에는 찹쌀가루나 수수가루로 동글동글하게 만든, 새알만 한 크기의 덩이가 들어간다. 바로 '새알심'이다. 새알심이 들어간 팥죽을 특별히 '새알팥죽'이라 한다. 훌훌한 팥죽을 휘휘 저으며 그 속에 숨어 있는 하얀 새알심을 찾아 먹는 것도 재미라면 재미다.

'새알심'이라는 말은 18세기의 《을병연행록》(1765)에 처음 보인다. 물론 그 이전에도 이 단어가 있었을 것이다. '새알심'이 '새알 모양의 덩이'라는 점에서 '새알'이 '새의 알'이라는 사실은 분명해진다. '새알'은 '새알심'을 비롯하여 '새알사탕, 새알콩, 새알팥' 등에서 보듯 '새알' 모양의 것을 지시하는 데 적극적으로 이용된다.

문제는 '심'인데, 이 또한 그 어원이 분명하다. 대부분의 사전에서는 '심'을 한자 '心(심)'으로 보고, '죽에 곡식 가루를 잘게 뭉치어 넣은 덩이'로 풀이한다. 정확한 설명이다. 물론 '심(心)'에는 '나무의 고갱

음식과 과일

이', '속에 있는 물건', '촛불의 심지' 등의 의미도 있다. '연필심, 심지' 등의 '심'도 그와 같은 것이다. 이들에서의 '심'은 '가운데', '속'의 의미를 띤다. 동글동글한 모양의 '새알심'을 '핵심'으로 인식하고 그 이름을 만드는 데 '심'을 이용한 것이다.

이렇게 보면 '새알심'은 '새알만 한 크기로 동글동글하게 빚은 곡식 덩이'가 된다. 강원과 경상 지역에서는 '새알'을 '새알심'이라는 뜻으로 쓰는데, 이는 '새알심'에서 '심'이 생략된 어형이다. '심'이 생략된 '새알'이 생략되기 전의 '새알심'과 같은 의미 기능을 수행하고 있는 것이다. '새알심'을 줄여서 '샐심'이라고도 한다.

'새알심'에 대한 방언형은 아주 다양하다. 강원 지역에서는 '옹심' 또는 '옹심이', 충청 지역에서는 '새알수제비', 전남 지역에서는 '팟죽건지', 평북 지역에서는 '도구랭이', 함북 지역에서는 '오그래', 경기 지역에서는 '생설미'라 한다. '옹심'의 '옹'은 '옹달샘(작고 오목한 샘)', '옹달치(아주 작은 물고기)', '옹솥(작고 오목한 솥)', '옹시루(작고 오목한 질그릇)' 등에 보이는 '옹'과 같이 '작음'을 지시한다. '옹심'의 '심'은 물론 '새알심'의 그것과 같다. 따라서 '옹심'은 '작게 빚은 곡식 덩이'라는 뜻이다. '옹심이'는 '옹심'에 접미사 '-이'가 결합된 어형으로 '옹심'과 같은 의미다. '새알수제비'는 '새알심'을 '새알 모양의 수제비'로 보고 만든 것이고, '팟죽건지'는 '새알심'을 '팥죽에 들어가는 건더기'로 보고 만든 것이다. 그런데 '도구랭이, 오그래, 생설미' 등의 어원은 밝히기가 쉽지 않다. 대체로 방언형은 그 지역의 특수성이 가미되어 그 어원을 찾기가 더 어렵다.

송편(松-)
솔잎 위에 찐 귀한 떡

'송편'은 추석을 대표하는 떡이다. 그렇다고 추석에만 송편을 빚어 먹은 것은 아니다. 민요〈떡타령〉에서 2월의 시절 떡으로 '송병(松餠, 송편)'을 든 것을 보면, 적어도 2월에도 송편을 만들어 먹었음을 알 수 있다. 또한 8월의 송편을 특별히 '오례송편(올벼의 쌀로 빚은 송편)'이라 하는 것을 보아도 송편이 추석의 떡만이 아닌 것이 분명하다.

'송편'은 18세기 문헌에서야 '숑편'으로 보인다. 그 이전 문헌에는 한자어 '송병(松餠)' 일색이다. '숑편'의 '숑'은 한자 '松(송)'인 것이 분명하다. '松'의 당시 한자음이 '숑'이었으며, 무엇보다 떡을 찔 때 '솔잎'을 밑에 깔기 때문이다. 또한 '송병(松餠)'을 비롯한 '송엽병(松葉餠)'과 같은 한자어 그리고 '솔편'이라는 제주 방언이 있어 '숑편'의 '숑'이 우리말 '솔'에 대응하는 '松'임을 분명히 알 수 있다.

'편'에 대해서는 설이 분분하다. 우선 '편'을 한자 '扁(편)'으로 보기도 한다. 이는 우리의 '송편'이 중국의 '편식(扁食, 만두처럼 빚어서 솔잎을 깔고 쪄서 만든 것)'과 흡사하다는 점에 근거한 것이나, 짜장(과연 정말로) 우리 고유의 떡 이름을 중국 만두 이름에 기대어 만들었을까 하는 점에서 보면 의심이 든다. 또한 '편'을 한자 '餻(편)'으로 보기도 한다. 그런데 '餻'은《오주연문장전산고》(19세기)의〈동국속자변증설〉에서도 언급했듯이, 우리가 만든 속자(俗字, 새로 만들어 세간에서 널리 쓰이는 한자)일 가능성이 높다. '떡'을 뜻하는 '편'의 어원이 모호해지자, 이를 '餻'

음식과 과일

이라는 새로운 한자를 만들어 억지로 끌어다 붙인 것으로 보인다.

일상에서 '편'은 제사에 올리는 떡이나 어른에게 올리는 떡을 특별히 가리킨다. 그리하여 사전에서는 '편'을 '떡을 점잖게 이르는 말'로 풀이하기도 한다. '편'에 '높임'의 자질이 있는 것을 보면 이는 본래 한자였을 가능성이 높다. 그것이 한자라면 '餅(병)'이지 않나 한다.

'병(餅)'이 무기음(無氣音)의 유기음화, 'ㅇ'의 'ㄴ'으로의 변화에 따라 '편'으로 변할 수 있다. '비접(避接)>피접', '보(浦)>포', '불무>풀무' 등에서 보듯 무기음 'ㅂ'이 유기음 'ㅍ'으로 변하기도 하고, '빙쟈(餅, 빈대떡)>빈쟈'에서 보듯 종성에서 'ㅇ'이 'ㄴ'으로 변하기도 한다.

결국 '송편'은 '송병(松餅)'에서 변한 말이 된다. '송편'이 '송병(松餅)'보다 문헌에 뒤늦게 나타나는 것도 우연한 일은 아닌 듯싶다. 우리 고유의 떡인 '송편'이 한자어에서 온 것이라 좀 꺼려진다면 '솔떡'이라고 하면 어떨까 한다.

수박
여름 과일의 제왕, 물 많은 박

한 통계 자료에 따르면 한국인이 좋아하는 과일은 '사과(沙果), 수박, 포도(葡萄)'의 순이라고 한다. 그런데 만약 여름 과일에 한정한다면 '수박'이 1위 자리로 올라설 것이다. 수박을 여름 과일의 제왕이라 하는 데 이의를 달 사람은 없어 보인다.

수박은 고려 시대에 중국의 원나라로부터 들어온 식물로 알려져 있다. 수박은 식물 자체의 이름과 더불어 그 열매의 이름으로도 쓰인다. 처음에는 열매 이름으로 쓰이다가 나중에 그 열매가 달리는 식물 이름으로 전용된 것으로 추정된다. 열매 이름이 식물 이름으로 전용된 예가 더러 있다.

'수박'은 16세기 문헌에 '슈박'으로 처음 보인다. '슈박'의 어원에 대해서는 두 가지 설이 있다. 첫째는 중국어 '西瓜(서과, 중국어 현대 음은 시과)'에서 온 것이라는 설이다. '수박'이 고대 이집트에서 서역(西域)을 거쳐 중국의 송나라에 전해졌기에 '西瓜'라 했는데, '수박'이 고려에 전해지면서 '西瓜'라는 명칭까지 함께 들어왔다는 것이다. 그런데 수입 당시의 중국어 '西瓜'의 음이 어떠했는지는 알 수 없지만, 그것이 변하여 '슈박'이 되기는 어려워보여 중국어 '西瓜' 설은 크게 믿음이 가지 않는다.

둘째는 '슈'를 한자 '水(수)'로, '박'을 '匏(포)'의 뜻으로 보는 설이다. '수박'의 모양새를 보면 '슈박'의 '박'이 '뒤웅박, 조롱박, 호박' 등의 그것과 같이 '匏'의 뜻인 것은 분명하나, '슈'가 한자 '水'인지는 분명하지 않다. 다만 '水'의 중세국어 한자음이 '슈'인 점, '수박'을 '수과(水瓜)'라 하는 점, 실제 수박이 수분이 많은 채소라는 점에서 '슈박'의 '슈'가 한자 '水'라는 설에 무게가 실린다. 그렇다면 '슈박'은 '물이 많은 박'으로 해석된다. 국어학자들은 대체로 이러한 해석에 동의한다.

'슈박'은 'ㅅ' 뒤에서 이중모음 'ㅠ'가 단모음화하는 현상에 따라 '수박'이 된다. '수박'은 19세기 문헌부터 보이기 시작한다. 현재 '수박'의 '수'는 장음으로 발음이 난다. 중세국어에서 상성(上聲)이 달렸던 음절의 모음은 장음이었는데, 성조가 소멸한 뒤에도 음장(音長)은 그대로 남아 장음으로 실현되는 것이다.

최근 식품의약품안전처에서는 한글날을 맞아 순우리말 과일을 소개했는데, 그 목록에 '복숭아, 참외' 등과 더불어 '수박'도 들어 있다. '수박'의 '수'를 고유어로 보고, '수박' 전체를 순수 우리말 과일 이름으로 파악한 것이다. 그 근거가 무엇인지 궁금하나 아쉽게도 근거는 제시되어 있지 않다. '수박'의 '수'가 '水'가 아닐 가능성은 있지만, 그렇다고 이를 대뜸 고유어라 하는 것은 문제가 있다.

덧붙여 '복숭아'를 순수 고유어로 본 것도 잘못이다. '복숭'의 어원은 알 수 없다 하더라도 '아'는 한자 '화(花)'에서 변한 것이 분명하기 때문이다. '참외'는 '외(오이)'에 접두사 '참-'이 결합된 어형이니 고유어로 보아도 무방하다.

수육(-肉)
삶아 익힌 쇠고기, '熟肉(숙육)'에서 '수육'으로

우리말에는 한자어가 대단히 많다. 그중에는 한자의 음이 변하여 그 본래의 모습을 잃은 예도 적지 않다. 자주 입에 오르내리다 보면 본래의 한자음에서 벗어나 새로운 모습을 띨 수 있다. '수육'도 그러한 예 중의 하나다.

그런데 '수육'이 본래 한자어냐고 반문할지도 모른다. 워낙 우리말 속 깊이 들어와 마치 고유어처럼 인식되고 있기 때문이다. 물론 '수육'이 '삶은 고기'라는 점을 상기한다면, '수육'의 '육'이 한자 '肉(육)'일 것이라는 사실을 재빨리 간파하고 이것이 본시 한자어라 짐작할 수도 있을 것이다.

'수육'은 한자어 '숙육(熟肉)'에 뿌리를 둔 말이다. '熟肉(숙육)'이라는 한자어는 옛 한문 문헌에 자주 등장한다. 17세기의 《역어유해》(1690)에서는 '熟肉'을 '솔믄 고기(삶은 고기)'라 정확히 풀이하고 있다. 그런데 '熟肉'과 관련된 한글 표기의 예는 옛 문헌에 좀처럼 나타나지 않는다. 19세기 말의 《국한회어》(1895)에 한글 표기 '수육'이 처음 보이는데, 여기서는 '수육'에 '熟肉'을 대응하여 그 어원을 간접적으로나마 보여주고 있다.

20세기 초의 《조선어사전》(1938)에는 '수육'은 올라 있지 않고, 그 본딧말인 '숙육(熟肉)'이 올라 있으며, '삶아 익힌 쇠고기'로 풀이되어 있다. 이후 사전에서는 '수육'과 '숙육(熟肉)'을 함께 올리되 '수육'을 주표제어로 삼고, '숙육'을 그 원말로 기술하고 있다. 또한 대부분의 사전에서는 '수육'을 《조선어사전》(1938)에서처럼 '삶아 익힌 쇠고기'로 풀이하고 있다.

'熟(슉)'과 '肉(육)'의 중세국어 한자음을 고려할 때 중세국어라면 '熟肉'은 '슉육'이었을 것이다. '슉육'에서 'ᅀ'이 소실되어 '슉육'으로 변하고, '슉육'에서 동음 'ㄱ'이 탈락하여 '슈육'이 된 다음, '슈육'의 제1 음절 모음이 단모음화하여 '수육'이 된 것이다. '슉육'이 '수육'으로까지 변하면서 한자어로서의 색채가 많이 가셨다.

흥미로운 점은 20세기 초 이후 사전부터 최근의 사전에 이르기까지 '수육'을 '쇠고기'로 국한하여 기술하고 있다는 것이다. 아마도 예전에는 쇠고기가 주재료여서 그러하지 않았나 하는데, 쇠고기 '수육'은 최고의 안줏거리였다. 그런데 요즘은 '수육' 하면 '돼지고기'가 먼저 연상된다. 김장 김치나 보쌈김치에는 돼지고기 수육이 제격이 아닌가. 물론 오리고기 삶은 것, 심지어 생선의 하나인 아귀 삶은 것도 '수육'이라 한다.

《우리말샘》(2016)에서는 이러한 현실 용법을 참작하여 '수육'을 '삶아 내어 물기를 뺀 고기'로 폭넓게 풀이하고 있다. 쇠고기든, 돼지고기든, 오리고기든 삶아서 물기를 뺀 고기를 모두 망라한 것이다. 수육을 특별히 얇게 저민 것을 '편육(片肉)'이라 하여 구분한다.

수제비
'손'으로 떼어 만드는 음식인가?

'수제비'는 6세기경 중국에서 비롯된 음식이라고 한다. 고려 시대에 전해진 것으로 알려져 있는데, 주재료인 밀가루가 귀했기에 고려 시대는 물론이고 조선 시대에도 쉽게 먹을 수 있는 음식은 아니었다고 한다. '수제비'라는 단어는 16세기 문헌에 '슈져비'로 나온다. '슈져비'를 한자어 '水低飛'(수저비)로 보기도 하나, 이는 한자부회에 불과하다.

기존의 어원사전에서는 대체로 '슈져비'를 '手'(수)와 '졉-'(졉다)과 '-이'(접미사)가 결합된 형태거나 '手'(수)와 '摺'(졉, 접다)과 '-이'가 결합된 형태로 파악하고 있다. 이들에 따르면 '슈져비'는 '손으로 접은 것'이라는 의미를 띤다. '수제비'가 밀가루 반죽을 '손'으로 적당한 크기로 '떼어' 맑은장국에 넣어 익히는 음식이라는 점에서 이러한 설명은 그럴듯해 보이지만, 곰곰이 따져보면 허점이 있다.

우선 '져비'를 '졉다(>접다)'에서 파생된 명사로 본 것은 명백한 잘못이다. 현대국어 '접다'에 대한 중세국어는 '졉다'가 아니라 '뎝다'였기 때문이다. 만약 '져비'가 현대국어 '접다'와 관련된 것이라면 16세기의 '슈져비'는 '슈뎌비'로 나타나야 한다. 또한 '슈졉'을 한자어 '手摺'(수졉)으로 본 것도 문제가 있다. '手摺'이라는 한자어가 존재하지 않을 뿐만 아니라, '手'와 '摺'이 붙어 단어가 만들어지기도 어색하기 때문이다.

음식과 과일

그럼 '슈져비'는 어떻게 분석하여 이해할까? '슈'와 '져비'로 분석하는 것이 합당하지 않나 한다. '수제비'와 비슷한 음식인 '믜역져비'《박통사언해》, 1677)가 이와 같은 분석을 강력히 지지한다. 또한 '져비'에서 변한 경남 방언 '제비(수제비)' 그리고 '져비'에 '-아기'가 결합된 '져비아기'에서 변한 제주 방언 '저배기(수제비)'도 '져비'의 존재를 알려준다. 이로 보면 '슈져비'의 '져비'는 그 자체로 '수제비'를 뜻하는 단어였음을 알 수 있다. 이러한 '져비'는 동사 '졉다'에서 파생된 명사로 추정되나 그것이 어떤 의미인지는 알기 어렵다. 다만 '뜨덕국, 뜨데기, 뜨데국'과 같은 방언형을 고려하면 '졉다'가 '뜯다'와 유사한 의미를 갖는 단어가 아니었을까 추측된다.

이렇듯 '져비' 자체가 '수제비'라면 그 앞에 붙은 '슈'는 나중에 덧붙은 요소가 된다. '수제비'의 방언형 '국제비, 뚝제비, 뚝뚝제비, 밀제비, 푸제비' 등의 '국, 뚝, 뚝뚝, 밀, 푸' 등도 '슈'와 같이 나중에 덧붙은 요소다. '국'은 수제비가 국의 일종이어서, '뚝'이나 '뚝뚝'은 수제비를 밀가루 반죽을 뚝뚝 떼어 만들어서, '밀'은 수제비를 밀가루를 이용해 만들어서, '푸'는 수제비가 풀처럼 풀어져서 이용된 요소로 볼 수 있다.

이들 '제비'를 포함하는 방언형을 참고하여도 '슈져비'의 '슈'가 무엇인지는 잘 드러나지 않는다. '제비'에 앞서는 '국, 뚝, 밀, 푸' 등을 고려하면, '슈'가 한자 '手'가 아닐 것이라는 생각이 더욱 굳어진다. 수제비를 빚으려면 손을 이용하지 않을 수 없는데, 굳이 그것을 변별 요소로 내세운다는 것은 단어 만들기의 원칙에서 벗어나기 때문이다. 또한 한자 '手'와 '슈져비'의 '슈'의 성조가 다른 점도 '슈'를 '手'로 보기 어렵게 한다. '수제비'의 어원론은 이래저래 미완성이다.

양념
'약'에서 '약념', 다시 '양념'으로

음식에 들어가는 '기름, 깨소금, 파, 마늘, 간장, 된장, 소금, 설탕' 등은 맛을 내는 데 필수적인 재료다. 이들을 묶어서 '양념'이라 한다. 양념은 음식의 맛을 돋우기 위해 쓰는 재료라는 점에서 음식의 맛을 알맞게 맞추기 위해 쓰는 재료인 '조미료(調味料)'와는 좀 다르다.

'양념'은 17세기 문헌에 '약념'(《음식디미방》, 1670년경~1680)으로 보인다. 이보다 앞선 시기에는 '약'(《번역박통사》, 1517)이라는 단어가 쓰였다. 또한 같은 시기에 '치'(《훈몽자회》, 1527)라는 단어도 함께 쓰였다. '치'는 흔적도 없이 사라졌으나, '약'은 '약념'에서 변한 '양념' 속에 일말의 흔적을 남기고 있다.

그럼 '양념'을 뜻하는 중세국어 '약'의 어원은 무엇인가? '약'을 한자 '藥'으로 보는 설이 있는데, 이는 '藥'에 '조미하다, 간을 맞추다'와 같은 뜻이 있다는 점에 근거한 것이다. 그런데 '藥'에 이러한 의미가 있는지가 분명하지 않기 때문에 '약'을 '藥'으로 볼 수 있을지 의문이다. '양념'을 뜻하는 '약'과 한자 '藥'의 성조가 다르다는 점도 이와 같은 설을 의심케 한다. '약(양념)'은 오히려 '어떤 식물이 성숙해서 지니게 되는 맵거나 쓴 자극성 성분'을 뜻하는 현대국어 '약'과 관련이 있어 보인다.

'약'이라는 단어에 이어 나타난 것이 '약념'이다. '약념'의 '약'이 '양념'을 가리키므로 뒤에 붙은 '념'은 사실 불필요한 요소라고 볼 수 있

음식과 과일

다. '약'을 한자 '藥'이라 주장하는 설에서는 '념'을 한자 '念(염, 생각)'으로 보고 있다. 중국과 일본에서 쓰는 한자어 '調味料(조미료)'의 '料(료, 생각하다)'에 이끌려 그와 같은 의미의 '念(염)'을 떠올리고 그것을 '藥'에 덧붙여 '藥念'을 만들었다고 설명한다. 이러한 설명은 '양념'을 뜻하는 '약'이 쓰이던 시기에 '조미료(調味料)'라는 한자어가 있었다는 것을 전제로 해야 하는데, 과연 그러했는지 단언하기 어렵다는 점에서 미심쩍다.

분명한 것은 '양념'의 뜻으로 '약'이 먼저 쓰이다가 어떤 이유로 '약념'이라는 새로운 단어가 만들어지고, 이것이 변하여 '양념'이 된 것이라는 점이다. '약'에서 '약념'으로 형태를 바꾼 이유는 아마도 '약품'을 뜻하는 '약(藥)'과의 동음 충돌을 피하기 위해서가 아니었을까 한다. 발음이 같을 때 한쪽이 형태를 바꾸는 것은 동음 충돌을 피하기 위한 전형적인 방법이다.

'양념'은 18세기 이후 문헌부터 보인다. 물론 여전히 '약념'도 쓰였다. 20세기 초의《조선어사전》(1938)에서도 '약념'을 대표 어형으로 제시할 정도다. 그러다가《큰사전》(1957) 이후 '약념'을 버리고 '양념'을 표준어로 삼고 있다.

외톨밤
밤송이 안에 밤톨 하나, 육백 년 전의 '외트리밤'

늦가을에 산행을 하다 보면 숲길 주변에 우수수 떨어져 있는 밤송이를 발견하곤 한다. 반가운 마음에 가까이 가서 밤송이를 얼른 까 보면 대체로 앙증맞은 밤톨 세 개가 나란히 박혀 있다. 그런데 어떤 밤송이에는 밤톨이 두 개나 하나가 들어 있다. 밤톨이 두 개인 밤을 '쌍동밤' 또는 '두톨박이'라 하고, 그것이 하나인 밤을 '외톨밤'이라 한다.

'외톨밤'은 15세기 문헌에 '외트리밤'으로 나온다. 15세기 문헌에 나타나는 것을 보면, 이 단어의 역사가 자못 깊음을 짐작할 수 있다. '외트리밤'은 일차적으로 '외트리'와 '밤'으로 분석할 수 있다. '외톨'이 아니라 '외트리'인 점이 무엇보다 주목된다.

'외트리'는 동사 '외틀다'의 어간 '외틀-'에 접미사 '-이'가 결합된 어형이며, '외틀-'은 동사 '외다(獨)'의 어간 '외-'와 '틀다(보금자리 따위를 만들다)'의 어간 '틀-'이 결합된 어형이다. 이렇게 보면 '외트리'는 '혼자 떨어져서 자리를 잡은 것' 정도의 의미를 띤다. 그것이 '밤'이면 '외트리밤', 그것이 '마늘'이면 '외트리마늘'이 된다. '외트리마늘'은 문헌에 나타나지 않으나, 현재 '외톨마늘'로 남아 있다.

'외트리'는 제2음절의 모음 'ㅡ'가 'ㅗ'로 변하여 '외토리'가 된다. 제2음절의 모음 'ㅡ'가 제1음절의 모음 'ㅚ(oy)'의 'ㅗ'에 영향을 받아 그렇게 변한 것일 수도 있고, 아니면 밤이나 곡식의 낱알을 세는 단위인

'톨(篙)'에 유추되어 그렇게 변한 것일 수도 있다. '외트리'가 '외토리'로 변하면서 '외트리밤'도 '외토리밤'으로 변했을 터이나, 이는 문헌에 나타나지 않는다.

물론 '외토리밤'뿐만 아니라 '외톨밤'과 관련된 여타의 단어도 한동안 문헌에 나타나지 않는다. 그러다가 19세기 문헌에 '외톨이'가 보인다. '외톨이'는 '외트리'에서 변한 어형이다. 그런데 특이하게도 "외톨이 天師栗(천사율)"《물명고》, 18××)이라 하여 '외톨이'를 '밤(栗)'의 일종으로 보고 있다. 그렇다면 여기서 '외톨이'는 '외톨이밤'에서 '밤'이 생략된 어형일 가능성이 있다. '외톨이밤'에서 '밤'이 생략되면서 '외톨이'가 '밤(栗)'의 뜻을 갖게 된 것이라는 판단이다. 물론 '외톨이' 자체에 이미 '밤'이라는 의미가 있었을 가능성도 있다.

20세기 초의 《조선어사전》(1920)이나 《조선어사전》(1938)에는 '외톨이'나 '외톨밤'은 올라 있지 않다. '외톨이'는 《동아일보》 1922년 5월 31일 자 기사에서 다시 확인되는데, '매인 데도 없고 의지할 데도 없는 홀몸'을 뜻한다. 이러한 의미는 '외톨이'가 '밤'과 같은 '사물'에서 '사람'으로 의미 적용 범위가 확대되면서 생겨난 것이다.

《큰사전》(1957)에 비로소 지금과 같은 '외톨밤'이 올라 있다. '외톨밤'은 15세기의 '외트리밤'까지 소급해 올라가는 '외톨이밤'에서 어중의 '이'가 탈락한 어형으로 보인다. 물론 이는 '외톨이'의 '외톨'과 '밤'을 직접 결합하여 새로 만든 단어일 가능성도 있다.

제육볶음(-肉--)
돼지고기, '저육(豬肉)'으로 만든 음식

'제육볶음'은 웬만한 대중음식점에서 맛볼 수 있는 흔한 음식이다. 돼지고기가 주원료로 이용되지만, 값은 그리 비싸지 않아 주머니 사정이 여의치 않은 서민들이 즐겨 먹는다. 이 음식을 우리가 언제부터 먹었고, 또 '제육볶음'이라는 음식 이름을 언제부터 썼는지는 정확히 알 수 없다. '제육볶음'이라는 말이 《큰사전》(1957)에 처음 보이며, 《경향신문》 1961년 8월 22일 자 기사에서 실제 용례가 확인된다.

《큰사전》(1957)에서는 '제육볶음'을 '날돼지고기를 잘게 썰고 간장과 후춧가루를 쳐서 주물러 볶다가 부추를 토막 쳐서 넣고 다시 볶은 음식'으로 기술하고 있으며, 그 동의어로 '저육초(豬肉炒)'를 들고 있다. '제육볶음'이 '돼지고기'를 재료로 하고, 이것이 '저육초'에 대응되어 있는 것을 보면 '제육'이 '저육(豬肉)'과 관련된 단어인 것이 드러난다.

《조선어사전》(1938)에서는 '저육(豬肉)'을 '돼지고기'로 풀이하고, '제육'을 '저육(豬肉)에서 온 말'로 기술하고 있다. '저육(豬肉)'을 '제육'의 원말로 본 것인데, 이후 대부분의 사전이 그렇게 보고 있다. 물론 '저육'과 '제육'이 무관하지는 않지만 '저육'이 변하여 '제육'이 된 것은 아니어서 사전의 기술은 잘못된 것이다.

'豬(저)'의 중세국어 한자음은 '뎌' 또는 '뎨'이며, '肉(육)'의 중세국어

한자음은 '슉' 또는 '육'이다. '뎌'와 '뎨' 가운데서는 '뎌'가 더 오래된 한
자음이고, '슉'과 '육' 가운데서는 '슉'이 더 오래된 한자음이다. 그러
므로 '豬肉(저육)'의 중세국어 음은 '뎌슉(뎌육)' 또는 '뎨슉(뎨육)'이었을
것으로 추정된다. '뎌슉'은 '뎌육', '져육'을 거쳐 현재의 '저육'으로 이
어졌으며, '뎨슉'은 '뎨육', '졔육'을 거쳐 현재의 '제육'으로 이어졌다.
'뎨육'이 '제육'이 된 것은 '뎨목(題目)'이 '제목'이 되고, '뎨수(弟嫂)'가 '제
수'가 된 것과 같다. '제육볶음'의 '제육'은 바로 '뎨슉'에서 출발한 것
이므로 '뎌슉'에서 출발한 '저육'과는 계보가 다르다.

'뎌슉'과 '뎨슉'은 음운 변화를 거치면서 한동안 같이 쓰인 것으로
추정된다. "편육 저육도 이와 같이 썰어 노은 후 미나리를 너댓개식
집어들고"《동아일보》 1938년 3월 4일), "실고초, 편육, 제육"《동아일보》 1938
년 3월 4일)에서 보듯 같은 신문 기사에 '저육'과 '제육'이 함께 나오는
것을 보면 적어도 20세기 초까지는 '저육'과 '제육'이 자의적으로 선
택되어 쓰였음을 알 수 있다. 그런데 현재 '저육'은 단독으로 잘 쓰이
지 않는다.

'볶음'은 '볶다'에서 파생된 말로, '어떤 재료에 양념을 하여 볶아
만든 음식'을 가리킨다. 그러므로 '제육볶음'이 '돼지고기에 여러 양
념과 재료를 넣어 볶은 음식'임이 분명하게 드러난다. 1996년 이후
'제육볶음'을 '돼지고기 볶음'으로 순화하여 쓸 것을 권고하고 있으
나, 여전히 '제육볶음'을 많이 쓰고 있다.

짬밥
'잔반(殘飯)'이 '잔밥'을 거쳐 '짬밥'으로

사전에서는 '짬밥'을 한자어 '잔반(殘飯)에서 변한 말로, 군대에서 먹는 밥을 이르는 말'이라 풀이하고 있다. 고유어처럼 인식되는 '짬밥'의 어원을 한자어 '잔반'에서 찾고 있으니 자못 의아할 것이다. '짬밥'을 '쪄서 만든 밥'을 뜻하는 '찜밥'에서 변한 말로 알고 있는 군필자(軍畢者)들에게는 더더욱 그러하지 않을까 한다.

그러나 '짬밥'이 한자어 '잔반(殘飯)'에서 온 것은 맞는다. 다만 그 변화 과정이 좀 복잡하여 설명이 필요할 뿐이다. '殘飯(잔반)'은 한자 뜻 그대로 '먹고 남은 밥'이라는 뜻이다. 여기서 좀 더 확대되어 '먹고 남은 음식'을 뜻하기도 하는데, 요즘 식당에서 흔히 볼 수 있는 "잔반을 줄이자"라는 표어 속의 '잔반'이 바로 그러한 것이다. 또한 '잔반'은 '먹다가 그릇에 남긴 밥'을 뜻하기도 한다. 이러한 밥을 '대궁' 또는 '대궁밥'이라고 한다. 반면 '손대지 아니한 깨끗한 밥'은 '숫밥'이라 한다.

한자어 '잔반(殘飯)'을 통해 '잔밥'이라는 단어가 만들어진다. 이는 한자 '飯(반)'을 고유어 '밥'으로 바꾼 것이다. '잔밥'은 된소리화하여 '짠밥'이 된다. '잔밥'과 '짠밥'은 사전에 올라 있지 않으나 1980년대 소설이나 신문 기사에서 흔히 발견된다. '짠밥'은 자음동화하여 '짬밥'이 되고, '짬밥'은 사잇소리가 들어가 [짬빱]으로 발음이 난다. '짬밥'도 1980년대 문헌에 보인다. 어떤 국어학자는 '잔반'이 '잠반'을 거쳐 '짬반'이 된 뒤에 '짬반'의 '반'을 '밥'으로 바꾼 것이 '짬밥'이라 설명하기도 하나, '잔반'에 대한 '잔밥'이 존재하므로 이러한 설명은 좀 무리가 있다. '짬밥'은 '잔밥'에서 출발한 단어로 보는 것이 합당하다.

이렇게 보면, '잔반'과 같은 의미의 단어로 한동안 '잔밥, 짠밥, 짬밥'이 함께 쓰였음을 알 수 있다. 이 가운데 '짠밥'과 '짬밥'이 군대 사회로 들어가 '군대에서 먹는 밥'이라는 의미를 띠게 된다. 이러한 의미로 쓰인 '짠밥'과 '짬밥'이 1980년대 이후 소설이나 신문 기사에서 흔히 발견된다. '짠밥, 짬밥'이 '먹고 남은 밥(음식)'에서 '군대에서 먹는 밥'이라는 의미로 변한 것은, 한때 사병(士兵)들이 먹는 밥이 누군가 먹다 남긴 밥과 같이 형편없었기 때문일 것이다.

현재 '짠밥'은 그 어떤 의미로도 쓰이지 않는다. 반면 '짬밥'은 '먹고 남은 밥(음식)'이라는 의미는 잃었지만 '군대에서 먹는 밥'이라는 의미는 유지하고 있다. 물론 '짬밥'은 그사이 '연륜'이라는 새로운 의미를 얻기도 했다. "내가 인생 짬밥을 먹어도 너보다 10년은 더 먹었다"에 쓰인 '짬밥'이 바로 그러한 것이다.

'짬밥'이 '연륜'이라는 비유적 의미를 획득한 것은 아주 흥미롭다. 군대 생활을 오래 하다 보면 당연히 '짬밥'을 많이 먹게 되어 이것이 자연스럽게 '군대 복무 기간', '군대의 경력, 경험'이라는 의미로 발전해 갔을 것이고, '짬밥'이 군대 사회에서 일반 사회로 넘어와 널리 쓰이면서 '연륜'이라는 일반적 의미로까지 발전해 간 것으로 이해된다.

찌개
찌지개, 지지개, 지짐이…아무튼 '지지는' 음식

우리네 한식 상차림을 보면 '밥'과 '국'이 기본이다. 여기에 '국'보다 바특하게 끓인 '찌개'도 한자리를 차지한다. 짭짜름한 '찌개'를 곁들이면 밥맛을 돋울 수 있어 가급적이면 '찌개'를 상에 올리는 것이다. 그런데 이상하게도 '찌개'라는 단어는 이른 시기의 문헌에 보이지 않고, 19세기 말 문헌에서야 발견된다. 옛 문헌에는 이것 대신 '죠치'라는 단어가 나오며, 이것이 현재 '조치'로 남아 있다. '찌개'가 옛 문헌에 나타나지 않는 이유가 무엇인지 대단히 궁금하지만 알 길은 없다.

'찌개'의 어원에 대해서는 몇 가지 설이 있다. 첫째, '찌개'를 동사 '찌다(蒸)'의 어간 '찌-'에 접미사 '-개'가 결합된 어형으로 보아 '쪄서 만든 음식'으로 설명한다. 이 설은 무엇보다 '찌개'가 '찌는 음식'이 아니라 '끓이는 음식'이라는 점에서 미덥지 않다.

둘째, '찌개'를 '소금에 절인 채소(김치)'를 뜻하는 '디히'에 접미사 '-개'가 결합된 '디히개'에서 변한 단어로 보고 '김치로 만든 음식'으로 설명한다. 이러한 설이 널리 퍼져 있다. 물론 '디히개'가 '지히개/디이개', '지이개', '지개'를 거쳐 '찌개'가 될 수는 있지만, '찌개'를 지시하는 단어를 그 재료인 '디히(김치)'에 접미사 '-개'를 결합하여 만들 수 있는지 의심스러워 이러한 설 또한 믿음이 가지 않는다. 접미사 '-개'는 '날개(날-+-개)', '덮개(덮-+-개)' 등에서 보듯 동사 어간과 결합하는 것이 일반적이다.

'찌개'의 어원은 그 방언형을 통해 추정해 볼 수 있지 않을까 한다. '찌개'를 함남 방언에서는 '장지짐, 찌지개', 북한 문화어에서는 '지지개'라 하는데, 이들을 통해 '지지개'라는 기원형을 내세울 수 있다. '지지개'는 동사 '지지다(국물을 조금 붓고 끓여서 익히다)'의 어간 '지지-'에 접미사 '-개'가 결합된 어형으로, '지지는 음식'이라는 뜻이다. 이러한 의미는 '찌개'의 조리법 내지 실제 지시 의미와 부합한다. 또한 '찌개'와 비슷한 음식인 '지짐이(국보다 국물을 적게 잡아 짭짤하게 끓인 음식)'가 동사 '지지다'에서 파생된 '지짐'에 접미사 '-이'가 결합된 어형이라는 점도, '찌개'가 '지지-'를 포함하는 단어일 가능성을 높인다.

그런데 '지지개'에서 '찌개'까지의 변화가 자연스럽게 설명이 되지 않아 '지지개'에서 온 것이라는 설은 의심을 받을 수 있다. 그렇더라도 형태나 의미상 '지지개'와의 관련성을 무시할 수는 없어 보인다. 아마도 '지지개'의 제1음절이 된소리로 변하여 '찌지개'가 된 뒤에 '지'가 생략되어 '찌개'가 된 것이거나, 아니면 '지지개'의 제2음절 '지'가 생략되어 '지개'가 된 뒤에 제1음절 어두음이 된소리로 변하여 '찌개'가 된 것이 아닌가 한다. 동음절 생략 현상에 따르면 후자의 설이 더 가능성이 있어 보인다. '지지개' 설이 깔끔하지는 않지만, '찌-＋-개' 설이나 '디히＋-개' 설보다는 신뢰할 만하다.

한편 함북 방언에서는 '찌개'를 '즐게, 찔개'라고 하는데, 그렇다면 혹시 '찌개'는 이들과 관련이 있는 어형인지도 모른다. '즐게'가 '질게'를 거쳐 '찔개'가 될 수 있기 때문이다. 그러나 '즐게'의 어원을 밝힐 수 있는 처지는 아니다.

청국장(--醬)
'청국장'은 청나라와 무관하다

'청국장'은 아주 오래된 전통 발효 식품이다. 그런 만큼 청국장을 지시하는 단어도 오래전부터 쓰였을 것으로 추정된다. 청국장과 관련하여 가장 먼저 보이는 단어는 15세기의 '젼국'이다. '젼국' 중에서도 약으로 쓰는 '젼국'을 특별히 '약젼국'이라 했다. '약젼국'은 현재 '약전국(콩을 삶아 쪄서 소금과 생강 따위를 넣고 방 안 온도에서 3일 동안 발효시켜 만든 약)'으로 남아 있다.

'젼국'의 '젼'은 '젼술(물을 조금도 타지 않은 순수한 술)'《훈몽자회》, 1527)의 '젼'과 같으나 그 어원은 알기 어렵다. 대부분의 현대국어 사전에서는 '젼술'에서 변한 '전술'의 '전'을 '全'으로 보고 있어 '젼국'의 '젼'도 그러할 것으로 기대되나 단정할 수는 없다. 다만 중세국어에서 '젼술'의 '젼'과 한자 '全'의 성조가 평성으로 같아서 그 가능성을 높인다.

'젼국'의 '국'은 '湯(탕)'의 뜻일 가능성이 높다. '젼국'은 '쳔국'을 거쳐 '쳥국'으로 변한다. '젼국'은 합성어 '약젼국'에나 흔적을 남기고 있다. '쳔국'이 15세기 말 문헌에, '쳥국'이 18세기 문헌에 보인다. '젼국'이 '쳔국'을 거쳐 '쳥국'으로 변함에 따라 '약젼국'도 '약쳔국'을 거쳐 '약쳥국'으로까지 변했으나 그 후대 형인 '약쳥국'은 현재 사전에 올라 있지 않다.

그런데 17세기 문헌에 '젼국'에 '쟝(醬)'이 붙은 '젼국쟝'이 보여 주목된다. 옛 문헌에서는 '젼국쟝'을 대체로 '戰國醬(젼국쟝)'으로 적고 있다. 이에 대해서는 병자호란 때 청나라 군인이 군량으로 쓰던 장이어서 붙여진 이름으로 설명한다. 콩만 있으면 '청국장'을 쉽게 만들어 먹을 수 있으므로 '청국장'이 신속하게 조리할 수 있는 전쟁 식품으로 적격이었는지 모르지만, '戰國'(전국)은 '전국'에 대한 단순한 취음(取音) 표기에 불과하여 이와 같은 설명은 맞지 않는다.

'전국쟝'은 '전국'이 '천국'을 거쳐 '청국'으로 변함으로써 이 또한 '천국쟝'을 거쳐 '청국쟝'으로 변한다. '청국쟝'이 18세기 후반의 《뎡니의궤》에 보이며, 이것이 지금의 '청국장'으로 이어졌다. 《연행일기》(1713)에는 '淸醬'(청장), 《일성록》(1796)에는 '靑局醬'(청국장), 《조선어사전》(1920) 이후 사전에는 '淸麴醬'으로 나온다. '淸麴醬'(청국장)은 '청국장'을 '청나라의 누룩'으로 만든 장으로 이해하고 그렇게 적은 것이다. 그러나 '청국'은 15세기의 '전국'으로까지 소급하므로 '淸麴'(청국)'이 아니며, 이는 단순한 취음 표기에 불과하다. 또한 청나라에서 배워온 음식이라 하여 '淸國醬'(청국장)으로 적기도 하는데, 여기서 '淸國' 또한 취음 표기일 뿐이다. 결국 '청국장'은 '병자호란'이나 '청나라'와는 아무런 관련이 없는 음식임을 알 수 있다.

'청국장'을 '담북장'이라고도 한다. 이는 '담북'과 '장(醬)'이 결합된 어형인 것은 분명하나 '담북'의 어원은 알 수 없다. '담북장'을 경북 방언에서 '담복장'이라고 하는 것을 보면, '담복'은 '담복담복('듬뿍듬뿍'의 경남 방언)'의 '담복'일 가능성도 있다. 또한 《증보산림경제》에 '담수장법(淡水醬法)'이라 하여 담북장 만드는 법이 기록되어 있는 것을 보면, '담'은 한자 '淡(담, 묽다)'일 수도 있다. '담북장'의 어원은 아직 분명하지 않다.

4장
문화와 전통과 생활

가위바위보(----褓)
'가위'와 '바위'와 '보자기'의 위력

'짱껨뽕'이라는 말을 아는가? 어린아이들이 놀이할 때 손을 내밀어 순서나 승부를 정하는 방법이 '짱껨뽕'이다. 아이들이 모여서 술래를 정하고, 편을 가르고, 노는 순서를 정할 때 '짱껨뽕'은 아주 합리적인 결정 방식이다.

그런데 '짱껨뽕'은 일제강점기에 일본어 'じゃんけんぽん(잔켄폰)'에서 들어온 말이어서 좀 거북하다. 아동문학가 윤석중(1911~2003)은 이 말의 유래를 설명하면서 다음과 같이 걱정했다.

"알고 보면 이것은 일본 나라에서 일본 아이들이 그러는 것이 우리 땅에 묻어 들어온 것이었다. '짱껭'이란 말은, '이시켕'이란 일본말의 도쿄 사투리로, '이시켕'이란 '이시(石)'와 '켕(拳)'을 붙여 만든 돌주먹이란 뜻이다. 주먹을 쥐어 내밀면서 '돌덩이'를 나타냄인데 '짱껭뽀우' 하기도 하고 '짱껭뽕' 하기도 하는 것은, 기운을 내느라고 '뽕' 하기도 하고 '뽀우' 하기도 하는데 우리 아이들이 영문도 모르고 그대로 하다가 그만 입에 배어버리고 만 것이다."

이런 걱정 끝에 선생이 생각해낸 대안이 '가위 바위 보'다. 이 말은 《조선일보》 1953년 5월 6일 자 기사에서 처음 확인된다. 선생은 이 말을 신속히 보급하기 위해 노래까지 지었다. 당시 문교부가 이 노래를 초등학교에 보내려고 악보를 인쇄하던 중 6·25전쟁이 일어나 바로 성과를 내지는 못했다. 그 노래는 다음과 같다.

문화와 전통과 생활

"가위 바위 보! 가위가 아무리 잘 들어도, 바위를 벨 수야 있나요. / 가위 바위 보! 바위가 아무리 힘이 세도, 보로다 싸면야 그만이지. / 가위 바위 보! 보가 아무리 커다라도, 가위로 베면야 쓸 수 없지."

'가위 바위 보'에서 궁금한 단어는 '보'뿐이다. '보'는 '褓'로 '보자기'의 뜻이다. '가위 바위 보'에서 '가위'는 두 개의 손가락만 편 것이고, '바위'는 주먹을 쥔 것이며, '보'는 손가락을 모두 편 것이다. '바위'를 '주먹'으로, '보'를 '그물' 또는 '보자기'로 바꾸어 표현하기도 한다. '가위'는 '보'에, '바위'는 '가위'에, '보'는 '바위'에 각각 이긴다. 참으로 기발한 아이디어다.

본래 구(句) 형식이었던 '가위 바위 보'가 《국어대사전》(1961)에는 한 단어로 올라 있다. 6·25전쟁이 이 말의 원활한 보급을 막았지만, 전쟁 후에 학교 교육을 통해 널리 알려지면서 급속히 퍼져 나가 단어로서의 자격을 얻었다.

'가위바위보'가 세력을 얻게 되자 '짱껨뽕'은 서서히 세력을 잃어 지금은 거의 쓰이지 않는다. 윤석중 선생 덕분에 뿌리 깊이 박혀 있던 일본어 하나를 퇴치한 것이다. 북한에서는 특이하게도 '보'가 빠진 '가위주먹'을 쓴다.

가짜(假-)/짝퉁
'가짜'가 판치니 모조 언어도 늘어난다

세상에는 '진짜'와 '가짜'가 묘하게 공존한다. '진짜'는 눈에 잘 띄지 않는 반면, '가짜'는 눈에 잘 띄어 '가짜'가 더 많아 보인다. 그러나 실제로는 '진짜'가 더 많다. 요즘 들어 '가짜'가 더 많아진 듯, '짜가, 짜댕, 짜퉁, 짝퉁' 등과 같은 '가짜'에 대한 유행어들이 많이 쓰이고 있다.

어느 시대든 '가짜'가 있었을 것이므로 이 말도 일찍부터 쓰였을 것이라 생각된다. 그런데 옛 문헌에는 이 말이 잘 나타나지 않는다. '가짜'는 한자어 '가자(假者)'에서 온 말이다. "누님이 假者 藝術家에게"(나도향, 《젊은이의 시절》, 1922)에서 보듯 아예 '假者'로 적은 예도 나온다. '가짜'는 한자 '가(假)'와 '자(者)' 사이에 사이시옷이 들어가 경음화한 예다. '가자(假者)'가 '가짜'로 발음 나는 것은 '대자(大者)'가 '대짜'로, '소자(小者)'가 '소짜'로 발음 나는 것과 같다. '가짜'를 '가자(假字)'에서 온 것으로 보기도 하나, '가자(假字)'는 '허자(虛字), 대자(大字)' 등에서 보듯 사잇소리가 개재되지 않는 환경이므로 그렇게 보기 어렵다.

'걸짜(걸작으로 노는 사람)', '공짜', '굳짜(구두쇠)', '날짜(일에 익숙하지 못한 사람을 낮잡아 이르는 말)', '몽짜(음흉하고 심술궂게 욕심을 부리는 사람)', '별짜(別者)', '타짜(打者)', '찰짜(성질이 수더분하지 못하고 몹시 까다로운 사람)' 등에 보이는 '짜'도 본래는 한자 '자(者)'일 것으로 추정된다. '가짜'에 대한 '진짜'도 한자어 '진자(眞者)'에서 온 것이다.

문화와 전통과 생활

'가짜'를 음절 순서를 바꾸어 '짜가'로 변조하여 쓰기도 한다. 이 말은 1990년대 초반 이후 등장한 것으로 보인다. '가짜'가 갖는 부정적 이미지를 좀 가리기 위해 음절 순서를 슬쩍 바꿔 은어화한 것이다. 이를 이어 나타난 것이 '짜퉁'이다. '짜퉁'이《한겨레》1998년 12월 11일 자 기사에 처음 보이는데, 여기서는 이를 '청소년들의 은어로, 진품을 모방한 가짜 상품을 이르는 말'로 풀이하고 있다. '짜퉁'의 '짜'는 '가짜'의 '짜'가 분명하지만 '퉁'이 무엇인지는 알 수 없다. 인터넷상에 '퉁'의 어원에 대한 여러 주장이 나돌고 있으나 특별히 주목할 만한 것은 없다. 다만 이것에 '비하'의 의미가 담겨 있는 점은 분명하다.

　'짜퉁'과 어형이 유사한 '짜댕'도 쓰인다. 이는 가짜 상품이나 중국산 싸구려 물품을 특별히 지시한다. 그런데 '짜퉁'이나 '짜댕'은 많이 쓰이지 않는다. '짜퉁'의 경우는 '짝퉁'에 밀려나 자취를 감추었다. '짝퉁'이《동아일보》1998년 4월 27일 자 기사에 처음 보이며, '가짜'라는 뜻으로 소개되어 있다. 여기서의 '짝'은 아마도 '짜가'에서 '짝'만 취한 것으로 추정된다. '짜가'가 진품과 대립되는 것이므로 그에 대한 짝이라는 뜻에서 '짜가'에서 '짝'을 취한 것으로 보인다.

　'가짜'와 같은 '짜가, 짜댕, 짜퉁, 짝퉁'은 그야말로 '가짜'에 대한 모조 언어다. 이들은 은밀히 쓰이는 은어의 속성상 머지않아 생명력을 잃고 사라질 것으로 예상되나, 특이하게도 '짝퉁'은 표준어로서의 자격을 이미 얻었다. 물론 이는 속어여서 '가짜, 모조품, 유사품' 등으로 바꾸어 표현할 필요가 있다.

까치설
까치는 설을 쇠지 않는다

'설날' 하루 앞의 날, 곧 섣달 그믐날을 '작은설'이라 한다. '작은설'을 '까치설' 또는 이에 '날'을 덧붙여 '까치설날'이라고도 한다. '작은설'은 몰라도 '까치설'은 좀 특이하다. 까치설을 까치가 쇠는 설로 알고 있지만, 새가 설을 쇨 리 없고 또 새 가운데 까치만이 설을 쇨 이유도 없어서 이는 잘못된 것이다. 기실 까치설은 '아치설'에서 변형된 것이어서 까치와는 전혀 무관하다.

'아치설'은 옛 문헌이나 방언에서 쉽사리 발견되지 않는 희귀한 단어다. 얼마 전 문익환 목사의 모친인 김신묵(1895~1990, 함북 용성 출신) 권사의 육성 구술 자료에서 이 단어가 비로소 모습을 드러냈다. '아치설'이 20세기 초까지도 함북 방언에 오롯이 살아남아 있었던 것이다. 그러나 지금 '아치설'을 기억하는 함경도 사람은 없다.

'아치설'의 어원에 대해서는 아직 의견이 분분하다. 그 가운데 중세국어 '아촌설(작은설)'이 '아츤설', '아츠설'을 거쳐 나타난 어형으로 보는 설, '앛설'이 '아츠설'을 거쳐 나타난 어형으로 보는 설이 우세하다. 그런데 전자는 'ㅅ' 앞에서 'ㄴ'이 탈락한 이유를 설명해야 하고, 후자는 '앛설'의 존재를 입증해야 하는 부담이 있다. 다만 '앛감(앛- + 감, 아침 간조)', '아츠조금(앛- + -으- + 조금, 조수 간만의 차로 볼 때 이렛날과 스무이튿날을 이르는 말)' 등을 통해 '앛설(앛- + 설)'의 존재를 증거할 수 있지 않나 하여 후자의 설에 무게가 실린다.

문화와 전통과 생활

중세국어 '아춘설'의 '아춘'은 형용사 '앛다(작다)'의 관형사형이고, '앛설'의 '앛-(작다)'은 그 어간이어서 '아치설'의 '아치'가 형용사 '앛다'와 관련된 어형인 것만은 분명하다. 그리하여 '아치설'은 '작은설'과 같은 의미가 된다. '아치고개(작은 고개)', '아치섬(작은 섬)' 등의 '아치'도 '아치설'의 그것과 같은 것이다. 형용사 '앛다'는 '작다'에 밀려나 '아치설'을 비롯한 '아침', '아창아창(키가 작은 사람이나 짐승이 이리저리 찬찬히 걷는 모양)' 등에 흔적을 남기고 사라졌다.

'아치설'은 일차적으로 '가치설'로 변했을 것이다. '아치'와 '앛다'와의 유연성(有緣性)이 상실되어 그 어원이 궁금해지자 우연히 음상이 유사한 '가치(까치)'를 떠올려 '가치설'로 바꾸고 그 의미도 까치와 관련하여 재해석했을 것이다. 까치는 지혜와 부지런함을 상징하는 새로서 설날이 지향하는 희망적 이미지와 맞아떨어졌기 때문에 '아치설'을 '가치설'로 바꾸어 부르는 데 큰 저항은 없었을 것으로 추정된다.

'가치(까치)'는 15세기 이래 20세기 초 문헌까지도 보인다. '가치'가 지금과 같은 '까치'로 변한 것은 19세기 이후다. '가치'가 '까치'로 변함에 따라 '가치설' 또한 '까치설'로 변한다. '아치'가 '까치'로 변한 단어에는 '아치설' 말고도 '아치고개, 아치밭, 아치산, 아치섬' 등과 같은 지명도 있다. 전국에 분포하는 '까치고개, 까치밭, 까치산, 까치섬' 등은 해당 지형지물이 작은 규모여서 붙여진 이름이 대부분이다.

깡통(-筒)
'캔(can)'이 '깡'이 된 연유

'깡통'은 외국에서 들어온 물품이다. 깡통이 언제 우리나라에 들어왔는지는 정확히 알 수 없으나《조선일보》1926년 7월 14일 자의 "트레머리만 하여도 신녀성이오 깡통치마만 입어도 신녀성이랴"에 나오는 '깡통치마(개화기에 입던, 깡통 모양의 일자형 한복 통치마)'를 참고하면, 이것이 적어도 1920년대에는 국내에 들어와 있었고, 또 같은 시기에 '깡통'이라는 말도 쓰였음을 알 수 있다. '깡통'이라는 말이 광복 이후 쓰였다는 주장이 있으나 1926년의 '깡통치마'로써 이러한 주장은 잘못된 것임이 드러난다.

1920년대 실제 문장에 나타난 '깡통'이 1946년 이후 문헌에는 더욱 자주 등장한다. 그런데 특이하게도《조선말큰사전》(1947)에는 이것이 올라 있지 않다. '깡통'이 사전으로는《국어대사전》(1961)에 처음 실려 있다.

'깡통'의 어원에 대해서는 몇 가지 설이 있다. 첫째는 빈 양철통을 두드릴 때 나는 소리인 '깡'과 한자어 '통(桶, 물 같은 것을 담는 나무 그릇)'이 결합된 어형으로 보는 것이다. 그런데 '깡'을 소리를 모방한 의성어로 본다고 하더라도 그것을 이용하여 물건 이름을 만들 수 있는지를 생각하면 이러한 설은 좀 의심스럽다. 또한 '통(桶)'이 보통은 나무 그릇을 가리킨다는 점에서도 그러하다.

둘째는 영어 '캔(can)'에서 변한 '깡'과 한자어 '통(筒, 둥글고 긴 동강으로

　　　　　　　　　　　　　문화와 전통과 생활

서 속이 빈 물건)'이 결합된 어형으로 보는 것이다. '깡'이 영어 '캔(can)'과 관련된 것은 분명하나 '캔(can)'이 어떻게 '깡'이 된 것인지에 대한 설명이 없어 어딘지 부족한 느낌이 든다.

셋째는 영어 '캔(can)'에 대한 일본어 '간(かん)'을 국어가 '깡'으로 받아들인 뒤 그것과 '통(筒)'을 결합한 어형으로 보는 것이다. 이러한 설은 일본어 '간스메(통조림)'를 통해 영어 '캔(can)'이 일본어에 '간(かん)'으로 차용된 사실을 확인할 수 있고, 일본어 차용어인 '깡기리(깡통따개)'를 통해 일본어 '간(かん)'이 우리말에 '깡'으로 들어온 사실을 확인할 수 있다는 점에서 믿을 만하다. 필자는 물론 이러한 설을 지지한다.

영어 '캔(can)'에 기원하는 일본어 '간(かん)'에서 온 '깡'과 한자어 '통(筒)'은 같은 의미 범주의 것이다. 그러므로 결국 '깡통'은 동일한 의미의 두 요소가 결합된 동의 중복형 합성어가 된다. '깡통'이 일본식 영어의 차용어와 한자어가 결합된 동의 중복형 합성어라는 점에서 '깡패(걍그＋패)'와 조어 구조가 같다.

'깡통'은 주로 식료품을 담는, 속이 빈 용기여서 '속이 비어 있다'는 것이 가장 큰 특징이다. 그리하여 이것이 물건에 적용되면 '깡통 계좌'에서 보듯 '아무것도 없는 것'이라는 의미를 띠고, 사람에 적용되면 "그는 아무것도 모르는 깡통이다"에서 보듯 '머리가 텅 빈 사람'이라는 의미를 띤다.

냄비
조선 시대에 일본어에서 들어온 말

'찌개'나 '라면'을 끓이는 용기는? 그것이 '냄비'라는 것을 모르는 사람은 없을 것이다. 냄비는 찌개 등을 끓이거나 나물 등을 삶을 때 이용하는 아주 편리한 조리 도구다. 그럼 우리는 이런 냄비를 언제부터 사용하여 왔을까? 삼국 시대 이후 '초두(鐎斗)'라 하여 청동제나 철제, 놋쇠로 만든 현재의 냄비와 같은 기능의 조리 용구를 써왔다고 하니 그 역사는 아주 깊다고 볼 수 있다.

그러면 우리가 '냄비'라는 말을 언제부터 써왔을까? 옛 문헌에 '냄비'와 관련된 예가 나타나지 않으므로 이 단어의 역사가 냄비라는 도구의 역사와 맞먹는다고 말할 수는 없다. 현재의 냄비는 우리 고유의 도구가 아니라 일본에서 들어온 도구라는 점을 들어, '냄비'라는 말도 일제강점기에 일본에서 들어온 것으로 생각하는 사람들이 많다.

그런데 이 말이 일본어 차용어라 하더라도 일제강점기에 들어온 것으로 못 박을 수는 없다. "슈뎔남비 오합이부 젼뎔 오합일부"《정미가례시일기》, 1847), "셕유 두통 담뇨 다섯 벌 남비 다섯 기 쎄셔 팔아"《독립신문》, 1897년 1월 16일) 등에서 보듯 '냄비'가 '남비'라는 형태로 19세기 문헌에도 나타나기 때문이다. '남비'는 20세기 초 문헌에도 그대로 나온다. 《조선말큰사전》(1949)에도 '남비'가 표준어로 올라 있을 정도다. 물론 20세기 초 문헌에는 '남비'의 'ㅣ' 모음 역행동화 형태인 '냄비'도 보인다. 《국어대사전》(1961) 이후 사전에는 '냄비'가 표준어로 올라 있다.

'남비'는 일본어 '나베(なべ, 鍋)'에서 온 말이다. '나베(なべ)'의 탁음 [b]가 우리말에 [mb]로 받아들여져 '남비'가 되고, 이것이 '냄비'로 변한 것이다. '담배'를 뜻하는 일본어 '타바코(タバコ)'가 우리말에 '담바고'로 들어온 것과 동일한 차용 방식이어서 일본어 '나베(なべ)' 설은 의심의 여지가 없다. 다만 일본어 '나베(なべ)'가 국어에 들어온 시기는 정확히 알 수 없다.

《조선말큰사전》(1949)에는 '남비'와 같은 의미의 단어로 '남와(南鍋)'도 올라 있다. '남와'에 한자어 '남과(南鍋)'가 대응되어 있는 것을 보면, 여기서는 '남와'를 '남과(南鍋)'에서 변한 것으로 보았음을 알 수 있다. '남과'가 '南鍋'라면, '남와'는 한자 뜻 그대로 '남쪽(곧 일본)에서 들어온 냄비(노구)'로 해석할 수 있다. 물론 '남와'를 '남비'의 '남'과 '냄비'를 뜻하는 한자 '과(鍋)'가 결합된 '남과'에서 변한 어형으로 볼 수도 있다. 그렇다면 '남'에 대응된 한자 '南'은 단순한 취음자가 된다. '남와'의 어원은 좀 더 고민을 해 보아야 할 듯하다. '남와'는 사전에 올라 있기는 하나 잘 쓰이지 않는다. '냄비'의 세력이 워낙 크기 때문이다.

누비
천여 년 전에 중국에서 들어온 겨울 패딩

요즘 젊은이들 사이에서 가장 인기를 끌고 있는 겨울철 유행 패션은 아마도 '롱 패딩'일 것이다. 밖에서 활동하는 운동선수나 영화 촬영 제작진이 주로 입는 두툼한 방한용 옷을 너나없이 유니폼처럼 걸치고 그야말로 누비고 다닌다. 검은색의 부하고 투박해 보이는 옷에 열광하는 이유가 무엇인지 궁금하다. 방한(防寒)을 위한 실용에서인지, 아니면 멋을 위한 유행에서인지.

'패딩'은 '누비옷'에 다름 아니다. 두 겹의 천 사이에 솜이나 털을 넣는다는 점과 누빈다는 점에서 누비옷과 공통되기 때문이다. 우리의 복식사(服飾史)에서 누비옷의 전통은 아주 깊다. '누비옷'이라는 말이 15세기 문헌에도 나올 정도다.

'누비옷'은 본래 '누비'라고 했는데, '누비' 또한 이미 15세기 문헌에 보인다. '누비'가 '옷'의 일종이라는 것을 분명히 보이기 위해 '누비'에 잉여적 성격의 '옷'을 덧붙여 '누비옷'이라 한 것이다. 이는 '갑옷'을 뜻하는 '갑(甲)'에 '옷'을 덧붙여 '갑옷'이라 한 것과 똑같다.

그럼 '누비'의 어원은 무엇인가? 19세기 문헌인 《명물기략》(1870)에서는 '누비'를 한자어 '衲緋(납비)'로 보았는데, 이는 전형적인 한자 부회다. 이보다 앞서 정약용(1762~1836)은 《아언각비》(1819)에서 '누비'를 중국어 '衲衣(납의, 낡은 헝겊을 모아 기워 만든 승려의 옷)'에서 온 말로 보았다. 국어학자 이희승(1897~1989) 선생도 그렇게 보았다. 중국어 '衲

衣' 설은 좀 주목해볼 필요가 있다.

'누비'가 "比丘ㅣ 누비 닙고 錫杖 디퍼 竹林國 디나아(비구가 누비 입고 석장 짚어 죽림국을 지나)"《월인석보》, 1459)에서 보듯 중세국어에서 '비구(比丘, 남자 중)'와 함께 쓰이기도 하고, '누비'와 '중'이 어울린 '누비중'이라는 단어가 쓰인 것을 보면, 이것이 승려와 관련된 중국어 '衲衣'에서 왔을 가능성이 높다. 최근의 한 연구에 따르면 '누비'는 5세기 이전에 중국어 '衲衣'에 대한 상고음(上古音)을 받아들인 것이라 한다.

그런데 '누비'에 대한 동사 '누비다(두 겹의 천 사이에 솜을 넣고 줄이 죽죽 지게 박다)'가 있는 것을 근거로, '누비'를 중국어 '衲衣'의 차용으로 보기 어렵다는 주장을 펴기도 한다. 곧 '누비'를 고유어로 보는 것이다. 그러나 중국어 '衲衣'를 '누비'로 차용한 뒤에 이를 통해 동사 '누비다'를 만들었다고 설명하면 중국어 차용설이 부정되지는 않는다. '누비'가 중국어 차용어인지, 아니면 고유어인지는 좀 더 살펴야 할 듯하다.

동사 '누비다'에는 '두 겹의 천 사이에 솜을 넣고 줄이 죽죽 지게 박다'라는 의미 이외에 '이리저리 거리낌 없이 다니다', '이마 따위를 찡그리다'라는 의미도 있다. 이들은 '이리저리 줄을 죽죽 지게 박는 행위'에 기반하여 파생된 의미다.

도떼기
물건을 돗자리째 사고팔다

2017년 대통령 선거판에 '차떼기, 봉고차떼기, 폰떼기, 렌터카떼기' 등과 같은 이상한 '떼기' 계열어가 나돌았다. 이 같은 '떼기' 계열어는 '가마떼기, 도떼기, 밭떼기, 차떼기' 등과 같은 상거래(商去來) 용어를 모방한 말이다.

'가마떼기, 밭떼기, 차떼기'는 그 해당 단어의 의미를 통해 '가마(옹기 가마), 밭, 차'의 정체가 분명히 드러난다. 그런데 '도떼기'의 경우는 사정이 다르다. '많은 사람들이 모여 여러 종류의 물건을 시끄럽고 어수선하게 사고파는 일'이라는 '도떼기'의 의미를 통해 '도'의 정체가 잘 드러나지 않는 것이다.

'도'에 대해서는 대체로 '도매'를 뜻하는 한자 '都', 아니면 고유어 '도거리(따로따로 나누지 않고 한데 합쳐서 몰아치는 일)'로 보고 있다. '떼기'는 동사 '떼다(한꺼번에 많은 물건을 사다)'에서 온 것이 분명하다. 만약 '도'를 '都'나 '도거리'로 보면, '도떼기'는 '물건을 도매로 떼는 것'이나 '물건을 도거리로 떼는 것'이라는 의미가 된다. 그러나 '도떼기'의 '도'를 '都'나 '도거리'로 볼 근거는 없다.

일찍이 국문학자 김열규(1932~2013)는 '도떼기'를 경매에서 낙찰을 볼 때 장사치가 외치는 일본어 '돗따(취득하다, 낙찰을 보다)'에서 온 것으로 보았다. 그 분의 고향인 부산의 도매 시장에서 직접 들은 말이라고 하나, '도떼기'를 일본어로 볼 만한 근거는 없다.

문화와 전통과 생활

'도떼기'의 '도'는 '돗자리'를 뜻하는 '돗'(중세국어는 '돍')에서 온 것이다. 조선 시대에 선혜청(宣惠廳)의 창내장(倉內場)에서는 객주(客主, 조선 시대에 다른 지역에서 온 상인들의 거처를 제공하며 물건을 맡아 팔거나 흥정을 붙여주는 일을 하던 상인)들이 시골에서 올라온 상인들에게 물건을 돗자리째 떼어 팔았다고 한다. 물건을 돗자리째 떼어 판다고 하여 그러한 상거래 방식을 '돗떼기', 곧 '도떼기'라 한 것이다. 돗자리에 수북이 쌓인 물건을 사려고 상인들이 몰려들어 흥정하면서 그 주변은 늘 번잡하고 시끄러웠을 것이다. '도떼기'에 '시끄럽고 어수선하게 이루어지는 상거래'라는 의미가 부여된 것은 그러한 이유로 설명된다.

'도떼기'에 대한 '돗자리' 설은 한 역사학자가 언급한 것이다. 정곡을 찌른 해석에 크게 감탄했던 기억이 있다. '도떼기'의 어원 해석은 역사학자에게 빚진 셈이다. 이렇듯 어원 연구는 보조적으로나마 역사학의 도움을 받아야 할 때가 있다. 물론 역사학이 어원 해석에 걸림돌이 되는 경우도 있어서 조심을 요한다.

물건을 '도떼기'로 사고파는 시장이 '도떼기시장'이다. '도떼기시장'이 1955년 신문 기사에서 처음 확인된다. 일설에 이 말이 피란 시절인 1951~1953년 사이에 부산의 시장에서 만들어진 것으로 보기도 하나, 확실한 것은 아니다. '도떼기'가 이보다 훨씬 이전부터 쓰인 말이기 때문이다.

도시락
'밥고리'의 후예

'도시락'은 일종의 이동식 밥상이다. 이런 도시락을 우리 조상들은 일찍부터 활용하여 바깥에서 먹는 식사를 해결해왔다. 물론 예전의 도시락이 지금의 도시락과 같은 재질이나 모양새는 아니었다.

도시락과 관련하여 가장 먼저 보이는 단어는 15세기의 '밥고리'다. '밥'을 담는 '고리(키버들의 가지나 대오리 따위로 엮어서 상자같이 만든 물건)'여서 '밥고리'라 한 것인데, 이는 근대국어까지 쓰이다가 사라졌다. '밥고리'를 이어서 나타난 것이 '도시락'이다.

'도시락'은 '도슭'에서 출발하는 말이다. '도슭'의 어원에 대해서는 몇 가지 설이 있지만, 믿을 만한 것은 아직 없다. 다만 우리가 밝힐 수 있는 것은, '도슭'의 '슭'이 17세기 문헌에 보이는 '당슭(가는 대나무 조각 따위를 엮어 만든 뚜껑이 있는 상자)'의 '슭'과 같은 것으로 추정되어 '도슭'을 '도슭'으로까지 끌어올릴 수 있다는 점 그리고 '슭'이라는 단일어를 내세울 수 있다는 점뿐이다.

'도슭'은 겹받침 'ㄺ'에서 'ㄱ'이 탈락하여 '도슬'이 되고, '도슬'은 접미사 '-악'이 결합하여 '도스락'이 된다. 바로 이 '도스락'에서 'ㅅ' 아래의 'ㅡ'가 'ㅣ'로 변한 어형이 '도시락'이다. 20세기 초의 《조선어사전》(1938)에 '도시락'이 올라 있으며, '고리버들로 고리짝같이 만들되 작고 갸름하게 만든 것이며, 흔히 점심밥을 담는 데 쓰는 것'으로 기술되어 있다. 지금의 도시락과 용도는 같지만 재질과 모양새가 달랐

문화와 전통과 생활

음을 보이고 있다.

　그런데 이 사전에 일본어 '벤토(べんとう)'를 차용한 '벤또'가 올라 있어 주목된다. 이에 대해 '밥과 반찬을 담아 가지고 다니는 것. 또 그 그릇'으로 풀이하여 우리의 전통적인 도시락과 차이를 두고 있다. 벤또는 엷은 나무판자나 알루미늄 등으로 만들었기에 고리버들로 만든 도시락과 일단 재질에서 큰 차이가 있다.

　일제강점기에 일본어 '벤토(べんとう)'가 우리말에 들어오자 '도시락'이 '벤또'와 같은 의미를 새롭게 얻게 된다. 그리하여 '도시락'은 그 본래의 의미와 함께 변화된 의미를 갖게 된다. 물론 변화된 의미로서는 '벤또'의 세력이 훨씬 더 강했다.

　그러다가《우리말 도로찾기》(1948)에서 '벤또'를 '도시락'으로 순화하면서 조금씩 변화가 보이기 시작한다. '도시락'이 '벤또'를 완전히 몰아내는 데는 긴 세월이 걸렸다. 특이한 점은《우리말 도로찾기》(1948),《조선말큰사전》(1949)에서조차 '도시락'을 여전히 '버들(杞柳)가지로 짜서 만든 고리짝'으로 기술하고 있는 것이다.《국어대사전》(1961)에 와서야 '도시락'에 그 본래의 의미와 함께 변화된 의미가 달려 있다. 그 뒤에 나온 사전들은 대체로 이와 같은 체제를 따르고 있다. 그런데《표준국어대사전》(1999)에서는 그 본래의 의미를 배제한 채 '밥을 담는 작은 그릇'이라는 변화된 의미만 달고 있다. 그 대신 '도시락'에 '도시락밥'이라는 새로운 의미를 부가하고 있다. 현실 의미를 그대로 반영한 것이다.

말모이
말을 모아 정리하면 '사전'이 된다

얼마 전 〈말모이〉라는 영화가 상영된 적이 있다. 영화 제목치고 '말모이'는 너무나 생소하다. 아마도 이 단어를 아는 사람은 그리 많지 않을 것이다. 사전에도 실려 있지 않을 뿐만 아니라 실제 사용되지도 않기 때문이다.

〈말모이〉는 본래 주시경(1876~1914) 선생이 그 제자들과 함께 편찬하던 우리말 사전의 원고 이름이다. 1911년경부터 '조선광문회'에서 사전을 편찬하기 시작했는데, 그 원고 작업이 마무리된 시점에서 주시경 선생은 돌아가시고, 맏제자인 김두봉(1889~1961)은 일제의 탄압을 못 이겨 상하이로 망명하고, 또 다른 제자인 이규영(1890~1920)마저 세상을 뜨면서 사전 편찬 작업은 더 이상 지속하기 어렵게 되었다. 사전 원고가 '계명구락부'를 거쳐 '조선어학연구회'로 넘어가는 우여곡절을 겪으며 겨우 사전 편찬의 명맥은 유지했으나 결국 출간되지 못하고 원고 대부분이 산일(散逸)되고 말았다.

현재 〈말모이〉 원고는 'ㄱ'부터 '걀죽'까지의 올림말이 수록된 한 권만 전하고 있다. 이 원고가 《큰사전》(1957) 원고와 함께 등록 문화재에서 보물로 승격된다는 반가운 소식이 들린다. 또 최근 국민이 참여하여 만든 '21세기판 말모이 사전'이 곧 결실을 맺는다고 한다. 겹경사가 아닐 수 없다.

'말모이'는 주시경 선생이 새로 만든 말로 추정된다. 이는 '말'과

'모이'가 결합된 합성어다. 여기서 '모이'는 근대국어 '뫃다(모으다)'의 어간 '뫃-'에 접미사 '-이'가 결합된 '모히'에서 변한 어형이거나, 아니면 '모으다'의 준말인 '모다'의 어간 '모-'에 접미사 '-이'가 결합된 어형이다. 후자로 볼 수 있는 것은《아이들보이》라는 어린이 잡지 이름에 쓰인 '보이(보-+-이)'에서 보듯, 동사 어간에 '-이'를 결합한 파생 명사가 존재하기 때문이다. 어느 쪽으로 보든 '모이'는 '모은 것'이라는 뜻이 된다. '쪽모이(여러 조각을 모아 큰 한 조각을 만듦)'의 '모이'도 그러한 것이다.

이로 보면 '말모이'는 '말을 모은 것', 곧 '사전(辭典)'이라는 의미가 된다. 일본어계 한자어인 '사전(辭典)'이 들어와 쓰이게 되자 이를 대체하는 '말모이'라는 단어를 의도적으로 만들어 대항한 것이 아닌가 한다.

그런데 새로 만들어진 '말모이'는 널리 쓰이지 못했다. 그리하여 20세기 초의 사전은 물론이고 그 후의 사전에도 오르지 못한 것이다. '말모이'보다 뒤에 만들어진, 같은 의미의 '말광(말을 간직하는 곳간)'도 비슷한 처지에 있었다. 이 단어 또한《조선말큰사전》(1949)에 올라 있지 않다. 한자어 '사전(辭典)'의 세력이 얼마나 크고 견고했는지 짐작할 수 있다.

흥미로운 것은 한동안 사전에 올라 있지 않던 '말광'이《표준국어대사전》(1999)에 오른 것이다. 1990년대 이후 특정 신문사에서 이 말을 의식적으로 자주 쓰면서 관심을 모은 결과가 아닌가 한다. 그렇다면 요즘 '다시 쓰는 우리말 사전' 캠페인을 벌이면서 특정 신문사가 자주 언급하는 '말모이'라는 단어도 사전에 오를 수 있을 듯하다.

보리윷
윷놀이에서도 천대받는 보리의 신세

'설날' 즐기는 전통 놀이로 '윷놀이'만 한 것이 없다. '윷', '윷판', '윷말'만 준비되면 남녀노소가 어디서든 함께 즐길 수 있는 놀이기 때문이다. 윷놀이는 아주 오래전부터 즐겨온 전통 유희(遊戲)이기에 이와 관련한 단어도 아주 다양하게 발달해 있다. 윷의 종류, 윷놀이 방식, 윷말 등과 관련한 단어가 수십여 개가 된다. 이 가운데 윷놀이 방식과 관련하여 '보리윷'이라는 아주 흥미로운 단어가 있다.

윷놀이하는 광경을 한번 상상해보라. 전문 윷꾼들은 아주 그럴듯한 자세를 취하여 모면 모, 걸이면 걸 등 자기가 원하는 대로 윷가락을 던져 상대의 말을 제압한다. 반면 초짜 윷꾼들은 윷가락을 내팽개치듯 아무렇게나 던져 상대의 말을 잡기는커녕 상대에게 잡히는 빌미만 제공한다. 이렇듯 '법식도 없이 아무렇게나 던져서 노는 윷'을 낮잡아 '보리윷'이라 한다. '보리윷'의 '보리'는 우리가 아는 '볏과의 두해살이풀'을 가리킨다. 더 정확히는 '보리를 찧어 겨를 벗긴 낟알', 곧 '보리쌀'을 가리킨다고 볼 수 있다.

윷놀이 방식과 관련하여 보리가 이용된 점이 아주 특이하다. 이는 보리의 처지와 무관하지 않다. 우리가 먹는 주곡 가운데 쌀이 으뜸이고, 보리쌀은 그다음이다. 보리는 그저 쌀을 대체하는 보조 곡물에 불과하여 쌀에 뒤처지는 곡물이라는 인식이 싹틀 수 있다. 그 결과 '보리'에 '뒤처짐', '서투름' 등과 같은 부정적 의미 특성이 생겨

문화와 전통과 생활

난다. 이러한 의미 특성이 반영되어 '보리윷'은 '아무렇게나 던져 노는 서투른 윷'이라는 의미를 띤다. 그렇다고 '보리윷'에 반대되는 '벼윷'이나 '쌀윷'이라는 단어가 존재하는 것은 아니다.

'보리'는 '보리윷' 이외에 '보리바둑, 보리장기' 등에서도 '뒤처짐', '서투름'과 같은 의미 특성을 발휘한다. '보리바둑'과 '보리장기'는 '법식도 없이 아무렇게나 두는 서투른 바둑'과 '그와 같은 장기'를 낮잡아 이르는 말이기 때문이다. 이로 보면 '보리'는 '윷, 바둑, 장기' 등과 같은 '놀이' 명사 앞에 접두사처럼 붙어 '서투름'이라는 의미를 더함을 알 수 있다. 그러나 사전에서는 아직 이런 '보리'를 접두사로 인정하지 않고 있다.

그런데 '보리동생(바로 밑의 동생, 경남 방언)'이라는 말을 보면, '보리'가 '놀이' 명사 앞에만 붙는 것이 아님을 알 수 있다. '보리동생'에서 '보리'는 굳이 따지면 '뒤처짐'이라는 의미에 가깝다.

결국 '보리윷, 보리바둑, 보리장기, 보리동생' 등은 보리 또는 보리쌀을 하찮게 여기는 우리의 부정적 인식이 반영되어 생성된 단어들임을 알 수 있다.

사다리
바퀴살, 부챗살처럼 '살'이 달린 다리

'사다리'는 주로 낮은 곳에서 높은 곳으로 오르고자 할 때 이용하는 도구다. 물론 간혹 높은 곳에서 낮은 곳으로 내려가고자 할 때도 이용한다. 사전에서는 이런 기능까지 고려하여 사다리를 '높은 곳이나 낮은 곳을 오르내릴 때 디딜 수 있도록 만든 기구'로 풀이하고 있다.

'사다리'라는 말은 17세기 문헌에 '사두리'로 처음 보인다. 그 이전 시기 문헌에는 '사다리'와 같은 의미의 단어로 '두리' 또는 '층두리'가 나온다. '사두리'는 '살두리'에서 'ㄷ' 앞의 'ㄹ'이 탈락된 어형이 아닌가 한다. '날돌>나둘(나달)', '솔두듥>소두듥(松原)' 등에서 보듯 중세국어에서 'ㄷ' 앞에서 'ㄹ'이 탈락하는 현상은 자연스러웠다. 물론 중세국어 문헌에서 '살두리'를 찾아내야 '사두리'가 '살두리'에서 온 것임을 확증할 수 있다.

'살두리'는 '살'과 '두리'로 분석된다. 여기서 '살'은 '箭(전)', 곧 '창문이나 연, 부채, 바퀴 따위의 뼈대가 되는 부분'을 가리키는 것으로 보인다. '바퀴살, 부챗살' 등에 보이는 '살'도 그러한 것이다. '사다리'의 경우 기둥을 가로질러 있는 짧은 나무 도막이 '살'에 해당한다고 볼 수 있다.

한편 '두리'는 그 자체로 '사다리(梯)'의 뜻이다. 중세국어 '두리'는 본래 '橋(교, 다리)'의 의미였는데, 여기서 파생된 '梯(제, 사다리)', '階(계, 층계)' 등의 의미도 함께 갖고 있었다. 곧 중세국어 '두리'는 다의어로서

미분화 상태에 있었던 것이다. 이러한 미분화 상태는 '사다리'를 뜻하는 '층ᄃ리'(《신증유합》, 1576)와 '사ᄃ리'(《역어유해》, 1690)가 나타나면서 깨지게 되었다.

'사다리'를 뜻하는 'ᄃ리'가 존재하는데도 'ᄃ리'에 '층(層)'과 '살'을 덧붙여 '층ᄃ리'와 '살ᄃ리'라는 새로운 단어를 만든 것은 '사다리'의 지시 의미를 구체화하기 위해서가 아니었을까 한다. 곧 '층ᄃ리'는 '사다리'가 '층층으로 되어 있다는 점'을, '살ᄃ리'는 '사다리'가 '살로 이루어져 있다는 점'을 부각하기 위한 조어 형태로 보는 것이다. '사ᄃ리'는 '사다리'로 변하여 현재에 이르렀고, '층ᄃ리'는 세력을 잃고 사라졌다.

현대국어에서 '사다리'와 같은 의미의 단어로 '사닥다리'도 쓰인다. '사닥다리'는 19세기 문헌에서 처음 보이는데, '사다리'를 근거로 하여 새롭게 만들어진 말이다. 이는 '사다리'의 '사다'에 접미사 '-악'이 결합된 '사닥'에 다시 '다리'를 덧붙인 어형이다. 곧 '사닥다리'는 '다리'가 거듭 이용된 동의 중복형 단어가 된다. '사다리'를 근거로 한 이상한 형태의 동의 중복형 단어가 만들어진 것은 '사다리'에 대한 어원 의식이 희박해진 데 그 원인이 있다.

사전에 따라서는 '사다리'를 '사닥다리'의 준말로 설명하기도 하나, 단어 발생 순서나 조어 과정을 고려할 때 그렇게 볼 수 없다.

수저
숟가락과 젓가락

'금수저'냐 '흙수저'냐 하는 '수저 계급론'이 등장하면서 덩달아 '수저'의 어원에 대해서도 관심이 쏠리고 있다. '수저'의 어원을 다룬 글이 적지 않지만, 대부분 기존의 잘못된 설을 답습하고 있어 아쉽다. 이미 원로 국어학자가 믿을 만한 설을 제기하였는데, 그것을 놓치고 엉뚱한 이야기를 되풀이하고 있어 더욱 그렇다. 여기에는 일부지만 국어학자들도 예외는 아니다.

'수저'는 15세기 문헌에 '수져'로 처음 보인다. '수져'는 '술져'에서 'ㅈ' 앞의 'ㄹ'이 탈락한 어형이다. 실제 '술져'라는 단어도 문헌에 간혹 나온다. '수저'의 어원에 대해서는 오래전부터 한자어 '시저(匙箸)' 설이 있어왔다. 그런데 '시저(匙箸)' 설은 '수저'가 '술져'로까지 소급한다는 사실만으로도 금방 부정된다. 현재 '시저(匙箸)'는 주로 제사상에 올리는 것을 지시하여 '수저'에 비해 세력이 아주 미약하다.

한편 '수저'의 어원을, '숟가락'을 뜻하는 고유어 '술'과 '젓가락'을 뜻하는 한자 '저(箸)'가 결합된 '술저(箸)'에서 온 것으로 설명하기도 한다. 이러한 설이 일부 어원사전에도 소개되어 있어 마치 정설인 양 오해되고 있다. '술 + 저(箸)' 설에서 문제가 되는 것은 한자 '箸'다. '箸'가 '젓가락'을 뜻하고, 또 현대국어 '수저'의 '저'와 음이 같아서 쉽게 그것을 떠올린 것이지만 이는 잘못이다.

한자 '箸'의 중세국어 음이 '뎌'였기에 만약 '술저(-箸)'라면 중세국어에서 '술뎌' 또는 'ㄷ' 앞에서 'ㄹ'이 탈락한 '수뎌'로 나타나야 하는데, 실제 '술져' 또는 '수져'로 나타나고 있어 '져'는 한자 '箸'가 아니라는 사실이 드러난다. 중세국어에서 '뎌'와 '져'는 큰 차이가 있는 것이다. '져'는 《계림유사》(1103)의 "箸曰折(저왈절)"을 고려하면 본래 '졀'이었던 것으로 보인다. 그런데 15세기 정음 문헌에는 '졀'은 보이지 않고 그것에서 'ㄹ'이 탈락한 '져' 일색이다.

'술져'는 '술(숟가락)'과 '져(젓가락)'가 결합된 형태다. 따라서 이것이 '숟가락과 젓가락'의 뜻인 것은 당연하다. '술'은 합성어 '밥술(밥을 먹는 데 쓰는 숟가락)', '첫술' 등에서나 그 본래의 의미를 유지하고, "밥 두어 술"과 같은 표현에서 보듯 주로 '한 숟가락 분량'이라는 의미로 쓰인다. 한편 '져'에서 변한 '저'는 '젓가락'이라는 본래의 의미를 그대로 유지하고 있다.

'술져'가 '수져'를 거쳐 '수저'로 변하는 것은 아주 자연스럽다. 지금과 같은 '수저'는 19세기 문헌에 보인다. '수저'는 '시저(匙箸)'나 '술저(-箸)'에서 온 것이 아니라 '술(숟가락)'과 '져(젓가락)'가 결합된 '술져'에서 온 것임을 다시 강조하고자 한다.

숟가락
'숟가락'으로 표기하는 것이 맞다

'숟가락'과 '숫가락', '젓가락'과 '젇가락' 중에서 맞는 표기는? 그 답은 '숟가락'과 '젓가락'이다. '숟가락'과 '젇가락', '숫가락'과 '젓가락'이 아니라 '숟가락'과 '젓가락'이 짝을 이루는 점이 좀 의아하기는 하다. 이러한 의심은 '숟가락'의 어원을 통해 맞춤법 규정의 허점을 간파하면 금방 풀린다.

'숟가락'과 관련된 단어는 이른 시기의 문헌에 보이지 않는다. 19세기 말 문헌에서야 '슐가락, 슈가락, 수가락, 숟가락, 슉갈' 등으로 다양하게 나타난다. 그렇다고 '숟가락'이 19세기 이후부터 쓰인 단어라고 말할 수는 없다. 이들 가운데 '슐가락'이 그 기원형에 가까우며, 이는 음성적으로 '술가락'과 같은 것이다.

'술가락'은 '술'과 '가락'이 결합된 형태다. '술'은 15세기 이래 오랫동안 '숟가락'이라는 뜻으로 쓰였다. 이는 '젓가락'을 뜻하는 '져'와 15세기 이래 줄곧 대립해왔다. 그러다가 '숟가락'을 뜻하는 '술'은 '밥술(밥을 먹는 데 쓰는 숟가락)', '첫술(음식을 먹을 때에, 처음으로 드는 숟갈)'의 '술', '수저'의 '수'에 흔적을 남기고 사라졌다. 현대국어에서 '술'은 '숟가락'이라는 의미를 잃고 "밥 두어 술"에서 보듯 '음식물을 숟가락으로 떠 그 분량을 세는 단위'라는 의존명사로 쓰이고 있다. '가락'은 '길고 가는 물건'을 가리킨다. 그러므로 '술가락'은 '술(숟가락)'을 이용하되 숟가락의 긴 모양에 초점을 맞추어 만든 단어임을 알 수 있다.

문화와 전통과 생활

한편 19세기 문헌에 '슐가락'과 함께 나타나는 '숫가락'은 '술가락'에 사이시옷이 개재된 '숤가락'에서 'ㅅ' 앞의 'ㄹ'이 탈락한 어형이다. 20세기 초 문헌에는 '숫가락, 술가락'과 더불어 '숟가락'도 보인다. '숟가락'은 '숫가락'과 비교하면 제1음절의 종성 표기에서만 차이가 있다.

이렇게 보면 '숫가락'과 '숟가락' 가운데 역사적으로 맞는 표기는 '숫가락'임을 알 수 있다. 그런데 '숟가락'을 표준어로 삼은 이유는 '숫가락'이 '술가락'에 사이시옷이 개재된 '숤가락'에서 온 것이라는 사실을 이해하지 못한 채 '숫가락'의 제1음절 받침에서 나는 [ㄷ] 음이 '술'의 [ㄹ] 음에서 아무 까닭 없이 바뀐 음으로 잘못 보아 그것을 'ㄷ'으로 표기하기로 정했기 때문이다. '숟가락'의 [ㄷ] 음은 '술'의 [ㄹ] 음이 아무 까닭 없이 그렇게 변한 음이 아니라 사이시옷의 현실음이므로 이와 같은 규정은 근본적으로 잘못된 것이다.

이러한 규정에 따라 '삼짏날'에서 온 '삼짓날'도 '삼짇날'로, '이틄날'에서 온 '이틋날'도 '이튿날'로 표기하고 있다. 사이시옷이 개재된 어형에서 변한 것이라는 역사적 정보를 놓치고 엉뚱한 규정을 만들어 그에 따라 표기한 것이다. 문제는 일부 국어학자들도 이러한 규정을 아무 비판 없이 수용한 채 '숟가락, 삼짇날, 이튿날' 등의 어원을 잘못 설명하고 있는 것이다.

쌈짓돈
쌈지에 든 적은 돈이지만 내 맘대로 쓴다

대학생들에게 '쌈짓돈'이 무엇이냐고 물어보면 잘 모른다고 답한다. 이들에게 쌈짓돈은 좀 생소한 말이다. 사전에서는 쌈짓돈을 '쌈지에 있는 돈'이라는 뜻으로, 적은 돈을 이르는 말'로 풀이하고 있다. 그리하여 "불우 이웃 돕기 모금에 쌈짓돈이나마 보태려고 합니다"와 같이 쓸 수 있다.

'쌈짓돈'이 '적은 돈'을 뜻하므로 "검찰총장의 쌈짓돈이 50억 원에 이르는 것 같다"와 같은 표현은 좀 이상하다. 50억 원이 적은 돈이 아니기 때문이다. 아마도 이 말을 한 사람은 '쌈짓돈'을 자기 마음대로 쓸 수 있는 돈으로 생각하고 사용한 듯하다.

'쌈짓돈'은 '쌈지'와 '돈' 사이에 사이시옷이 들어간 어형이다. 그러니 그 본래의 의미는 '쌈지에 들어 있는 돈'이 된다. '쌈지'는 '예전에 담배, 돈, 부시 따위를 싸서 가지고 다니던 작은 주머니'를 가리킨다. '쌈지'는 18세기 문헌에 '뽐지, 쏨지'로 나온다. 이 가운데 '뽐지'가 더 고형이며, 이것이 '쏨지'를 거쳐 '쌈지'가 된 것이다. '뽐지'의 '뽐'은 동사 '뿌다(包, 싸다)'의 어간 '뿌-'에 명사 파생 접미사 '-ㅁ'이 결합된 파생 명사로, '싸놓은 덩이', 곧 '싼 것' 정도의 의미를 띤다. 제주 방언에서 '쌈' 또는 '쏨' 자체가 '쌈지'를 뜻하는 것을 보면, 이전 시기의 '뽐'도 '쌈지'를 뜻한 것으로 추정된다. 그렇다고 '쌈지'의 '쌈'도 '쌈지'일 것이라 속단하기는 어렵다.

'쌈지'의 '지'는 그 정체가 좀 모호하다. 다만 쌈지를 가죽, 헝겊뿐만 아니라 기름에 결은 종이로도 만든다는 점에서 한자 '紙'로 추정해볼 수 있다. 비슷한 의미의 '봉지(封紙, 종이나 비닐 따위로 물건을 넣을 수 있게 만든 주머니)'가 있어 그러한 생각을 굳히게 된다.

쌈지에 넣고 다니는 돈이 바로 쌈짓돈이다. 쌈지는 아주 작은 주머니이기에 여기에 돈을 많이 넣을 수는 없다. 그 돈이 무게가 나가는 엽전(葉錢)이라면 더더욱 그러하다. 그러므로 '쌈짓돈'에 '적은 돈'이라는 의미가 생겨난 것이다. 어린 시절 동네 어른께 인사라도 하면 허리에 차고 있던 쌈지에서 꼬깃꼬깃한 돈을 꺼내 건네주시던 모습이 아직도 생생하다.

쌈짓돈은 적은 돈이지만 내 쌈지에 들어 있으니 마음대로 쓸 수 있는 돈이다. 그래서 그런지 쌈짓돈을 임의로 쓸 수 있는 돈으로 생각할 수 있다. 50억 원을 쌈짓돈이라 해도 시비를 걸기가 쉽지 않은 이유다.

썰매
눈 위를 달리는 말

'썰매' 하면 어떤 모양의 것이 떠오르는가? 어린아이라면 눈썰매장에서 타는 플라스틱 기구가, 필자와 같이 유년기를 시골에서 보낸 기성세대라면 논이나 방죽의 얼음판에서 타는 각목에 철사를 박아 만든 나무 기구가 떠오를 것이다. 또 나이 든 세대 가운데 눈이 많이 오는 산간 오지에서 산 사람이라면 눈길을 달리던 나무로 만든 스키 모양의 기구가 떠오를 것이다.

'썰매'는 '눈', '사냥'과 밀접히 관련된 생활 도구다. 눈 쌓인 산야에서 사냥하기 위해서는 눈 위를 빨리 달릴 수 있는 기구가 필요했을 것이다. 이것이 바로 나무로 만든 스키 모양의 '썰매'다. "눈 우희 셜마 산힝ㅎ다(눈 위에서 썰매로 사냥하다)"(《한청문감》, 1779)와 같은, 눈 위에서 썰매를 이용하여 사냥했다는 기록을 참고하면 '썰매'가 '눈', '사냥'과 불가분의 관계에 있는 도구임을 어렵지 않게 알 수 있다.

현대국어 '썰매'는 18세기 문헌에 '셜마'로 나온다. '셜마'는 대체로 한자어 '雪馬(설마)'로 본다. 한자어 '雪馬(설마)'가 이른 시기의 옛 문헌에서 두루 발견된다. '雪馬(설마)'는 '눈 위에서 타는 말' 또는 '눈 위를 달리는 말'이라는 뜻인데, 눈 위에서 타는 '썰매'가 있다는 점, '썰매'가 '말'과 같이 빠르다는 점 등이 이러한 설을 뒷받침한다.

물론 '셜마'를 순수한 우리말로 보고 '雪馬(설마)'를 그에 대한 단순한 취음자(取音字)로 간주하기도 하나, '셜마'를 고유어로 볼 근거는 없

문화와 전통과 생활

어 보인다. 18세기 당시에 '雪'과 '馬'의 한자음이 '셜'과 '마'여서 '셜마'로 나타나는 것은 자연스럽다.

또한 '셜마'를 동사 '혀다(끌다)'의 관형사형 '혈'과 한자 '마(馬)'가 결합된 '혈마(끄는 말)'에서 온 단어로 보기도 하는데, '혈마'가 변하여 '셜마'가 될 수는 있지만, 이와 같은 어원설은 중세국어에 '혈마'가 존재했고 또 썰매를 '말'이 끌었다는 점을 입증해야 하는 부담이 있다.

18세기의 '셜마'는 음절 말에 'ㅣ'가 첨가되어 '셜매'로 변했다가 제1음절의 모음이 단모음화하여 '설매'로 변했거나, 아니면 그 반대로 단모음화를 먼저 겪어 '설마'로 변했다가 그것에 'ㅣ'가 첨가되어 '설매'로 변했을 것이다. '셕하'가 '셕해(>셔캐>서캐, 이의 알)'로, '디파'가 '대패(나무의 표면을 반반하고 매끄럽게 깎는 데 쓰는 연장)'로 변하는 예에서 보듯, 음절 말에 'ㅣ'가 첨가되는 현상은 자못 일반적이었다.

'설매'는 제1음절의 어두음이 된소리화하여 '썰매'로 변한다. '썰매'가 19세기 말의 《한불자전》(1880)에 처음 보인다. 20세기 이후에 나온 대부분의 사전에서는 '썰매'의 어원을 한자어 '雪馬(설마)'로 보고 있다. 그만큼 '雪馬(설마)' 설에 무게가 실린다.

안성맞춤(安城--)
안성 장인에게 맞춘 놋그릇이 최고다

필자는 아직도 경기도 '안성' 하면 '유기(鍮器)'가 떠오른다. 안성에 가서 유기를 직접 본 것은 아니지만, 학창 시절 내내 안성이 유명한 유기 생산지라고 배웠기 때문이다. 지금도 안성에서는 몇몇 유명 장인(匠人)들이 명품 유기를 만들며 전통을 잇고 있다고 한다.

유기는 '놋쇠로 만든 그릇'이어서 보통 '놋그릇'이라 한다. 놋그릇이니 누런색을 띠고 또 무겁고 단단하다. 유기를 '유기그릇'이라고도 하는데, 이는 '유기(鍮器)'에 '기(器)'와 의미가 같은 고유어 '그릇'을 덧붙인 동의 중복 형태다. '유기(鍮器)'에 대한 '유기그릇(鍮器--)'은 '산채(山菜)'에 대한 '산채나물(山菜--)', '역전(驛前)'에 대한 '역전앞(驛前-)'의 관계와 동일하여 흥미롭다.

예전에 유기를 안성에서만 만든 것은 아니나, 안성의 유기는 다른 지역의 유기보다 훨씬 질이 좋고 튼튼하였다고 한다. 이 안성 유기에는 장에 내다 팔기 위해 대량으로 만든 '장내기 유기'와 명장(名匠)에게 특별히 주문하여 만든 '맞춤 유기'의 두 종류가 있었다. '안성맞춤'이라는 말은 바로 '맞춤 유기'와 관련하여 생겨난 것이다.

장내기 유기는 좀 여유 있는 일반 가정에서 구입하여 썼다면, 맞춤 유기는 세도깨나 부리는 양반가나 부호가(富豪家)에서 구입하여 썼다. 부의 정도나 신분에 따라서 사용하는 유기가 달랐던 것이다.

안성의 유명 장인에게 주문하여 만든 맞춤 유기는 정확히 표현하

문화와 전통과 생활

면 '안성 맞춤 유기'가 된다. '안성 맞춤 유기'는 주문자의 마음에 꼭 들 정도로 품질이 우수하고 모양새도 좋았다. 그래서 '안성 맞춤 유기' 하면 '아주 품질이 뛰어난 유기'라는 인식이 싹텄을 것이다. 그런데 '안성' 하면 바로 '유기'가 연상되므로 굳이 '유기'를 넣어 '안성 맞춤 유기'라 할 필요가 없었을 듯하다. '유기'를 생략한 채 '안성 맞춤'이라고만 해도 '안성 맞춤 유기'와 같은 의미를 나타낼 수 있었을 것이기 때문이다.

'유기'가 생략되자 '안성 맞춤'이라는 표현은 점차 유기와의 관련성이 희박해졌을 것이며, 이쯤에서 '안성 맞춤'은 안성에 주문하여 만든 유기처럼 잘 만든 '고품질의 물건'이라는 좀 더 일반적인 의미를 띠었을 것이다. 일반적 의미를 얻은 '안성 맞춤'이라는 표현이 자주 쓰이다 보니 어느 때부터인지는 몰라도 이것이 한 단어로 인식되었을 것이다.

'안성맞춤'은 단어화한 뒤에 '고품질의 물건'이라는 구체적 의미에서 '물건이 좋아 마음에 딱 맞음' 또는 '경우나 계제에 잘 어울림'이라는 추상적 의미로 변했다. "계룡산은 은신처로 안성맞춤이다"에 보이는 '안성맞춤'은 추상적 의미로 쓰인 예다. 반면 '안성맞춤'은 더 이상 '안성에 주문하여 만든 유기'라는 그 본래의 의미로는 쓰이지 않는다. 의미의 확대와 소실을 동시에 경험한 특이한 단어다.

어깃장
문짝에 어긋나게 붙인 막대기

전통 가옥의 부엌문이나 광문 등에는 대각선 형태로 덧댄 띳장이 있다. 문짝이 비틀어지거나 휘어지지 않게 하기 위해 붙인 나뭇조각인데, 이를 '어깃장'이라고 한다. 문짝에 어깃장을 부착하는 일을 '어깃장을 놓다' 또는 '어깃장을 치다'라고 한다.

'어깃장'은 전통 가옥의 건축 용어라는 점에서 일찍부터 쓰였을 것으로 추정되나, 옛 문헌에 나타나지 않는다. 특이하게도 20세기 초의《조선어사전》(1938)이나《큰사전》(1957),《국어대사전》(1961) 등에도 올라 있지 않다.

'어깃장'은 '띳장(널빤지로 만든 울타리나 문 따위에 가로로 대는 띠 모양의 나무)'이라는 단어를 고려하면 '어기'와 '장' 사이에 사이시옷이 개재된 형태로 볼 수 있다. 여기서의 '어기'는 명사로 보기 어렵고 동사 '어기다'의 어간으로 이해된다. 그렇다면 동사 어간과 명사 사이에 사이시옷이 들어간 특이 형태의 단어가 된다.《조선어사전》(1938)에서는 '어기다'를 ① '지키지 아니하다', ② '배반하다', ③ '틀리게 하다', ④ '어그러지게 뻐기다'로 풀이하고 있는데, '어깃장'의 '어기-'는 ④의 '어기다'와 관련이 있어 보인다. '갈림길'을 뜻하는 함북 방언 '어김길'의 '어김'을 통해서도 '어기다'가 '엇갈리다', '어긋나다'는 의미를 띠었음을 추정할 수 있다.

어깃장'의 '장'은 '띳장'을 비롯하여 '봇장(들보)', '빗장(문을 닫고 가로질

문화와 전통과 생활

러 잠그는 막대기)' 등의 '장'을 고려하면 '막대기'를 뜻하는 한자 '杖'일 가능성이 있다. '어기다'의 중세국어가 '어긔다'이고, '杖'의 중세국어 한자음이 '댱'이므로 만약 '어깃장'이 중세국어에 있었다면 '어긔댱' 또는 이것에 사이시옷이 개재된 '어긧댱'이었을 것이다.

그런데 '어깃장을 치다'나 '어깃장을 놓다'는 '문짝에 어깃장을 부착하다'라는 구체적인 의미보다 '순순히 따르지 않고 못마땅한 말이나 행동으로 뻗대다'라는 비유적 의미로 더 많이 쓰인다. 지시 의미가 크게 달라져 관용구로 굳어진 것이다. 나무 막대를 대각선으로 삐딱하게 치는 행위는, 그것을 수평이나 수직으로 치는 행위에 비한다면 분명 삐뚤어진 행위다. 그리하여 '어깃장을 놓다'나 '어깃장을 치다'에 '고분고분 따르지 않고 뻗대다'와 같은 비뚤어진 행위와 관련된 비유적 의미가 생겨날 수 있다.

'어깃장을 놓다'나 '어깃장을 치다'가 비유적 의미로 변한 뒤에 관용구의 구성 요소인 '어깃장'도 그 관용구적 의미를 토대로 '짐짓 어기대는 행동'이라는 비유적 의미를 띠게 된다. "추가 재정 부양에 어깃장", "노조 어깃장에 경영 정상화 묘연" 등의 '어깃장'이 바로 그러한 것이다. 이러한 의미는 '문짝에 대각선 형태로 덧댄 띳장'이라는 그 본래의 의미와는 크게 다른 것이다.

오지랖
걸옷 앞자락의 폭은 적당해야 한다

누가 여러분에게 "참 오지랖도 넓네"라고 한다면 어떤 기분이 들겠는가? 무던한 사람이라면 그저 그런가 보다 하고 넘어가겠지만, 보통 사람이라면 불쾌한 느낌이 들 것이다. '오지랖(이) 넓다'에는 그 본래의 뜻을 넘어 상대를 약간 무시하고 빈정대는 심사가 배어 있어서다.

그런데 '오지랖'만 떼어놓고 보면 그렇게 기분 나쁠 것도 없다. '오지랖'은 '웃옷이나 윗도리에 입는 겉옷의 앞자락'을 지시하는 한복(韓服) 용어일 뿐이기 때문이다. 한복 용어로서의 '오지랖'은 신소설 《은세계》(1908)에 '오질압'으로 처음 보인다. 육당 최남선(1890~1957)이 지은 시조 〈웅진에서〉(1926)에는 '오질압ㅎ'으로 나오며, '옷자락의 압(앞)'이라는 소중한 주석까지 달려 있다. '오질압ㅎ'의 '압ㅎ'은 '앞'의 종성 'ㅍ'을 'ㅂ'과 'ㅎ'으로 나누어 표기한 것일 뿐이다. '오질압ㅎ'은 1930년대 이후 문헌에 '오질앞, 오지랖' 등으로 표기되어 나온다.

《큰사전》(1957)에는 '오지랖'이 표준어로 올라 있으며, '옷질앞'이 그 비표준어로 제시되어 있다. 1930년대 문헌에 나오는 '오질앞, 오지랖'은 여기서 비표준어로 제시한 '옷질앞'과 관련된 어형으로 추정된다. 이는 '옷줄앞'으로 소급하지 않나 한다. '옷줄앞'이 한때 치음(齒音)이었던 'ㅈ' 앞에서 'ㅅ'이 탈락하여 '오줄앞'으로 변하고, '오줄앞'이 'ㆍ>ㅡ'에 따라 '오즐앞'을 거쳐 '오질앞(오지랖)'으로 변한 것으로 볼 수

문화와 전통과 생활

있기 때문이다.

'옷즐앞'의 '옷'은 '衣(의)', '앞'은 '前(전)'의 뜻이다. 그리고 '즐'은 중세 국어 '오ᄌ락(옷자락)'의 'ᄌ락(즐+ -악)'에서 확인되는 '즐'로, '자락'의 뜻이다. 그리하여 '옷즐앞', 곧 '오지랖'은 '옷자락의 앞'이라는 뜻이 된다. 최남선의 주석과 완전히 일치하여 그의 안목이 돋보인다.

한복 상의(上衣)에서 '오지랖'은 안이 보이지 않을 정도로 여밀 수 있는 폭이면 족하다. 이것이 넓으면 안에 있는 다른 자락을 지나치게 많이 덮게 된다. 이런 경우를 '오지랖이 넓다'고 한다. '오지랖'이 넓어 다른 자락을 덮게 되는 것은, 마치 자기 영역을 넘어 남의 영역을 침범하여 간섭하는 것과 같다. 그리하여 자기 일이 아닌 남의 일에 쓸데없이 참견하는 것을 빗대어 '오지랖이 넓다'고 표현하는 것이다. 말하자면 '오지랖이 넓다'가 제3의 의미를 얻어 관용구가 된 것이다. 그런데 사전에서는 아직 '오지랖이 넓다'를 관용구로 처리하지 않고 있다.

'오지랖'은 '오지랖이 넓다'가 지니는 관용구적 의미를 통해 '남의 일에 쓸데없이 참견함'이라는 의미를 얻게 된다. "그 오지랖 하고는, 참!"에 쓰인 '오지랖'이 바로 그러한 것이다. 그런데 사전에서는 '오지랖'에 이러한 의미를 부여하지 않고 있다.

한가위

한 달의 가운데인 보름 중에서 가장 큰 보름

농경사회에서 음력 8월은 수확과 풍요의 달이다. 음력 8월에서도 그 중간인 15일(한가위)이 기쁨과 넉넉함의 정점이다. 그래서 우리 조상들은 늘 더도 말고 덜도 말고 이날만 같기를 고대했던 것이다.

'한가위'는 생각보다 오래된 명절이다. 《삼국사기》(1145)에 신라의 여성들이 두 패로 나뉘어 길쌈 내기를 한 뒤, 진 편은 이긴 편에 음식으로 사례하고, 모두 함께 어울려 노래와 춤과 온갖 놀이를 즐겼는데, 이를 '嘉俳(가배)'라 했다는 기록이 나오는 것을 보면, 적어도 신라시대에는 놀이 축제로 굳어져 있었음을 짐작할 수 있다.

'嘉俳(가배)'는 한자어가 아니라 당시의 신라어 '가뵈'를 한자음을 이용하여 적은 차자(借字) 표기다. 고대국어 '가뵈'가 근대국어의 '가외'를 거쳐 현재의 '가위'로 이어진 것인데, '한가위'의 '가위'도 그러한 것이다. '한가위'의 '가위', 곧 '가뵈'에 대해서는 대체로 '가운데'라는 뜻으로 풀이하고 있다. 이는 그럴듯해 보이지만 정곡을 찌른 것은 아니다.

일찍이 양주동 선생은 '가뵈'를 '절반하다', '이등분하다'는 뜻의 동사 '갑다'의 어간 '갑-'에 명사를 만드는 접미사 '-이'가 결합된 어형으로 보고, 이를 '반(半)·중(中)을 만드는 것'으로 풀이했다. 중세국어 '가봊디(가운데)', '가온(가웃)' 등에서 확인되는 동사 '갑다'에 근거한 것인데, '반(半)·중(中)을 만드는 것'이라는 해석은 좀 모호하다. 이날이 정

문화와 전통과 생활

확히 음력 15일(보름)이니 '한 달을 절반한 날', 곧 '한 달 중 절반이 되는 날' 정도로 해석하는 것이 자연스럽지 않나 한다.

'가위'에 접두사 '한-(大)'을 결합한 어형이 '한가위'다. '가위'나 이것에 '날'을 덧붙인 '가윗날'이 있는데도 굳이 '큰'의 의미를 더하는 접두사 '한-'을 붙여 '한가위'라는 새로운 명칭을 만든 것은, 풍성한 수확으로 기쁨을 만끽할 수 있고 또 햇곡식으로 조상의 은덕을 정성껏 기릴 수 있는 8월 보름이 여느 달의 보름(음력 15일)보다 특별히 중요하고 의미 있는 날로 인식되었기 때문일 것이다.

이날을 '한가위'에 '날'을 덧붙여 '한가윗날'이라고도 한다. 이로 보면 현재 8월 보름을 지시하는 고유어에 '가위, 가윗날, 한가위, 한가윗날'이라는 네 단어가 있음을 알 수 있다. 이 가운데 가장 널리 쓰이는 것이 '한가위'다. 물론 '한가위'도 한자어 '추석(秋夕)' 앞에서는 맥을 못 춘다.

한글
한글은 '조선의 글'이다

'한글'이 우리나라의 고유 문자라는 것을 모르는 사람은 없을 것이다. 그러나 '한글'이라는 명칭을 언제, 누가, 어떻게 만들었는지, 또 그 뜻이 무엇인지 아는 사람은 별로 없어 보인다. 아쉽게도 우리 국어학계는 이런 질문에 딱히 내세울 수 있는 공식적인 답을 아직 마련하지 못하고 있다.

'한글'이라는 명칭은 주시경 선생의 《소리갈》(1912년경)에 처음 보이며, 아동 잡지 《아이들보이》(1913)에 이어서 나온다. 이로 보면 '한글'은 1910년대 이후 등장한 명칭임을 짐작할 수 있다. 그 이전에는 '훈민정음'을 비롯하여 '언문(諺文), 반절(反切), 동문(東文), 국문(國文), 조선문(朝鮮文)' 등의 명칭이 있었다. 이 가운데 '국문'은 갑오경장 후에 자주 의식의 발현 속에서 만들어진 명칭이다. 주체적 시각에서 우리말을 '국어', 우리 문자를 '국문'이라 추켜세운 것이다. '조선문'은 1910년 경술국치 후에 일제가 억지로 강요한 명칭으로, 여기에는 우리글을 일본의 한 지방 글자 정도로 격하하려는 고약한 심사가 배어 있다. '한글'은 '국문'을 부정하고 '조선문'을 강요하는 일제(日帝)에 맞서 새로 만든 이름일 가능성이 있다. 이것이 1910년대 문헌부터 나타나는 것도 우연한 일은 아닌 듯하다. '한글'이라는 명칭을 누가 만들었느냐에 대해서는 '최남선', '박승빈', '주시경' 설 등이 있는데, 대체로 '주시경' 설 쪽으로 기울어져 있다. 물론 특정인이 만든 것이 아

문화와 전통과 생활

니라는 주장도 있다.

'한글'이 어떻게 만들어졌는지에 대해서도 의견이 분분하다. 주시경 선생이 쓴 '한나라 글'을 줄인 것이라는 설, 韓文(한문)의 '文'을 '글'로 풀어 쓴 것이라는 설, 한자 '韓(한)'과 '글'을 결합한 것이라는 설, '글'에 접두사 '한-(大)'을 결합한 것이라는 설 등이 그것이다.

이렇듯 조어 과정에 대한 의견이 분분하다 보니 '한글'의 의미 해석도 다를 수밖에 없다. '한'을 '대한제국' 또는 '조선'을 가리키는 '韓'으로 보아 '대한제국의 글' 또는 '조선의 글'로 해석하기도 하고, '한-'을 '大'의 뜻으로 보아 '큰 글'로 해석하기도 한다. 더 나아가 '한'을 '一 (일)'의 뜻으로 보아 '하나의(유일한) 글'로 해석하기도 한다.

이들 가운데서는 '대한제국의 글' 또는 '조선의 글'이라는 설이 우세하다. '한옥(韓屋), 한복(韓服), 한지(韓紙)' 등과 같은 '한(韓)' 계열어를 고려하면 '한문(韓文), 한어(韓語)'가 있을 수 있고, '文'을 '글'로, '語'를 '말'로 바꾸어 '한글'과 '한말'을 만들 수 있다고 본다. '韓文'의 '文'을 굳이 '글'로 바꾸어 '한글'을 만든 것은, '韓文'이 '漢文'과 혼동된 것과 무관하지 않은 듯하다. '韓文'이라는 말이 대한제국 성립 이전부터 사용되었다는 점에서, 여기서의 '韓'은 '조선'을 가리킨다고 보는 것이 맞지 않나 한다. 그렇다면 '韓文'이나 그것에서 나온 '한글'은 '조선의 글'로 이해할 수 있다. 한편 '한글'을 주시경 선생이 만든 것으로 보면, 그의 호를 '한-(大)'을 이용하여 '한힌샘(크고 흰 샘)'이라 했듯, 우리글을 '한-(大)'을 이용하여 '한글'이라 했을 가능성도 있다.

그러나 '한글' 명칭에 대한 위의 설명은 모두 추정에 불과하다. '한글'과 관련된 여러 의문점이 언제쯤 속 시원히 풀릴 수 있을지 답답한 심정이다.

행주치마
'행주'는 행주대첩과는 무관한, 부엌살림의 필수품

'행주치마'는 부엌일을 할 때 옷을 더럽히지 않으려고 덧입는 작은 치마다. 그런데 요즘 '행주치마'라는 말은 잘 쓰이지 않는다. 그것 대신 주로 '앞치마'가 쓰인다. 간혹 '에이프런'이라는 외국어도 쓰인다. '행주치마'가 잘 쓰이지 않는 이유는 아마도 '행주'가 지저분한 느낌을 주어 그것을 포함하는 '행주치마' 또한 그러한 느낌이 들어 기피했기 때문이 아닌가 한다.

'행주치마'의 유래에 대해서는 오래전부터 '행주대첩'과 관련된 설이 전해온다. 임진왜란 당시 행주산성 싸움에서 부녀자들까지 나서서 투석전을 벌였는데, 이때 부녀자들이 긴 '치마'를 잘라 짧게 만든 옷에 돌을 날라 싸웠다고 하여 '행주치마'라는 말이 나온 것이라는 설명이다. 물론 이는 전형적인 민간어원이다. '행주치마'의 어원 설명이 궁색해지자 '행주'를 음이 같은 지명 '행주(幸州)'와 연결한 뒤 그것을 정당화하기 위해 '행주대첩'이라는 역사적 사건까지 동원하여 그럴듯하게 포장한 것이다.

행주대첩에서 대승을 거둔 것이 1593년인데, '행주치마'와 관련된 '힝ᄌ쵸마'라는 단어는 이보다 앞선 1527년 문헌에 나타나므로 '행주치마'가 '행주대첩'에 근거하여 만들어진 말이라는 주장은 시기상 맞지 않는다. '행주치마'는 '행주대첩'과는 아무런 관련이 없는 말이다.

'힝ᄌ쵸마'의 '힝ᄌ'는 '닦는 천'을 뜻한다. 이를 한자어 '行者'(행자, 속

문화와 전통과 생활

인으로 절에 들어가 불도를 닦는 사람)'로 보기도 하지만, 당시 '者'의 한자음이 '쟈'라는 점에서 받아들이기 어렵다. 지금으로서는 '힝ᄌ'의 어원을 밝히기 어렵다. '힝ᄌ'는 일정한 음운 변화를 거쳐 현대국어 '행주(그릇, 밥상 따위를 닦거나 씻는 데 쓰는 헝겊)'로 이어졌다. 그릇이나 밥상을 닦는 '행주'는 주방의 필수품이다.

'쵸마'는 '치마'와 같은 뜻이다. 중세국어에는 '쵸마'와 더불어 그와 같은 의미의 '츄마, 치마'도 있었는데, 이들은 제1음절의 모음에서만 차이를 보여 기원적으로 같은 말임을 짐작할 수 있다. 그런데 '쵸마' 또한 그 어원을 밝히기 어렵다. '쵸마'는 '초마'로 변하여, 그리고 '힝ᄌ쵸마'는 '행주초매(강원), 행자초마(전남)' 등으로 변하여 일부 방언에 남아 있다.

'쵸마, 츄마, 치마' 가운데 중세국어 이래 가장 활발하게 쓰인 것은 '치마'다. 그리하여 '힝ᄌ쵸마'에 대한 '힝ᄌ치마'도 이른 시기에 있었다고 보는 것이 합리적이다. 마침 17세기 문헌에 '힝ᄌ치마'가 나오므로 그러할 가능성을 높인다. '힝ᄌ치마'는 '힝ᄌ'의 변화에 따라 '행주치마'로 변하여 현재에 이른다.

'행주치마'를 대신한 '앞치마'는 본래 '몸 앞부분에 두르는 치마'를 두루 일컫던 것이, '부엌용'에 한정되면서 '행주치마'와 같은 의미를 띤 것이다. 요즘의 앞치마는 이전의 행주치마만큼 용도가 다양하지는 않다. 예전의 행주치마가 물이 묻거나 오물이 튀는 것을 막기 위해서뿐만 아니라 물 묻은 손을 훔치고, 그릇의 물기를 닦으며, 뜨거운 솥뚜껑을 들어올리기 위해서 사용되었다면, 요즘의 앞치마는 단순히 옷 보호용으로 사용된다.

허수아비
가을 들판의 가짜 남자 어른, '헛아비'

곡식이 여물기 시작하면 들판 곳곳에 '허수아비'가 세워진다. '허수아비'는 극성스런 새 떼로부터 공들여 가꾼 농작물을 지켜주는 최전선 파수꾼이다. 그런데 요즘 새들은 약아빠져서 '허수아비' 쯤은 무서워하지 않는다. 깡통을 달아 흔들고, 공포를 쏘아대야 겨우 들은 척 하는 것이 요즘 새들이다.

'허수아비'의 모습은 어떠한가. 해어진 옷가지를 걸치고 삿갓을 쓴 모습이 우스꽝스럽다. 껄렁하게 보여 우스운 모습이 '허수아비'라는 단어 속에서도 감지되어 흥미롭다.

'허수아비'라는 단어는 19세기 문헌에서야 발견된다. 이 시기 문헌에는 '허수아비'와 더불어 그와 어형이 유사한 '허아비, 헤아비'도 나온다. 18세기 문헌에는 '허수아비'와 같은 의미의 단어로 '정의아비'가 보이는데, 이것이 '허수아비'보다 오래된 단어로 추정된다. 현재 '정의아비'는 '허수아비'에 밀려나 함북 방언에나 남아 있다.

사전에 따라서는 '허아비'를 '허수아비'의 준말로 설명하기도 하나, 두 단어는 서로 다른 경로를 거쳐 만들어진 것이어서 그렇게 볼 수 없다. '허아비'의 '허'는 한자 '虛'이고, '아비'는 본래 '父(부)'의 뜻이지만 여기서는 '기력아비, 돌진아비, 술아비, 옻진아비, 장물아비, 중신아비' 등에 보이는 그것과 같이 비천하거나 떳떳하지 못한 일을 하는 '남자'를 가리킨다. 허수아비가 허술한 남성 복장의 농부 형상

문화와 전통과 생활

을 한 가설물이기에 단어 만들기에 '허(虛)'와 '아비'를 이용한 것이다. '헤아비'는 '허아비'의 제1음절에 'ㅣ'가 첨가된 어형이다.

'허수아비'는 '헛아비'에서 온 말이다. '헛아비'는 문헌에서 발견되지 않지만 방언형 '허사비(경북, 헛 + 아비)', '허새비(경북, 전남, 전북)', '허세비(경북, 전남)' 등을 통해 그 존재를 확인할 수 있다. '헛아비'의 '헛-'은 '허(虛)'와 'ㅅ'의 결합체로, '거짓의', '속이 빈', '실속이 없는', '소용없는' 등의 의미를 더한다. 그렇다면 '헛아비'는 '거짓 남자 형상의 가설물' 또는 '속이 빈 남자 형상의 가설물' 정도로 해석된다. 허수아비의 허술한 몰골과 일치하는 의미다.

'허수아비'는 '헛아비'에 조음소 '으'가 개재된 '허스아비'를 거쳐 나타난 어형이다. 중간 단계의 '허스아비'가 경북 방언에 남아 있다. '헛아비'가 '허스아비'로 된 것은 '웃머리(우두머리)'가 '웃으머리'(《한불자전》, 1880)로 된 것과 같다.

'허수아비'가 '헛아비'에서 온 것이므로 그 의미는 '헛아비'와 동일하다. 그런데 '헛아비'는 표준어가 아니다. '헛아비'에서 변형된 '허수아비'가 득세하면서 '헛아비'는 세력을 잃고 일부 지역 방언으로 제약된 것이다. 현재 '허수아비, 허아비'만 표준어다.

헹가래
축하할 때도 벌 줄 때도, 헤엄치듯 가래질

'헹가래'를 치는 모습은 운동 경기장에서 흔히 목격된다. 우승을 축하하는 표시로 선수들이 감독이나 후원자를 번쩍 들어 위로 던져 올렸다 받았다 하기를 반복한다. 이는 전형적인 서구식 헹가래 방식이다.

우리의 전통적 헹가래는 이와 달랐다. 기쁘고 좋은 일이 있을 때 축하하기 위해서뿐만 아니라 잘못이 있을 때 벌을 주기 위해서도 헹가래를 쳤는데, 위로 던져 올렸다 내렸다 하는 것이 아니라 네 활개를 번쩍 들어 앞뒤로 내밀었다 들이켰다 했다. 헹가래를 치는 의도나 방식이 서구식 헹가래의 그것과는 사뭇 달랐던 것이다. "이이죠 년의 계집이 붓잡어서 헹가러 치즈(애 조 년의 계집애 붙잡아서 헹가래 치자)"(최찬식, 《금강문》, 1914)에 쓰인 '헹가러'는 벌을 주기 위해 앞뒤로 흔드는 동작을 가리킨다. 이와 같은 전통적 헹가래의 의도나 방식에 대한 이해가 있어야 '헹가래'의 어원을 바로 밝힐 수 있다.

'헹가래'의 어원에 대해서는 '헛가래(虛 + ㅅ + 가래)' 설이 널리 퍼져 있다. 어떤 일을 본격적으로 하기 전에 실수를 막고자 빈 가래로 미리 손을 맞춰보곤 하는데 이것을 '헛가래'라 했고, 이것이 변하여 '헹가래'가 되었다는 설명이다. 그러나 '헛가래' 설은 분명 잘못된 것이다. '헹가래'는 근대국어 '헤염가래'가 '헴가래'를 거쳐 나온 어형이기 때문이다. '헤염가래'는 '헛가래'와 전혀 무관하다.

‘헤염가래’의 ‘헤염’은 지금의 ‘헤엄’이며, ‘가래’는 지금의 ‘가래(흙을 파헤치거나 떠서 던지는 기구)’다. ‘헹가래’를 지시하는 단어를 만드는 데 ‘가래’를 이용한 것은 앞뒤로 내밀었다 들이켰다 하는 ‘헹가래’ 행위가 밀었다 들였다를 반복하는 ‘가래질’ 동작과 유사하기 때문이다. 그리고 ‘헤염(헤엄)’을 이용한 것은 네 활개를 잡힌 채 벗어나려고 발버둥치는 행위가 손발을 이용하여 물속을 헤집는 행위와 유사하기 때문이다.

현재의 ‘헹가래’는 기쁘고 좋은 일이 있을 때 축하하기 위해 그 주인공을 던져 올렸다 받았다 하는 행위다. 그 본래의 의미와 비교해 보면, 그 의도가 ‘기쁘고 좋은 일은 축하하고 과실은 벌주기 위한 것’에서 ‘기쁘고 좋은 일을 축하하기 위한 것’으로 제한되고, 그 행위가 ‘앞뒤로 내밀었다 들이켰다 하는 것’에서 ‘위로 던져 올렸다 받았다 하는 것’으로 변했음을 알 수 있다. ‘헹가래’에 의미 변화가 일어난 것이다. 이러한 의미 변화는 서구식 헹가래 방식에 영향을 받은 까닭으로 이해된다. 그런데 사전에서는 ‘헹가래’를 ‘사람의 몸을 번쩍 들어 자꾸 내밀었다 들이켰다 하는 일. 또는 던져 올렸다 받았다 하는 일. 기쁘고 좋은 일이 있는 사람을 축하하거나, 잘못이 있는 사람을 벌줄 때 한다’와 같이 전통식과 서양식을 아우르는 개념으로 기술하고 있어 현실 용법과는 좀 거리가 있다.

5장
공간과 지명

가두리
'가두리'는 가두는 곳이 아니다

'가두리'는 주로 '양식장'이나 '낚시'와 같은 단어와 어울려 제한적으로 쓰이던 말이다. 그러던 것이 최근에는 "뉴스를 '가두리'에 가둔 네이버", "뉴스, '포털 가두리'에 갇혀 여론 왜곡", "관치가 '금융 가두리' 영업으로 내몰아" 등에서 보듯 제법 범위를 넓혀 쓰이고 있다. 앞의 두 예를 보면 '가두리'를 동사 '가두다'에서 온 것으로 이해하고 있음을 알 수 있다.

그러나 '가두리'는 동사 '가두다'와 전혀 무관한 말이다. 이는 '가'와 '두리'가 결합된 형태이기 때문이다. '가'는 '가장자리', '두리'는 동사 '두르다(繞)'의 어간 '두르-'에 접미사 '-이'가 결합된 파생 명사로 '둘레'라는 뜻이다. 그러므로 '가두리'는 '가장자리의 둘레'로 해석된다. "이번 생일 케이크 상자는 가두리가 예쁜 꽃무늬로 둘려 있었다"와 같은 문장에서 '가두리'의 의미가 잘 드러난다.

그런데 '둘레'를 지시하는 '두리'는 옛 문헌에서 발견되지 않는다. 다만 '둥근 것'을 지시하는 '두리'가 16세기 문헌에 보이는데, 이를 '둘레'를 지시하는 '두리'와 기원적으로 같은 단어로 파악하면, 그러한 의미의 '두리' 또한 일찍부터 존재했을 것으로 추정된다.

"한 간 두리 바위를 번쩍 들어서"(윤백남, 〈경기루만화〉, 《동아일보》 1930년 11월 6일)에서 보듯 20세기 초 문헌에 '두리(둘레)'가 보이고, "노동당을 '혁명의 참모부'로 지칭하며 '당의 두리(주위)에 군대와 인민을 하나로 묶어야 한다'고 했다"(《조선일보》 2013년 8월 26일)에서 보듯 북한어에 '두리(둘레)'가 쓰이고 있어 이것이 일찍부터 존재했을 가능성을 높인다. '두리'는 현대국어 '변(邊)두리', '전두리(둥근 그릇의 아가리에 둘려 있는 전의 둘레)', '테두리(둘레의 가장자리)' 등과 같은 합성어에 흔적을 남기고 사라졌다.

'두리'가 일부 합성어에 흔적을 남기고 사라진 것은 같은 의미의 '둘레'에 세력을 빼앗겼기 때문이다. '둘레'와 '두리'의 힘겨루기에서 '둘레'가 승리한 이유가 무엇인지 궁금하나 알기 어렵다. '둘레'는 15세기 문헌에 '둘에'로 보이는데, 이는 동사 '두르다'의 어간 '두르-'에 접미사 '-에'가 결합된 어형이어서 '두리'와 같은 동사에서 파생된 단어임을 알 수 있다.

15세기의 '둘에'는 '두레'로 표기된 뒤 'ㄹ'이 첨가되어 '둘레'로 정착하여 현재에 이른다. 20세기 초의 《조선어사전》(1920)에는 '둘에'와 '둘네'가, 《조선어사전》(1938)에는 '두레'와 '둘레'가 함께 올라 있는데, 전자에서는 '둘네'를, 후자에서는 '둘레'를 주표제어로 삼고 있다. 《조선말큰사전》(1949) 이후 사전에서는 '둘레'만 표준어로 인정하고 있다.

나들목
나고 드는 길목, 본래는 지명

교통을 원활하게 하기 위해 교차 지점을 입체적으로 만들어서 신호 없이 다닐 수 있게 만든 시설을 '인터체인지(interchange)'라 한다. 이를 줄여서 '아이시(IC)'라고도 한다. '인터체인지'를 대체한 순수 우리말이 바로 '나들목'이다. '나들목'이 1990년대 후반 신문 기사에 나타나는 것을 보면 그즈음에 등장한 것으로 추정된다.

'나들목'은 '인터체인지'를 대체하기 위해 특정인이 새로 만든 말로 알려져 있기도 하지만, 그렇지 않다. '나들목'은 전래 지명(地名)으로 일찍부터 쓰인 말이기 때문이다. 전남 신안군 비금면 수치리를 비롯하여 전국에 몇 군데 '나들목'이 있다. 다만 누군가가 나서서 '인터체인지'를 대체하는 말로 '나들목'을 선택했을 수는 있다.

'나들목'은 동사 '나들다'의 어간 '나들-'과 명사 '목'이 결합된 어형이다. '나들-'은 동사 어간 '나-(出)'와 '들-(入)'이 결합된 어형으로, '나고 들다(出入)'의 뜻이다. '나들다'는 15세기 문헌에도 나올 정도로 역사가 깊다. '나들이'의 '나들-'도 그러한 것이다. '나들이'가 지명에서는 '서울나들이(서울로 나고 드는 길목)', '충주나들이(충주로 나고 드는 길목)' 등에서 보듯 '나고 드는 길목'을 지시하기도 한다. 곧 '나들목'과 같은 의미를 띤다.

'목'은 '통로 가운데 다른 곳으로는 빠져나갈 수 없는 중요하고 좁은 곳'이라는 뜻이다. '건널목, 구들목, 길목, 노루목' 등의 '목'이 바로 그것이다. 이에 따라 '나들목'은 '나고 드는 좁은 곳'으로 해석된다. '나들목'과 같이 동사 어간 '나들-'과 명사가 결합된 구조의 지명에 '나들개, 나들보, 나들뻔지' 등도 있으며, 그와 같은 구조의 일반 어휘에 '나들문(--門), 나들선(--船), 나들통(--筒), 나들표(--票)' 등도 있다. 이들 일반 어휘는 모두 북한어다.

그런데 지명인 '나들목'이 '인터체인지'를 대체하는 단어로 선택된 이유가 무엇인지 궁금하다. '인터체인지'의 의미를 고려하면 '입체교차로' 정도가 어울리지 '나고 드는 길목'을 뜻하는 '나들목'은 좀 어색해 보이기 때문이다. 실제 '인터체인지'를 '입체교차로'로 순화한 바 있다. 아마도 '인터체인지'가 고속도로에서 다른 길로 빠져나가고 또 다른 길에서 고속도로로 들어오는 길목 역할을 하면서 '나들목'이 그 대체어로 선택된 것으로 추정된다.

현재 '나들목'은 '인터체인지'나 '입체교차로'를 누르고 제법 자리를 잡았다. 고유어가 외래어 및 한자어를 모두 물리친 좋은 예다. 물론 외래어 '아이시'의 도전을 받고 있기는 하다.

난장판(亂場-)
조선 시대 과거장도, 현대의 정치판도 난장판

미국 정치판도 우리네 정치판과 크게 다른 바가 없는가 보다. '트럼프'와 '바이든', 두 대통령 후보 간에 벌어진 토론회에서 막말과 비방이 난무했기 때문이다. 이를 미국 언론은 '난장판'이라 싸잡아 비판했다. '난장판'은 '여러 사람이 어지러이 뒤섞여 떠들어대거나 뒤엉켜 뒤죽박죽이 된 곳 또는 그런 상태'를 뜻한다. 곧 이에는 장소적 의미와 상황적 의미가 있다.

'난장판'이라는 말은 19세기 말의 《국한회어》(1895)에 '란장판'으로 처음 보인다. 이에는 '亂場板(난장판)'이 대응되어 있어 적어도 '란장'이 '亂場(난장)'이라는 사실을 알 수 있다. '판'은 한자 '板'일 가능성이 있으나 좀 더 살펴야 할 듯하다. 여기서 '판'은 '일이 벌어진 자리나 장면'을 뜻하는 '판'과 기원이 같다.

'난장(亂場)'을 '정해진 장날 외에 특별히 며칠간 더 여는 장'이나 '길가에 물건을 임시로 벌여놓고 파는 장'을 뜻하는 '난장(-場)'과 동일시하는 견해가 있는데, 이는 잘못이다. 왜냐하면 '난장(-場)'의 '난'은 한자 '亂'이 아니라 '난돈(굿을 할 때 정해진 굿 값 외에 친지들이 내는 돈. 전남 방언)', '난밭(정한 범위를 벗어난 바닥)' 등의 그것과 같은 '나다(出)'의 관형사형이기 때문이다. 두음법칙을 적용하지 않는 북한에서는 '란장(亂場)'과 '난장(-場)'을 엄격히 구별하여 쓰고 있다.

18세기 이후의 《조선왕조실록》이나 여러 문집 등을 보면 '亂場(난장'이 '과거장(科擧場)의 소란'과 관련된 기록에 자주 나오며, '과거장을 어지럽게 함'이라는 의미로 쓰이고 있다. '亂場'은 한 단어로 굳어지면서 '어지러운 과거장'이라는 의미로 변했을 것이다. 이 같은 의미 변화가 가능했던 것은 조선 후기의 과거장이 매우 무질서하고 난잡했기 때문이다. 시험생인 유생들은 과거장에 들어와서도 마구 떠들어댔고, 또 그들을 시중하기 위해 들어온 노비나 호위하기 위해 들어온 무사, 심지어 부정행위를 돕기 위해 들어온 추잡한 무리까지 뒤섞여 서로 법석을 떨었다고 하니 과거장이 얼마나 혼란스럽고 문란했는지 짐작이 간다.

'어지러운 과거장'을 뜻하는 '난장(亂場)'은 이것이 갖는 '소란스러움', '혼란' 등과 같은 의미 특성을 토대로 '여러 사람이 뒤섞여 떠들어대거나 뒤엉켜 뒤죽박죽이 된 곳 또는 그런 상태'라는 의미로 변한다. 이러한 의미의 '난장'에 '판'을 덧붙인 어형이 '난장판'이다. 물론 '난장판'은 '난장(亂場)'과 '난판(亂-)'이 뒤섞여 만들어진 단어일 수도 있다. 현재 '난장(亂場), 난판(亂-), 난장판(亂場-)' 그리고 '깍두기판'이 같은 의미로 쓰이고 있다. '깍두기판'은 좀 생소한데, '깍두기를 만들기 위해 양념을 넣고 무를 버무린 것과 같은 혼란스러운 곳'이라는 의미를 띤다.

노다지
'노 터치(no touch)' 설은 근거 없는 민간어원

'노다지'의 어원이 무엇이냐고 물어보면 대부분 영어 '노 터치(no touch)'라 답한다. 학교 교육을 통해 늘 그렇게 배워왔기 때문이다. '노 터치' 설은 구한말 광산 채굴권을 갖고 있던 서양인들이 귀한 광석을 우리나라 노동자가 만지려 하자 만지지 말라는 뜻으로 '노 터치'라 했는데, 이 말이 변해서 '노다지'가 되었다는 것이다. 그러나 이러한 설은 그럴듯하게 포장된 민간어원에 불과하다.

'노다지'의 어원은 아직 명쾌히 밝혀져 있지 않다. 몇몇 불완전한 어원설이 제기되어 있을 뿐이다. 일부 어원사전에서는 '노다지'를 '노두(露頭)'와 '지(地)'가 결합된 한자어 '노두지(露頭地)'에서 온 것으로 설명한다. "朝鮮 內 今日의 一般 金山의 採掘法을 보면 「노다지」(露頭)(金脈의 地表 露出部)"(《중앙일보》 1932년 12월 8일)에서 보듯 벌써 1930년대에 '노다지'와 '노두(露頭)'를 같은 의미로 보려는 시도가 있었는데, 여기서 더 나아가 '노두'에 '지'가 결합된 '노두지'를 전제하고 이것에서 '노다지'가 나온 것으로 설명한 것이다.

이러한 설은 무엇보다 '광맥, 암석이나 지층, 석탄층 따위가 땅거죽에 드러난 부분'을 뜻하는 '노두(露頭)'와 '광물이 쏟아져 나오는 광맥'을 뜻하는 '노다지'가 의미상 아주 가깝다는 점에서 눈길을 끈다. 그런데 이 설은 무엇보다 한자어 '노두지(露頭地)'가 존재하지 않는다는 데 문제가 있다. '노두지'가 존재하더라도 이것이 '노다지'로 변한

공간과 지명

이유를 설명해야 하는 문제가 있다.

'노다지'를 '재물'을 뜻하는 '노'와 '묶음'을 뜻하는 '다지'가 결합된 어형으로 보는 설도 있다. 여기서는 '노'를 '노 났다(재물이 많아지다)'에 보이는 '노'와, '다지'를 '꽃다지'에 보이는 '다지'와 같은 것으로 본다. 그런데 이러한 설은 '묶음'을 지시하는 '다지'라는 단어를 찾아내야 하는 부담이 있다.

또한 '노다지'를 형용사 '놀다(드물다, 귀하다)'의 어간 '놀-'에 접미사 '-다지'가 결합된 어형으로 보는 설도 있다. 이 설은 '노다지'가 아주 귀한 것이어서 '놀다'를 이용할 수 있고, 또 '놀다지'가 '노다지'로 변할 수 있다는 점에서 주목되지만, 접미사 '-다지'가 무엇인지 밝혀야 하는 문제가 있다.

필자는 아직 '노다지'의 어원에 대한 이렇다 할 견해를 갖고 있지 못하다. 다만 기존의 '노두(露頭)'와 관련이 있다는 설 그리고 '노다지'의 '노'가 '노가 나다', '노 난다'의 '노'와 관련이 있다는 설 등을 존중한다. 물론 '노 터치' 설은 전혀 인정하지 않는다.

'노다지'는 '광물이 묻혀 있는 광맥'이라는 의미에서 '많은 이익이 쏟아져 나오는 일'이라는 의미로 변한다. '광맥'이 막대한 이득을 가져다주기에 이러한 비유적 의미가 생겨난 것이다.

논산(論山)
그 산에는 논이 있다

얼마 전 아들 녀석을 군대 보내느라 '논산(論山)' 훈련소에 다녀왔다. 늦게 얻은 아들을 떼어놓고 돌아오면서 여러 상념에 잠겼는데, 생뚱맞게도 문득 몇 해 전에 쓴 '논산'의 유래에 대한 짧은 글이 떠올랐다. 그 당시 유래를 잘못 설명하여 늘 부담으로 남아 있던 글이었다. 이참에 이전 글에 대한 반성문을 써보려 한다.

'논산'은 '논뫼, 논미, 놀뫼, 놀미'와 같은, 어형이 유사한 고유어계 이름을 갖고 있다. '논산'의 유래는 이들 고유어계 이름을 통해 밝혀야 한다는 것은 자명하다. 그런데 이들에 대한 어원이 분명하게 밝혀져 있지 않아 '논산'의 유래 또한 설명하기가 쉽지 않다. 다만 '논뫼'에 '논산'이 대응되어 있으니, '뫼'가 '산(山)'의 뜻이고, 이것이 '메'를 거쳐 '미'로 변한 것이라는 것쯤은 알 수 있다. 문제는 '논'이나 '놀'이 무엇이냐는 것이다.

필자는 이전에 쓴 글에서 '놀뫼'의 '놀'을 '놀다(늘어지다)'의 어간으로, '논뫼'의 '논'을 그것의 관형사형으로 보고, '놀뫼'와 '논뫼'를 '길게 늘어진 형상의 산'으로 해석한 바 있다. 지금에 와서 생각해보니 무슨 근거로 그렇게 해석한 것인지 얼굴이 화끈하다.

'논뫼'의 '논'은 다름 아닌 '畓(답)'의 뜻이다. 이는 《동국여지지》(1656)에 나오는 '畓山(답산)'이라는 차자(借字) 지명을 근거로 한 것이다. 대부분의 조선 시대 지리지에는 '論山(논산)'으로 나오는데, 유독 이 문헌에만 '畓山(답산)'으로 나온다. 아마 '畓山(답산)'을 일찍 발견했더라면 '논뫼'와 '論山(논산)'의 관계를 어렵지 않게 설명할 수 있었을 것이다. '畓山(답산)'을 찾아내 '논뫼'의 어원을 풀 수 있는 길을 열어준 분은 장경일 교수다.

'畓山(답산)'이 '논뫼'의 '논'과 '뫼'를 모두 훈차한 지명이라면, '論山(논산)'은 '논뫼'의 '논'을 음차, '뫼'를 훈차한 지명이다. 고유어 지명 '논뫼'를 '畓山(답산)'으로 적기도 하고 '論山(논산)'으로 적기도 한 것인데, 지금은 '論山(논산)'으로만 적되, 그것도 두 글자 모두 음으로 읽고 있다.

'논'이 '畓(답)'의 뜻이므로 '논뫼'는 '논이 있는 산' 또는 '논이 주변에 많은 산'으로 해석된다. 이 산은 '반야산(般若山)' 북쪽 산기슭에서 뻗어온 산으로 기록되어 있다.

'논뫼'에서 제1음절음의 종성 'ㄴ'이 'ㄹ'로 변한 어형이 '놀뫼'다. 산 이름 '동산미'가 '동살미'로, '진산미'가 '질살미'로 변한 예에서 보듯, 'ㅁ' 앞의 'ㄴ'이 'ㄹ'로 변하는 것은 자연스럽다. 이렇게 보면 '놀뫼' 또한 '논뫼'와 똑같은 의미를 띤다. '논뫼'에 대한 한자 지명 '논산(論山)'도 마찬가지다.

이렇게 하여 '논산(論山)'에 대한 어원 설명은 일단락된 셈이다. 필자도 과거의 오류를 털어버릴 수 있게 되어 홀가분하다.

독도(獨島)
외로운 섬이 아니라, 돌로 된 섬

개개의 사람마다 이름이 있듯, 각각의 땅에도 이름이 있다. 이것이 바로 '땅이름(지명)'이다. 그리고 사람의 이름을 짓는 데 어떤 원칙이 있듯, 땅의 이름을 짓는 데도 어떤 근거가 있다. 그 근거를 찾으면 특정 지명의 유래는 쉽게 드러나지만, 그렇지 못하면 그것은 오리무중이 된다.

그럼 울릉도 동남쪽에 위치한 '독도'의 경우는 어떠한가? 이 섬이 망망대해에 외롭게 떠 있기에 '홀로 獨(독)' 자를 써서 '獨島(독도)'라 명명(命名)한 것으로 쉽게 생각할 수 있으나, 외롭게 떠 있다는 점이 명명의 근거가 될 수는 없다. 지명은 그렇게 낭만적이거나 시적(詩的)으로 만들어지지 않는다.

울릉도 현지 주민들은 '독섬, 돌섬'이라는 고유어 이름에 익숙하다. '독섬'의 '독'은 '石(석)'의 뜻이어서 '독섬'은 '돌섬'과 같이 '돌로 된 섬'이라는 뜻이다. 지금도 전남과 경남의 일부 지역에서는 '돌'을 '독'이라 하고, '돌로 된 섬'을 '독섬'이라 부른다. 일설에 조선조 말 울릉도로 이주한 호남 사람들이 울릉도와 인접한 돌로 된 이 섬을 자기 지역 말로 '독섬'이라 불렀다고 한다.

'獨島(독도)'는 '독섬'을 한자화하는 과정에서 나온 이차적 지명이다. '독'이 '石(석)'을 뜻한다는 사실을 인식하지 못한 채 그저 음이 같은 한자 '獨(독)'을 대응하여 '獨島(독도)'라 한 것이다. '獨島'는 1904년 문헌에 처음 보인다. 한편 '독'에 대한 어원 정보를 유지한 상태에서 '독섬'을 한자화하면 '石島(석도)'가 된다. '石島'는 대한제국 〈관보(官報)〉(1900)에 실려 있어 그 권위가 느껴진다. 고유어 지명 '독섬'이 '石島(석도)'를 거쳐 '獨島(독도)'로 한자화하는 과정은 고유어 지명 '한여울(큰 여울)'이 '大灘(대탄)'을 거쳐 '漢灘(한탄)'으로 한자화하는 과정과 일치하여 의심의 여지가 없다.

이로 보면 적어도 20세기를 전후한 시기에는 섬의 이름으로 '독섬, 석도(石島), 독도(獨島)'가 함께 쓰였음을 알 수 있다. 이 가운데 '독도(獨島)'가 세력을 잡아 공식 명칭이 된 것이다.

그런데 최근 한 경제사학자는 〈관보〉에 나오는 '石島(석도)'가 현재의 '독도'가 아니라 울릉도 본섬에 바로 붙어 있는 '관음도(觀音島)'라 주장하고 있다. 이는 '石島(석도)', 곧 '獨島(독도)'가 오래전부터 우리 땅으로 인식되어 왔다는 기존의 통념을 깨는 것이어서 아주 충격적이다. 그런데 현지 주민들은 '관음도'를 '깍새'가 많이 서식한다고 하여 '깍새섬'이라고는 하지만 '독섬'(또는 '돌섬')이라 하지는 않는다. 이로써 '관음도'를 〈관보〉에 나오는 '石島(석도)'로 볼 수 없으며, 더 나아가 '石島'가 지금의 '독도'라는 설을 부정할 수 없다.

울릉도 현지의 연세 많은 분들은 저 멀리 떠 있는, 돌로 이루어진 섬을 '독섬'(또는 '돌섬')이라 부른다. 이는 그분들의 선대로부터 자연스럽게 물려받은 오래된 언어 유산이다. 지명 연구는 현지 조사가 필수적이다. 현지에 가서 그 실물을 직접 보고 확인해야 하는 것은 물론이고 현지 주민들로부터 그것과 관련된 지명을 직접 들어보아야 한다. 문제의 경제사학자는 이러한 과정을 거치지 않은 듯하며, 최근 국어학자들이 쓴 '독도' 관련 글도 읽지 않은 듯하다.

뒤안길

뒤꼍 장독대로 이어지는 좁다란 길

"한송이의 국화꽃을 피우기 위해 봄부터 솔작새는 그렇게 울었나보다"로 시작하는 미당 서정주(1915~2000) 선생의 〈국화 옆에서〉(1947)는 꽤나 알려진 시다. 이 시에는 '뒤안길'이라는 아주 정감 어린 시어가 나온다. 물론 '뒤안길'은 미당의 또 다른 시인 〈화사〉(1936)에 먼저 등장한다. 이 시어가 널리 퍼진 것은 〈국화 옆에서〉(1947)가 애송되면서부터다.

'뒤안길'은 어떤 길인가? 사전에서는 '늘어선 집들의 뒤쪽으로 나 있는 길'이라 설명하는데, 정말 그런 길인지 의심쩍다. '뒤안길'이 '뒤안'과 '길'이 결합된 합성어라는 사실은 금방 알 수 있을 것이다. '뒤안'은 16세기 문헌에 처음 보이며, '園(원)'의 뜻이다. '園'은 '큰 집의 정원에 만들어놓은 작은 산이나 숲', 곧 '동산'을 가리킨다. 15세기에는 이러한 의미의 단어로 '위안ㅎ'이 쓰였는데, '뒤안'은 '뒤(後)'와 '위안ㅎ'이 뒤섞여 만들어진 말이다. '위안ㅎ'은 17세기 문헌을 끝으로 나타나지 않는다.

'뒤안'은 어느 때인지는 모르지만 '동산'에서 '집 뒤에 있는 뜰이나 마당(뒤꼍)'이라는 의미로 변한다. 그런데 이러한 의미마저 '뒤꼍'에 넘겨주고 중앙어에서 사라진다. 현재 '뒤안(뒤꼍)'이 전라, 충청, 경상 방언에 남아 있다.

'뒤안길'은 '뒤꼍'이라는 의미의 '뒤안'과 '길'이 결합된 형태여서 '뒤

곁에 난 길' 정도의 의미를 띤다. 서정주 선생은 생전에 '뒤안길'이 어떤 길이냐는 질문에 "뒤안(뒤꼍)에는 으레 장독대가 있는데 거기로 장이랑 푸러 다니다 보면 희미한 길이 나는데 그게 뒤안길이 아니겠느냐"라고 답했다 한다. 부엌 뒷문에서 장독대까지 난 작은 길을 염두에 두고 시인은 고향(전남 고창) 말인 '뒤안'을 이용하여 '뒤안길'이라는 향토색 짙은 시어를 만든 것이다. 시인 생전에 이 말의 뜻을 물어보지 않았다면 어지간히 설왕설래했을 것이다. 그럼에도 아직도 '뒤안길'에 대한 해석은 분분하다.

신문 자료를 검색해보면, '뒤안길'은 〈국화 옆에서〉(1947) 이후 한동안 보이지 않다가 1957년 이후 다시 보이기 시작한다. 그런데 '뒤안길'이 '시골 마을 뒤쪽에 있는, 사람이 잘 다니지 않는 후미진 길'이나 '도심 속 큰길에서 들어가 있는 좁고 후미진 골목길'을 가리키고 있어 특이하다. 이들은 그 본래의 의미는 물론이고 사전적 의미와도 다른 것이다.

이제 사전에서는 그 본래의 의미와 더불어 실제 사용된 의미를 상세히 기술해야 할 것이다. 물론 의미 기술에는 '역사의 뒤안길', '영광의 뒤안길' 등에서 확인되는 비유적 의미 또한 포함해야 한다.

말죽거리
전국 곳곳에 말에게 죽을 먹이던 거리가 있었다

'말죽거리'는 전국에 흔한 거리 이름이자 마을 이름이다. 전국에 산재한 '말죽거리' 가운데 가장 널리 알려진 곳은 서울특별시 서초구 양재동 소재의 것이다. 2004년 개봉한 〈말죽거리 잔혹사〉라는 영화가 히트하면서 더욱 유명해진 곳이다.

'말죽거리'라는 지명에 대해서는 오래전부터 조선 인조(仁祖) 때의 '이괄의 난'(1624)과 관련된 유래설이 전해온다. 그 대강의 내용은 이렇다. "인조가 난을 피해 궁을 빠져나와 정신없이 달리다가 이곳에 이르러 배고픔을 호소했다. 이에 이곳의 어진 유생들이 황급히 팥죽을 쒀 바쳤다. 인조는 유생들이 올린 팥죽을 말에서 내리지도 못한 채 먹었다. 이에 '임금이 말 위에서 죽을 마신 거리'라는 뜻의 '말죽거리'라는 지명이 생겨났다." 그런데 이는 《인조실록》(1624년 2월 9일)의 "朝 動駕行到良才驛 儒生金怡等六七人 奉豆粥以進 上於馬上飲之 (아침에 거둥하여 양재역에 이르렀을 때 유생 김이 등 예닐곱 명이 콩죽을 받들고 와서 올리니, 상이 말 위에서 마셨다)"를 자의적으로 해석하여 만든 지명 전설에 불과하다.

'말죽거리'는 그저 '말에게 죽을 먹이는 거리'라는 단순한 뜻을 담고 있다. 대체로 공무로 여행하는 관원에게 말과 숙소를 제공하는 '역(驛)'이 있던 곳에 이러한 지명이 붙었다. 서울특별시 서초구 양재동에 '양재역(良才驛)'이 있었고, 이 역 주변에는 '역말(驛-)', 곧 '역촌(驛

공간과 지명

村’이라는 마을이 있었다.

양재역은 도성에서 삼남(三南) 지역으로 나가는 첫 번째 역이자 삼남 지역에서 도성으로 들어오는 마지막 역이었다. 삼남 지역으로 떠나는 관원들은 이곳 역에서 대기하던 말을 징발하여 길을 떠났고, 또 삼남 지역에서 올라오는 관원들은 타고 온 말을 이곳 역에 맡기고 여장을 풀었다. 관원이 타고 갈 말은 이곳에서 '말죽'을 충분히 먹은 후 길을 나섰고, 관원이 타고 온 말은 이곳에서 말죽을 먹으며 원기를 회복했다.

양재역에는 관원들과 더불어 삼남으로 떠나거나 그곳에서 도성으로 향하는 일반 백성들도 몰려들어 북적댔다. 삼남으로 떠나는 백성들과 삼남에서 올라오는 백성들 가운데는 말을 이용하여 여행하는 사람도 있었다. 이들은 양재역 근처의 주막에 머물며 먼 길을 떠날 말과 먼 길을 달려온 말에게 말죽을 먹였다. 그리하여 자연스럽게 이곳에 말을 타고 오가는 행인들이 말죽을 먹이는 거리가 생겨났는데, 이를 '말죽거리'라 한 것이다.

민둥산(--山)
아무것도 없는, 황폐한 동산(童山)

한반도의 숲을 찍은 위성사진을 보면, 남한은 거의 전 지역이 선명한 녹색으로 나타나는 반면 북한은 산세가 험한 일부 지역만 녹색으로 나타나 확연한 차이를 보인다. 그만큼 북한의 산야가 심각하게 황폐화한 것이다. 이렇듯 나무가 없어 헐벗은 산을 우리는 '민둥산'이라 하고, 북한은 '빈산'이라 한다.

'민둥산'이라는 단어는 옛 문헌에 보이지 않는다. 이보다 먼저 '믠뫼'와 '믠산'이라는 단어가 18세기 문헌에 보인다. '믠뫼'와 '믠산'은 '믜다'의 관형사형인 '믠'에서 접두사화한 '믠-'과 명사 '뫼(山)' 및 '산'이 결합된 어형이다. '믜다'는 '(털이) 빠지다', '아무것도 없다'는 의미를 띠었다. 이에 따르면 접두사 '믠-'은 '아무것도 없는'의 뜻을 더한다고 볼 수 있다. '믠머리(털이 없는 머리)', '믠비단(무늬가 없는 비단)' 등의 '믠-'도 그와 같은 것이다. 현대국어 사전에서는 '믠-'에서 변한 '민-'을 '꾸미거나 딸린 것이 없는', '그것이 없음 또는 그것이 없는 것'이라는 의미를 더하는 접두사로 기술하고 있다.

'믠-'의 의미를 고려하면 '믠뫼'와 '믠산'은 '아무것도 없는 산', 곧 '민둥산'으로 해석된다. 현재 '믠뫼'와 '믠산'은 사라지고, 이에 대응된 한자어 '독산(禿山)'만 남아 있다. 동네 이름으로 흔한 '독산동(禿山洞)'의 '독산'이 바로 그것이다.

'민둥산'은 20세기 초의 《신자전》(1915)에 '민둥산'으로 처음 보인다. 이 자전(字典)에서는 한자 '童(동)'에 대한 새김으로 '아이', '웃둑웃 둑하다', '민둥산'의 세 가지를 들고 있다. '童'에 '아이'라는 의미만 있는 줄 알았는데, 이것에 '민둥산'이라는 의미도 있다니 놀라울 뿐 이다.

'민동산'은 '믠동산'에서 제1음절의 모음 'ㅢ'가 'ㅣ'로 변한 어형일 것이다. 《조선어사전》(1920)에 제1음절에서 'ㅢ'를 유지한 '믠둥산'이 나오고 있어 '믠동산'의 존재는 분명해진다. '믠동산'의 '믠-'은 앞서 언급한 '믠뫼, 믠산'의 그것과 같은 것이다.

문제는 '동산'인데, 이는 다름 아닌 '초목이 없는 황폐한 산'을 가 리키는 한자어 '童山'이다. '童山'은 익숙하지 않은 한자어지만 옛 문 헌에 제법 나오며 현대의 국어사전에도 올라 있다. '동산(童山)'만으로 도 '민둥산'을 지시할 수 있는 터에, 굳이 여기에 '믠-'을 덧붙인 것은 일종의 강조 용법으로 볼 수 있다. 아니면 '믠뫼, 믠산'에 이끌린 결 과로 볼 수도 있다. '믠동산'이 '민동산'을 거쳐 '민둥산'으로 정착하는 데는 아무런 문제가 없다.

북한어 '빈산'은 '비다(虛)'의 관형사형 '빈'과 '산(山)'이 결합된 형태 로, '비어 있는 산'이라는 뜻이다. 나무가 하나도 없는 산을 그렇게 표현한 것이다. 물론 북한어 '빈산'에는 '지하자원이 없는 산'이라는 의미도 있다. 우리도 '빈산'을 쓰는데, '사람이 없는 산'을 뜻하여 북 한어 '빈산'과는 전혀 다르다.

선술집
서서 술을 마시는 술집

신윤복이 18세기 후반에 그린 〈주사거배〉라는 그림이 있다. 가마솥 두 개가 걸린 부뚜막 앞에서 주모(酒母)가 술구기(독이나 항아리 따위에서 술을 풀 때 쓰는 도구)로 술을 따르고, 선비·별감(別監)·나장(羅將)으로 추정되는 남정네들이 서서 술을 마시고 있는 모습을 담고 있다. 조선 시대 '선술집'의 전형적인 모습이다.

세월에 따라 선술집의 형태는 달라졌지만 서서 마시는 방식만은 그대로 이어졌다. 1960년대만 해도 서울 중심가 곳곳에 술청(술집에서 술을 따라놓는, 널빤지로 만든 긴 탁자) 앞에 서서 술을 마시는 싸구려 선술집이 많았다고 한다. 경제 발전과 함께 사라진 선술집이 최근 새로운 모습으로 부활하고 있다고 하니 유행은 돌고 도는 모양이다.

'선술집'이라는 말은 민태원(1894~1935)의 소설 《부평초》(1920)에서 처음 발견된다. 이 말의 생성 시기를 1910년으로 잡기도 하나 믿을 만한 근거가 있는 것은 아니다. 사전으로는 '선술집'이 《조선어사전》(1938)에 처음 올라 있다. 《큰사전》(1950)에서는 '선술집'의 참고 어휘로 '다모토리'를 들고, 이를 '큰 잔으로 소주를 마시는 일 또는 큰 잔으로 소주를 파는 집'으로 기술하고 있다. 그런데 《우리말샘》(2016)에서는 '다모토리'를 '선술'의 함북 방언으로 분류하고 있다. 사라진 '다모토리'가 요즘 젊은이들이 많이 가는 술집의 상호로 쓰이고 있어 새삼 눈길을 끈다.

'선술집'은 '선술'과 '집'이 결합된 형태다. '선'은 동사 '서다(立)'의 관형사형이고 '술'은 '酒(주)'의 뜻이어서 '선술'은 '서서 마시는 술'로 해석된다. '선굿(무당이 서서 뛰놀며 하는 굿)', '선발(집 안에서 종일 일하느라고 서서 돌아다니는 발)', '선일(서서 하는 일)', '선절(서서 하는 절)' 등에서 보듯 '선'을 이용한 단어가 의외로 많다. '선술'에는 '제대로 익지 않은 술'을 뜻하는 것도 있다. 이 경우의 '선'은 '설다(술이 제대로 익지 아니하다)'의 관형사형이어서 '선술집'의 '선'과는 성격이 다르다.

그런데 '선술'은 '선술집'과 마찬가지로 옛 문헌에 보이지 않는다. '선술(서서 마시는 술)'을 파는 집이 바로 '선술집'이다. 선술집에서는 백 잔을 마셔도 꼭 서서 마시고 앉지 못하는 불문율이 있었다고 한다. 만일 앉아서 마시기라도 하면 다른 패의 술꾼들이 "점잖은 여러 손님이 서서 마시는데 버르장머리 없이 주저앉는담? 그 발칙한 놈을 집어내라?" 하고 큰소리를 치며 시비를 걸어와 큰 싸움으로 번지기도 했다고 한다. 송백헌 교수의 《송교수의 재미있는 우리말 이야기》(2011)에 나오는 대목이다.

쑥대밭
쑥이 한번 번지면 온통 쑥대밭이 된다

수마가 할퀴고 간 자리, 폭격을 맞은 자리, 무너진 건물 잔해 주변 등은 그야말로 '쑥대밭'이다. 여기서 '쑥대밭'은 '매우 어지러운 모양', '아주 못 쓰게 된 모양', '아주 엉망이 된 모양' 등을 지시한다. 그러나 '쑥대밭'이 본래부터 이러한 의미로 쓰인 것은 아니다. 이들 의미는 그 본래의 의미에서 비유적으로 확장된 것이다.

'쑥대밭'은 '갈대밭, 골밭(골짜기에 있는 밭), 자갈밭, 콩밭' 등과 같은 '밭'의 하나다. '갈대밭'이 '갈대가 무성한 밭'이듯이, '쑥대밭'은 '쑥대가 무성한 밭'이다. 그럼 '쑥대'는 무엇인가? '쑥대'는 '쑥의 줄기'라는 뜻인데, 좀 더 구체적으로 말하면 대가 쑥쑥 올라오는 '약쑥(산쑥)의 줄기'를 가리킨다. '쑥대머리(머리털이 마구 흐트러져 어지럽게 된 머리)', '쑥댓불(쑥을 뜯어 말려서 단을 만들어 붙인 불)' 등에 쓰인 '쑥대'도 그러한 것이다.

'대'를 '갈대'로 보아 '쑥대'를 '쑥'과 '갈대'로 해석하기도 하나 '대'를 '갈대'로 보기는 어렵다. 만약 '갈대'를 지시하려 했다면 그러한 의미의 '갈'을 이용하지 '줄기'를 뜻하는 '대'를 이용하지는 않았을 것이다.

'쑥대'가 '약쑥의 줄기'를 가리키므로 '쑥대밭'은 '약쑥이 거칠게 우거진 넓은 공간'으로 해석된다. 이는 '쑥밭'과 같은 의미다. '약쑥'은 키가 작고 솜털같이 뽀얀 식용 '쑥'과 달리 키가 크고 억세다. 그리고 무엇보다 번식력이 강하여 한번 번졌다 하면 그 주변을 온통 쑥 천지로 만든다. 이를 '쑥대밭이 되다'라고 표현한다.

'쑥대밭'이 되면 쑥이 거칠게 퍼져 어지럽고, 쑥 이외의 다른 식물은 얼씬도 못하는, 못 쓰는 땅이 되고 만다. 그리하여 '쑥대밭이 되다'가 '어지러운 모양을 띠다', '엉망이 되다', '못 쓰게 되다' 등과 같은 비유적 의미를 띠게 된다. 이러한 의미로부터 '쑥대밭'은 '매우 어지럽거나 못 쓰게 된 모양'이라는 새로운 의미를 얻게 된다. '쑥대밭'이 좀 특이한 의미 변화 과정을 거쳤음을 알 수 있다.

그런데 《조선어사전》(1938)이나 《큰사전》(1957)의 '쑥대밭'에는 '쑥들이 무성하게 퍼진 거친 땅'이라는 그 본래의 의미만 달려 있지, '쑥대밭이 되다'라는 관용구를 통하여 생성된 비유적 의미는 달려 있지 않다. 다만 《큰사전》(1957)에서 '쑥대밭이 되었다'를 '집이 없어지고 빈터만 있음을 이르는 말'로 풀이하고 있는 것을 보면, '쑥대밭이 되다'가 비유적 의미로 확장된 사실을 간파하고 있었음을 알 수 있다. 이제 사전에서는 '쑥대밭'에 그 본래의 의미와 함께 비유적 의미도 달아야 할 것이다.

아우내
두 개의 물줄기를 아우른 내

충남 천안시 동남구 병천면 병천리 일대를 '아우내'라 부른다. '아우내'에 형성된 장터가 우리가 잘 아는 '아우내 장터'다. '아우내 장터'를 줄여서 '아우내장, 아내장터, 장터' 등으로 부르기도 한다. 이 장터는 1919년 3·1운동 당시 유관순(1902~1920) 열사가 독립 만세 운동을 이끌던 역사의 성지다. 그런데 지금은 '순대' 파는 먹자골목으로 더 유명하다.

'아우내'는 '아오내'라고도 하는데, 이것이 더 오래된 이름이다. '아오내'는 '아올내'로 소급한다. '아올내'에서 'ㄴ' 앞의 'ㄹ'이 탈락한 어형이 '아오내'고, '아오내'에서 제2음절의 모음이 변한 어형이 '아우내'다. 기원형인 '아올내'는 동사 '아올다(竝)'의 어간 '아올-'과 명사 '내(川)'가 결합된 어형이다. 동사 '아올다'는 15세기 문헌에도 나오며, 지금 '아우르다'로 남아 있다. 이에 따르면 '아올내'는 '아우른 내', 곧 '두 물줄기가 합쳐지는 내'라는 뜻이다. 이곳은 '잣밭내(栢田川)'와 '치랏내(葛田川)'가 합수하는 지역이어서 '아올내'라는 이름이 딱 들어맞는다. 이 내는 남쪽으로 흐르다가 금강(錦江)의 지류인 미호천(美湖川)과 합류한다.

'아올내', 곧 '아우내'와 같이 두 물줄기가 합쳐지는 내를 '아우라지'라고도 한다. '아우라지'는 주로 경기·강원 지역에 분포하는데, 강원도 정선군 소재의 '아우라지'가 가장 유명하다. 이곳은 '골지천'과

'송천'이 어우러지는 지점이다. '아우라지'는 '아오라지'의 모음 변화형이며, '아오라지'는 '아올-'과 '아지'로 분석할 수 있다. '아지'는 '늘지, 샛지, 어름지' 등과 같은 강원 지역의 지명에 자주 나타나는 '지'와 연관이 있어 보이나 그 정체가 모호하다.

고유어 '아올내'를 한자로 바꾼 것이 '병천(竝川)'이다. '아올내'가 내 이름이므로 당연히 '병천' 또한 내 이름이 된다. 그런데 '아올내(아오내, 아우내)'와 '병천'은 내 이름에서 그 내가 흐르는 지역 이름으로 바뀐다. '내' 이름이 '지역' 이름으로 전용된 예다.

'아우내 장터'의 '아우내'나 '병천리(竝川里)'의 '병천'은 내 이름이 아니라 지역 이름이다. '병천'이 지역 이름으로 바뀌자 이곳을 흐르는 내 이름을 '병천'에 '천(川)'을 덧붙여 '병천천(竝川川)'이라 부른다. '병천천'은 같은 의미의 '천(川)'이 이중으로 붙은 이상한 구조의 지명이 되고 말았다. 현재 내 이름은 '병천천'이, 지역 이름은 '아우내'가 분담하고 있다.

오솔길
호젓하고 좁은 길

화려하게 채색된 고지도(古地圖)에는 '길'이 미세한 신경망(神經網)처럼 그려져 있다. 고지도에 표시될 정도의 길이라면 적어도 우마차(牛馬 車)가 지나다닐 규모의 큰 길이다. 이러한 길을 '한길'이라 불러왔다. 이 '한길'은 마을과 산과 들로 향하는 보다 작은 길들과 연결되어 있었다. 그 최하위 단위의 좁은 길은 아마도 '솔길'이었을 것이다.

현재 '한길'은 표준어지만, '솔길'은 '오솔길'에 대한 황해 방언이다. 그런데 '솔길'과 그 변화형인 '소리길, 소래길' 등이 여러 지역에 남아 있고, 또 '오솔길'의 '솔길'도 그러한 것이어서 '솔길'이 지역에 관계없이 널리 쓰였을 가능성이 있다.

'한길'은 15세기 문헌부터 나타나지만, '오솔길'이나 '솔길'은 옛 문헌에 나타나지 않는다. '오솔길'은 《조선일보》 1928년 10월 12일 자 기사에서 처음 확인된다. 사전으로는 《(수정증보) 조선어사전》(1949)에 처음 올라 있는데, 특이하게도 '지름길'의 사투리로 기술하고 있다. 반면 《큰사전》(1957)에서는 '오솔길'을 표준어로 삼고, '호젓한 길'로 풀이하고 있다.

'오솔길'은 그 방언형으로 '솔길'이 있으므로 '오'와 '솔길'로 분석하는 데 무리가 없다. '솔길'은 방언형이어서 그런지 20세기 이후 문헌에도 거의 나타나지 않는다. 간혹 신문 기사에, 사전에도 없는 '소나무 숲길'을 뜻하는 '솔길'이 나와 눈길을 끈다.

공간과 지명

‘솔길’은 ‘좁다’는 뜻의 ‘솔다’의 어간 ‘솔-’과 ‘길’이 결합된 어형이어서 ‘좁은 길’로 해석된다. 곧 ‘협로(狹路)’와 동의어다. 중세국어 ‘솔옷(송곳)’, 현존 지명 ‘솔고개(좁은 고개)’, ‘솔골(좁은 골짜기)’, ‘솔등(좁은 등성이)’ 등에서 보듯 형용사 어간 ‘솔-’을 이용한 단어가 적지 않다.

　문제는 ‘오솔길’의 ‘오’가 무엇이냐는 것이다. 이는 ‘외’에서 변형된 어형으로 추정된다. 그렇다면 ‘오솔길’은 ‘외솔길’에서 변한 어형이 된다. ‘외솔길’의 ‘외’는 ‘獨(독)’, ‘孤(고)’의 의미를 띠는 관형사로 볼 수 있다. 이러한 ‘외’가 이미 15세기 문헌에 보이며, 현존 지명 ‘외골(외따로 있는 골짜기)’, ‘외미(외따로 있는 산)’, ‘외배미(외따로 있는 논)’ 등에서도 확인된다. 이 가운데 ‘외배미’는 제1음절에서 ‘ㅣ’가 탈락한 ‘오배미’로도 나타나 ‘외솔길’이 ‘오솔길’로 변할 수 있음을 말해준다.

　그렇다면 ‘외솔길’, 곧 ‘오솔길’은 ‘외따로 호젓하게 있는, 좁은 길’로 해석된다. ‘오솔길’이 지니는 ‘호젓하다’는 의미는 바로 ‘외’가 담당하는 몫이다. 현대국어 사전에서 ‘오솔길’을 ‘폭이 좁은 호젓한 길’이라 해석한 것은 ‘오’와 ‘솔-’의 의미를 그런대로 반영한 것이지만, 순서를 바꾸어 ‘호젓하고, 좁은 길’로 해석하면 더 정확하다.

올레길

거리에서 대문으로 통하는 좁은 길, '오래'의 흔적

지난주에 짬을 내서 제주에 다녀왔다. 아내와 함께 끝없이 연결된 해변 길과 산길을 마냥 걸었다. 이른바 '올레길'의 '뚜벅이'가 된 것이다. 제주의 풍광을 만끽하면서도 한편으로는 왜 이 길이 '올레길'인가 하는 자잘한 의문이 자꾸 들었다.

'올레길'은 '올레'와 '길'이 결합된 말이다. '올레'는 제주에서만 쓰이는 말이며, '큰길에서 집까지 이르는, 돌로 쌓은 좁고 긴 골목길'을 가리킨다. 대문이 없는 가옥 구조에서 집과 큰길을 잇는 연결 고리 역할을 하는 것이 '올레'다. '올레'가 '길'임을 분명히 보이기 위해 '길'을 덧붙여 '올레길'이라 한 것이다. 그런데 현재 '올레길'은 너무나 의미가 확장되어 전혀 다른 의미로 쓰이고 있다.

'올레'는 '문(門)'을 뜻하는 중세국어 '오래'로까지 소급한다. 《(광주판)천자문》(1575), 《백련초해》(1576) 등에 '오래'가 한자 '門(문)'에 대한 새김으로 선택되어 있는 것을 보면, '오래'의 역사가 꽤나 깊음을 짐작할 수 있다. 그런데 같은 시기의 《훈몽자회》(1527)에는 '門'에 대한 새김이 '문'으로 대체되어 있어 '오래'가 이미 16세기에 세력을 잃고 단독으로는 거의 쓰이지 않음을 추정할 수 있다. 겨우 '오래'에 '문'이 덧붙은 '오래문'에서나 그 본래의 의미를 유지하고 있었다.

한자어 '문(門)'에 세력을 빼앗긴 고유어 '오래'는 살아남기 위한 자구책으로 의미 변화의 길을 택한 것으로 추정된다. '오래'가 근대국

공간과 지명

어 문헌에는 잘 나타나지 않는데, 이는 그 의미 변화와 무관하지 않은 것으로 이해된다. 일찍이 국어학자 권덕규(1890~1950) 선생이 '오래'에 '문', '이웃 마을', '종중(宗中)'의 의미가 있다고 기술한 것에서도 의미 변화가 심각하게 일어났음을 짐작할 수 있다.

《표준국어대사전》(1999)에서는 '오래'를 ① '한 동네에서 몇 집이 한 골목이나 한 이웃으로 되어 사는 구역 안', ② '거리에서 대문으로 통하는 좁은 길'로 기술하고 있다. ②가 제주어에 '올레'로 남아 있는 것이다. '올레'는 '오래'에 'ㄹ'이 첨가된 '올래'에서 제2음절의 모음 'ㅐ'가 'ㅔ'로 혼동되어 변한 어형이다. '올래'가 '올레'로 변한 것은 '동내'가 '동네'로 변한 것과 같다.

현재의 '올레길'은 걷기를 위해 개발된 마을길, 해안도로, 숲속 오솔길 등을 망라한다. 곧 육지의 '둘레길'과 비슷하다. '올레길'의 '올레'가 실제 의미와 멀어져 있는 것이다. 제주의 지식인들은 '올레'가 제 의미를 잃은 것에 대해 크게 우려하고 있다. 그러니 그들이 '올레길'이라는 새로운 말을 달갑게 여길 리 없다.

짱깨집
중국 음식이나 짜장면을 파는 집

중국 음식을 파는 식당을 보통 '중국집'이라 한다. 물론 '반점(飯店)', '중화요릿집', '중화요리점'과 같은 좀 고급스런 명칭도 있고, '짱깨집'과 같은 속된 명칭도 있다. 이 가운데 '짱깨집'은 아주 독특하다. '한식집'이나 '일식집'에는 없는 '중국집' 특유의 속된 말이기 때문이다.

'짱깨집'이라는 말이 쓰이기 시작한 것은 그리 오래되지 않은 듯하다. 가장 먼저 보이는 예는 김남일의 소설 〈명동부루스〉(1988)의 "짱꿰집 배달원은 대중이 아닌 거여?"에 보이는 '짱꿰집'이다. 이후 문헌에는 '짱꿰집'과 더불어 '짱깨집'과 '짱깨집'도 보인다. '짱꿰집'이 '짱꿰집', '짱깨집'을 거쳐 '짱깨집'으로 변한 것이다.

그런데 '짱깨집'이라는 단어는 《표준국어대사전》(1999)에도 올라 있지 않다. 사전으로는 《고려대한국어대사전》(2009)에 처음 올라 있는데, '중국 사람이 운영하는 식당 또는 중국 음식점을 속되게 이르는 말'로 풀이되어 있다. 반면 《우리말샘》(2016)에는 「중국집」을 속되게 이르는 말'이라는 한 가지 의미만 달려 있다. 이렇듯 두 사전에서 '짱깨집'의 해석이 다른 것은 '짱깨'의 의미를 다르게 보았기 때문이다.

그럼 '짱깨', 곧 '짱꿰'는 무엇인가? '짱꿰'는 한자어 '장꿰(掌櫃)' 또는 중국어 '짱꿰이(掌櫃)'에서 온 말이다. '掌櫃(장꿰)'의 한자 뜻 그대로의 의미는 '돈 궤짝을 관리하는 사람'이다. 돈 궤짝을 꿰차고 있는 사람은 '돈이 많은 사람'이고 또 '물건을 파는 가게의 주인'이라고도 볼 수 있다. 더 나아가 장사를 하여 많은 돈을 번 '중국 사람'이라고도 볼 수 있다. 그리하여 현대국어 사전에서 '장궤'를 '돈이 많은 사람', '가게의 주인', '부자라는 뜻으로, 중국 사람을 속되게 이르는 말'로 풀이한 것이다.

'짱깨'는 한자어 '장궤'와는 또 다른 여러 의미로 쓰이고 있다. 실제 용례를 통해 살펴보면 '짱깨'에는 '중국 음식점 주인', '중국 음식점에 종사하는 종업원', '중국 사람 또는 중국', '중국 음식', '짜장면' 등과 같은 다양한 의미가 있다. 《표준국어대사전》(1999)에서는 '짱깨'에 '짜장면'이라는 의미만 부여하고 있어 현실 의미와 거리가 있다.

'짱깨집'의 '짱깨'는 '중국 음식'이나 '짜장면'을 가리키는 것으로 볼 수 있다. 전자로 보면 '짱깨집'은 '중국 음식을 파는 집', 곧 '중국집'을 뜻하고, 후자로 보면 '짱깨집'은 '짜장면을 파는 집'을 뜻한다. '짱깨집'은 대체로 '중국집'이라는 의미로 쓰이지만 "짜장면집을 짱깨집이라 부른 이유는?"(지식iN 2003년 1월 8일)에서 보듯 실제 '짜장면을 파는 집'이라는 의미로도 쓰인다.

《고려대한국어대사전》(2009)에서 '짱깨집'을 '중국집'과 더불어 '중국 사람이 운영하는 식당'이라는 의미로도 해석한 것은 '짱깨집'의 '짱깨'를 '중국 사람'으로 보았기 때문이다. 그런데 '장깨집'이 이러한 의미로 쓰이는지는 분명하지 않다. '짱깨집'은 '중국 음식을 파는 집'과 '짜장면을 파는 집'이라는 두 가지 의미로 해석하는 것이 정확하지 않을까 한다.

판문점(板門店)

판문점에는 '널문다리'가 있다

2018년 미국과 북한의 정상 회담 장소로 '판문점(板門店)'이 거론되면서 한동안 이곳이 세계의 주목을 받았다. 아울러 '판문점'이라는 지명도 덩달아 관심을 끌었다. 그런데 '판문점'이라는 지명의 유래에 대해서는 이러저러한 이야기만 돌 뿐 명쾌한 설은 아직까지 없다.

'板門店(판문점)'은 생각보다 오래된 지명이다. 조선 후기의 문신 이철보(1691~1775), 신위(1769~1845) 등의 한시, 김경선(1788~1853)의 사행(使行) 기록 등에 두루 보이기 때문이다. 한양과 개성을 잇는 길목에 위치하여 일찍부터 이름이 알려져 있었던 것으로 보인다. '板門店(판문점)'을 1951년 휴전 회담 당시에 중국어 표기를 고려해 새로 만든 한자 지명으로 설명하기도 하나, 옛 문헌에 이미 등장하므로 이러한 주장은 잘못된 것이다.

《문종실록》 5권(1451)에는 '板門平(판문평)'이라는 들 이름, 《선조실록》 26권(1592)에는 '板門(판문)'이라는 마을 이름, 송상기(1657~1723)의 한시 및 18세기 이후 고지도에는 '板門橋(판문교)'라는 다리 이름도 보인다. 이들 가운데 '板門橋(판문교)'가 특별히 눈에 띈다. 이는 임진강의 지류인 '사천'에 놓인 다리인데, 지금은 '돌아오지 않는 다리'로 더 잘 알려져 있다. 오래전부터 '널문다리'라 불렸으며, 이는 '널문(널빤지로 만든 문)을 뜯어다가 놓은 다리'라는 뜻이다. 이를 한자화한 것이 다름 아닌 '板門橋(판문교)'다.

마을 이름 '널문'은 다리 이름 '널문다리'에서 앞부분만 취한 것으로 추정된다. '널문다리'가 있어 그 주변 마을을 '다리'를 생략한 채 그저 '널문'이라 하다가 이것에 접미사 '-이'를 붙여 '널문이'라고까지 한 것으로 보인다. '널문' 또는 '널문이'에 대해서는 "옛날 임금이 이곳을 지나 물을 건너게 되었다. 그런데 다리가 없어서 건너지 못하는 것을 보고, 이곳 마을 사람들이 집집마다 대문을 뜯어다가 다리를 만들어 임금이 무사히 건널 수 있게 했다"와 같은 이야기가 전한다. 이는 지명 전설에 불과하지만, '널문'을 '널로 만든 문'으로 이해하고 있는 것은 눈여겨볼 만하다.

마을 이름 '널문'을 한자화한 것이 '板門(판문)'이며, '널문' 마을에 있는 들인 '널문들'을 한자화한 것이 '板門平(판문평)'이다. 이런 관점에서 보면 '板門店(판문점)'은 '널문' 마을에 있는 주막 겸 가게인 '널문주막'이나 '널문가게'를 한자로 바꾼 것이 된다. 물론 '板門平(판문평)'이나 '板門店(판문점)'은 마을 이름 '板門'을 이용하여 직접 만든 것일 수도 있다. 본래 주막(가게) 이름이던 '板門店(판문점)'이 아주 일찍이 그 지역 이름으로 바뀐 것이다.

6장
자연과 날씨와 시간

가마솥더위

한번 달구어지면 열기가 후끈한 가마솥과 같은

우리말에는 '가마솥더위, 강더위, 땡볕더위, 무더위, 불더위, 불볕더위, 살인더위, 찜통더위, 한더위' 등 아주 심한 더위를 뜻하는 단어가 대단히 많다. 이들 가운데 가장 강렬한 느낌을 주는 더위 이름은 어떤 것인가? 개인에 따라 좀 다르겠지만, 필자는 '가마솥더위'를 들고 싶다.

'가마솥더위'가 등장한 시기는 그리 오래되지 않는다. 《매일경제》 1977년 8월 3일 자 기사에서 처음 검색되니 그즈음 등장한 단어가 아닌가 한다. 이날의 경북 대구 지역의 수은주가 섭씨 38도 8분을 기록했는데, 이를 "살인적인 가마솥더위"라고 표현했다. 얼마나 더웠으면 '가마솥'까지 동원하여 새로운 더위 이름을 만들었을까.

'가마솥'은 17세기 문헌에 처음 보이며, 이는 '가마'에 '솥'을 덧붙인 어형이다. '가마'는 중국어 '枡(감, 도가니)'에서 차용된 말일 가능성이 높다. 이는 중세국어 이래 '큰 솥'을 뜻하여 뒤이어 나타난 '가마솥'과 의미가 같았다. '가마'라는 단어가 존재함에도 여기에 '솥'을 덧붙여 새로운 단어를 만든 것은 가마가 다름 아닌 솥의 일종이라는 사실을 부각하기 위해서였을 것이다. 이는 마치 '갑(甲)'에 '옷'을 덧붙여 '갑옷'을, '죠롱'에 '박'을 덧붙여 '죠롱박(조롱박)'을, '홍시(紅柿)'에 '감'을 덧붙여 '홍시감'을 만든 것과 같은 이치다. 지금도 '가마'가 쓰이고 있으나 '가마솥'보다는 세력이 약하다.

가마솥은 무쇠로 만들어 웬만한 화력으로는 잘 달구어지지 않는다. 그러나 한번 달구어지면 열기가 대단하고 또 오래간다. 그리하여 한낮의 이글거리는 더위를 '가마솥'을 이용하여 실감 나게 표현할 수 있다. 사전에서는 '가마솥더위'를 '가마솥을 달굴 때의 아주 뜨거운 기운처럼 몹시 더운 날씨를 비유적으로 이르는 말'이라 풀이하고 있다. 이 경우 '가마솥더위'는 '불볕더위'보다 뜨거운 느낌이다.

후끈 달아오른 가마솥 안은 물이 펄펄 끓으면서 마침내 몹시 뜨거운 열기로 가득 차게 된다. 그리하여 가마솥 안처럼 푹푹 찌는 무더위 또한 '가마솥'을 이용하여 표현할 수 있다. "한증막과 사우나도 뺨치는 가마솥더위"(《동아일보》 1983년 8월 4일)의 '가마솥더위'가 그러한 것이다. 이 경우의 '가마솥더위'는 '무더위'나 '찜통더위'보다 고온다습하다. '가마솥더위'는 주로 이러한 의미로 쓰이는데, 어찌 된 일인지 사전에는 반영되어 있지 않다.

현실 용법을 고려할 때 '가마솥더위'는 '몹시 뜨거운 불더위'와 '몹시 찌는 듯한 무더위'라는 두 가지 의미로 해석해야 할 것이다.

고드름
곧게 뻗은 '곧얼음'인가, 꼬챙이처럼 뾰족한 '곶얼음'인가

한겨울, 지붕에 쌓인 눈은 햇볕이 좋으면 녹기 시작한다. 그런데 갑자기 기온이 어는점(빙점) 이하로 내려가면 지붕에서 떨어지던 물이 꽁꽁 얼어붙어 끝이 뾰족한 막대기 모양의 얼음이 된다. 곧 '고드름'이 달리는 것이다.

그런데 '고드름'이라는 말은 아쉽게도 중세국어 문헌에서는 발견되지 않는다. 17세기 문헌에서야 '곳얼음' 또는 '곳어름'으로 보인다. 18세기 이후 문헌에는 주로 '곳어름'으로 나온다. '곳어름'이 '곧어름'으로 표기된 뒤에 제2음절의 'ㅓ'가 'ㅡ'로 변한 어형이 '고드름'이다. '어험'이 '어흠'을 거쳐 '어음'으로 변하고, '처엄'이 '처음'으로 변하듯, '고더름'이 '고드름'으로 변하는 것은 자연스럽다.

학계에서는 17세기의 '곳얼음'을 놓고 서로 다른 어원설을 내놓고 있다. 가장 일반적인 설은 '곳어름'을 '곧어름'의 다른 표기로 보고, 이를 형용사 '곧다'의 어간 '곧-(直)'과 동사 '얼다(氷)'에서 파생된 명사 '어름'이 결합된 합성어로 보는 것이다. 이렇게 보면 '곧어름'은 '곧게 뻗은 얼음'으로 해석된다. 실제 '고드름'은 처마 밑으로 곧게 뻗은 형상이다. 이와는 좀 다르게 형용사 어간 '곧-(直)'과 동사 어간 '얼-'이 결합된 '곧얼-'에서 파생된 명사로 보기도 하는데, 이 경우 '곧어름'은 '곧게 언 것' 정도의 의미를 띤다.

한편 '곧어름' 설보다는 뒤에 나온 것이지만, '곳어름'을 '곶어름'의

　　　　　　　　　　　　　　　　　　　자연과 날씨와 시간

다른 표기로 보고, 이를 명사 '곶'과 '어름'이 결합된 어형으로 설명하기도 한다. 중세국어 '곶'은 '꼬챙이'의 뜻이어서 '곶어름'은 '꼬챙이처럼 뾰족한 얼음'으로 해석된다. 이러한 해석은 고드름이 실제 길고 뾰족한 꼬챙이 모양을 하고 있다는 점에서 설득력이 있다. 지역에 따라서는 '고드름'이 '곶(꼬챙이)'을 이용한 '고지, 고조롬, 고지럼' 등으로 나타나기도 하여 '곶어름' 설에 힘을 보탠다. 아울러 '곶'이 '곶게(꽃게, 꼬챙이처럼 뾰족한 뿔이 난 게)', '곶갈(고깔, 끝이 꼬챙이처럼 뾰족한 모자)', '곶광이(곡괭이, 꼬챙이처럼 뾰족하게 생긴 괭이)', '송곶(좁은 꼬챙이)' 등에서 보듯 '꼬챙이'와 흡사한 모양의 것을 지시하는 데 적극적으로 이용되고 있어 이 또한 '곶어름' 설을 뒷받침한다.

여러분은 어떤 설을 지지하는가. '고드름'을 보고 '곧다'는 특징이 먼저 떠오르면 '곧어름' 설을, '뾰족하다'는 특징이 먼저 떠오르면 '곶어름' 설을 지지할 것이다. 필자는 후자 쪽이다. 수직으로 길게 늘어진 얼음덩이가 아래로 내려가면서 꼬챙이처럼 뾰족한 모양을 하고 있지 않은가. 이번 겨울에는 '고드름'이 어떤 모양새를 하고 있는지 유심히 관찰해보라.

곰팡이
'곰'이라는 곰팡이가 피다

우리는 경찰을 '민중의 지팡이'라 하며 크게 신뢰하고 의지한다. 그러나 늘 그러한 것은 아니다. 부패와 비리에 연루되어 국민에게 큰 실망을 주는 경찰이 예나 지금이나 있기 때문이다. 경찰을 '민중의 지팡이'가 아니라 '민중의 곰팡이'라 힐난하는 이유가 다 있는 것이다.

'민중의 곰팡이'라, 경찰이 해로운 곰팡이와 같은 존재라니 다소 과하고 모욕적이다. 다만 말 만들기의 수법에서만큼은 고차원적이어서 놀랍다. '지팡이'와 어형이 유사하고 의미상 대립되는 단어를 끌어들여 지시 의미를 극대화한 점이 절묘하다. '지팡이'가 몸을 지탱하게 하는 유익한 것이라면, '곰팡이'는 음식이나 옷 등을 상하게 하는 유해한 것이어서 의미상 대립된다는 점을 잘 이용한 것이다.

옛 문헌에 '곰팡이'와 관련한 단어가 다수 보인다. 그만큼 '곰팡이'라는 균에 관심이 많았음을 알 수 있다. 15세기 문헌에는 '곰', 16세기 문헌에는 '매', 17세기 문헌에는 '곰탕', 19세기 문헌에는 '곰팡'이라는 단어가 보인다. 중세국어 '곰'의 어원은 알기 어렵다. 다만 '곰팡'의 그것과 같은 것으로 추정될 뿐이다. '곰'은 일찍 사라진 듯 방언에도 흔적이 남아 있지 않다. '매'는 분명하지는 않지만 한자 '霉'(매, 곰팡이)'일 가능성이 있다. '곰탕'은 기존의 '곰(곰팡이)'에 '탕'이 덧붙은 어형인데, '탕' 또한 어원이 묘연하다. '곰탕'은 일부 지역 방언에 '곰탕

자연과 날씨와 시간

이, 곰탱이' 등으로 남아 있다.

19세기 문헌에 보이는 '곰팡'은 한결 '곰팡이'에 가까워져 있다. 이는 동사 '곰피다'의 어간 '곰피-'에 접미사 '-앙'이 결합된 '곰피앙'에서 줄어든 어형이다. 동사 '곰피다'는 명사 '곰'과 동사 '피다(發)'가 결합된 어형으로, '곰팡이가 피다'는 뜻인데, 지금도 쓰이고 있다. '곰팡'에 접미사 '-이'가 결합된 어형이 바로 '곰팡이'다. '곰팡이'는 '곰팡'과 함께 19세기 문헌에 보인다. '곰팡'을 이어 나타난 것이니, '곰팡이'와 관련된 단어 가운데 가장 뒤늦게 등장한 것임을 알 수 있다.

'곰팡'은 20세기 초 문헌까지 보이다가 사라졌다. '곰팡'보다 뒤늦게 나타난 '곰팡이'와의 세력 다툼에서 밀려난 결과다. '곰팡'이 '곰팡이'와의 세력 싸움에서 불리했던 이유는 접미사 '-이'를 포함하는 '곰팡이'에 비해 형태 안정도가 떨어졌기 때문이다. '형태 안정'은 유의 경쟁을 좌우하는 주요 요인 중의 하나다. '곰팡이'의 'ㅣ' 모음 역행동화 형태가 '곰팽이'인데, 이는 표준어가 아니다.

사회질서와 국민의 안녕을 책임지는 핵심 조직은 누가 뭐래도 경찰이다. 경찰이 없으면 사회의 기본 질서는 무너진다. 그러니 경찰에 허물이 있더라도 지나치게 욕보이지 않았으면 한다. 물론 경찰도 심기일전해야 할 것이다.

까치놀

까치를 닮은 너울, '까치놀'은 노을이 아니라 파도

'사전'은 참으로 고마운 존재다. 우리가 쓰는 말의 의미, 용법, 역사 등의 정보를 한꺼번에 일목요연하게 알려주기 때문이다. 그런데 간혹 사전에도 오류가 있어서 신뢰에 흠이 가기도 한다. 특히 '의미' 기술에서 오류가 많이 발생하는데, '까치놀'도 그러한 예 중의 하나다.

《표준국어대사전》(1999)에서는 '까치놀'을 '석양을 받은 먼바다의 수평선에서 번득거리는 노을'로 풀이하고 있다. 곧 이를 '노을(霞)'의 일종으로 파악한 것이다. 그런데 '까치놀'은 '노을'이 아니라 '파도' 이름이어서 이는 명백히 잘못된 기술이다. 《국어대사전》(1961)만 해도 '까치놀'을 '석양에 멀리 바라다 보이는 바다의 수평선에서 희번덕거리는 상태'로 기술하여 크게 벗어나지 않게 기술했고, 《우리말큰사전》(1991)에서는 '까치놀'을 '석양에 바다의 수평선에서 희번덕거리는 물결'로 정확히 기술했는데, 어떻게 하여 '파도' 이름이 '노을' 이름으로 둔갑한 것인지 궁금하다.

이 단어는 18세기 초 문헌에 '가치노을'로 처음 보인다. 이는 '가치'와 '노을'이 결합된 합성어다. '가치'는 현대국어 '까치'의 이전 어형이고, '노을'은 '너울(바다의 크고 사나운 물결)'과 같은 말이어서 '까치의 모습을 닮은 너울'로 해석된다. 노을이 질 무렵 멀리서 까치 떼가 날아오르듯 희끗희끗 물결치는 파도를 그렇게 부른 것이다. 옛 문헌에서 '까치놀'을 '작루(鵲漊)' 또는 '백두파(白頭波)'라 표현한 것을 보면 이를

자연과 날씨와 시간

'파도'의 하나로 정확히 인식하고 있었음을 알 수 있다.

18세기의 '가치노을'은 '까치노을'을 거쳐 '까치놀'로 줄어든다. '까치노을'과 '까치놀'은 사전에서 '파도'가 아니라 '노을' 이름으로 잘못 기술되어 있을 뿐만 아니라, 실제 언어생활에서도 '파도'가 아니라 '노을(霞)' 이름으로 잘못 쓰이고 있다. 이러한 오류가 언제부터 시작된 것인지는 알 수 없지만, "까치놀이 늬엿한 저녁나절 난 자꾸 아버지가 부러워진다"(석용원, 〈저녁무렵〉, 《동아일보》 1958년 10월 20일)에서 보듯 1950년대 문헌에서도 잘못 쓰인 예가 발견된다.

'까치(鵲)'와 '노을(霞)'이 전혀 어울리지 않는데도, '까치노을'과 '까치놀'을 '노을(霞)'의 하나로 착각한 것은 '너울'을 뜻하는 '노을(놀)'에 대한 어원 의식이 희박해지면서 이와 동음 관계에 있는 '노을(霞)'에 이끌렸기 때문일 것이다. '까치놀'이 노을이 지는 석양 무렵에 이는 파도라는 점에서 더욱 쉽게 '노을(霞)'에 견인되었을 것으로 추정된다. 이러한 현실 용법의 잘못을 《우리말큰사전》(1991)을 제외한 대부분의 사전, 곧 《표준국어대사전》(1999), 《고려대한국어대사전》(2009), 《우리말샘》(2016)이 바로잡지 못한 것은 대단히 아쉬운 일이다.

나이
주격형이 명사로 굳어지다

신축년 새해가 밝았다. 해가 바뀌니 당연히 나이를 한 살 더 먹게 된다. 이즈음의 나이 든 사람이라면 누구나 내 나이가 벌써 이렇게 되었나 하고 한숨을 쉴 것이다. 세월은 덧없이 흘러가는 것이니 세월 탓을 해서 무엇 하겠는가. 그저 쌓여가는 나이를 자연스럽게 받아들일 수밖에.

'나이'라는 말은 15세기 문헌에 '나ㅎ'로 보인다. 곧 말음에 'ㅎ'을 갖는 이른바 'ㅎ' 말음 체언이었다. '나ㅎ'의 어원에 대해 대부분의 국어학자들은 동사 '낳다(生)'의 어간 '낳-'에서 온 것으로 보고 있다. 명사 '낳'와 동사 '낳-'의 어형이 일치하고 의미가 서로 연관되어 있다는 점을 고려한 설명이어서 그럴듯해 보이나 확실한 것은 아니다.

'나ㅎ'의 어원은 지금으로서는 무엇이라 말하기 어렵다. 이것만 놓고는 더 이상 그 어원 추적이 어려운 것이다. 다만 '나ㅎ'로부터 '나이'까지의 변화는 어렵지 않게 설명할 수 있다.

'나ㅎ'는 말음 'ㅎ'이 탈락하여 '나'가 된다. 속담 "나 많은 말이 콩 마다할까", "나 많은 아저씨가 져라"에 보이는 '나'가 바로 그러한 것이다. 현대국어 사전에서는 '나'를 예외 없이 '나이'의 준말이라 설명하고 있으나 이는 잘못이다. '나이'의 형성 과정을 살펴보면 그 이유를 금방 알 수 있을 것이다.

명사 '나ㅎ'에 주격조사 'ㅣ'가 붙으면 '나히'가 된다. 이는 '나이가'

자연과 날씨와 시간

라는 뜻의 주격형이다. 그런데 주격형인 '나히'가 19세기 이후 명사로 굳어졌다. "나히 만흐신 父母룰 奉養ᄒᆞᄂᆞ 씨ᄂᆞ 아모 일이라도(나이 많으신 부모를 봉양하는 때는 아무 일이라도)"《신정심상소학》, 1896)에 나오는 '나히'는 분명 명사로 쓰인 예다. '나히'뿐만 아니라 '갓(妻)'에 대한 '가시', '낮'에 대한 '낙시(낚시)' 등에서 보듯 우리말에는 주격형이 명사로 굳어진 예가 더러 있다. 물론 '나히'를 '나ᄒᆞ'에 접미사 '-이'가 결합된 어형으로 볼 수도 있으나 그 가능성은 낮아 보인다.

명사로 굳어진 '나히'는 '나히가, 나히의, 나히를, 나히는, 나히도' 등으로 곡용하며 20세기 초까지도 보인다. 이어서 '나히'는 모음과 모음 사이에서 'ㅎ'이 탈락하여 '나이'로 변한다. '나히'와 더불어 '나이'도 19세기 문헌에 보인다. 이로써 19세기에 '나히'가 주격형에서 명사로 굳어지고, 이것에서 'ㅎ'이 탈락하여 '나이'가 되는 변화가 연이어 일어났음을 알 수 있다.

19세기 말 이후 20세기 초의 얼마간은 '나히'와 '나이' 그리고 '나ᄒᆞ'에서 'ㅎ'이 탈락한 '나'가 함께 쓰인 것으로 보인다. 그러나 현재 '나히'는 사라지고, '나'는 잘 쓰이지 않는다.

만날
'백날', '천날'이 있으면 '만날'도 있다

부사 '만날(매일같이 계속해서)'과 '맨날' 중 표준어는? 답은 '둘 다 표준어'
다. 그럼 이들 중 원형은? 아마 이 질문에는 좀 주저할 것이다. 답은
'만날'이다. '만날'이 먼저 있었고, '맨날'은 이를 통해 나중에 생겨난
것이다.

'만날'은 19세기 문헌에 처음 보이지만, 그 이전부터 있었을 것이
다. '만날'의 '만'은 한자 '萬'이다. '백(百)'이라는 숫자를 이용한 '백날'
이 있고, 방언이지만 '만날천날', '맨날천날' 등에서 보듯 '천(千)'이라
는 숫자를 이용한 '천날'도 있어서 '만날'의 '만'이 '萬'일 가능성을 높
인다. 《조선어사전》(1920)에서는 아예 '만(萬)날'로 제시하여 '만'이 '萬'
임을 분명히 보이고 있다.

'날'은 물론 '日(일)'의 뜻이다. 따라서 '만날'은 본래 '만이나 되는 날'
의 뜻이다. '만(萬)'이라는 수가 갖는 '많음'이라는 특성이 매개가 되
어 '만날'은 '아주 많은 날'이라는 의미를 띠게 된다. '만날'은 이와 같
은 의미의 명사로 출발했으며, 20세기 초까지도 그러한 자격을 유지
했다.

그러다가 '만날'은 부사로 문법적 기능을 달리한다. 《조선어사전》
(1938)에서는 '만날'을 '긴 시일', '긴 세월'이라는 의미의 명사로 기술하
고 있지만, 《조선말큰사전》(1949)에서는 그것을 '많은 여러 날을 통하
여'라는 의미의 부사로 기술하고 있다. 이후 나온 사전에서도 이와

비슷하게 '여러 날을 끊임없이 잇대어', '매일같이 계속하여서'와 같은 의미의 부사로 기술하고 있다. "만날 분주하게 일하시는 아버지의 모습이 안쓰럽다"에서 '만날'의 부사로서의 의미가 잘 드러난다. 명사로서의 '만날'은 "만날 땡그렁(생활이 넉넉하여 매사에 걱정이 없음을 이르는 말)"이라는 속담에서나 확인할 수 있다. '만날'이 명사로서의 자격을 잃은 것이다.

현재 부사 '만날'은 '맨날'로 더 많이 쓰인다. '맨날'은 《동아일보》 1935년 7월 1일 자 기사에서 처음 확인된다. '맨날'이 원형인 '만날'을 제치고 활발히 사용되고 있는 현실을 참작하여 2011년 '맨날'도 표준어로 인정했다. 곧 현재 '만날'과 '맨날'은 복수 표준어다.

그런데 '만날'이 '맨날'로 변한 것은 음운론적으로는 설명하기 어렵다. 아마도 '맨간장, 맨발, 맨주먹' 등과 같이 접두사 '맨-'을 포함하는 단어에 유추되어 그렇게 변한 것으로 추정된다. 접두사 '맨-'은 '다른 것이 없는'을 뜻하여 '만(萬)'에서 변한 '맨날'의 '맨'과는 아무런 의미적 연관성이 없다. 따라서 '맨날'을 통해서는 그 어원을 정확히 밝힐 수가 없다. 다행스럽게도 원형인 '만날'이 있어 '맨날'의 어원을 어렵지 않게 풀 수 있는 것이다.

메아리
산(뫼)에 사는 정령

높고 깊은 산의 정상에 올라 "야호!" 하고 소리를 한번 질러보라. 잠시 뒤 '야호' 소리가 되돌아올 것이다. 바로 '메아리'다. 울려 퍼져가던 소리가 산이나 절벽 같은 데 부딪쳐 되울려오는 것이지만, 마치 산에 사는 누군가가 내는 소리처럼 들린다. 그리하여 "산에 산에 산에는 산에 사는 메아리"라 노래한 것이다. 그렇다면 '메아리'라는 단어 속에는 우리가 알고 있는 것과는 다른 비밀이 숨겨져 있는지도 모른다.

'메아리'는 15세기 문헌에도 나올 정도로 역사가 깊다. 이 시기에는 '뫼ᅀᅡ리'로 보이는데, 이는 '뫼ㅎ'와 '사리'가 결합된 형태다. 합성어 형성에서 '뫼ㅎ'의 음절말 자음 'ㅎ'이 자음 앞에서 탈락하여 '뫼'가 되고, '사리'의 두음 'ㅅ'이 '뫼'의 음절 부음(副音) 'ㅣ' 뒤에서 'ᅀ'으로 변한 뒤에 연철되어 '뫼ᅀᅡ리'로 나타난 것이다.

'뫼ㅎ'는 '산'의 뜻이고 '사리'는 '살다(生)'에서 파생된 명사여서, '뫼ᅀᅡ리'는 '산에 사는 것'이라는 의미를 띤다. 곧 '뫼ᅀᅡ리'는 본래 '산에 사는 정령'을 뜻한다. 쉽게 말하면 '산신령'이다. 한편 'ᅀᅡ리'를 만주 퉁구스어의 'jari(노래)'로 보고, '뫼ᅀᅡ리'를 '산의 답가(答歌)'로 해석하기도 하나 미덥지 않다.

15세기의 '뫼ᅀᅡ리'는 실제 '산에 사는 정령'을 뜻하기도 했다. 이러한 의미에서 '산에 사는 정령이 내는 소리'라는 의미로 변한다. 그

자연과 날씨와 시간

정령이 내는 소리는 다름 아닌 '산이나 절벽에 부딪쳐 되울리는 소리'다. 산에서 나는 소리가 물체에 부딪쳐 그 반향(反響)으로 들려오는 자연의 소리라는 것을 인식하면서 '뫼ᅀᅡ리'에 현재와 같은 의미가 생겨난 것으로 추정된다. 15세기의 '뫼ᅀᅡ리'에 이러한 의미가 있었으며, '정령'이나 '정령이 내는 소리'라는 의미보다 더 일반적으로 쓰였다.

15세기의 '뫼ᅀᅡ리'는 '뫼아리'를 거쳐 '메아리'로 변한다. 지금과 같은 '메아리'가 19세기 말 문헌에 보인다. '뫼아리'가 '메아리'로 변한 것은 '뫼ᄡᆞᆯ'이 '멥쌀'로, '묏도기'가 '메뚜기'로 변한 것과 같다.

'뫼ᅀᅡ리'는 형태 구조의 변화와 함께 의미 변화도 겪었다. '뫼ᅀᅡ리'가 지니던 '산에 사는 정령'과 '그 정령이 내는 소리'라는 의미가 사라진 것이다. 이들 의미가 언제, 어떤 이유로 사라졌는지 지금으로서는 알 수 없다. 그리하여 현재는 '울려 퍼져가던 소리가 산이나 절벽 같은 데 부딪쳐 되울려오는 소리'라는 의미만 남아 있다. 이러한 의미를 바탕으로 '산울림'이라는 단어가 새롭게 만들어졌다. '산울림'은 20세기 초 문헌부터 보이기 시작한다.

무더위

푹푹 찌지만 '물더위'는 아니다

모 방송사의 퀴즈 프로그램에서 '무더위'의 어원을 다룬 적이 있다. ① '무진장 더워서'와 ② '습기가 많은 물더위라서' 중에서 정답을 고르는 방식이었는데, 후자를 답으로 했다. 아마도 국어학계의 의견을 따라 '물더위' 설을 택한 것으로 추정된다.

'물더위' 설은 '무더위'가 습기를 듬뿍 담고 있는 더위라는 점, 치경음(齒莖音) 'ㄷ' 앞에서 'ㄹ'이 탈락하는 규칙에 따라 '물더위'가 '무더위'로 변할 수 있다는 점에서 일견 확고해 보인다. 그런데 '물더위' 설은 무엇보다 '무더위'가 명사 '물더위'에서 변형된 것이 아니라 형용사 '무덥다'에서 파생된 명사일 가능성이 있어 의심스럽다. '무더위'는 '무덥다'의 어간 '무덥-'에 명사를 만드는 접미사 '-의'가 결합된 '무더븨'가 '무더뷔'를 거쳐 나온 어형이다. '덥-'에서 '더위'가 파생되어 나오듯, '무덥-'에서 '무더위'가 파생되어 나오는 것은 아주 자연스럽다.

또한 형용사 '무덥다'의 '무'가 '물(水)'과는 거리가 있다는 점도 '물더위' 설을 의심케 한다. '물더위' 설을 따른다면 '무덥다'의 '무'도 '물(水)'의 변형이어야 한다. 만약 '무덥다'의 '무'가 '물(水)'에서 온 것이라면, 중세국어에서 '물'이 '믈'이었으므로 '무덥다'는 '므덥다'로 나타나야 한다. 그러나 15세기 문헌에는 '무덥다'만 나타날 뿐 '므덥다'는 보이지 않는다.

자연과 날씨와 시간

이로써 '무덥다'의 '무'가 '물(水)'과 관련이 없는 단어인 것이 분명히 드러난다. 여기에 '무덥다'의 '무'와 '믈(水)'의 성조(聲調)가 다른 점도 두 단어 사이의 관련성을 희박하게 한다. 결국 '물더위' 설은 부정될 수밖에 없다.

지금으로서는 '무더위'에 쓰인 '무'의 어원을 밝히기가 쉽지 않다. 다만 형용사 '무덥다'와 그 파생 명사 '무더위'에 대응된 한자어를 통해 그 의미를 추정해볼 수는 있다. '무덥다'에는 '蒸鬱(증울)'이, '무더위'에는 '蒸暑(증서)'가 대응되어 있다. '무덥다'와 '무더위'의 '무'에 공통적으로 '蒸(증)'이 대응되어 있어 이것이 '찌다'라는 의미를 띤다는 사실을 알 수 있다. '무더위'가 '찌는 듯 견디기 어려운 더위'이고 '무더위' 앞에는 늘 '찌는 듯한'이라는 수식어가 따라 붙어 다닌다는 점이 이와 같은 사실을 뒷받침한다.

'찌다'는 뜻의 동사 '무다' 또는 '물다'가 있었지 않나 하는 것이 필자의 생각이다. 만약 '물다'라면 이는 '날씨가 찌는 듯이 더워지다'라는 뜻의 동사 '물쿠다'의 '물'과도 관련이 있어 보인다. '무다' 또는 '물다'를 찾아내야 '무더위'의 어원론은 완결될 수 있다.

미리
민값(선금), 민빛(외상), 민며느리, 민사위…

'미리'는 '어떤 일이 생기기 전에' 또는 '어떤 일을 하기에 앞서'라는 뜻의 부사다. 곧 구체적인 일이 벌어지거나 구체적인 행동을 하기 전을 상정할 때 쓰는 말이다. 먼저 준비하고 대비하면 탈이 없다는 지혜를 깨치면서 이와 같은 부사를 마련할 수 있었을 것이다.

'미리'는 15세기 문헌에도 지금과 같은 '미리'로 나온다. '미리'에 대해서는 대체로 동사 '밀다(일정한 방향으로 움직이도록 반대쪽에서 힘을 가하다)'의 어간 '밀-'에 부사를 만드는 접미사 '-이'가 결합된 형태로 설명한다. 그러나 '밀다'와 같은 동사의 어간에 접미사 '-이'를 결합하여 부사를 만드는 방식이 일반적이지 않다는 점에서 이러한 설은 좀 의심스럽다. 부사화 접미사 '-이'는 '길이, 멀리' 등에서 보듯 '길다, 멀다' 등과 같은 형용사의 어간과 주로 결합한다. 또한 동사 '밀다'의 의미와 부사 '미리'의 의미가 그렇게 가깝지 않다는 점도 이러한 설을 의심케 한다.

이보다는 '미리'를 형용사 '밀다'의 어간 '밀-'에 부사화 접미사 '-이'가 결합된 형태로 보는 것이 합리적이다. 그런데 문제는 형용사 '밀다'가 문헌에 나타나지 않고 현재 쓰이지 않는다는 것이다. 물론 중세국어나 근대국어의 '민갑(민값, 先金)'《훈몽자회》, 1527), '민빋(외상)'《신증유합》, 1576), '민며ᄂᆞ리(민며느리)'《한청문감》, 1779), '민사회(데릴사위)'《역어유해》, 1690) 등의 '민'을 '밀다'의 관형사형으로 보면 그 존재를 얼마든

자연과 날씨와 시간

지 추정할 수 있다.

'민갑'이 '먼저 치르는 돈', '민며느리'가 '장래에 며느리로 삼으려고 관례를 하기 전에 미리 데려다 기르는 여자 아이', '민빚'이 '미리 지는 빚', '민사회'가 '장차 사위를 삼으려고 미리 데려다가 기르는 남자 아이'라는 뜻이므로 이들에 보이는 '민'은 '預先(예선)'이라는 의미를 공통으로 갖는다. 이러한 의미는 '미리'에도 포함되어 있다.

'민갑, 민며느리, 민빚, 민사회'의 '민'이 '미리'와 어형이 유사하고 같은 의미를 공유하므로 '미리'와 같이 '밀다'와 관련된 어형으로 설명하는 것이 자연스럽다. 곧 '민'은 본래 '밀다'의 관형사형이라는 것이다. '민'과 '미리'의 의미를 고려하면 '밀다'는 '예선(預先)하다' 정도의 의미를 띤다.

그런데 '민'은 일찍이 접두사화 것으로 보인다. 관형사형이 접두사로 바뀌는 것은 흔하다. 현대국어 사전에서는 '민갑, 민빚, 민며느리, 민사회' 등의 '민-'을 옛말로 분류하고, '미리 치른' 또는 '미리 데려온'의 뜻을 더하는 접두사로 기술하고 있다. 현대국어에 접두사 '민-'을 이용한 '민값, 민며느리'가 남아 있기는 해도 '민-'이 더 이상 새로운 단어를 만드는 데 관여하지 못하므로 사전에서 옛말로 분류한 것이다.

사흘

셋은 사흘, 넷은 나흘

2020년 7월 23일 '사흘'이라는 일상적 단어가 네이버 검색 순위 1위에 오르는 기현상이 벌어졌다. 8월 17일이 임시 공휴일로 지정되어 결국 사흘 동안을 공휴일로 정한다는 정부의 발표가 있은 직후였다. '사흘'을 '4일'로 오해한 일부 네티즌이 왜 '3일'을 쉬는데 '4일' 쉰다고 하느냐며 따져 묻는 웃지 못할 촌극이 벌어진 것이다.

'사흘'을 '세 날'이 아니라 '네 날'로 여긴 것이니 기가 찰 노릇이다. '사흘'의 '사'를 한자 '四(사)'로 착각하고 그렇게 의심할 수는 있겠으나 '하루, 이틀, 사흘, 나흘, 닷새, 엿새, 이레, 여드레, 아흐레, 열흘'과 같은 일수(日數) 계열어를 알고 있었다면 이러한 실수는 범하지 않았을 것이다. 어휘 교육의 현주소를 보는 듯하여 씁쓸하기 그지없다.

'사흘'은 15세기 문헌에 '사ᄋᆞᆯ'로 나온다. 같은 시기의 문헌에 '사ᄋᆞᆯ'과 제2음절의 어두음 또는 모음에서 차이가 나는 '사올'과 '사을'도 보인다. 15세기에는 이들 가운데 '사올'의 빈도가 가장 높았다. '사올'의 '사'는 '서(三)'와 모음에서만 차이를 보인다. '서 말', '서 되'의 '서'가 그것이다. '사'와 '서(三)'의 관계는 '나'와 '너(四)'의 관계와 같다. '올'은 중세국어 '이틀(읻 + 올)', '나올(나 + 올)', '열흘(열ᇹ + 올)' 등에서 확인되는 '올/을'과 같이 일수를 나타내는 단어에 공통으로 출현하는 요소다. '사흘'의 '흘'은 '올'과 형태적 차이를 보이지만 그것과 같은 성격이다.

'사흘'과 '나흘'에 대해서는 일수를 나타내는 명사 중 애초부터 'ᇂ'

자연과 날씨와 시간

을 갖고 있던 '열흘(열ㅎ + 을)'에 유추되어 형성된 어형으로 보는 것이 일반적이다. '열흘'은 '열ㅎ'과 '을'이 결합된 어형인데, 모음조화를 고려하여 양성모음을 갖는 '올'이 아니라 음성모음을 갖는 '을'이 선택된 것이다. 물론 '사흘'과 '나흘'을 '사올'과 '나올'에 'ㅎ'이 첨가된 어형으로 보기도 하는데 그 가능성은 낮아 보인다. 15세기의 '사흘'과 '사올'은 16세기 이후 'ㆍ>ㅡ'에 따라 '사흘'과 '사을'로 변한다. 이 중 '사을'은 17세기 문헌을 끝으로 잘 나타나지 않으며, 18세기 이후 문헌에는 '사흘'과 '사흘'이 주를 이룬다. 이 시기에 보이는 '사흘'은 음성적으로 '사흘'과 같은 것이다.

정리해보면 중세국어 '사올'은 '사(三)'와 '올'의 결합체이고, 이것이 '열흘'에 유추되어 '사흘'로 변한 뒤에 '사흘'이 된 것이다. 이쯤 되면 더 이상 '사흘'을 '네 날'로 오해하지는 않을 것이다. 오늘의 해프닝을 거울삼아 어휘 교육의 중요성을 새삼 깨달았으면 그나마 다행이지 싶다. '사흘'은 '세 날'이고 '나흘'은 '네 날'일 뿐이다.

소나기
몹시(쇠) 내리는 비

'소나기'의 어원에 대해 오래전부터 구전(口傳)되는 설이 있다. "가뭄이 심한 여름철 어느 날, 시골 농부 두 사람이 옥신각신 설전을 벌이고 있다. 비가 오늘 올 것인가, 내일 올 것인가를 놓고 자기주장을 펴고 있는 것이다. 급기야 진 사람이 이긴 사람에게 자기가 기르던 소를 내주기로 하는 내기를 걸었는데, 이때 갑자기 억수 같은 비가 쏟아졌다. 그리하여 그 비를 '소'를 걸고 '내기'를 한 비라 하여 '소내기'라 했다." '소나기'가 '소를 내기하다'라는 의미의 '소내기'에서 왔다니 터무니없다. 이는 그럴듯하게 포장된 민간어원에 불과하다.

'소나기'에 대한 어원설에는 이외에도 한자어 '속낙우(速落雨)'에서 변한 것이라는 설, '천둥'을 뜻하는 함경 방언 '소낙'에서 온 것이라는 설, '손(사람의 활동을 방해하는 귀신)'과 '악(모질게 마구 쓰는 기운)'이 결합된 '손악'에서 온 것이라는 설 등이 있으나, 이들 또한 민간어원의 범주에서 크게 벗어나지 않는다. 이들 여러 어원설은 '소나기'의 15세기 어형이 '쇠나기'였다는 점만으로도 무력해진다. 15세기의 '쇠나기'와 여러 어원설에 등장하는 '소내기', '속낙우(速落雨)', '소낙', '손악' 등은 아무런 관계가 없는 것이기 때문이다.

중세국어 '쇠나기'의 어원은 어렵지 않게 설명할 수 있다. '쇠나기'는 '쇠'와 '나기'로 나누어 이해할 수 있는데, '쇠'는 '매우, 몹시, 심히'라는 뜻의 부사이고, '나기'는 동사 '나다(出)'의 어간 '나ㅡ'에 접미사 'ㅡ

기'가 붙은 파생 명사다. 그리하여 '쇠나기'는 '심히 내리는 것' 정도의 의미를 띤다. '쇠나기'의 '쇠'와 부사 '쇠(몹시)'의 성조가 평성으로 같다는 점, '소나기'가 급하고 세차게 내리는 비라는 점이 이러한 어원설을 뒷받침한다.

'쇠나기'는 제1음절에서 'ㅣ'가 탈락하여 '소나기'로 변한다. '소나기'는 19세기 문헌부터 보이기 시작한다. '소나기'를 '소내기, 쏘나기, 쏘내기' 등으로 발음하고 또 표기하기도 하는데, 이들은 표준어가 아니다. '소나기'는 '소나기눈(갑자기 세차게 쏟아지다가 곧 그치는 눈)', '소나기매(갑자기 세찬 기세로 잇따라 때리는 매)', '소나기밥(보통 때는 얼마 먹지 않다가 갑자기 많이 먹는 밥)', '소나기술(보통 때는 마시지 않다가 입에만 대면 한정 없이 많이 마시는 술)' 등과 같은 합성어에서 보듯 '갑자기 세차게', '갑자기 많이', '갑자기 한정 없이' 하는 행동을 표현하는 데도 적극적으로 이용된다. 이들 의미는 급하고 세게 내리는 '소나기'의 속성에서 비롯한 것이다.

'소나기'와 같은 의미의 단어로 '소낙비'도 쓰인다. '소낙비'는 '쇠닉기비'가 줄어든 '쇠닉비'(《화어유초》, 18××)가 있는 것으로 보아, '소나기비'가 줄어든 어형으로 추정된다. 또는 '소나기'를 '소낙'에 접미사 '-이'가 결합된 어형으로 잘못 분석한 뒤 '소낙'에 '비'를 붙여 새롭게 만든 단어일 가능성도 있다. '소나기눈'에 대한 '소낙눈'이 있는 것을 보면 전자일 가능성이 더 커 보인다.

우레
하늘이 우는가, 소리치는가

"번개가 잦으면 천둥을 한다"라는 속담이 있듯이, '번개'가 치고 나면 뒤이어 '천둥'이 친다. 번쩍하는 번개가 친 뒤 몇 초 뒤에 우르르 쾅쾅하는 천둥소리가 들리는 것이다. 그런데 사전에서는 '천둥'을 '번개가 치고 천둥소리를 동반하는 대기 중의 방전 현상'으로 기술하고 있어 좀 모호하다.

'천둥'은 한자어 '천동(天動)'에서 온 말이다. '天動'의 15세기 한자음은 '텬동'이었다. 이것이 '텬둥, 턴둥, 쳔둥'을 거쳐 '천둥'이 된 것이다. '天動'은 '하늘이 흔들리다'라는 뜻이니 좀 과하지만 그 소리를 적절하게 반영한 표현으로 볼 수 있다. '천둥'에 대한 순수 우리말이 '우레'다. '천둥소리'에 대한 '우렛소리'는 '우레'가 '천둥'과 같은 의미임을 잘 보여준다. 사전에서 '우레'를 '뇌성과 번개를 동반하는 대기 중의 방전 현상'으로 기술하여 '천둥'과 큰 차이를 보이지 않는다.

'우레'는 15세기 문헌에 '울에'로 나온다. '울에'의 어원에는 크게 두 가지 설이 있다. 그 하나는 '울에'를 동사 '울다'의 어간 '울-'에 접미사 '-게'가 결합된 '울게'에서 변한 어형으로 보는 것이다. '울게'에서 제1음절의 말음 'ㄹ'의 영향으로 제2음절의 어두음 'ㄱ'이 'ㅇ'으로 약화되어 '울에'가 되고, '울에'의 제2음절 어두음 'ㅇ'이 자음 음소로서의 기능을 잃으면서 연철되어 '우레'가 된 것이라는 설명이다. 이로 보면 '울게', 곧 '우레'는 '하늘이 우는 것'이라는 어원적 의미를

자연과 날씨와 시간

띤다.

이와 같은 설은 '덥게(덮개), 지게, 집게' 등에서 보듯, '-게'가 동사 어간에 적극적으로 결합한다는 점에서 지지를 받을 수 있으나, 접미사 '-게'가 대체로 '도구'를 지시한다는 점에서 보면 의심을 받을 수도 있다. '울게'의 '-게'를 '도구'의 접미사로 보기는 어렵기 때문이다. 그러나 중세국어 '번게(번개)'를 동사 '번다'의 어간 '번-'에 접미사 '-게'가 붙은 어형으로 보면, 중세국어 '울에'를 동사 어간 '울-'과 접미사 '-게'가 결합된 '울게'에서 변한 것으로 볼 수도 있다.

다른 하나는 '울다'에서 파생된 '우르다(소리치다)'의 어간 '우르-'에 접미사 '-에'가 결합된 어형으로 보는 것이다. 동사 '우르다'는 모음 어미(매개 모음 제외) 앞에서는 '울ㅇ-'로 교체되어 나타난다. 그러므로 '우르- + -에'는 얼마든지 '울에'로 나타날 수 있다. '울에'는 '소리를 크게 지르는 것' 또는 '큰 소리를 내는 것'이라는 어원적 의미를 띤다. 이러한 의미는 '우레'의 속성과 부합하여 '우르- + -에' 설의 근거가 될 수 있다. 연구 초기에는 '울- + -게' 설이 확고했으나 최근에는 '우르- + -에' 설 쪽으로 기울어지는 추세다.

15세기의 '울에'는 17세기 문헌에 '우레, 우러, 우뢰, 울레' 등으로 다양하게 표기되어 나온다. 이 가운데 '우뢰'는 아주 특이하다. 이는 '울에'가 '우레'로 변한 뒤에 한자어 '우뢰(雨雷)'의 간섭을 받아 나타난 것이다. 그 결과 한동안 '우레'의 어원을 한자어 '우뢰(雨雷)'로 보기도 했다. 20세기 초의 《조선어사전》(1938)에서까지 '우레' 대신 '우뢰'를 표제어로 삼았을 정도다. 그 후 어원 의식이 회복되어 '우레'를 되찾게 되었다.

장마(長-)/장맛비(長--)
오랫동안 내리는 비 또는 그런 현상

지독한 가뭄 끝에 여러 날 비가 내리고 있다. '장마'가 시작되어 '장맛비'가 내리고 있는 것이다. 극심한 가뭄에 '장맛비'를 얼마나 고대했던가. 이제 이 빗물로 대지는 촉촉이 젖어들어 다시 생기를 찾을 것이다.

'장마'는 16세기 문헌에 '댱마ㅎ'로 보이며, 이는 '댱'과 '마ㅎ'로 분석된다. '마ㅎ'는 '댱마ㅎ'보다 역사가 깊은 단어로, 중세국어에서 '비(雨)'와 '장마'라는 두 가지 의미를 띠었다. '댱마ㅎ'의 '마ㅎ'는 '비'를 뜻하는 것이다. '마ㅎ'가 '장마'를 뜻할 때는 '오랫동안 내리는 비'와 더불어 '오랫동안 비가 내리는 현상'이라는 의미도 띠었다. '장마'를 뜻하는 '마'가 현재 제주, 함남 방언에 남아 있다.

'마ㅎ' 앞에 붙은 '댱'은 한자 '長(장)'이다. '비가 오래 온다'는 것에 초점을 맞추어 '비'를 뜻하는 '마ㅎ'에 '댱(長)'을 첨가하여 '댱마ㅎ'라 한 것이다. 그리하여 '댱마ㅎ'는 '오랫동안 내리는 비'로 해석된다. 또한 '댱마ㅎ'는 '마ㅎ'와 마찬가지로 '오랫동안 비가 내리는 현상'이라는 의미도 띠었다.

중세국어 '댱마ㅎ'는 복잡한 음운 변화를 거쳐 현재의 '장마'로 이어졌다. '장마'의 어원을 '비가 떨어지는 소리', '큰 방울로 떨어지는 비'를 뜻하는 고대 산스크리트에서 온 것으로 보기도 하나 터무니없다. 중세국어에 대한 몰이해가 이런 어처구니없는 설을 만들어낸 것

자연과 날씨와 시간

이다.

　현대국어 '장마'에도 '오랫동안 내리는 비'와 '오랫동안 비가 내리는 현상'이라는 두 가지 의미가 달려 있다. 그런데 실제로는 주로 후자의 의미로 쓰인다. 전자의 의미는 '장맛비'가 대신한 지 오래다. '장마'의 어원을 고려하면 '긴 장마'와 같은 표현에서 '긴'은 군더더기 표현임을 알 수 있다.

　'장맛비'는 17세기 문헌에 '댱마ㅎ비'로 처음 보인다. '댱마ㅎ'가 '오랫동안 비가 내리는 현상'이라는 의미로 편향되어 쓰이면서 '오랫동안 내리는 비'라는 의미에 공백이 생기자 이를 메우기 위해 '댱마'와 '비'를 결합하여 '댱맛비'라는 새로운 단어를 만든 것이다. '댱맛비'는 '쟝맛비'를 거쳐 '장맛비'가 된다. '장맛비'는 [장마삐] 또는 [장맏비]로 발음해야 한다. 방송인 중에서도 [장마비]로 발음하는 사람이 있는데, 여간 거슬리는 것이 아니다.

　'장맛비'가 등장한 이후 '장마'는 '오랫동안 내리는 비'라는 의미를 '장맛비'에 넘겨주고 '오랫동안 비가 내리는 현상'이라는 의미에 충실하고 있다. '장마'와 '장맛비'의 의미 분담이 어느 정도 이루어진 것이다. '장마'에는 '가을장마, 개똥장마(오뉴월 장마), 겨울장마, 고치장마, 늦장마, 마른장마, 봄장마, 억수장마, 여름장마' 등 그 종류도 많다.

애시당초(-時當初)
'애시'와 '당초'는 비슷한 말

웬만한 일간지에는 우리의 말과 글에 대한 고정란이 마련되어 있다. 그만큼 언론에서도 우리의 말과 글의 중요성을 인식하고 있다는 증거다. 그런데 신문에 실리는 글의 수준이 천차만별이다. 읽을 만한 글이 있는가 하면 그렇지 못한 글도 있는 것이다. 수준이 떨어지는 글의 필자는 십중팔구 비전문가다.

최근 모 신문에 〈'애시당초'는 애당초부터 없는 말이다〉라는 제목의 글이 실려 유심히 보았다. '애시당초'가 표준어는 아니지만 흔히 쓰는 말이어서 애당초부터 없는 말이라는 전제도 틀렸거니와, 이를 '애'와 '시당초'로 분석한 뒤 '시당초'라는 명사가 부재하여 이 말이 성립하지 않는다는 설명도 틀렸다. 우리말에 대한 전문성이 없으니 이런 실수가 나온 것이다.

전문가라면 '애시당초'가 '애시'와 '당초(當初)'로 분석된다는 사실쯤은 금방 알아낼 수 있다. 물론 전문가도 '애시'에 대해서는 고개를 갸우뚱할 수 있다. '애시'는 일견 중세국어 '아ᅀᅵ'에서 변한 '아시'의 'ㅣ' 모음 역행동화 형태로 생각할 수 있다. 그러나 '아시'가 '애시'로 변하기는 어려워 이러한 생각은 잘못된 것이다. 방언에 '아시빨래(애벌빨래), 아시김(애벌김)'은 있어도 '애시빨래, 애시김'이 없는 것만 보아도 이러한 사실을 간접적으로 알 수 있다.

'애시'는 '애'와 '시(時)'가 결합된 형태다. 곧 '애초(-初)'와 동일한 구조이며, 의미도 같다. '애시(-時)'나 '애초(-初)'의 '애'는 중세국어 '아시'에서 'ㅿ'이 소실된 '아이'의 축약형이다. '아시'는 '처음', '최초'의 뜻이지만 그 어원은 밝히기 어렵다. 다만 '앛(또는 '앗')'에 접미사 '-이'가 결합된 어형일 것이라는 추정은 해볼 수 있다.

'아시'가 '처음', '최초'의 뜻이기에 이것에서 변한 '아이' 그리고 그 축약형 '애'도 그러한 의미를 띤다. 그러므로 '애시(-時)'는 '맨 처음'이라는 뜻이다. '애시'가 사전으로는《큰사전》(1957)에 처음 올라 있는데, '애초'의 비표준어로 처리되어 있다. 이는 최근의 사전에서도 마찬가지다.

'애시'에 이것과 의미가 같은 한자어 '당초(當初)'가 덧붙은 어형이 '애시당초'다. 그러므로 '애시당초'는 얼마든지 만들어질 수 있는 단어다. '애시당초'는 '애시'와 마찬가지로 표준어가 아니다. 이에 대응하는 표준어는 '애초(-初), 애당초(-當初)'다. '애초(-初)'와 '애당초(-當初)'는 '처음'이라는 뜻의 '애'에 그러한 의미의 한자(어) '초(初)'와 '당초(當初)'가 덧붙은 어형이다. 동일한 의미의 '애초, 애당초, 애시당초'가 동의 중복 형태라는 점이 흥미롭다.

올해
'지난'과 '오는' 사이, '올'의 정체는 불분명하다

'해'는 본래 '태양'을 뜻한다. 그러면서 '지구가 태양을 한 바퀴 도는 동안'을 뜻하기도 한다. 이는 '태양'이라는 의미에서 파생된 것이다. '태양'이라는 대상적 의미가 '태양을 도는 동안'이라는 시간적 의미로 변한 것이 특별하다.

한 해는 양력으로는 365.25일이고 음력으로는 354일이다. '해'는 이러한 일정 기간을 지나면서 거듭한다. 그리하여 현재의 '올해(올, 금년)'가 있다면 과거의 '지난해(전해, 안해, 작년)'나 '지지난해(재작년)'가 있을 수 있고, 미래의 '이듬해(익년, 내년)'가 있을 수 있다. 역사적으로 보면 '작년'을 지시하는 '니건히'가, '내년'을 지시하는 '오는 히'가 있었는데, 현재 '니건히'는 완전히 자취를 감추었고, '오는 히'는 황해 방언에 '오난해'로 남아 있다. '작년'과 '내년'을 지시하는 단어에서 큰 변화가 있었음을 알 수 있다.

반면 '금년'을 지시하는 단어에서는 큰 변화가 없었다. 현대국어 '올'과 '올해'는 15세기의 '올ㅎ'과 '올히'에서 직접 변한 어형이다. 중세국어 '올ㅎ'과 '올히'는 형태적으로 아주 가까워서 둘 사이에 모종의 관련성이 있어 보인다. 일부 현대국어 사전에서는 '올'을 '올해'의 준말로 설명하고 있으나 과연 그러한지는 따져보아야 한다.

'올히'는 《구급방언해》(1455)에, '올ㅎ'은 《남명집언해》(1482)에 처음 보인다. 15세기에는 '올히'의 빈도가 '올ㅎ'보다 높았다. '올히'가 문헌

자연과 날씨와 시간

상 '올ᄒ'보다 앞서 나오고 또 빈도가 높다는 점에서 그것이 당시의 대표적인 단어였음을 짐작할 수 있다. 작년의 '니건힉', 내년의 '오ᄂ힉'가 모두 '힉'를 포함하고 있어서 '금년'을 뜻하는 단어 또한 '힉'를 포함할 것이라는 추정은 온당하다.

그런데 '올힉'의 '힉'가 시간적 의미의 '힉(年)'라는 것은 분명하지만, '올'이 무엇인지는 잘 알 수 없다. '니건힉, 오ᄂ힉'를 참고하면 '올힉'의 '올'은 '오다'의 관형사형일 가능성이 있지만, 그렇다고 이를 '來(래)'의 뜻으로 보기는 어렵지 않나 한다. '금년'과 '오다'는 의미상 거리가 너무 멀기 때문이다. '오다(來)'가 '오ᄂ힉'에서 보듯 '내년'을 지시하는 단어에 이용되고 있어서 더욱 그렇다. 현재로서는 '올'의 정체를 파악하기가 어렵다는 것을 고백해 둔다.

'올ᄒ'은 '올힉'를 통해 만들어진 이차적인 단어로 보인다. 언중이 '올힉'를 처격형으로 인식하고 이를 '올ᄒ'과 처격조사 '익'가 결합된 어형으로 잘못 분석한 결과 '올ᄒ'이라는 단어가 만들어진 것이라는 설명이다. 물론 거꾸로 '올ᄒ'에 처격조사 '익'가 결합된 처격형 '올힉'가 명사로 굳어진 것으로 볼 수도 있으나, 그 가능성은 전자보다 낮아 보인다.

7장
짐승과 새와 물고기

고슴도치

가시와 같은 털이 있는, 돼지(돝)를 닮은 짐승

'고슴도치'의 외양을 한번 살펴보자. 몸통은 통통하고, 주둥이는 뾰족하며, 다리는 짤막하다. 영락없이 작은 돼지의 모습이다. 물론 몸집이 작다는 점 이외에 길고 날카로운 가시와 같은 털이 촘촘히 박혀 있다는 점에서 돼지와는 뚜렷이 구별된다.

'고슴도치'라는 말은 15세기 문헌에 '고솜돝'으로 나오는데, 이는 '고솜'과 '돝'이 결합된 형태다. 중세국어 '돝'이 '돼지'를 뜻하므로 '고솜돝'이 '돼지'와의 외형적 유사성에 근거하여 만들어진 명칭임을 알 수 있다. 그러나 그 변별 요소라고 할 수 있는 '고솜'이 무엇인지는 분명하게 드러나지 않는다.

송나라의 서긍(徐兢)이 지은 《선화봉사고려도경》 권36(1124)에서는 '고솜'을 '고슴도치의 털'로 설명하고 있는데, 이는 엄밀히 말해 그 어원에 대한 풀이는 아니다. '고솜'을 '송곳'을 뜻하는 '곳'과 관련된 어형으로 보기도 하고 '고솜' 자체를 '고슴도치'로 보기도 하나, '송곳'을 뜻하는 중세국어는 '곳'이 아니라 '곶'이었고 '고슴도치'를 뜻하는 '고솜'이라는 단어는 존재하지도 않아 이들 어원설은 어느 것도 미덥지 않다.

다만 고슴도치와 비슷한 외양의 동물인 '호저(豪豬, 쥐류의 하나)'를 지시하는 북한어 '가시도치'나 '고슴도치'에 대한 한자어 '자위(刺蝟, 가시자, 고슴도치 위)'를 참고하면, '고솜돝'의 '고솜'은 '가시'와 관련된 단어가 아닐까 추정해볼 수 있다. 어떤 국어학자는 '고솜'을 '삐죽삐죽한 것'이라는 뜻으로 보기도 하나 그 근거가 무엇인지는 알 수 없다. '고솜돝'의 '고솜'이 '돝', 곧 '돼지'와의 차이를 드러내주는 변별 요소라는 점은 분명한데, 그 의미를 알 수 없는 것이다.

반면 '고솜돝'으로부터 '고슴도치'까지의 변화는 어렵지 않게 설명할 수 있다. 먼저 '고솜돝'에 접미사 '-이'가 결합하여 '고솜도티'가 된 뒤에 '고솜도치'를 거쳐 '고슴도치'가 된다. 지금과 같은 '고슴도치'는 20세기 초 문헌에 보인다.

현대국어 사전에 '고슴도치'와 같은 의미의 단어로 '고솜돛'도 실려 있어 주목된다. 이는 15세기의 '고솜돝'과 어형이 유사하나 직접적인 관계는 없다. '고소돝'이 '고슴도치'로 변하자 이를 '고슴돛'에 접미사 '-이'가 결합된 형태로 잘못 분석한 결과 나타난 어형이기 때문이다. 잘못 만들어진 말이 표준어로 대접받고 있는 것이 특이하다.

고슴도치는 적이 가까이 오면 털을 곤추세운 채 몸을 밤송이처럼 움츠린다. 고슴도치의 이러한 습성을 반영하여 '고슴도치 蝟(위)', '오그라들 縮(축)' 자를 써서 '蝟縮(위축, 두려워서 몸을 움츠림)'이라는 한자어를 만들었다.

과메기
'관목(貫目)'에서 '과메기'로

'과메기'는 '건청어(乾靑魚, 말린 청어)'를 가리키는 경북 방언이다. 초겨울에 잡은 청어를 내다 걸어 얼렸다 녹였다를 반복하면서 말리면 꾸덕꾸덕해진다. 말린 청어에서 머리를 떼고 내장과 껍질을 제거한 뒤에, 그것을 김에 얹어 다시마, 부추를 곁들여 먹으면 쫀득쫀득한 맛이 별미다.

'과메기'를 '관목(貫目)'이라고도 한다. 한글로 적힌 '관목'이 17세기 문헌에 보이는데, '건청어(乾靑魚)'를 뜻한다. 이후 문헌에 나오는 '관목' 또는 '관목어'도 마찬가지다. '청어'의 눈을 꼬챙이로 꿰어 말린다고 하여 '관목(貫目)'을 '건청어'로 파악한 것이다.

그런데 '관목'이 처음부터 '건청어'를 뜻한 것은 아닌 듯하다. 처음에는 그저 '청어'를 지시하다가 나중에 '말린 청어'를 특별히 지시하게 된 것이 아닌가 한다. '청어'의 눈이 맑고 투명하여 두 눈이 서로 관통해 있다는 해부학적 특징을 고려하면, '눈을 관통하다'라는 뜻의 '관목(貫目)'이 얼마든지 '청어'의 별칭이 될 수 있다고 본다.

'과메기'의 어원에 대해서는 대체로 '관목(貫目)'과 관련하여 설명한다. 물론 '관목'과 무관하게 설명하는 어원설도 있다. 포항의 토박이 연구자들의 견해가 그러하다. 이들은 '과'를 동사 '꼬다'의 활용형 '꼬아>꽈/고아>과'에서 온 것으로, '메'를 동사 '매다'에서 온 것으로 보고, '과메기'를 '꼬아 매단 생선'으로 해석한다. 이와 같은 해석은 '통마리

(내장을 제거하지 않고 통으로 말린 것. 반으로 갈라 말린 것은 '짜배기, 배지기'라 함)'의 몸통을 끈으로 엮어 말린다는 점에 근거한 것이지만, '꼬아매'가 변하여 '과메기'가 되기도 어렵거니와, '관목이'가 있어 이로부터 '과메기'까지의 변화 과정을 음운론적으로 어렵지 않게 설명할 수 있다는 점에서 받아들이기 어렵다.

'관목'이 '과메기'로 정착하는 과정은 좀 복잡하다. '관목'에 접미사 '-이'가 결합된 '관모기'가 '관뫼기, 관메기, 괌메기'를 거쳐 '과메기'가 된 것으로 생각된다. 경북 영덕(강구) 방언에 '감메기'가 있는데, 이는 '괌메기' 단계에서 제1음절의 모음 '놔'의 'ㅗ'가 탈락한 어형이어서 '괌메기'의 존재를 간접적으로 증거한다. '관목(貫目)'이 '건청어'라는 의미를 띤 뒤에 '과메기'로 변했기에 '과메기' 또한 그러한 의미를 띠는 것은 당연하다.

요즘의 '과메기'는 '말린 청어'가 아니라 '말린 꽁치'다. 청어가 잘 잡히지 않자 그것을 꽁치로 대신한 것이다. 꽁치 과메기는 1960년대 이후 등장했다고 한다. 그런데 요즘 꽁치 어획량은 급감한 반면 청어 어획량은 늘어나 다시 청어 과메기가 등장할 것이라는 전망이다.

기러기
'그력 그력' 우는 새

벌써 10월 중순이니 계절은 가을로 접어든 지 오래다. 겨울새인 '기러기, 두루미, 오리' 등이 벌써 한반도에 들어와 활동하고 있다는 반가운 소식이 들린다. 이들 겨울새 가운데 가장 눈길을 끄는 것은 아마도 '기러기'일 것이다. 줄지어 질서정연하게 어디론가 날아가는 기러기 떼는 너무나 인상적이다. '안항(雁行, 기러기의 행렬이란 뜻으로, 남의 형제를 높여 이르는 말)'이라는 말이 공연히 생긴 것은 아니다.

한반도에 도래하는 기러기에는 여러 종이 있지만, 대부분 '쇠기러기'와 '큰기러기'다. 물론 이 가운데 쇠기러기가 더 흔하다. 일반적으로 '기러기'라 하면 '쇠기러기'와 '큰기러기'를 아울러 지시한다고 보면 된다.

'기러기'라는 말은 역사가 아주 깊다. 이는 15세기 문헌에 나오는 '그려기'로 소급한다. 이 시기 문헌에는 '그려기'와 더불어 2음절어인 '그력'도 보인다. '그력'에 접미사 '-이'가 결합된 어형이 '그려기'이므로 '그력'이 보다 원초적인 어형임을 알 수 있다. '그력'은 다름 아닌 기러기의 울음소리를 상징한 말이다. 기러기가 내는 '그력 그력' 하는 울음소리를 본떠 '그력'이라는 명칭을 만들고, 이것에 접미사 '-이'를 붙여 '그려기'라는 또 다른 명칭을 이어서 만든 것이다.

한 조류학자의 말에 따르면 쇠기러기는 하늘을 날 때나 주변을 경계할 때 '끼럭 끼럭' 소리를 낸다고 한다. 그렇다면 '그력 그력'은 쇠

짐승과 새와 물고기

기러기의 울음소리일 가능성이 있다. 만약 '그려기'가 쇠기러기의 울음소리에 기반하여 만들어진 것이라면, 이는 본래 '쇠기러기'만을 지시했을 가능성이 있다. 그러다가 점차 '큰기러기'까지 아울러 지시했을 것이다. 15세기의 '그려기'는 16세기 이후 '긔려기, 기려기'를 거쳐 '기러기'로 변하여 현재에 이른다.

한반도에 들어와 월동하는 두 부류의 기러기를 구분하기 위해 만든 명칭이 '쇠기러기'와 '큰기러기'다. '몸집의 크기'에 따라 한 부류는 '쇠기러기'로, 다른 부류는 '큰기러기'로 나눈 것이다. '쇠기러기'의 '쇠'는 '쇠딱따구리, 쇠뜸부기, 쇠부엉이, 쇠박새' 등의 그것과 같이 '작음'을 지시한다. 이에 따르면 '쇠기러기'는 '작은 기러기'가 된다. '쇠'는 한자 '소(小)'에서 온 말로 추정된다. 《큰사전》(1950)을 비롯한 일부 사전에서는 '쇠-'를 '동물이나 식물의 작은 종류'를 지시하는 접두사로 분류하고 있다.

물론 '큰기러기'는 몸집이 상대적으로 커서 붙여진 이름이다. 이렇게 하여 '쇠기러기'와 '큰기러기'가 '크기'에 기초한 상대 개념의 명칭임이 분명하게 드러난다.

꽃게

꽃을 닮은 게가 아니라, 꼬챙이(곶)가 있는 게

가을이 오면 많은 이들이 가을은 '꽃게'의 계절이라며 호들갑을 떤다. 가을이 깊어가는 10월 말쯤 살이 토실토실 오른 가을 꽃게가 막 잡히기 시작하기 때문이다. 인천 소래포구, 충남 서천 홍원항, 전북 군산포구 등지는 갓 잡힌, 살이 꽉 찬 꽃게로 성시를 이룬다. 가을에는 '암게'보다 '수게'의 맛이 좋다고 한다.

'꽃게'에 대해서는 대체로 삶으면 살과 껍데기가 꽃처럼 붉게 변하여 붙여진 이름이거나 집게발 껍데기의 무늬가 꽃무늬 같아서 붙여진 이름으로 설명한다. 또 등딱지에 '가시'가 있어서 '가시게'라 하다가 이것이 변하여 '꽃게'가 된 것으로 설명하기도 한다. 그러나 '꽃게'의 '꽃'은 花(화, 꽃)의 뜻도 아니고, '가시'에서 변한 것도 아니어서 이들 설명은 신빙성이 없다.

'꽃게'는 17세기 문헌에 '곳게'로 처음 보인다. 물론 그 이전 시기에도 '곳게'였을 것이다. '곳게'는 본래 '곶게'인데, 당시의 표기법에 따라 '곳게'로 표기한 것뿐이다. '곳게'의 '곳'은 '꼬챙이'의 뜻이다. '꼬챙이'를 뜻하는 '곶'은 현대국어 '고깔, 곡괭이, 송곳' 등에 그 흔적을 남기고 사라졌다. 또한 '곶'은 '꼬챙이'뿐만 아니라 '강, 바다, 평야로 길게 내민 땅'을 뜻하기도 했는데, 현대국어 사전은 이를 '바다 쪽으로, 부리 모양으로 뾰족하게 뻗은 육지'로 풀이한다. '장산곶, 호미곶' 등에서 보듯 '-곶'은 '바다로 뻗어 나온 모양을 한 곶'의 뜻을 더하

짐승과 새와 물고기

는 접미사로도 쓰인다.

'곶'이 '꼬챙이'의 뜻이므로 '곶게'는 '꼬챙이가 있는 게'로 해석된다. 실제 꽃게의 등딱지 양쪽 끝에는 꼬챙이처럼 뾰족한 뿔이 나 있어 명실상부하다. 18세기의 《성호사설》에도 이와 비슷한 설명이 나오는 것을 보면, 당시만 해도 우리 선조들은 '곶게'의 유래를 잘 알고 있었음을 알 수 있다. 그런데 '곶게'의 '곶'을 '반도처럼 바다로 가늘게 뻗은 육지'로 보고, 꽃게의 등딱지 양쪽에 가시처럼 뾰족하게 튀어나온 부분이 '곶'처럼 생겨서 붙여진 이름으로 설명하기도 하는데, 이는 완전히 틀린 설명은 아니더라도 정확한 설명은 아니다.

17세기의 '곶게'는 19세기에 와서 제1음절의 어두음이 된소리로 변하여 '꼿게'가 된다. '꼿게'에 '花蟹(화해)'라는 한자어가 대응되어 있는 것을 보면, 이즈음에서 '꽃(花)'과 관련된 엉뚱한 어원설이 나오게 된 것으로 추정된다. 말하자면 '꼿'에 대한 어원 정보를 잃은 뒤에 어형이 똑같은 '花(화)'의 '꼿(꽃)'에 이끌려 '삶으면 꽃처럼 붉은 게'라 엉뚱하게 해석한 것이다. '꼿게'는 '꽃게'로, '꼿(花)'은 '꽃'으로 변하여 현재에 이른다.

아주 좋은 계절이다. 싱싱한 '꽃게'를 만나러 서해로, 남해로 가 보자.

나방
'나비'를 통해 새롭게 만들어진 말

'나방'은 '나비'와 외양이 흡사하여 구분하기가 쉽지 않다. 그러나 자세히 살펴보면 나비보다 몸이 더 통통하고, 몸에 인분(鱗粉)이 덮여 있는 등의 뚜렷한 외양적 차이가 있다. 옛 문헌에서는 '나비'를 '蝶(접)'으로, '나방'을 '蛾(아)'로 구분하고 있어서 일찍부터 서로 다른 곤충으로 인식하고 있었음을 알 수 있다.

그런데 이상하게도 '蝶(접)'에 대한 고유어 '나비'는 15세기 문헌에 '나비'로 보이지만, '蛾(아)'에 대한 고유어 '나방'은 20세기 이후 문헌에나 보인다. 《훈몽자회》(1527)에서는 '蝶(접)'과 '蛾(아)'에 공히 '나비'를 대응하고 있어 '나비'가 지금의 '나비'와 '나방'을 아울러 지시했음을 알 수 있다. 20세기 초 문헌인 《초학요선》(1918)에서도 "蛾 누에나븨 아"라 하여 '나비'의 변화형인 '나븨'를 '나방'의 뜻으로 쓰고 있다. 현재 북한의 문화어에는 '나방'이 없고, 이것까지 '나비'가 아우르고 있다. 이로써 보면 '나방'이라는 말은 비교적 최근에 남한에서 만들어진 말로 추정된다.

'나방'은 《동아일보》 1957년 7월 10일 자 기사에서 처음 확인된다. '독'을 품은 '나방'이 출현하자 신문에 '독나방'과 관련된 기사가 연이어 나오면서 비로소 '나방'이 등장한 것이다. 이 기사에서는 특이하게도 '독나방' 옆에 '毒나비'라는 단어를 작은 글자로 병렬하고 있다. '독나방'과 '독나비'가 같은 뜻임을 밝히기 위한 배려다. 이는

짐승과 새와 물고기

'나방'과 '나비'가 같은 뜻이라는 것과 같다. '나방'이 사전으로는《국어대사전》(1961)에 처음 올라 있으며, 여기서도 '나비'와 '나방'을 동의어로 보고 있다.

'나방'의 어원은 '나비'의 어원을 검토함으로써 풀릴 수 있다. '나비'의 15세기 어형인 '나비'는 동사 '납다(날다)'의 어간 '납-'에 명사를 만드는 접미사 '-이'가 결합된 어형이다. 동사 '납다'는 문헌에 나타나지 않지만, 중세국어 '나볏기다(나부끼다)'나 현대국어 '나부대다, 나불거리다, 나불나불, 나붓거리다' 등에서 흔적을 찾을 수 있다. '납다'는 '날다'에 밀려나 이미 15세기 이전에 세력을 다한 것으로 보인다.

'납다'의 의미를 고려하면 '나비'는 '나는 것' 정도의 의미를 띤다. 나비는 이곳저곳 나불나불 잘도 날아다니는데, 이러한 특성에 초점을 맞춰 '나비'라 명명한 것이다. '나비'는 '나븨'를 거쳐 현대국어 '나비'로 이어졌다.

'나방'은 '나비'가 동사 '납다'에서 파생된 명사라는 관점에서 보면, '납다'의 어간 '납-'에 접미사 '-앙'이 결합된 어형으로 볼 수 있다. 그런데 '나방'이 비교적 최근에 만들어진 말이라면, 동사 '납다'가 일찍이 사라진 말이라는 점에서 '납-'이 아니라 '나비'를 이용하여 만들어졌을 가능성이 높다. 곧 '나비'에 접미사 '-앙'이 결합된 '나비앙'이 줄어들어 '나방'이 된 것이라는 설명이다. '나방'을 이것에 접미사 '-이'를 덧붙여 '나방이'라고도 한다.

넙치
넓적한 물고기, '광어(廣魚)'에 밀려난 '넙치'

'가물치'와 '흑어(黑魚)', '갈치'와 '도어(刀魚)', '날치'와 '비어(飛魚)'는 같은 물고기를 지시하는 고유어와 한자어의 대립쌍이다. 이들 대립쌍에서는 고유어가 한자어보다 우세하게 쓰이는 공통점이 있다. 그런데 '넙치'와 '광어(廣魚)'의 경우는 그 반대로 한자어가 우세하다. '광어회'는 익숙해도 '넙치회'는 어색한 것만 보아도 두 단어의 세력을 짐작할 수 있다.

'넙치'는 18세기 문헌에서야 확인되나, 그렇다고 이것이 18세기부터 쓰였다고 말하기는 어렵다. 아마도 그 이전부터 쓰였을 것이고, 초기 어형은 '넙티'였을 것이다. '가물치'가 '가믈티'로, '갈치'가 '갈티'로 소급하듯, '넙치'가 '넙티'로 소급하는 것은 자연스럽다. '넙치'는 '넙티'의 구개음화 어형이다.

'넙티'는 형용사 '넙다(넓다)'의 어간 '넙-'과 명사 '티(또는 접미사 '-티')가 결합된 어형이다. 형용사 '넙다'는 '廣(광)'의 뜻인데, 이는 18세기 이후 '넓다'로 대체되어 지금은 쓰이지 않는다. 다만 그 흔적이 '넙치'를 비롯하여 '넙창(大腸)', '넙골(넓은 골짜기)', '넙내(넓은 내)' 등에 남아 있을 뿐이다.

'티'에 대해서는 일찍이 국어학자 방종현(1905~1952) 선생이 물고기의 세골(細骨), 곧 '가시'를 의미한 것에서 기인하여 '어류(魚類)' 및 '뱀, 뱀장어'와 같은 종류를 대표하게 된 것으로 추정했다. '티'가 주로 비늘이 없고 잔가시가 있는 물고기에 결합한다는 점에서 보면 아주 무시할 수 없는 설명이지만, 이것이 정말 '가시'를 뜻하다가 '물고기'를 지시하게 되었는지는 분명하지 않다. 다만 '티'를 넓게 보아 '잔가시가 많은 물고기'로 해석하여 문제는 없어 보인다. 그렇다면 '넙티', 곧 '넙치'는 '몸통이 넓은, 잔가시가 많은 물고기'로 해석된다.

실제 '넙치'는 위아래로 넓적한 긴 타원형이다. '광어(廣魚)'라는 한자어와 '넙치가 되도록 맞다(몹시 얻어맞다)'라는 관용구를 통해서도 '넙치'가 어떤 형상의 물고기인지 어렵지 않게 알 수 있다. '넙치'를 뜻하는 한자어로 '광어(廣魚)' 외에 '비목어(比目魚), 비파어(琵琶魚)' 등도 있다. '비목어'는 눈이 몸의 왼쪽에 나란히 있어서 붙여진 이름이고, '비파어'는 몸이 '비파'라는 악기를 닮아서 붙여진 이름이다.

'넙치'는 두 눈이 왼쪽으로 쏠려 있어, 그것이 오른쪽으로 쏠려 있는 '가자미, 도다리'와 구분된다. 속칭 '좌광우도(앞쪽에서 내려다보았을 때 눈이 왼쪽에 몰려 있으면 광어, 오른쪽에 몰려 있으면 도다리)'라는 말은 그래서 생긴 것이다.

도루묵
'도로 묵이라고 불러라'는 근거 없는 민간어원

'도루묵'의 어원을 물으면 아주 뻔한 답이 나온다. "조선의 선조가 몽진 길에 얻어먹은 '묵'이라는 물고기의 맛이 특별히 좋아서 '은어'라는 이름을 하사했다. 환궁한 뒤에 그 물고기를 다시 먹어보았으나 예전의 그 맛이 아니어서 '도로 묵이라고 불러라'라고 했다. '도루묵'은 바로 여기서 나온 말이다"와 같은 식이다. 이는 잘 꾸며진 민간어원에 불과하다.

'도루묵'은 16세기 문헌에 '돌목'으로 나온다. '도루묵'의 어원은 바로 이 '돌목'으로부터 구해야 한다. '돌목'만 보아도 '도루묵'이 부사 '도로(다시)'와는 무관한 명칭이라는 사실이 분명하게 드러난다.

'돌목'은 '관목(貫目), 비목(比目)' 등과 같이 '목(目)'이 들어가는 물고기 종류의 하나일 가능성이 있다. 이름에 '목(目)'이 들어가는 물고기는 무엇보다 '눈'이 특징적이다. '관목'은 눈이 관통되어 투명하고, '비목'은 눈이 나란하여 외눈박이처럼 보인다. 그런데 '돌목'은 눈에 어떤 특징이 있는지 잘 드러나지 않는다. 그렇다면 '돌목'의 '목'이 '目'이 아닐 가능성도 있다. '도루묵'을 '목어(木魚)'라 한다는 점을 들어 '돌목'의 '목'을 '木'으로 보기도 한다.

'돌'은 '石(석)'의 '돌'일 가능성이 있다. 이는 도루묵이 산란기에는 연안의 바위 부근에 서식한다는 데 근거한다. '돌고기, 돌돔, 돌마자, 돌상어' 등에서 보듯 작은 돌이나 자갈 또는 바위 밑에 서식하는

짐승과 새와 물고기

물고기는 대체로 '돌(石)'을 이용하여 명명한다. 한편 '돌-'은 '질이 떨어지는'이라는 의미의 접두사일 가능성도 있다. 이와 같은 의미의 접두사 '돌-'이 '참게, 참고래, 참붕어'에 대응하는 '돌게, 돌고래, 돌붕어' 등에서도 확인된다. 도루묵이 지역에 따라서는 그물에 걸리면 버릴 정도로 하찮은 물고기로 여겨지므로 얼마든지 '질이 떨어지는'이라는 의미의 접두사 '돌-'을 이용하여 명명할 수 있다. 접두사 '돌-'은 명사 '돌(石)'에서 온 것이다.

'돌목'의 '돌'의 정체는 어느 정도 드러난 셈이나 '목'의 정체는 확실하지 않아 '돌목'에 대한 어원 해석은 아직 미완성이다. 다만 '돌목'으로부터 '도루묵'까지의 변화는 어렵지 않게 설명된다. 일차적으로 '돌목'에 조음소 '으'가 개재되어 '도르목'으로 변한다. 이는 '멸치'가 '며르치'로 변하는 것과 같다. '도르목'이 '도로목, 도로묵'을 거쳐 '도루묵'으로 변하는 과정은 아주 자연스럽다.

'돌목'의 어원 해석이 미완이기 때문에 이것에서 변한 '도루묵'의 어원 해석도 미완일 수밖에 없다. 다만 '도루묵'이 "도로 묵이라고 해라"에서 온 말이 아니라는 점은 분명하다.

두더지
이리저리 잘 뒤지는, 쥐 닮은 짐승

시골의 밭 주변을 살펴보면 고르게 올라온 흙무더기 흔적을 발견할
수 있다. '두더지'라는 놈이 뚫고 지나간 자리다. 두더지는 흙속에 사
는 지렁이, 애벌레, 땅강아지 등을 잡아먹기 위해 땅 밑을 이리저리
쑤시며 다닌다. 흙을 헤집고 다닌다는 점이 두더지의 두드러진 습성
인데, 이러한 습성이 단어 만들기에도 반영되어 있어 흥미롭다.

'두더지'와 관련하여 가장 이른 시기에 보이는 예는 15세기의 '두
디쥐'다. '두디쥐'는 동사 '두디다'의 어간 '두디-'와 명사 '쥐'가 결합된
형태다. 중세국어 '두디다'는 '이리저리 헤치거나 들추다'의 뜻으로,
현대국어에 '뒤지다'로 남아 있다. '쥐'는 물론 지금의 '쥐'여서 '두더
지'를 일종의 '쥐'로 보았음을 알 수 있다. 이에 따르면 '두디쥐'는 '이
리저리 돌아다니며 헤치거나 들추는 습성이 있는 쥐처럼 생긴 동물'
로 설명된다.

두더지는 땅에 굴을 파고 살며, 또 먹이를 찾기 위해 땅을 뒤지고
다닌다. 굴을 파고 땅을 헤치고 살기에 적합하도록 주둥이가 뾰족하
고 앞발이 삽 모양으로 넓은 것이 특징이다. 이로 보면 '두디쥐'는 대
상 동물의 특징적 습성과 그 외양에 초점이 맞추어져 만들어진 단어
임을 알 수 있다.

'두디쥐'는 옛시조에 구개음화된 '두지쥐'로 나타나기도 하지만,
이는 지금 쓰이지 않는다. '두디쥐'의 흔적이 경남 방언 '두디지'에 남

짐승과 새와 물고기

아 있다. '두디쥐'에 이어서 등장한 단어가 17세기의 '두더쥐'다. '두더쥐'는 15세기의 '두디쥐'와 비교할 때 제2음절의 모음에서만 차이를 보인다. 그만큼 이 단어와 깊은 관련이 있어 보인다. 그리하여 '두더쥐'를 '두디쥐'에서 직접 변한 어형으로 보기도 하나 이러한 변화를 음운론적으로 설명하기는 어렵다. '두더쥐'를 '두덕이'라고도 했으므로 그것에 유추되어 '두디쥐'가 '두더쥐'로 변했다고 볼 수도 있지만 이 또한 분명한 것은 아니다.

'두더쥐'는 어느 시기인지 모르지만 '두더지'로 또 어형이 변한다. 19세기 말의 《한영자전 689》(1897)에는 '두더쥐'로 올라 있으나 20세기 초의 《조선어사전》(1938)에는 '두더지'로 올라 있다. 이로써 '쥐'와의 연계성이 희박해졌다.

특이하게도 평안도나 함경도 지역에서는 '두돼지'라는 단어를 쓰고 있다. 이는 '지'의 '쥐'와의 유연성(有緣性)이 상실되면서 엉뚱하게 생겨난 것이다. 얼핏 보기에 '두더지'의 주둥이가 '돼지'의 그것과 비슷하고 또 '더지'가 '돼지'와 음이 유사하기에 그것에 이끌려 '더지'를 '돼지'로 바꾸어 '두돼지'라 한 것이다.

이로써 보면 '두더지'가 '쥐'와 관련된 명칭이라는 점은 분명하지만, '지'에 선행하는 '두더'의 정체가 분명하지 않아서 '두더지'의 어원론은 아직 미완성이다.

따오기
'다왁 다왁' 우는 새

"보일 듯이 보일 듯이 보이지 않는 당옥 당옥 당옥 소리 처량한 소리 떠나가면 가는 곳이 어디이드뇨? 내 어머니 가신 나라 해 돋는 나라." 1925년 《동아일보》 신춘문예에 당선된 〈당옥이〉라는 동시의 제 1연이다. 제목이 〈따오기〉가 아니라 〈당옥이〉인 점이 무엇보다 눈에 띈다. 작자인 한정동(1894~1976)이 평남 강서 출신이니 고향 말인 '당옥이'를 제목으로 삼은 것은 아주 자연스럽다. 이 동시에 윤극영 (1903~1988)이 곡을 붙이면서 제목이 서울말인 '따오기'로 바뀐 것으로 이해된다.

이 동시가 발표될 때만 해도 '따오기'는 우리 주변에서 흔히 볼 수 있는 겨울 철새였다. 그러던 것이 마구잡이와 환경오염, 습지와 산림 훼손 등의 영향으로 1979년 마지막으로 관찰된 이후 한반도에서 완전히 자취를 감추었다.

따오기가 오래전부터 우리와 친숙한 철새였다는 사실은, 그 이름이 벌써 중세국어 문헌에 나타난다는 점으로도 확인할 수 있다. '따오기'는 16세기 문헌에 '다와기'로 보인다. '다와기'는 다름 아닌 따오기가 내는 소리인 '다왁 다왁'의 '다왁'에 접미사 '-이'를 붙여 만든 이름이다. 새의 울음소리를 본뜬 '-이' 파생어라는 점에서 '까치, 뜸부기, 뻐꾸기' 등의 조어 방식과 같다.

16세기의 '다와기'는 19세기 초 문헌에 '다오기'로 나온다. 두 어형

짐승과 새와 물고기

이 너무나 흡사하여 '다오기'를 '다와기'에서 변한 것으로 쉽게 생각할 수 있으나, 'ㅘ'가 'ㅗ'로 변하는 것은 음운론적으로 설명하기 어렵다는 점에서 조금은 의심스럽다. '다오기'는 19세기에 새의 울음소리를 '다왁 다왁'이 아닌 '다옥 다옥'으로 듣고 새롭게 만든 명칭일 가능성도 있다. '다오기'에 'ㅇ'을 첨가한 어형이 북한어 '당옥이'다.

'다오기'는 19세기 이후 된소리 어형인 '따오기'로 변한다. '가마괴'가 '까마귀'로, '곳고리'가 '꾀꼬리'로, '가치'가 '까치'로 변한 예에서 보듯 어두음이 경음화한 조류 이름이 적지 않다. 대체로 조류 명칭의 된소리화는 19세기에 일어났다.

'다오기'가 '따오기'로 변하면서 그 울음소리를 '따옥 따옥'으로 인식한 듯하다. 형태가 달라진 명칭을 토대로 새의 울음소리를 파악한 것이니, 이를 본래의 울음소리로 볼 수는 없다. 실제 어미 새의 울음소리는 '따옥 따옥'도 아니고 '당옥 당옥'도 아닌 '다왁 다왁'에 가깝게 들린다.

멸종된 따오기를 경남 창녕의 따오기복원센터에서 자연 부화하여 2019년 5월과 2020년 5월에 야생에 방사했다는 반가운 소식이 들린다. 이제 중저음(中低音)의 서글픈 따오기 울음소리를 자연에서 다시 들을 수 있게 되었다.

딱따구리

딱딱 소리를 내며 우는 새

'딱따구리'는 우리나라 전역에 서식하는 친숙한 텃새다. 그래서인지 그 명칭이 이른 시기의 문헌에서부터 여러 개가 나타난다. '뎌고리, 댓뎌구리, 짝짝울이' 등이 바로 그것이다. 이들 중 가장 먼저 등장하는 이름은 '뎌고리'다.

'뎌고리'는 15세기 문헌에 보이고 있어 역사가 깊은 단어임을 알 수 있다. 그런데 아쉽게도 그 어원은 밝히기가 어렵다. 다만 '뎌골'에 접미사 '-이'가 결합된 어형이 아닐까 추정되며, '뎌골'은 '꾀꼬리'를 뜻하는 '곳고리(곳골 + -이)'의 '곳골'과 관련이 있어 보인다. '뎌고리'는 '뎌구리' 또는 '져고리'로 변하여 근대국어까지 쓰이다가 '쇠뎌구리(쇠딱따구리)', '까막져구리' 등에 흔적을 남기고 서울말에서 사라졌다. 일부 지역 방언에 '더구리'(평북), '저고리'(함경), '자구리'(경남) 등으로 남아 있다.

'뎌고리'에 이어 등장하는 이름은, 17세기 문헌에 보이는 '댓뎌구리'다. '댓뎌구리'는 기존의 '뎌구리'에 '대' 또는 '댓'을 덧붙인 어형이다. '대' 또는 '댓'은 이 새의 어떤 특징을 나타내는 요소로 추정되나 그것이 무엇인지는 알기 어렵다. '때까치'를 뜻하는 '댓가치'의 '댓'과 같은 성격의 것으로 추정된다.

'댓뎌구리'는 17세기 이후 복잡한 음운 변화를 거쳐 '때쩌구리'로 이어졌다. '때쩌구리'가 20세기 초의 《조선어사전》(1938)에도 올라 있는 것을 보면, 이 명칭이 근 300년 이상 세력을 잡아왔음을 알 수 있다. 그런데 《사정한 조선어 표준말 모음》(1936)에서는 '때쩌구리'를 버리고 '딱따구리'를 표준어로 삼았다.

'딱따구리'는 《조선어사전》(1920)에 '짝짝울이'로 처음 보인다. 이는 '딱따구리'를 지시하는 명칭 가운데 가장 늦게 등장한 것이다. '짝짝'은 나무속에 숨어 있는 벌레를 잡아먹기 위해 곧고 날카로운 부리로 나무를 쪼는 소리다. 북한어 '딱딱새'(함북), '뚝뚝새'(함남), '닥닥새'(황해)는 그러한 소리를 이용하여 만든 이름이다.

'짝짝울이'의 '울이'는 동사 '울다(鳴)'의 어간 '울-'에 접미사 '-이'가 결합된 어형일 가능성이 높다. 그렇게 보면 '짝짝울이'는 '딱딱 소리를 내며 우는 새'로 해석된다. 나무를 쫄 때 나는 '딱딱' 소리를 새가 우는 소리로 착각하고 그렇게 명명한 것이다.

물론 '울이'는 '때쩌구리'의 '구리'와 관련된 어형일 가능성도 없지 않다. 그렇게 보면 '짝짝'에 '구리'가 결합된 '짝짝구리'가 만들어지고, 이것이 동음 탈락에 의해 '짝짜구리'가 된 다음 '짝짝울이'로 분철 표기된 것으로 이해할 수 있다. 그러나 이러한 설은 가능성이 높아 보이지 않는다. '울이'는 '울다'에서 온 말로 보는 것이 자연스럽지 않을까 한다.

말똥구리
말똥을 굴리며 사는 곤충

여름철 시골의 우마차가 다니던 길에는 소나 말이 배설한 오물이 널려 있었다. 그 배설물 주변에는 으레 '말똥'이나 '쇠똥'을 둥글게 말아 굴리고 있는 작은 곤충이 있었다. 바로 '말똥구리'다.

현재 말똥구리는 한반도에서 사라졌다. 1971년 이후 국내에서 사실상 전멸한 것으로 알려져 있다. 말똥구리가 멸종된 이유는 먹이가 되는 소나 말의 똥이 농약이나 항생제에 오염되었기 때문이라고 한다.

국립생태원에서는 2019년 7월 몽골에서 말똥구리 200마리를 수입해 경북 영양의 멸종위기센터에서 키우고 있는데, 먹이가 되는 깨끗한 말똥이나 쇠똥을 구하기가 쉽지 않다고 한다. 마침 한국마사회에서 퇴역한 경주마 한 필을 기증받아 먹이 문제를 어느 정도 해결했다는 반가운 소식이 전한다.

말똥구리는 아주 오래전부터 한반도에 서식하던 토종 곤충이다. 이에 걸맞게 그 명칭도 15세기 문헌부터 보이기 시작한다. 15세기 문헌에는 '몰똥구우리'로 나타나는데, 이는 '몰똥그우리'에서 제3음절의 'ㅡ'가 후행하는 모음 'ㅜ'에 이끌려 나타난 어형이다. 마침 16세기의 《칠대만법》(1569)에 '몰똥그우리'가 나타나 두 단어 사이의 관계를 어렵지 않게 설명할 수 있다.

'몰똥그우리'에 대해서는 대체로 '몰똥'과 '그울-'과 '-이'로 분석하

집승과 새와 물고기

여 이해하고 있다. 물론 이것이 '물똥(말의 똥)'과 접미사 '-이'를 포함하는 어형인 것은 분명하나, 동사 '그울-'을 포함하는 어형이라고 보기는 어렵다. '물똥그우리'의 전체 의미를 고려하면 오히려 '그울-'의 사동형인 '그우리-(굴리다)'를 포함하는 어형일 가능성이 높다. 그렇다면 '물똥그우리'는 '물똥'과 '그우리-'와 '-이'로 분석해야 된다. 여기서 의심이 나는 것은 왜 '물똥그우리이'로 표기되지 않았느냐는 것이다. 그 이유는 '리'의 '-이-'와 접미사 '-이'가 동일 모음으로서 중복하여 나타나 하나가 탈락했기 때문으로 이해할 수 있다.

이로 보면 '물똥그우리'는 '말똥을 굴리는 것(곤충)'으로 해석된다. 이러한 해석은 여름철에 말똥을 굴려 그 속에 알을 낳는 말똥구리의 습성과 부합하여 믿을 만하다.

'물똥그우리'는 복잡한 음운 변화를 거쳐 '말똥구리'로 변했는데, '말똥구리'는 19세기 이후 문헌부터 보이기 시작한다. '말똥구리'는 '말똥'뿐만 아니라 '쇠똥'도 굴리기 때문에 '소(쇠)똥구리', '쇠똥벌레'라고도 한다. 그런데 '소(쇠)똥구리' 또는 이와 관련된 단어는 옛 문헌에 잘 나타나지 않는다. 이는 15세기 문헌부터 나타나는 '말똥구리'와 대조적이다.

현재 우리 주변 환경은 말똥구리와 같은 미물도 살지 못할 정도로 오염되어 있다. 오염된 소나 말의 배설물을 먹고 말똥구리가 멸종되었듯이, 오염된 쇠고기나 말고기를 먹고 인간도 언젠가 멸종될지 모른다는 위기감마저 든다.

말미잘
말(馬)의 항문(미주알)을 닮은 생물

'말미잘'의 외양은 어떠한가? 몸은 원통이고, 몸 끝에 왕관 모양의 화려한 촉수가 뻗어 있으며, 입과 항문이 하나로 되어 있다. 곧 몸의 구조가 단순하고 원시적이어서 몹시 흉측한 모습이다. 그래서 붕장어를 잡으려고 바다에 던져둔 주낙에 걸려 올라오면 재수 없다고 걸리는 족족 버렸다.

그러던 말미잘이 '붕장어매운탕'에 보조재로 들어가면서 여름철 보양식 '말미잘매운탕'으로 거듭났다고 한다. 지금 부산시 기장에서는 여름철 원기를 돋우는 보양식으로 '말미잘매운탕'을 특별 음식으로 먹고 있다.

'말미잘'이라는 말은 1950년대 이후 문헌에서야 발견되나 일찍부터 쓰였을 것이다. 사전으로는 《국어대사전》(1961)에 처음 올라 있다. '말미잘'은 '말미주알'에서 줄어든 어형으로 추정된다. 여기서 '미주알'은 '항문을 이루는 창자의 끝부분'을 가리킨다. 이를 '밑살'이라고도 하는데, 그저 '항문'으로 이해하면 된다. '미주알고주알'의 '미주알'도 그와 같은 것이다.

'미주알'은 그 동의어인 '밑살'을 통해 볼 때 '밑(항문)'과 '술ㅎ>살(㿉)'을 포함하는 어형일 것으로 추정된다. '알'은 '배알(비술ㅎ, 창자), 창알(창자)' 등의 '알'과 같은 것이어서 '술ㅎ'에서 변한 것임이 분명하다. '밑'과 '술ㅎ'이 속격조사로 연결된 형태가 심하게 변형되어 '미주알'

짐승과 새와 물고기

이 된 것이 아닌가 한다. 그렇게 보면 '미주알'은 '밑(항문) 부분에 있는 살' 정도로 해석된다. 이러한 의미는 '미주알'의 실제 의미와 부합한다.

'말미주알'의 '말'은 동물 '말(馬)'을 가리킨다. 부산시 기장에서는 '말미잘'을 '몰심'이라고도 하는데, '몰'은 중세국어 '물(馬)'에서 변한 것이어서, 이로써도 '말미잘'의 '말'이 '馬(마)'의 뜻임을 알 수 있다. 그렇다면 '말미주알'은 '말의 항문'으로 해석되며, '말미주알'에서 줄어든 '말미잘' 또한 그러하다.

'말미잘'의 구반(口盤) 가운데 있는 입(또는 항문)이 마치 '말의 항문'과 같은 모습이어서 '말'과 '미주알'을 이용하여 그 명칭을 만든 것이다. 방언형 '말똥구녁(전남), 말똥구먹(전남)'은 이러한 사실을 강력히 뒷받침한다. 사물을 얼마나 예리하게 관찰했으면 바다에 사는 자포동물(刺胞動物)의 명칭을 '말의 항문'을 끌어들여 만들었을까 감탄할 뿐이다.

한편 '말미잘'의 '말-'은 '크다(大)'는 뜻의 접두사일 가능성도 있다. 이는 '말-'을 '말매미, 말벌' 등의 그것과 같은 것으로 보는 관점이다. 접두사 '말-(大)'은 명사 '말(馬)'에서 온 것이다. 이에 따르면 '말미잘'은 '큰 미주알'로 해석된다. 그런데 이러한 설은 '말의 항문'이라는 설보다는 믿음이 덜 간다.

미꾸라지

미끄러운 작은 것

얼마 전 '미꾸라지'라는 말이, 법망(法網)을 요리조리 잘 피해 나가는 한 고위 인사 때문에 화제가 된 적이 있다. 그때 생긴 유행어가 '법꾸라지'다. 그런데 요즘 다시 이 말이 입에 오르내리고 있다. 청와대에서 나온 "궁지에 몰린 미꾸라지 한 마리가 개울물을 흐리고 있다"라는 격앙된 말 때문이다. '미꾸라지'라는 말이 '아주 약은 사람'이나 '나쁜 영향을 주는 사람'을 비유할 때 쓰이고 있으니 아무 죄 없는 미꾸라지로서는 어안이 벙벙할 뿐일 것이다.

'미꾸라지'라는 말은 19세기 문헌에서야 '밋그라지'로 보인다. 이 말이 꼭 19세기에 만들어졌다고 말할 수는 없지만 뒤늦게 출현한 것임은 분명하다. 그 이전 시기에는 '밋그리'라는 단어가 쓰였다. '밋그리'는 동사 '밋글다'의 어간 '밋글-(미끄러지다)'에 접미사 '-이'가 결합된 어형으로 '미끄러지는 것'이라는 의미를 띤다. 이는 미꾸라지의 미끌미끌한 특성에 초점을 둔 조어 형태다. '밋그리'는 현재 일부 방언에 '미꾸리'로 남아 있다. '미꾸리'를 '밑이 구린 놈', '물에 사는 구렁이' 등으로 해석하기도 하고, '미꾸라지'의 준말로 설명하기도 하나 전혀 미덥지 않다.

'밋그리'에 이어서 나타난 '밋그라지'는 동사 '밋글다'의 어간 '밋글-'에 '작은 것'을 지시하는 접미사 '-아지'가 직접 결합된 '밋그라지'에서 변형된 어형이거나, 기존의 '밋그리'에 그러한 성격의 접미사 '-

아지'가 결합된 '믿그라지'에서 변형된 어형일 터인데, 후자일 가능성이 더 높아 보인다. 접미사 '-아지'는 '강아지, 망아지, 송아지' 등에 보이는 그것과 같이 '작은 것'을 지시한다. '믿그리'가 있는데도 이것에 다시 접미사 '-아지'를 덧붙여 '믿그라지'라는 새로운 단어를 만든 것은 미꾸라지의 동글고 작은 몸체가 특별히 부각되었기 때문이 아닌가 한다.

'믿그라지'는 '믿구라지'를 거쳐 '미꾸라지'로 변한다. '믿그라지'가 나타나 세력을 확장하면서 먼저 등장한 '믿그리(미꾸리)'는 세력을 잃고 일부 지역 방언으로 제약된다. 그런데 방언으로서의 '미꾸리(미꾸라지)'와 이것과 흡사한 모습인, 동일 이름의 표준어 '미꾸리'를 혼동해서는 안 된다. 이들은 눈의 크기, 입수염의 크기에서 미세한 차이가 있다. 대체로 미꾸리는 미꾸라지보다 몸이 통통하고, 미꾸라지는 미꾸리보다 납작한 모습이다. 그리하여 '미꾸리'를 '동글이', '미꾸라지'를 '납작이'라 구분하여 부르는 지역도 있다.

박쥐

박쥐는 정말 '눈이 밝은 쥐'일까

전대미문의 신종 돌림병인 코로나19가 전 세계에 만연하고 있다. '박쥐'의 몸에 있던 바이러스가 '천산갑'을 통해 인간에 전파되어 생겨난 것으로 보기도 하고, 중국 우한의 실험실에서 인위적으로 만들어 퍼뜨린 것으로 보기도 한다. 현재 WHO에서는 박쥐 유래 가능성에 무게를 두고 있다.

박쥐는 졸지에 신종 바이러스의 자연 숙주로 지목되어 원망과 혐오의 대상이 되고 말았다. 한때는 '박쥐구실'이라는 말을 만들어 '기회주의자'라 낙인찍더니 이제 '병원균의 숙주'라고 비난하고 있는 것이다. 그러나 숙주인 박쥐는 물론이고 매개체인 천산갑은 아무 죄가 없다. 죄가 있다면 몸보신이라면 아무거나 잡아먹는 몽매하고 탐욕스러운 인간에게 있다.

박쥐는 전 세계에 널리 분포하는 흔한 동물이다. 우리 한반도에서도 아주 이른 시기부터 서식했을 것으로 추정된다. '박쥐'가 '붉쥐' 형태로 15세기 문헌에서 발견되는 것도 우연한 일은 아니다. '붉쥐'는 형용사 '붉다(밝다)'의 어간 '붉-'과 명사 '쥐'가 결합된 어형으로 '눈이 밝은 쥐'라는 뜻이다. '명서(明鼠)'라는 한자어 명칭은 이로써 이해가 된다. 한방에서는 '박쥐의 똥'을 '야명사(夜明砂)'라 하고 이것이 열을 내리고 눈을 밝게 하는 것으로 알고 있는데, 이로 보아도 오래전부터 박쥐를 '눈이 밝은 쥐'로 인식해왔음을 알 수 있다.

짐승과 새와 물고기

박쥐가 동굴같이 어두운 곳에서 자유롭게 이동하는 것을 뛰어난 시력 덕분이라고 생각했다면, 이 동물을 '눈이 밝은 쥐'로 인식할 수 있고, 이에 따라 '붉다(붉다)'를 이용하여 이름을 지을 수 있다. 그런데 과학적 견지에서 보면, '붉다'를 이용하여 '박쥐'의 이름을 만들 근거는 없어 보인다. '박쥐'는 눈이 거의 퇴화하여 시력이 매우 약한 동물이기 때문이다. 그럼에도 불구하고 어두운 곳에서도 잘 날아다니는 것은, 매초 수십 회씩 발사하는 초음파 덕분이다. 초음파가 물체에 반사되어 돌아오는 걸 감지하여 위험한 장애물을 피하고 또 먹이인 나방도 잡아먹는다.

15세기의 '붉쥐'는 '밝쥐'를 거쳐 '박쥐'로 변한다. '밝쥐'에서 제1음절의 받침 'ㄺ' 가운데 'ㄹ'이 실현되지 않은 어형이 '박쥐'다. 물론 지역에 따라서는 겹받침 'ㄺ' 중 'ㄱ' 아닌 'ㄹ'이 실현되어 '빨쥐, 빨주, 빨지, 빨찌, 뽈쥐, 뽈지, 뽈쭈' 등으로 나타나기도 한다. '밝쥐'가 '박쥐'로 변함으로써 '밝다'와의 연관성은 아주 희박해졌다. 그리하여 '박쥐'의 어원을 밝히기 어렵게 된 것이다.

박쥐 중에는 멸종 위기 야생 동물로 분류되어 보호를 받는 것도 있다. '붉은박쥐', 곧 '황금박쥐'가 그것이다. 날개, 귀 등이 붉은 갈색을 띠어서 '붉은'을 덧붙여 명명한 것이다. 현재 황금박쥐는 전남 함평군, 신안군, 무안군 등지에 집단적으로 서식하고 있다.

방아깨비
방아를 찧는 곤충

여름철 풀숲은 곤충 천지다. 풀숲을 헤치면 온갖 곤충이 한꺼번에 우수수 떨어진다. 이들 풀숲 곤충 가운데 단연 눈에 띄는 것은 '방아깨비'다. 다른 곤충에 비해 몸집이 클 뿐만 아니라, 유독 긴 뒷다리를 갖고 있어서다. 긴 뒷다리가 방아깨비의 가장 큰 외형적 특징이 아닌가 한다.

방아깨비는 몸집이 커서 재빠르지 못하다. 그래서 손쉽게 잡을 수 있다. 방아깨비를 잡아 뒷다리를 쥐면 방아를 찧듯 몸을 끄덕끄덕 움직인다. 그 모습이 하도 신기하여 예전 아이들은 "아침 방아 찧어라. 저녁 방아 찧어라. 콩콩 찧어라" 하고 노래를 부르며 놀았다. 그리고 누구의 방아깨비가 더 오래 방아를 찧는지 겨루기도 했다. 이쯤 되면 '방아깨비'의 '방아'가 '곡식 따위를 찧거나 빻는 기구'를 가리킨다는 사실을 알 수 있을 것이다. 그리하여 대부분의 곤충도감에서는 '방아깨비'를 '뒷다리를 잡으면 방아처럼 움직인다'고 하여 붙여진 이름으로 설명한다. 그런데 이러한 설명은 '깨비'의 어원이 반영되지 않은 것이어서 완전하지 않다. '깨비'의 어원은 《물명고》(18××)에 나오는 '방하아비'를 통해 어렵지 않게 풀 수 있다.

'방하아비'는 '방하'와 '아비'가 결합된 형태여서 '깨비'가 '아비'와 관련된 어형임을 알 수 있다. '아비'는 본래 '父(부)'의 뜻이나 여기서는 '다 자란 곤충', 곧 '성충(成蟲)'을 지시한다. '등에아비('등에'의 옛말)',

짐승과 새와 물고기

'장구아비'('장구벌레'의 방언) 등의 '아비'와 같은 것이다. 그렇다면 '방하아비'는 '방아를 찧는 듯한 행동을 하는, 다 자란 곤충' 정도로 해석된다.

19세기의 '방하아비'는 20세기 초 문헌에는 '방아까비'로 변해 나온다. '방하'가 'ㅎ' 탈락에 의해 '방아'로 변한 것은 자연스럽지만, '아비'가 '까비'로 변한 것은 아무래도 이상하다. 변화의 원인을 정확히 알 수 없으나 무엇인가에 이끌려 그렇게 변한 것이 아닌가 한다. '방아까비'는 'ㅣ' 모음 역행동화에 의해 '방아깨비'로 변하여 현재에 이른다. 이로 보면 '방아깨비'는 가까이는 '방아까비'에, 멀리는 '방하아비'에 닿아 있음을 알 수 있다.

한편 '방아깨비'를 지시하는 단어로 19세기 문헌에 '방하아잡이'(《물보》, 1802)도 보인다. '방하아잡이'는 '아비' 대신 '아잡이(아자비)'를 이용한 것이라는 점에서만 '방하아비'와 차이가 있다. '아자비'는 본래 '백숙부(伯叔父)'의 뜻이나 곤충 이름에서는 '아비'와 같이 '성충(成蟲)'을 지시한다. '방하아잡이'는 '방아아재비'로 변했을 듯한데, 이는 현재 확인되지 않는다.

버마재비
'범'의 아류인 곤충

'버마재비'는 '사마귀'나 '오줌싸개'로 더 잘 알려진 곤충이다. 역삼각형 머리에 방울 같은 큰 눈, 뾰족하고 날카로운 주둥이, 가시가 돋친 앞다리를 갖고 있어 아주 매섭고 공격적으로 보인다.

'버마재비'는 다름 아닌 '범아재비'를 발음 나는 대로 적은 어형이다. '범아재비'는 '호랑이'를 뜻하는 '범'과 '아저씨'를 뜻하는 '아재비'가 결합된 어형이다. 곤충 이름에 '범'과 같은 동물 이름과 '아재비'와 같은 친족어휘를 함께 이용한 점이 아주 특이하다.

그런데 '게아재비, 꽁치아재비, 방게아재비' 등에서 보듯 '게, 꽁치, 방게' 등과 같은 동물 이름과 친족어휘 '아재비'를 결합하여 특정의 동물 이름을 만드는 방식이 일반적이라는 점을 고려하면, '범'과 '아재비'를 결합하여 곤충 이름을 만드는 방식이 그렇게 어색하지 않다. '아재비'는 '개밀아재비, 벼룩아재비, 억새아재비' 등에서 보듯 동물 이름보다 식물 이름에 더 적극적으로 결합하여 또 다른 식물 이름을 만드는 데 이용된다.

동물과 식물 이름에 붙은 '아재비'는 이에 선행하는 동식물과 생김새나 습성이 흡사한 또 다른 동식물을 지시하는 역할을 한다. 친족어휘인 '아재비'가 이와 같은 역할을 할 수 있는 것은, 이것이 아주 가까운 남자 친족을 두루 지시하는 데 쓰였기 때문이다. 모양이나 습성이 엇비슷한 동식물을 먼 친족뻘로 간주하고, 남자 친족을 범칭

짐승과 새와 물고기

하는 '아재비'를 이용하여 명명한 것이다. 그러므로 '버마재비'는 '범의 먼 친족뻘 되는 곤충'쯤으로 이해된다.

작은 곤충에 불과한 '버마재비'가 '아재비'를 통하여 크고 무서운 '범'에 비견된 데는 그만한 이유가 있다. 적이 나타나면 마치 범이 포효하며 앞발을 쳐드는 자세와 흡사하게 앞발을 높이 들어 대결 자세를 취하고, 또 먹잇감이 있으면 마치 범이 뭇짐승을 닥치는 대로 공격하여 잡아먹듯 벼락같이 달려들어 잡아먹기 때문이다. 곧 범의 공격 자세 내지 습성과 흡사한 데가 있어 '범'과 '아재비'를 끌어들여 명명한 것이다.

'버마재비'를 한자어로는 '거부(拒斧), 당랑(螳螂)'이라고 한다. '당랑'은 '당랑거철(螳螂拒轍)'이라는 한자 숙어를 통해 잘 알려져 있다. 중국 제나라의 장공(莊公)이 사냥을 나가는데 사마귀가 앞발을 들고 수레바퀴를 멈추려 했다는 데서 유래한 것으로, 제 역량을 생각하지 않고 강한 상대나 되지 않을 일에 덤벼드는 무모한 행동거지를 비유적으로 이르는 말이다.

비둘기
'닭'의 한 종류인 새

도심의 비둘기는 천덕꾸러기가 된 지 오래다. 공원과 광장, 아파트 등을 주된 무대로 몰려다니며 주민 생활에 큰 불편을 주고 있기 때문이다. 특히 아파트를 점령한 비둘기는 주변 환경을 오염시키고 에어컨 실외기 등을 망가뜨리는 등 큰 피해를 주고 있다. '아파트 비둘기 퇴치 업체'가 생길 정도이니 그 폐해의 정도를 짐작할 수 있다.

'비둘기'는 16세기 문헌에도 '비둘기'로 나온다. 비슷한 시기의 문헌에 같은 의미의 '비두로기'도 한 예가 보인다. 그리고 문헌상 이들에 앞서 같은 의미의 '비두리'가 다수 나온다. '비두리'는 12세기 초의 《계림유사》(1103)에 '鶻陀里(골타리)'로 차자 표기되어 나올 정도로 역사가 깊다. 이로 보면 한때 '비두리, 비두로기, 비둘기'가 함께 쓰였음을 알 수 있다. 이 중 가장 널리 쓰인 것은 '비둘기'였다.

'비두리'는 '비'와 '둘'과 '-이'로, '비두로기'는 '비'와 '두록'과 '-이'로, '비둘기'는 '비'와 '둙'과 '-이'로 분석된다. '비'의 어원은 분명하지 않다. 필자는 한때 비둘기의 털이 윤이 날 정도로 반질거린다는 점에 주목하여 '비'를 '빛(光)'으로 보기도 하였으나 지금은 좀 회의적이다.

'둘'은 '둙'(《구급방언해》, 1466)로, '둙'은 '돍'(《월인석보》, 1459)으로 소급한다. 그리고 '돍'은 '둙'으로, '둙'과 '두록'은 'ᄃᆞ록'으로 소급한다. 'ᄃᆞ록'이 가장 오래된 어형인 것이다. 전남 방언 '비닭이'에서 '둙'의 흔적을 찾을 수 있다. 중세국어 '둙(닭)'은 '비둘기'를 비롯하여 '뜸닭(뜸부기), 물

짐승과 새와 물고기

닭, 팥닭(뜸부기)' 등을 고려할 때, 지금의 '닭'과 유사한 조류(鳥類)를 통칭했던 단어로 이해된다. 그렇다면 '비둘기'의 '비'는 비둘기를 닭과 변별하기 위해 이용된 요소로 볼 수 있다.

12세기 이후 문헌에 보이는 '비두리'는 17세기 문헌을 끝으로 나타나지 않고, '비두로기'는 더 이상 예가 발견되지 않는다. 반면 16세기 이후 문헌에 흔히 보이던 '비둘기'는 근대국어 문헌에도 적극적으로 나온다. 간혹 '비돌기, 비들기' 등으로 나타나기도 하지만 '비둘기'가 일반적이다. 특이하게도 《한영자전》(1897)에는 '비닭이'가, 《조선어사전》(1920)에는 '비닭이'가 올라 있다. 이들은 그 어원을 의식하여 표기한 형태다. 《사정한 조선어 표준말 모음》(1936)에서 '비둘기'를 표준어로, '비들기'를 비표준어로 정한 이후 그것을 따르고 있다.

살쾡이
고양이를 닮은 삶

고양이와 비슷하게 생기되 몸집이 좀 크고 표독스러운 동물이 있다. 바로 '삵'이다. '삵'을 '살쾡이'라고도 하는데, 이것이 '삵'보다 일상적으로 쓰인다. '살쾡이 같은 놈'이라 하지 '삵 같은 놈'이라고는 잘 하지 않는다.

'살쾡이'는 '삵'보다 한참 후대에 나타난 단어다. '삵'이 15세기 문헌에 보인다면, '살쾡이'는 20세기 초 문헌에서야 보인다. 그것도 '삵괭이, 살괭이, 살쾡이' 등으로 다양하게 나타난다. 이들 세 가지 어형 가운데 '삵괭이'는 '살쾡이'가 '삵'을 포함하는 단어임을 잘 보여준다. '삵괭이'가 《조선어사전》(1920)을 비롯하여 《큰사전》(1957)에도 올라 있는 것을 보면, 이것이 당시의 대표 어형이었음을 알 수 있다. 지금과 같은 '살쾡이'는 채만식(1902~1950)의 소설 《천하태평춘》(1938)에 처음 보인다.

'삵'의 어원은 분명하지 않다. 일설에 '살쾡이'가 위험에 놓여 상대를 위협할 때 등을 위로 활처럼 추켜올리고 입을 크게 벌리면서 날카로운 송곳니를 드러낸 채 "쓰-악 쓰악 캬악" 하는 소리를 낸다고 하여 붙여진 이름으로 설명하기도 하나, 그 인과관계를 증명하기란 쉽지 않다. 이보다는 만주어 'soloxi(족제비)', 중세 몽골어 'solangqa(족제비)'와의 관계를 따져보는 것이 더 나을지도 모른다.

'삵괭이'의 '괭이'는 그 어원이 분명하다. '괭이'는 '고양이'의 뜻으

짐승과 새와 물고기

로, '괴(고양이)'에 접미사 '-앙이'가 결합된 '괴앙이'에서 줄어든 어형이기 때문이다. 사전에서는 '괭이'를 '고양이'의 준말로 설명하고 있어 약간 차이가 있다. '괭이갈매기, 괭이상어, 괭이잠' 등의 '괭이'도 그러한 것이다. '괭이갈매기'는 그 울음소리가 고양이 소리와 흡사하여, '괭이상어'는 그 얼굴이 고양이의 두상과 비슷하여 붙여진 이름이다. 그리고 '괭이잠'은 고양이처럼 깊이 자지 못하고 자주 깨는 잠이어서 '괭이'를 이용한 것이다.

'괭이'가 '고양이'의 뜻이므로 '삵괭이'는 '삵과 고양이'가 되어 아주 이상한 동물이 되고 만다. 그러나 '삵괭이'는 '삵'만을 지시하지 '삵'과 '고양이'를 아울러 지시하지 않는다. '삵' 뒤에 오는 '괭이'는 살쾡이가 고양이와 외양이나 성질이 비슷하여 덧붙여진 요소로 볼 수 있다. '삵괭이'는 한동안 표준어로 쓰였으나 1989년 시행된《표준어 규정》이후 '살쾡이'에 그 자리를 넘겨주고, 현재는 일부 방언에 '살쩽이, 살깽이, 살찡이' 등으로 남아 있다.

제2음절의 어두음이 유기음(有氣音)인 '살쾡이'는 아주 특이하다. '삵괭이'가 아니라 '살쾡이'로 나타나려면 '삵'이 말음에 'ㅎ'을 갖고 있어야 한다. 마침 '삵' 뒤에 'ㅎ'이 발생한 문헌 예가 있어 '살쾡이'를 '삵'이 말음에 'ㅎ'을 갖고 나타난 뒤에 조어된 단어로 볼 수 있을 듯하다. 곧 '삵ㅎ + 괭이'로 분석된다는 것이다. 물론 '살쾡이'는 단순히 '살쩽이'에서 제2음절의 어두음이 유기음화한 어형일 수도 있다.

삽살개

긴 털로 덮여 있는 개

'삽살개'는 저 멀리 신라 시대부터 길러온 토종개다. 일제강점기와 6·25전쟁 시기를 거치면서 멸종 위기에 몰렸다가 1992년 복원 작업을 거쳐 '경산(慶山)의 삽살개'라는 이름으로 다시 태어났다. 큰 머리와 긴 털이 사자를 연상시킨다고 하여 '사자개'라고도 하고, 긴 털로 인해 두 눈이 보이지 않는 모습이 신선이나 도사의 풍모를 연상시킨다고 하여 '신선개'라고도 한다. 그런데 정작 '삽살개'는 어떤 이유로 붙여진 이름인지 잘 드러나지 않는다.

'삽살개'는 16세기 문헌에 '삽살가히'로 처음 보인다. '삽살가히'는 '삽살'과 '가히'가 결합된 합성어다. '가히'는 '犬(견, 개)'의 뜻이고, 이것이 '가이'를 거쳐 '개'가 된 것이므로 더 이상의 논의가 필요하지 않다. 결국 우리의 관심은 '삽살'에 집중될 수밖에 없다.

'삽살'의 어원에 대해서는 지금까지 몇 가지 설이 있었다. 민간에서는 '삽-'을 동사 '삽다(쫓다)'의 어간으로, '살'을 한자 '煞(살, 사람을 해치거나 물건을 깨뜨리는 모질고 독한 귀신의 기운)'로 보고 있다. 이에 따르면 '삽살개'는 '귀신과 액운을 쫓는 개'로 해석된다. 이러한 해석을 바탕으로 우리는 오랫동안 이 개가 잡귀를 쫓는 신통한 능력이 있다고 믿어왔다. 그런데 이러한 설은 무엇보다 '쫓다'를 뜻하는 '살다'라는 동사가 존재하지 않는다는 데 문제가 있다.

한편 국어학계에서는 '삽살'을 의태어로 보기도 하고, 또 중국어 차용어로 보기도 하는데, 어떤 믿을 만한 근거를 통해 얻어진 결론은 아니다.

'삽살'은 '삽살개'의 특징을 나타내는 말로 보인다. '삽살개'의 가장 눈에 띄는 특징은 '복슬복슬한 털로 덮여 있다'는 것이므로, '삽살'은 그것을 표현하는 말로 추정된다. 마침 퉁구스어 중의 하나인 골디어에 '삽살'과 어형 및 의미가 유사한 '삽조레(긴 털을 지닌, 긴 수염을 지닌)'라는 단어가 있다는 보고가 있어 그 가능성을 높인다. 함남 방언 '삽잘개'의 '삽잘'은 '삽조레'에 한층 가깝다. 그렇다면 '삽살개'는 '긴 털을 지닌 개' 정도로 해석할 수 있지 않을까 한다.

'삽살개'를 '삽사리'라고도 한다. 이는 '삽살'에 접미사 '-이'가 결합된 어형이다. '삽살개'의 '삽살'을 통해 새로 만든 단어로 추정된다. 이로 보면 현재 '삽살개, 삽사리, 경산의 삽살개'가 쓰이고 있다고 정리된다. 천연기념물(제368호)로서의 정식 명칭은 '경산의 삽살개'다.

'삽사리'와 관련하여 '청삽사리(靑---)'도 있는데, 이는 '삽사리'와는 다른 품종으로 긴 털이 곱슬곱슬한 것이 특징이다. '청삽사리'를 '청방(靑尨)'이라고도 한다.

스라소니
못생긴 호랑이? 여진어 '시라순'에서 온 말

'시라소니, 김두한, 이정재, 이화룡.' 이들은 일제강점기와 해방 후 얼마간을 주름잡던 '주먹'들이다. 이들 가운데 조선 제일의 주먹은 '시라소니'였다. 놀라운 점프력과 스피드, 지칠 줄 모르는 체력, 강력한 박치기로 상대를 순식간에 제압하는, 타고난 싸움꾼이었다.

'시라소니'는 평북 신의주 출신 이성순(1916~1983)의 별명이다. 본래 '시라소니'는 동물 이름 '스라소니'의 북한어다. 스라소니는 고양잇과 동물로, 크고 뾰족한 귀, 갈색 또는 검은색 반점, 호랑이에서나 볼 수 있는 볼수염 등이 특징이다. 정면에서 보면 아주 날카롭고 매서워 보인다. 그리고 성질도 사납고 잔인하다. 이성순이 스라소니와 같이 날쌔고 매서운 싸움꾼이어서 그와 같은 별명이 붙은 것이다.

그런데 스라소니는 어찌 보면 얼굴이나 표정이 못나 보인다. 우리 선조들이 스라소니를 '못생긴 고양이' 또는 '못생긴 호랑이'라 부른 것이나, '잔약하고 무능한 사람의 별칭'으로 쓴 것은 바로 이 때문이다. "내 온 오래 살자니깐, 별꼴을 다 본다니… 어디서 저 따우 남사당패 같은 반내미, 시라소니 아 새끼가 생겨나서 지랄을 하는지…"(최태응, 〈어느 날의 김일성〉, 《동아일보》 1959년 6월 21일)에 보이는 '시라소니'는 '못나고 무능한 사람'이라는 의미로 쓰인 것이다.

'스라소니'라는 말은 16세기 문헌에 '시라손'으로 처음 보인다. 대체로 '시라손'에 대해서는 여진어(女眞語) '시라순'에서 온 말로 보고 있

짐승과 새와 물고기

다. 여진어 '시라순'이 한국어뿐만 아니라 중국어, 몽골어 등에 들어가 정착한 것으로 파악하고 있다. '시라손'은 19세기 이후 문헌에 접미사 '-이'가 결합된 '시라소니'로 변해 나온다. 19세기 말에 출간된 사전에도 '시라소니'가 올라 있다.

그런데 20세기 초의 《조선어사전》(1920), 《조선어사전》(1938) 등에는 '시라소니'가 아닌 '스라소니'가 올라 있다. 《사정한 조선어 표준말 모음》(1936)에서는 아예 '스라소니'를 표준어로 확정했다. '스라소니'를 '시라소니'의 '시'가 '스'에서 변한 것으로 잘못 판단하고 그것으로 되돌린 것이다. '슬컷>실컷', '승겁다>싱겁다' 등에서 보듯 '스'가 '시'로 변하는 예가 흔해서 '시라소니'를 '스라소니'에서 온 것으로 얼마든지 착각할 수 있다고 본다.

'스라소니'가 '시라소니'를 잘못 되돌린 어형이고, 실제 '시라소니'를 더 많이 쓰고 있다는 점에서 표준어를 '시라소니'로 바꾸는 것이 어떨까 한다. 북한에서는 '시라소니'를 그들의 문화어로 삼고 있다.

쓰르라미
'쓰를 쓰를' 우는 매미

어느덧 가을이 성큼 다가왔건만 여름 손님 '매미'는 떠날 줄을 모른다. 아직도 한여름인 양 착각하고 아침부터 저녁까지, 심지어 깊은 밤에도 줄기차게 울어댄다. 개체수가 늘어나서 그런지 그 소리도 점점 커져 소음 수준에 이른다.

매미의 울음소리를 수집해 분석한 결과 토종 매미는 열두 종이라고 한다. 그 가운데 '말매미, 소요산매미(逍遙山--), 쓰름매미, 애매미, 유지매미(油紙--), 참매미'가 여름 매미다. 이들 중에서도 우리 주변에서 귀 따갑게 울어대는 놈은 '참매미'와 '말매미'다. 참매미의 '맴맴' 소리에 새벽잠을 깨고, 말매미의 '치이이' 소리에 하루 종일 시달리며 사는 것이 여름철 일상이다.

'말매미'는 타고 다니는 '말'처럼 덩치가 커서 붙여진 이름이고, '애매미'는 그 반대로 몸체가 작아서 붙여진 이름이다. 그리고 '참매미'는 대표성을 띠는 진짜 매미여서 붙여진 이름이다. '유지매미(油紙--)'는 날개가 기름종이처럼 생겨서 붙여진 이름이고, '소요산매미(逍遙山--)'는 경기도 소요산에서 처음 발견되어서 붙여진 이름이다.

'쓰름매미'는 아마도 '쓰름 쓰름' 운다고 하여 붙여진 이름일 것이다. 그런데 과연 쓰름매미가 그렇게 우는지는 의문이다. 귀 기울여 가만히 들어보면 '쓰을 쓰을' 또는 '쓰를 쓰를' 하고 운다. 그래서 생겨난 이름이 '쓰르라미'다. '쓰르라미'는 의성어 '쓰를'에 '그러한 특성

짐승과 새와 물고기

을 갖는 것'을 지시하는 접미사 '-아미'가 붙은 어형이다. 18세기 문헌에 보이는 '쓰르렁이(쓰를 + -엉이)'를 통해서도 '쓰르라미'가 의성어 '쓰를'을 포함하는 명칭임을 알 수 있다. 그런데 이상하게도 많은 사람들은 '쓰르라미'가 '쓰르람 쓰르람' 하고 운다고 생각한다. '쓰르람 쓰르람'이 사전에도 올라 있다. 아마도 그렇게 운다고 생각한 이유는 '쓰르라미'를 '쓰르람'에 접미사 '-이'가 결합된 구조로 잘못 파악했기 때문일 것이다.

여름날 저녁때가 되면 쓰르라미가 울기 시작한다. 참매미, 말매미의 크고 우렁찬 소리에 비하면 작고 애잔한 소리다. 그래서 쓰르라미 울음소리는 그렇게 성가시지 않다. 그런데 요즘 도심에서는 쓰르라미 울음소리를 듣기 어렵다. 아무 때나 무리지어 울어대는 말매미 울음소리에 묻혀서인 듯하다.

쓰르라미를 '저녁매미'라고도 하나, 이는 잘못이다. 저녁매미는 쓰르라미와 전혀 다른 매미다. 일본 문학 작품에 나오는 저녁매미를 쓰르라미로 잘못 번역하여 저녁매미가 쓰르라미로 둔갑한 것이다. 저녁매미는 주로 이른 아침이나 저녁 무렵 울기에 붙여진 이름이다.

얼룩빼기
'얼룩박이' 황소는 칡소가 아니다

정지용(1902~1950) 하면 가장 먼저 떠오르는 시는 아마도 〈향수(鄕愁)〉일 것이다. 작품성이 우수할뿐더러 노래로까지 만들어져 애창되고 있기 때문이다. 이 시는 고향에 대한 짙은 그리움을 한가로운 시골 풍경을 통해 한 폭의 그림처럼 풀어낸 서정시다. 그런 풍경 속에는 게으름을 피우고 있는 '얼룩빼기'도 등장한다.

"얼룩백이 황소가 해설피 금빛 게으른 울음을 우는 곳"에서 보듯 여기서 '얼룩백이'는 소다. 그런데 '얼룩백이'에 대한 설명이 좀 수상하다. 어떤 사람은 흰 바탕에 검은 점이 있는 홀스타인 '젖소'라 하고, 어떤 사람은 온몸에 칡덩굴 같은 어룽어룽한 무늬가 있는 '칡소'라 한다. '젖소' 설은 그저 웃어넘긴다 하더라도, '칡소' 설은 시(詩) 전공자들이 주장한 것이어서 함부로 부정하기도 어렵다.

'얼룩백이'는 '얼룩박이'에서 변한 말이다. '얼룩'은 '얼룩소, 얼룩말'에 쓰인 그것과 같은 것이며, '박이'는 '박다'의 어간 '박-'에 접미사 '-이'가 결합된 것으로 '무엇을 박은 것'이라는 뜻이다. 그러므로 '얼룩박이', 곧 '얼룩백이'는 기원적으로 '점이나 선을 얼룩처럼 박은 것'이라는 뜻이다. 지금은 '얼룩빼기'가 표준어이며, '겉이 얼룩얼룩한 동물이나 물건'을 가리킨다. '얼룩빼기'가 '말(馬)'을 가리키면 '얼룩말'이며, '소(牛)'를 가리키면 '얼룩소'다. '얼룩백이 황소'에서 '황소'는 '얼룩백이'가 다름 아닌 '황소'임을 강조하기 위해 붙인 요소다.

'얼룩소'는 사전적으로는 '털빛이 얼룩진 소'지만, 구체적으로는 '검정 바탕에 흰 점이 엉덩이, 목, 배, 귀 등에 박혀 있는 소'일 수도 있고, '누런 빛깔의 바탕에 흰 점이 엉덩이, 목, 배, 귀 등에 박혀 있는 소'일 수도 있다. 전자와 같은 얼룩소는 '안악(安岳) 3호분 벽화'에서 확인할 수 있고, 후자와 같은 얼룩소는 1950~1960년대 우시장(牛市場)에서 흔히 볼 수 있었다.

'얼룩소'와 '얼룩빼기'가 같은 의미이므로 '얼룩빼기'도 '얼룩소'와 같은 의미를 띤다. 시인의 고향인 충북 옥천에서는 실제 '얼룩소'와 '얼룩빼기'를 같은 의미로 사용하며, 그것도 '누런 빛깔의 바탕에 흰 점이 이곳저곳에 박힌 소'를 가리킨다. 그렇다면 '얼룩백이 황소'의 '얼룩백이' 또한 그러한 소로 이해해야 한다.

충북 옥천에 가서 여러 촌로들께 '얼룩빼기'가 어떤 소냐고 물어만 보아도 그것을 '칡소'라 엉뚱하게 해석하지는 않았을 것이다. 그런데 이런 잘못된 해석을 현재 옥천 주민들마저 맹신하고 있고, 또 잘못된 것이라 아무리 설명해도 잘 들으려 하지 않는다. 이것이 우리말 연구자의 비애다. '얼룩빼기'는 단연코 '칡소'가 아니다.

염소
작지만 소와 닮은 짐승

요즘 '개고기'를 파는 식당은 거의 사라졌지만, '염소고기'나 '양고기'를 파는 식당은 늘어만 간다. 개고기를 꺼리는 사회적 분위기 속에서 '염소고기'나 '양고기'가 그 대체 고기로 떠오른 것이다. 특히 '흑염소고기'는 '검은 보약'으로까지 불리며 기력 회복의 상징 식품으로 등극한 듯하다.

우리가 '염소'를 길러 그 고기를 먹기 시작한 것은 꽤나 오래된 듯하다. 그에 따라 당연히 '염소'와 관련된 말도 일찍부터 쓰였을 것이다. 15세기의 《향약집성방》(1433)에 '焰消(염소)'라는 차자 표기가 나오는 것을 보면, 그 명칭의 역사가 아주 오래됐음을 짐작할 수 있다. '焰消(염소)'는 우리말 '염쇼'를 당시의 한자음을 이용하여 표기한 것인데, 16세기 정음 문헌에도 '염쇼'로 나온다.

일찍이 실학자 신경준(1712~1781)은 "염소는 물을 많이 마시면 죽는다. 그리하여 '염수(厭水, 물을 싫어하다)'라 한 것이다"라고 설명하여 '염쇼'를 한자어 '厭水(염수)'로 보는 어원설을 제기했다. 이에 대해 동시대의 실학자 정동유(1744~1808)는 '厭水(염수)'라는 말이 '물을 많이 마시면 죽는다'는 뜻과 잘 들어맞지 않는다고 하여 '厭水' 설을 비판하고 새로운 설을 제기했다. 바로 '髥小(염소)' 설이다.

'髥小'는 우리말 '염쇼'에 대한 표기인데, '염쇼'의 '염'을 한자 '髥(염, 수염)'으로 본 것은, '염소'에는 다른 짐승에 없는 '수염'이 있기 때문이라고 한다. 실제 수컷 염소에는 다른 동물에 없는 턱수염이 있다. '小'로 표기한 '쇼'에 대해서는 '牛(우, 소)'의 뜻으로 보고, 소가 아닌 동물을 소라 일컬은 것이라 설명하고 있다. 결론적으로 '염쇼'를 '수염이 있는 소'로 해석한 것이다. '염쇼'를 일종의 '소'로 본 것은 타당하지만, '염'을 한자 '髯'으로 본 것은 문제가 있다. '염' 자체가 '염소'라는 뜻이기 때문이다.

'염'은 한자 학습서《(광주판) 천자문》(1575)에 처음 보인다. 이 책이 보수적 성격의 어휘를 담고 있다는 점에서 '염'을 '염쇼'에 앞서는 단어로 보아 무리가 없다. '염쇼'는 '염소'가 '소(牛)'의 일종이라는 사실을 드러내기 위해 기존의 '염'에 '쇼'를 덧붙인 어형이다. '염'에 대해서는 원시 알타이어 '*jama~*jima'에서 '*jama>*jam>*jəm>jem'의 과정을 거쳐 나온 것으로 보기도 하고, 고유어 '열다'의 명사형 '엶'에서 변형된 것으로 보기도 한다. 전자는 부산 방언 '얌소'가 그 증거 자료가 될 수 있을 듯하나, 후자는 전혀 근거가 없다.

'염'은 일찍이 '염쇼'에 밀려나《천자문》과 같은 한자 학습서에 보수적 어휘로 남아 있었던 것으로 보인다. '염'이 쇠퇴한 것은 이보다 늦게 나타난 '염쇼'라는 단어의 심한 견제를 받았기 때문이다. '염'은 '쇼'를 포함함으로써 지시 의미가 구체적인 '염쇼'보다 의미 안정도가 떨어져 세력 다툼에서 불리했을 것이다. '염쇼'는 제2음절의 모음이 단모음화하여 '염소'로 변한다. '염소'가 19세기 이후 문헌에 나온다.

잔나비
한반도에 살았던 잿빛 원숭이

현재 우리 한반도에는 '원숭이'가 살지 않는다. 그런데 옛 문헌에 '원숭이'에 대한 기록이 종종 나오고 또 구석기 유적지(청원 두루봉굴, 단양 구낭굴)에서 원숭이 턱뼈가 발견되는 것을 보면 한반도에서도 한때 원숭이가 서식했던 것으로 추정된다. 고고학계에서는 아열대 기후 지역이던 한반도에서 원숭이가 일정 기간 서식하다가 환경 변화로 인해 멸종된 것으로 보고 있다.

원숭이가 우리나라에 서식했다는 사실은 '원숭이'를 뜻하는 고유어가 일찍부터 발달해 있었다는 사실로도 간접적으로 입증된다. 옛 문헌에 '원숭이'를 뜻하는 고유어로 '납, 진납, 진납이' 등이 보인다. 이 가운데 문헌에 가장 먼저 등장하는 단어는 '납'이다. '납'은 15세기 이래 문헌에 다수 보이다가 17세기 이후 문헌에는 거의 나타나지 않는다. 17세기 문헌에 '진납'이 나타나는데, 이것이 한동안 '납'을 대체하여 쓰였다.

'진납'은 '짓납'의 자음동화 형태이며, 이는 '지(灰)'와 '납(猿)' 사이에 사이시옷이 개재된 어형이다. 그러므로 '짓납', 곧 '진납'은 '잿빛(회색빛) 원숭이'라는 뜻이다. 원숭이의 털빛이 잿빛(회색빛)이어서 '지(재)'를 이용하여 그 명칭을 만든 것으로 추정된다. 현대국어 '재강아지, 재두루미, 재등에' 등도 '잿빛'에 근거하여 만들어진 동물 명칭이다. '재강아지'는 털이 온통 잿빛이고, '재두루미'는 목과 날개는 흰색이지

짐승과 새와 물고기

만 그 밖의 부분은 잿빛이며, '재등에'는 몸은 검은색인데 등 쪽에 난 다섯 개의 세로줄이 잿빛이다.

18세기 이후 문헌에는 '진납' 대신 '진납이'가 보인다. '진납이'는 기존의 '진납'에 접미사 '-이'를 결합한 어형이다. 이는 '준나비'를 거쳐 '잔나비'로 변하여 현재에 이른다. '잔나비'에 대한 어원 의식이 희박해지면서 이를 날아다니는 '나비'의 일종으로 생각하는 사람도 있으나 잘못이다.

현재 '잔나비'는 '잔나비 해', '잔나비 띠', '잔나비 밥 짓듯', '잔나비 잔치다' 등과 같은 관용 표현에서나 쓰이고 있다. 한자어 '원숭이'의 위세에 밀려나 세력이 크게 약화된 것이다.

현실에서 잘 쓰이지 않는 '잔나비'라는 단어를 4인조 밴드 '잔나비' 덕에 일상에서 다시 듣게 되었다. 원숭이 띠 청년 네 명이 모여서 밴드를 결성하고 그 흔한 외국어 대신 고유어를 이용하여 밴드 명칭을 만들었으니 신통방통하다. 밴드 이름을 굳이 '잔나비'라 한 데는 멤버 모두가 원숭이 띠라는 점이 크게 작용하였겠지만, 잊힌 단어인 '잔나비'가 주는 신비감도 작용하였으리라 본다.

조랑말

제주에는 아주 작은(조랑) 말이 산다

1974년 우리나라에 작지만 깜찍한 자동차 하나가 출시되었다. 이름하여 '포니(pony, 조랑말)'다. 새로 만든 자동차를 '포니(조랑말)'라 한 것은 조랑말처럼 앙증맞고 작지만 튼실하다는 점을 강조하기 위해서였을 것이다.

'조랑말'은 몸집이 작은 말을 총칭한다. 어깨높이가 140센티미터 이하라고 하니 말치고는 아주 작은 편이다. 그러나 체질이 강하고 지구력이 뛰어나 농사짓는 '농마(農馬)'나 물건을 운반하는 '역마(役馬)'로 제격이다. 우리나라의 조랑말에는 '제주마'가 있다.

'제주마', 곧 제주의 조랑말은 여타의 조랑말보다도 작다. 어깨높이 113센티미터, 몸길이 122센티미터, 몸무게 200킬로그램 정도이니 조랑말치고도 작은 편이다. 조랑말의 특징은 무엇보다 '왜소하다'는 데 있다. '조랑말'의 어원은 바로 '몸집이 작다'는 특징에서 실마리를 잡을 수 있다. '조랑말'의 '조랑'은 '조랑내(작은 내, 제주 방언)'의 '조랑', '조랑조랑(작은 열매 따위가 많이 매달려 있는 모양)'의 '조랑'과 관련이 있어 보인다. '조랑내'나 '조랑조랑'의 '조랑'은 '조랑말'의 그것과 같이 '작음'을 지시하기 때문이다.

만약 '조랑말'의 '조랑'이 '작음'을 지시한다면, '조랑말'은 '몸집이 작은 말'로 해석된다. '조랑말'을 '왜마(矮馬, 몸집이 작은 종자의 말)'라 하는데, 이와도 의미가 닿는다. 문제는 '조랑'이 무엇에서 온 말인가 하는

짐승과 새와 물고기

점이다. 이는 형용사 '졸다(縮)'의 어간 '졸-'에 '작은 것'을 지시하는 접미사 '-앙'이 결합된 어형으로 추정된다. '졸다'는 '줄다'와 기원이 같으며, '-앙'은 '마당(맏+-앙), 바탕(밭+-앙)' 등에 보이는 그것과 같다.

그런데 '조랑말'이 몽골어 '조로모리'에서 왔다고 믿는 사람들이 의외로 많다. '조로모리'는 '조로(齊)'와 '모리(馬)'가 결합된 형태로, '네 발을 두 발로 걷듯이 앞뒤 다리를 함께 내디디며 걷는 말'이라는 뜻이다. 안장에 달걀을 얹어놓아도 깨지지 않을 정도로 진동 없이 달린다는 뜻을 담고 있다고 한다.

몽골어 '조로모리'가 '조랑말'과 형태가 흡사하고 또 '가라말, 간자말, 부루말, 절다말' 등과 같이 몽골어에서 들어온 말 이름이 많다는 점에서 '조랑말'을 몽골어 범주에 넣어 이해하려는 것도 무리는 아닌 듯하다. 탐라가 약 100년간 원나라의 지배를 받았다는 점 또한 그 가능성을 높인다.

그런데 조랑말이 원나라 지배 이전부터 제주에서 기르던 말이라면 문제는 달라진다. 특히 '조로모리'가 '조랑말'로 변하는 과정을 음운론적으로 자연스럽게 설명할 수 없다는 점에서 몽골어 차용설은 받아들이기 어렵다. 그리하여 최근에는 '조랑말'이 몽골어와 무관하다는 주장이 힘을 얻고 있다.

청설모(靑-毛)
청설모는 본래 '청서(靑鼠)의 털'이다

외양이 쥐를 닮은 동물은 대체로 '쥐'라는 단어를 이용하여 그 명칭을 만든다. '다람쥐, 두더지, 박쥐' 등이 그러한 것이다. 그런데 쥐를 닮았지만 '쥐'라는 단어를 이용한 이름이 확인되지 않는 동물도 있다. '청설모'가 그러한 예에 속한다. '청설모'는 '청서(靑鼠)'라는, '쥐 서(鼠)' 자를 이용한 한자어 이름은 있으나, '쥐'를 이용한 고유어 이름은 없다. 물론 있었을 수도 있지만 현재 그렇다는 것이다.

'청서(靑鼠)'에 대해서는 청설모가 소나무나 잣나무처럼 사계절 늘 푸른 나무에서 사는 습성을 갖고 있기 때문에 붙여진 이름이라 설명하기도 한다. 실제 청설모는 소나무나 잣나무에 집을 짓고 그 위에서 잣과 밤을 먹고 산다. 그러나 이러한 설명은 동물의 명칭이 서식하는 나무의 속성에 근거하여 만들어질 수 있는가를 생각하면 왠지 의심이 든다.

'흑서(黑鼠, 털빛이 검은 쥐)', '백서(白鼠, 시궁쥐의 변종)', '황서(黃鼠, 족제빗과의 동물)' 등과 같이 털빛에 기반하여 만들어진 쥐 또는 족제빗과 동물의 명칭이 있는 것을 고려할 때 '청서(靑鼠)' 또한 털빛에 기반하여 만들어진 명칭으로 이해하는 것이 온당하다. 중국 둥베이산에 서식하는 '북만청서'의 털빛이 잿빛이면서 파란색을 띠는 회청색이기에 보기에 따라서는 파란색 또는 회색으로 비쳤을 가능성이 있다. 그리하여 '청서(靑鼠)' 또는 '회서(灰鼠)'와 같은 명칭이 만들어질 수 있다고

짐승과 새와 물고기

본다.

'청서(靑鼠)'의 가죽이 '청서피(靑鼠皮)'이고, '청서(靑鼠)'의 털이 '청서모(靑鼠毛)'다. 청서피는 섬세하고 가벼워 방한용 털옷을 만드는 데 이용되었고, 청서모는 부드러워 붓을 만드는 데 이용되었다. 그러나 요즘 청서피나 청서모는 그다지 쓸모가 없다.

'청서모'에 'ㄹ'이 첨가된 어형이 우리가 주목하는 '청설모'다. '청설모'는 '청서모'와 같이 한동안 '청서의 털'이라는 그 본래의 의미대로 쓰였다. 그러다가 '청서(靑鼠)', 곧 '청설모'라는 의미로 변했다. '털'을 지시하다가 그 털을 갖고 있는 '대상'을 지시하게 된 것이다. 이 같은 의미 변화는 19세기 이전에 일어난 것으로 추정된다.

사전에서는 '청설모'를 ① '청서(靑鼠)'와 ② '날다람쥐 따위의 털'이라는 두 가지 의미로 풀이하고 있다. '청설모'는 주로 ①의 의미로 쓰이는데, '청서(靑鼠)'보다도 더 일반적으로 쓰인다. ②의 의미는 좀 이상하다. 이는 '청서(靑鼠)의 털'로 바꾸어야 할 것이다. 물론 이와 같은 의미는 '청서모'가 너 적합하다. '청서=청설모'가 성립하고, '청설모'는 털을 지시하는 '청서모'에서 변형된 것으로 정리된다.

크낙새
골락 골락 우는 '골락새', 클락 클락 우는 '클락새'

필자와 같이 나이 든 세대는 '크낙새' 하면 먼저 경기도 광릉숲이 떠오른다. 학교에서 그곳이 크낙새가 서식하는 남한의 유일한 숲이라고 줄곧 배워왔기 때문이다. 그런데 현재 이곳 광릉숲에 크낙새는 없다. 1990년대 초를 마지막으로 자취를 감춘 것이다. 산림 파괴로 서식지가 줄어든 것이 그 원인이라고 한다. 지금은 비무장지대 너머 개성 인근 산림 지역에서나 이 새를 볼 수 있다고 하니 여간 안타까운 일이 아니다.

'크낙새'라는 단어는 문헌에 잘 나타나지 않는다. 그것도 《조선일보》 1949년 5월 2일 자 기사에서야 비로소 발견된다. 사전으로는 《큰사전》(1957)에 처음 올라 있는데, 특이하게도 '골락새'의 비표준어로 처리되어 있다. '골락새'는 《동아일보》 1947년 3월 11자 기사에서 처음 확인된다. 현재 사전에 표준어로 올라 있으나 '크낙새'에 밀려나 잘 쓰이지 않는다.

'골락새'는 '골락'과 '새'가 결합한 어형이며, '골락'은 새의 울음소리를 본뜬 의성어다. 새가 '골락 골락' 하고 울어서 붙여진 이름임을 알 수 있다. '까치, 꿩, 따오기, 뜸부기' 등에서 보듯 우리의 새 이름에는 울음소리를 이용하여 만든 것이 꽤 많다.

'크낙새'에 대해서는 이를 '큰(大)'과 '악(口)'과 '새(鳥)'로 분석한 뒤, '큰 입을 가진 새'로 해석하는 것이 일반적이다. '입아귀(입의 양쪽 구석)', '악다구니(기를 써서 다투며 욕설을 함)', '악머구리(참개구리)' 등에서 '입(口)'의 '악'이 확인되고, 또 실제 '크낙새'의 입이 크다는 점이 이러한 어원설의 근거가 될 수 있으나 올바른 해석은 아니다. '크낙새'는 북한어 '클락새'에서 온 것이기 때문이다.

'클락새'는 이 새가 주로 활동하는 아침과 저녁에 '클락 클락' 하는 특이한 소리를 내며 운다고 하여 붙여진 이름이다. '클락새'에서 먼저 동음(同音) 'ㄹ'이 탈락하여 '크락새'가 되고, 그다음 '크락새'에서 제2음절의 두음 'ㄹ'이 'ㄴ'으로 변하여 '크낙새'가 된 것이다. 그렇다면 '크낙새'는 '클락새'와 마찬가지로 '클락 클락 하고 우는 새'로 해석된다.

'크낙새'가 북한어 '클락새'에서 온 것이므로 《큰사전》(1957)에서 이를 비표준어로 처리한 것은 온당하다. 그런데 현재 '크낙새'는 '골락새'와 더불어 표준어다. 비표준어이던 '크낙새'가 표준어로 인정된 것도 특이하거니와, 이것이 기존의 표준어인 '골락새'를 제치고 세력을 삽은 것도 득별하다.

북한어에 뿌리를 둔 '크낙새'가 서울말 '골락새'를 제치고 득세한 이유가 무엇인지 궁금하나 확인할 길은 없다. 빠른 시일 내에 서식지가 복원되어 다시 광릉숲에서 크낙새를 볼 수 있길 기대해본다.

호랑이(虎狼-)
범과 이리, '호랑'에서 이리가 사라지다

한반도 전역을 호령하던 산중(山中)의 왕이 '호랑이'다. 그러나 지금 남한의 산림에는 호랑이가 살지 않는다. 1924년 강원도 횡성에서 잡힌 대호(大虎)(《매일신보》 1924년 2월 1일 자 기사)를 끝으로 남한에서 호랑이는 사라졌다. 호랑이가 떠난 자리에는 호랑이의 주된 먹잇감이던 '멧돼지'가 들어와 버젓이 왕 노릇을 하고 있다.

한반도에서 호랑이의 역사는 아주 길지만, '호랑이'라는 단어의 역사는 그렇지 못하다. '호랑이'라는 단어는 18세기 문헌에서야 비로소 보이기 때문이다. 그 이전에는 '범'이라는 단어가 줄곧 쓰였다. '범'은 고려 시대 문헌에도 나올 정도로 역사가 긴 단어다. "하룻강아지 범 무서운 줄 모른다"라는 속담 속의 '범'을 '호랑이'로 대체하기 어려운 것은 '범'이 '호랑이'보다 훨씬 먼저 등장한 단어이기 때문일 것이다.

'호랑이'는 '호랑'에 접미사 '-이'가 결합된 어형이다. '호랑'은 한자어 '虎狼(호랑)'으로, '범과 이리'라는 뜻이다. 곧 '虎狼(호랑)'은 본래 '범'과 '이리'라는 두 가지 다른 종류의 동물을 함께 지시하던 단어다. 이러한 '虎狼(호랑)'이 "여러 가짓 夜叉와 虎狼과 獅子와(여러 가지 야차와 호랑과 사자와)"(《월인석보》, 1459)에서 보듯 15세기 문헌에도 나온다. '虎狼(호랑)'이 '범'과 '이리'를 아울러 지시하는 것은 '豺狼(시랑)'이 '승냥이'와 '이리'를 아울러 지시하는 것과 같다. 현대국어에서 '호랑(虎狼)'은

짐승과 새와 물고기

'범과 이리'라는 그 본래의 의미를 잃고, 이것에서 파생된 '욕심이 많고 잔인한 사람'이라는 비유적 의미로 쓰인다. 물론 잘 쓰이지는 않는다.

한편 '호랑(虎狼)'은 '범(虎)'과 '이리(狼)' 가운데 '범'에 무게가 실리면서 '범'이라는 의미로 제한된다. '범과 이리'에서 '범'으로 의미가 축소된 시기는 정확히 알 수 없으나 아마도 '호랑이'라는 단어가 보이기 시작하는 18세기 이전일 것으로 추정된다. '호랑이'는 정확히 말하면 '범(虎)'과 '이리(狼)'에서 '범(虎)'으로 의미가 축소된 '호랑'에 접미사 '-이'가 결합된 어형이다.

이렇게 보면 18세기 이후 얼마 동안은 '호랑이'를 뜻하는 단어로 '범, 호랑, 호랑이'가 함께 쓰였음을 알 수 있다. 이 가운데 '호랑'은 '호랑이'에 밀려나 세력을 잃고 사라졌다. 물론 북한어에서는 아직도 '호랑'이 '호랑이'를 뜻한다.

'호랑이'를 뜻하는 단어로 '호랑'은 사라지고 현재 '범'과 '호랑이'가 남아 있으나 '범'보다 '호랑이'의 세력이 훨씬 강하다. '범'은 '호랑이'에 밀려나 언제 사라질지 모르는 처지에 있다. 잘 쓰이지는 않지만 '호랑이'를 뜻하는 단어로 '눈깔망나니'도 있다. 이는 '눈이 부리부리한 망나니같이 사나운 짐승'이라는 뜻을 담고 있다.

8장
풀과 나무

가문비나무
'검은 비자나무'인가, '검은 껍질의 나무'인가

'가문비나무'는 높고 추운 곳에서 자라는 상록침엽수(常綠針葉樹)다. 우리나라에서는 주로 지리산, 설악산, 금강산, 백두산 등지에서 자란다. 특히 백두산에는 쭉쭉 뻗은 가문비나무가 울창한 숲을 이루고 있다. 우리 주변에서 흔히 볼 수 있는 것은 독일에서 들어온 '독일가문비나무'다.

그런데 이상하게도 토착종인 '가문비나무'를 가리키는 이름이 옛 문헌에 나타나지 않는다. 20세기 초의 식물명집인 《조선식물명휘》(1922), 《조선식물향명집》(1937) 등에서야 '가문비'로 보인다. 《선명대화명지부》(1934)에는 '가문비'와 '가문비나무'가 함께 나온다. 현재 두 단어는 복수 표준어다.

'가문비'는 '가문'과 '비'로 분석할 수 있다. '가문'은 '감다'의 관형사형이라는 데 이견이 없다. '감다'는 '검다'와 모음에서만 차이가 날 뿐 오래전부터 '검다'와 함께 쓰였다. 마침 일제강점기에 연해주에서 발간된 한글 교재 《붉은아이》(1924)에 '가문비'가 '감은비'로 나와 '가문'이 '감다'의 관형사형임이 분명하게 드러난다. 가문비나무의 껍질이 흑갈색을 띠고 있어서 나무 이름을 만드는 데 '감다'를 이용한 것이다.

문제는 '비'가 무엇이냐는 것이다. 이에 대해서는 크게 두 가지 설이 있다. 첫째는 '비'를 한자 '榧'(비자나무)로 보는 것이다. 잎줄기 양쪽

풀과 나무

에 바늘 모양으로 나 있는 잎이 '비자나무'의 그것과 흡사하여 '비'를 '榧'로 파악한 것이다. 이에 따라 '가문비'는 '검은 껍질의 비자나무'로 해석된다. 그렇다면 '가문비나무'는 나무 이름 '가문비'에 '나무'가 잉여적으로 붙은 어형이 된다.

둘째는 '비'를 한자 '皮'로 보는 것이다. '皮'는 보통 '피'로 발음 나지만 '녹비(鹿皮, 사슴 가죽)'에서 보듯 '비'로도 발음 난다. 우리나라 한자음에서 오늘날 유기음으로 발음되는 것들 중에는 옛날에 무기음으로 발음된 흔적을 보이는 것이 많은데, '皮'에 대한 '비'도 그러한 것이다. 이에 따르면 '가문비'는 '검은색 껍질'로 해석된다. 껍질 이름 '가문비'는 얼마든지 전용되어 그러한 껍질을 갖고 있는 나무 이름이 될 수 있다. '가문비나무'는 껍질을 가리키는 '가문비'와 '나무'가 결합된 어형일 수도 있고, 나무 이름으로 바뀐 '가문비'에 '나무'가 잉여적으로 덧붙은 어형일 수도 있다.

'가문비'의 '비'가 '榧'이든 '皮'이든, '가문비'의 단어 구조는 좀 독특하다. '榧'나 '皮'가 자립성이 없는 한자여서 '가문'이라는 관형사형의 수식을 받는 것이 자연스럽지 않기 때문이다. '가문비'와 같이 소나뭇과의 상록 침엽수인 '분비나무'의 '분비'도 그와 같은 성격이다. '분비나무'는 《붉은아이》(1924)에 '부은비'로 나오는데, '부은'은 함경 방언 '부얼다(부엻다)'의 관형사형 '부언'의 변화형이다. 껍질이 회갈색이어서 '부얼다(부엻다)'를 이용한 것이다. 따라서 '부연비'는 '감은비(가문비)'와 단어 구조가 같으며, '비'는 '榧' 또는 '皮'로 볼 수 있다. '가문비'와 '분비'의 '비'가 '榧'인지, 아니면 '皮'인지는 좀 더 시간을 두고 살펴야 할 듯하다.

개나리
풀에도 '개나리'가 있다

'개나리'는 우리 주변에서 흔히 볼 수 있는 나무다. 이 나무에 피는 노란 꽃이 '개나리꽃'이다. 무리 지어 피어 있는 노란 개나리꽃을 볼 때마다 밝고 화사한 기운이 넘친다. '개나리'가 나무 이름이고, '개나리꽃'이 꽃 이름이라는 것을 모르는 사람은 없을 것이다.

그런데 나무 이름에 풀이름인 '나리(百合)'가 붙고, 또 나무 이름이 풀이름인 '개나리(들에 저절로 나는 나리)'와 같으니 좀 수상하지 않은가. 나무 이름과 풀이름이 같아진 데는 필경 무슨 까닭이 있을 것이다.

나무로서의 '개나리'가 본래부터 그러한 이름으로 불린 것은 아니다. 이 나무는 본래 '어어리나모' 또는 '어사리나모'라 불렸다. '어어리나모'가 보수적 어휘를 담고 있는 의서(醫書) 《동의보감》(1613)에 나오는 것을 보면, 이 단어의 깊은 역사를 짐작할 수 있다. '어어리나모'와 '어사리나모'는 현대국어에 '어아리나무'와 '어사리나무'로 이어졌으나 표준어는 아니다.

풀이름으로서의 '개나리'는 '나리'에 접두사 '개-'를 결합한 어형이다. 야산이나 들판에 자생하는 흔한 나리여서 '나리'에 '질이 떨어지는' 또는 '야생의'라는 의미를 더하는 접두사 '개-'를 붙여 그렇게 명명한 것이다. 풀이름 '개나리'는 15세기 문헌에도 등장하는 아주 유서 깊은 단어다. 반면 나무 이름으로서의 '개나리'는 18세기 이후 문헌에서나 보이기 시작하는, 풀이름 '개나리'에 비해 역사가 짧은 단어다. 일부 식물학자들은 나무 이름 '개나리'를 일제강점기에 일본 사람들이 나쁜 의도를 갖고 만든 명칭으로 설명하기도 하나, 이 단어가 이미 18세기 문헌에 나타난다는 점에서 그렇게 보기는 어렵다.

나무 이름 '개나리'에 대해서는 대체로 '나리'에 비해 꽃이 작고 덜 아름다워서 그것에 부정적 의미의 접두사 '개-'를 붙인 것으로 설명한다. 그러나 이러한 설명은 받아들이기 어렵다. 풀이름 '개나리'가 있는데도 '나리'를 기준 명칭으로 하여 다시 '개나리'라는 나무 이름을 만든다는 것은 자연스럽지 못하기 때문이다.

오히려 나무 이름 '개나리'는 풀이름 '개나리'를 직접 빌린 어형이거나 '개나리'를 닮은 나무임을 지시하는 '나무개나리' 또는 '개나리나무'에서 '나무'가 생략된 어형으로 보는 것이 합리적이다. 꽃잎이 통으로 붙어서 피는 '개나리'의 꽃 모양이 들풀의 하나인 '개나리'의 그것과 흡사하여 명칭의 전이가 일어날 수 있다고 본다. 이렇게 하여 풀이름과 나무 이름이 같아지는 기이한 현상이 빚어진 것이다.

풀이름에서 온 '개나리'가 득세하면서 기존의 향명(鄕名)인 '어어리나모'나 '어사리나모'는 세력을 점차 잃었고, 급기야 서울말에서 사라졌다. 굴러온 돌(개나리)이 박힌 돌(어어리나모/어사리나모)을 빼낸 것이다. 이렇게 하여 '개나리'를 지시하는 귀중한 향명 하나가 우리의 기억에서 지워진 것이다.

고구마
'고구마'는 일본어 차용어다

요즘 '고구마'가 영양 간식거리이자 건강식품으로 인기를 끌고 있다. 그런데 우리가 이 맛있고 영양가 있는 고구마를 접한 것은 그리 오래되지 않는다. 고구마는 중남미에서 유럽, 중국, 일본을 거쳐 18세기에 국내에 들어온 외래종이기 때문이다. 1763년에 조엄(1719~1777)이 조선통신사로서 일본 대마도에 들렀을 때 고구마 종자를 구해 본국(本國)에 보냈고, 또 이듬해 돌아오면서 그 종자를 얻어 가지고 왔다는 기록이 전한다.

고구마가 일본에서 국내로 들어오면서 그 명칭도 함께 따라 들어왔다. '고구마'는 당시의 일본 대마도 방언 'かうかういも(카우카우이모, 孝行藷)'에 뿌리를 둔 말이다. '카우카우이모'의 '카우카우'는 '효행(孝行)'을 뜻하고, '이모'는 '토란, 참마' 따위를 지시한다. 고구마가 1732년 교호(享保) 대기근(大飢饉) 때 굶주린 대마도 주민들을 살려냈다고 하여 '효행을 베푼 마'라는 뜻의 '카우카우이모'라는 영예로운 명칭을 얻은 것이다. 《보통학교조선어사전》(1925)에서는 '고고이모(古古伊毛)'를 들어 "孝行藷를 일본어로 넑는 音"으로 기술하고 있는데, 그 사이에 음이 변했음을 알 수 있다.

조엄의 《해사일기》에 나오는 차자 표기 '古貴爲麻(고귀위마)'를 참고하면, '고구마'를 뜻하는 일본 대마도 방언이 우리말에 '고고이마'로 들어온 것으로 추정된다. '이모'를 '이마'로 받아들인 것은 우리말

풀과 나무

'마(薯)'에 영향을 받았기 때문일 것이다. '고고이마'는 '고그이마'를 거쳐 '고그마'로 변한다. '고그마'가 19세기 문헌에 보이는데, 일제가 만든 《조선어사전》(1920)에도 표제어로 올라 있다. 20세기 초의 대표적 어형이 '고그마'였던 것이다. '고그마'에서 제2음절의 모음 'ㅡ'가 'ㅜ'로 변한 어형이 '고구마'다. '고구마'가 표준어로 인정받은 것은 《사정한 조선어 표준말 모음》(1936)에서다.

한편 '고구마'를 뜻하는 단어로 이보다 앞서 한자어 '감져(甘藷)'가 있었다. '감져'는 일본 대마도 방언 '고고이마'가 들어오기 전부터 '고구마'를 지시하던 단어다. '감져'는 고구마와 뿌리가 유사한 '감자'가 19세기에 중국을 통해 들어오자 그것을 지시하기도 하여 한때 '고구마'와 '감자'라는 두 가지 의미를 띠었다.

그러다가 일본어 '고고이마'가 '고그마'를 거치면서 세력을 잡자 '감져'는 '고구마'라는 의미는 그것에 넘겨주고 '감자'라는 의미만으로 제한된다. 이로써 '감져(감자)'와 '고그마(고구마)'가 엄격하게 구분되기에 이른다. 이런 명칭 분화는 19세기에 일어난 것으로 추정된다. 물론 지금도 전남, 제주, 충남의 남부 지역에서는 '감져'에서 변한 '감저' 또는 '감자'가 여전히 '고구마'를 지시하고 있다.

'고구마'를 급히 먹다 보면 목이 메거나 체할 수 있다. 그리하여 융통성이 없어 답답하게 구는 사람이나 일이 뜻대로 되지 않아 답답한 상황을 '고구마'라 빗대어 말하기도 한다.

괴불나무/괴좆나무
고양이 불알을 닮은 열매

'괴불나무'와 '괴좆나무'는 좀 망측한 느낌을 주는 나무 이름이다. 이들은 어형이 흡사하고 의미까지 비슷하여 일견 동종(同種) 나무로 착각하기 쉬우나 그렇지 않다. '괴불나무'는 '인동과(忍冬科)의 낙엽활엽관목'이고, '괴좆나무'는 '가짓과의 낙엽활엽관목'이다. '괴좆나무'는 '구기자나무'로 더 잘 알려져 있다.

'괴불나무'와 관련하여 19세기의《물명고》에 "괴불 열미"라는 표현이 나온다. 이는 '괴불나무의 열매'라는 뜻이어서 '괴불'이 '괴불나무'를 가리켰음을 알 수 있다. 여기서 '괴불'은 '괴불나무'에서 '나무'가 생략된 어형이거나, 아니면 '괴불'이라는 열매 이름이 나무 이름으로 전용된 것으로 추정되는데, 전자일 가능성이 더 높아 보인다.

그럼 '괴불'은 무엇인가? '괴'는 '고양이'를, '불'은 '고환'을 뜻하여 '괴불'은 '고양이의 불알'로 해석된다. 현재 '괴'는 '고양이'에 밀려나 '괴발개발(고양이의 발과 개의 발이라는 뜻으로, 글씨를 되는대로 아무렇게나 써놓은 모양을 이르는 말)', '괴발디딤(고양이가 발을 디디듯이 소리 나지 않게 가만히 조심스럽게 발을 디디는 짓)' 등과 같은 합성어에서나 그 흔적을 찾을 수 있다. '괴불나무'에 달리는 동그란 모양의 빨간색 열매가 고양이의 불알을 닮아서 '괴불'을 이용하여 나무 이름을 만든 것이다. 열매의 실물을 보면 '괴불'을 이용한 연유를 금방 알 수 있다. '괴불'이라는 열매가 달리는 나무가 바로 '괴불나무'다.

'괴불나무'에 대해 나무에 피는 꽃이 '고양이의 불알'과 유사하여 붙여진 이름으로 설명하기도 하고, 두 개씩 마주 보며 달려 있는 열매의 모양이 '개의 불알'을 닮아서 붙여진 이름으로 설명하기도 한다. 그런데 '괴불'은 꽃이 아니라 열매이고, '괴불'의 '괴'는 '개'가 아니라 '고양이'라는 점에서 이들 설명은 불완전하다.

한편 '괴좆나무'는 17세기의 《동의보감》(1613)에 '괴좆나무'로 나온다. 이는 '구기자나무(枸杞子--)'에 대응하는 순수한 우리말 이름이다. '괴좆'은 '괴좆'을 당시의 표기법에 따라 표기한 것이다. '괴'는 '고양이'를, '좆'은 '수컷의 생식기'를 뜻하여 '괴좆'은 '수컷 고양이의 생식기'라는 뜻이다. 이 나무에 달리는 빨갛게 익은 열매가 수컷 고양이의 생식기를 닮아서 '괴좆'이라 한 것이며, 이 열매가 달리는 나무를 이것에 '나무'를 붙여 '괴좆나무'라 한 것이다. '괴좆나무'의 '괴'를 '개'로 오인한 채 익은 열매의 모양이 수캐의 생식기를 닮아서 붙여진 이름으로 설명하기도 하나 이는 잘못이다.

17세기의 문헌 이래 꾸준히 문헌에 나타나고, 《조선말큰사전》(1947), 《국어대사전》(1961) 등에도 표준어로 올라 있던 '괴좆나무'가 1990년 공표된 《표준어 모음》에서 표준어로서의 자격을 잃었다. 여기에는 '괴좆나무'에 내재된 '천박하다'는 부정적 인식이 크게 작용한 것으로 이해된다. 현재는 '구기자나무'와 '구기'가 표준어다. '괴불나무' 또한 천한 의미를 담고 있으나 그에 상응하는 단어가 없어서 소실되는 극단적 상황은 면했다.

나도밤나무/너도밤나무
'너도 나도' 밤나무를 닮았다

한반도에 자생하는 나무가 1000여 종(種)이 넘는다고 하니, 그에 딸린 나무 이름 또한 1000여 개는 족히 넘는다고 볼 수 있다. 이 많은 나무 이름 가운데 좀 특이하다 싶은 것이 한두 개가 아니지만, '나도'와 '너도'가 붙은 이름은 기발하다는 측면에서 단연 돋보인다.

'나도'와 '너도' 형 나무 이름은 기준이 되는 나무 이름 앞에 '나도'와 '너도'를 첨가하여 기준 나무와 변별한 것이다. '나도'를 첨가한 나무 이름으로는 '나도밤나무'를 비롯하여 '나도국수나무, 나도노각나무, 나도딱총나무('말오줌때'의 연변 방언), 나도박달, 나도새양버들' 등이 있다. 이들 가운데 '너도' 형 나무 이름(너도밤나무)과 대응되는 것은 '나도밤나무' 하나뿐이어서 특별하다.

물론 풀이름으로까지 범위를 넓히면 '나도개미자리/너도개미자리', '나도양지꽃/너도양지꽃', '나도바람꽃/너도바람꽃', '나도방동사니/너도방동사니', '나도양지꽃/너도양지꽃', '나도제비난/너도제비난' 등에서 보듯 '나도' 형과 '너도' 형이 대응되는 짝이 적지 않다.

변별 요소인 '나도'와 '너도'는 기준이 되는 식물과 생김새나 특징이 비슷함을 지시한다. 이와 같은 사실은 '나도밤나무'가 잎이 밤나무보다 약간 크고 잎맥 수가 많다는 것 외에 밤나무와 너무나 닮아서 붙여진 이름이라는 점에서도 입증이 된다. 물론 '나도밤나무'의 명명 과정에는 '너만 밤나무냐, 나도 밤나무다'라는 식의 인식이 반영되었을 것이다.

또한 이러한 사실은 '너도밤나무'가 그 잎사귀와 열매(도토리)가 '밤나무'와 흡사하기에 그것을 기준 나무로 하여 얼마든지 만들어질 수 있는 명칭이라는 점에서도 입증이 된다. 물론 굳이 '너도'를 이용한 것은 '나도'를 이용한 '나도밤나무'라는 또 다른 나무 이름이 이미 존재했기 때문일 것이다. '나도밤나무'라는 나무 이름이 만들어진 뒤에 '밤나무'와 흡사하게 생긴 또 다른 나무가 있어 이를 '나도밤나무'에 상대하여 '너도밤나무'라 명명한 것이다. 여기에는 '나도 밤나무이니 었다, 너도 밤나무라 해라'는 식의 인식이 작용했을 것이다. 이로써 보면 명칭의 발생 순서는 '밤나무 → 나도밤나무 → 너도밤나무'가 된다. 기준이 되는 나무를 근거로 '나도' 형 이름을 먼저 만들고, 이어서 '너도' 형 이름을 만드는 순서를 따르고 있다.

'나도밤나무'는 경기, 전남·북, 충남 등지에 넓게 분포하는 토착종이지만, '너도밤나무'는 일본열도에서 들어와 울릉도 성인봉 중턱에서만 자라는 외래종이다. 1883년경 울릉도로 이주한 남부 지방 사람들이 '밤나무'와 조금 닮은 이 나무를 육지의 '나도밤나무'와 구분하기 위하여 '너도밤나무'라 명명한 것으로 보고 있다.

담쟁이
담장을 타고 올라가는 나무

'담쟁이'는 포도과의 낙엽활엽 덩굴나무다. '담쟁이넝쿨, 담쟁이덩굴, 아이비(ivy)'라고도 한다. 줄기에 덩굴손이 있어 담이나 나무에 달라붙어 올라가며 크는 특징이 있다. 우리 주변에서 담이나 건물 외벽을 뒤덮은 담쟁이를 흔히 볼 수 있다. 필자가 본 가장 멋스러운 담쟁이는 연세대학교 본관을 덮고 있는 것이다.

'담쟁이'는 16세기 문헌에 '담쟝이'로 보인다. '담쟝이'에 대해서는 '담'에 접미사 '-쟝이'가 결합된 어형으로 설명하는 것이 일반적이다. 담쟁이가 주로 담을 타고 올라가는 덩굴나무이니 '담쟝이'에서 '담'을 분석해내는 것은 당연해 보이나, 이를 '담'에 접미사 '-쟝이'가 결합된 형태로 보는 것은 무리다. '-쟝이'의 정체가 분명하지 않기 때문이다.

'담쟝이'는 '담쟝'에 접미사 '-이'가 결합된 어형으로 보는 것이 합리적이다. 여기서 '담쟝'은 같은 의미를 지니는 고유어 '담'과 한자 '쟝(牆)'이 결합된 이른바 동의 중복 형태다. 따라서 그 의미는 '담'과 같다. '담쟝'은 현대국어 '담장'으로 이어져 지금도 '담'과 같은 의미로 쓰이고 있다. '담장'과 같이 고유어와 한자(어)가 결합된 동의 중복 형태로 '바람벽(--壁), 속내(-內), 오래문(--門)' 등도 있다.

'담'을 뜻하는 '담쟝'에 접미사 '-이'를 붙여 거기에 기생하는 나무 이름을 삼은 것이 '담쟝이'다. '담쟝이'는 '담쟝이', '담장이'를 거쳐 '담쟁이'로 이어졌다. '담장이'가 19세기 문헌에, '담쟁이'가 20세기 이후 문헌에 보인다.

'담쟁이'의 또 다른 이름인 '담쟁이넝쿨'이나 '담쟁이덩굴'은 20세기 이후 문헌에서야 발견된다. '담쟁이'에 이어 뒤늦게 출현한 단어임을 알 수 있다. 그 초기 어형은 '담장이넝쿨'과 '담장이덩굴'이었다. 이들은 본래 '담장이 넝쿨'과 '담장이 덩굴'과 같은 구(句) 형식으로 존재하던 것으로, '담쟁이의 길게 뻗어 나가 늘어진 줄기'를 가리켰다. 곧 본래는 '줄기'를 지시했던 것이다.

이들은 구(句) 구조에서 한 단어로 굳어지면서 '넝쿨'과 '덩굴'의 의미를 잃고 식물 이름이 된다. 이로써 '담쟁이'와 의미가 같아진 것이다. '담쟁이넝쿨'과 '담쟁이덩굴'이 '담쟁이'를 뜻하게 되면서 그 줄기는 '담쟁이의 넝쿨(덩굴)' 또는 '담쟁이넝쿨(덩굴) 줄기'로 표현할 수밖에 없게 된다. 물론 '담쟁이 넝쿨' 또는 '담쟁이 덩굴'과 같이 띄어쓰기를 이용하여 표현할 수도 있으나 이들이 '담쟁이넝쿨'과 '담쟁이덩굴'로 단어화한 이상 이러한 방식은 오해를 불러일으킬 수 있다.

모과(-瓜)
나무에 달리는 참외, '목과(木瓜)'

교정(校庭)의 '모과나무'에 노란 모과가 주렁주렁 달렸다. 시간이 날 때마다 이 나무 주변을 서성이며 낙과를 줍는다. 익지 않은 채 떨어진 도사리가 대부분이지만, 간혹 노랗게 잘 익은 실한 것도 섞여 있다. 이를 주워 연구실 한 편에 수북이 쌓아놓는다.

'모과'는 '모과나무'에 달리는 열매다. 모과나무는 중국으로부터 일찍이 들어와 사랑을 받은 나무다. 봄에 피는 분홍빛 꽃과 가을에 영그는 노란색 열매가 여간 매혹적인 것이 아니다. 이 나무와 함께 그 열매에 대한 명칭도 이른 시기에 들어왔다. 15세기 문헌에도 지금과 같은 '모과'로 나온다.

한편 16세기의 《훈몽자회》(1527)에는 '모과'를 중국어 속어에서 '木瓜(목과)'라 했다는 기록이 나온다. 우리말에서는 '모과'와 '목과(木瓜)'를 함께 써왔다. '목과(木瓜)'는 한자 뜻 그대로 '나무에 달리는 외'라는 뜻이다. 모과가 참외와 비슷한 크기이고 또 익으면 참외와 같은 노란색을 띠기에 참외를 떠올려 한자 '瓜(과)'를 이용하여 명명한 것이다. '모과'에 대해서는 대체로 한자어 '목과(木瓜)'에서 제1음절의 받침 'ㄱ'이 탈락한 어형으로 보고 있다. '목과'를 '木果(목과, 나무의 열매)'로 보기도 하나, 이는 잘못이다.

또한 '모과'를 근세 중국어 '木瓜(mukwa)'에서 차용된 말로 보기도 한다. 그렇다면 '무과'에서 '모과'로 변한 것이라는 사실이 입증되어야 한다. 지금으로서는 한자어 '목과(木瓜)' 설이 더 설득력이 있지 않나 한다.

'목과(木瓜)'는 '모과'에 비해 빈도는 떨어지지만 '모과'와 함께 오랫동안 쓰였다. 20세기 초 사전에도 '목과(木瓜)'가 '모과'와 함께 올라 있다. 그런데 특이하게도 《조선말큰사전》(1949)에는 '목과(木瓜)'가 '모과'의 '한약명'으로 기술되어 있다. 이후 사전에서도 마찬가지다. '목과(木瓜)'가 언제부터 한의학의 특수 어휘로 한정되었는지는 알 수 없다.

'모과'는 외양이 울퉁불퉁 못생긴 것이 특징이다. 그리하여 "과일전 망신은 모과가 시킨다"는 말이 생겨났을 정도이다. 그러나 그 향기만큼은 기가 막혀 술(모과술)과 차(모과차)로 즐길 수 있다. 하나둘 가져다놓은 햇모과 덕분에 퀴퀴한 연구실 냄새도 조금은 가셨다.

무궁화(--花)
'무궁화'는 중국어에서 온 말이다

7월이 되자 형형색색의 '무궁화'가 전국을 화려하게 수놓고 있다. 그 동안 꾸준히 전개해온 무궁화 심기 운동이 결실을 맺은 것이다. 예로부터 우리나라를 '무궁화가 많은 땅', 곧 '근역(槿域)'이라 했는데, 이제야 비로소 실감이 난다.

무궁화는 아주 오래전부터 우리 민족과 함께해온 나무다. 중국의 고대 지리서인 《산해경》에 나오는 '薰花草(훈화초)'는 당시의 우리 무궁화를 가리키는 것이어서 적어도 기원전에 이 나무가 국내에 있었음을 짐작할 수 있다. 이 나무는 본래 인도와 중국 서남부 지역에서 자라다가 아주 이른 시기에 우리나라에 들어온 것으로 알려져 있다.

'무궁화'는 《동국이상국집》(1241)에 '無窮(무궁)' 또는 '無宮(무궁)'으로 나온다. 이로 보면 적어도 고려 시대에는 '무궁화'라는 명칭이 있어 이를 '無窮花' 또는 '無宮花'로 적었음을 짐작할 수 있다. 옛 문헌을 검색해보면 두 한자어 가운데 '無窮花'의 빈도가 훨씬 높다.

옛 문헌에 나오는 '無窮花'를 근거로 '무궁화'의 어원을 이것에서 찾는 것이 일반적이다. 약 100일 동안 한 그루에서 3000송이 이상의 꽃이 피고 지기를 계속하므로 '다함이 없게 피다'라는 뜻의 '無窮花'라 이름 붙인 것이라는 설명이다. 그러나 '무궁화'라는 말이 먼저 있고 나중에 이것을 한자로 적은 것이 '無窮花'이므로 이러한 설명은 이치에 맞지 않는다.

‘무궁화’는 중국어 ‘木槿花(목근화)’를 차용한 말이라는 설이 유력하다. ‘木槿花’에 대한 중국어 근세음은 ‘무긴화’에 가까운데, 이것이 ‘무깅화’를 거쳐 ‘무궁화’로 변했을 가능성이 있다. ‘무궁화’로 어형이 크게 변하여 중국어 ‘무긴화’와의 관계가 희박해지자, 오랫동안 피고 지는 꽃의 속성을 떠올려 ‘無窮花’라 그럴듯하게 한자의 음을 취하여 표기한 것이다.

‘무궁화’가 중국어에서 온 말이라고 하니 좀 달갑지는 않다. 그러나 언어의 문제를 감정으로 대할 수는 없다. 다만 아쉬운 점은, 예로부터 민간에서 불러온 이름이 있었을 텐데, 그것이 중국어 차용어에 밀려나 전해지지 않는 것이다. 전라도 완도와 구례에서 쓰는 ‘무우게’ 그리고 일부 지역에서 쓰는 ‘무게’를 ‘무궁화’에 대한 향명(鄕名)으로 생각하기도 하나, 이들은 ‘무궁화’로부터 여러 차례 변화를 겪은 어형에 불과하여 그렇게 보기 어렵다.

‘무궁화’는 본래 꽃 이름이지만 지금은 주로 나무 이름으로 쓰이고 있다. 아주 이른 시기에 꽃 이름에서 나무 이름으로 바뀐 것이다. ‘꽃’은 ‘무궁화꽃’으로, ‘나무’는 ‘무궁화나무’로 구별하여 부르기도 한다.

물푸레나무
물을 푸르게 하는 나무

수분이 많은, 깊은 계곡 물가에는 여러 종의 나무들이 무성한 숲을 이루고 있다. 그 많은 나무 중에는 '물푸레나무'도 있다. 물푸레나무는 습한 곳을 특히 좋아하여 골짜기 물가에서 잘 자란다. 키가 크고, 회갈색 나무껍질에 잿빛을 띤 흰 빛깔의 가로무늬가 선명하여 눈에 잘 띈다.

물푸레나무의 껍질은 오래전부터 중요한 약재로 쓰였다. 15세기 초의 향약서(鄕藥書)인 《향약구급방》에도 '水靑木皮(수청목피)'라 소개되어 있을 정도다. 여기서 '水靑木(수청목)'은 한자어가 아니라 우리말 '믈프레나모'를 한자의 훈(訓)을 빌려 표기한 것이다. 차자 표기 형태인 '水靑木(수청목)'을 한자어로 오인하여 '물푸레나무'의 어원을 이것에 기대어 풀기도 하는데, 이는 명백히 잘못된 것이다. '물푸레나무'의 어원은 당연히 '믈프레나모'에서 찾아야 한다.

'믈프레나모'는 '믈프레'와 '나모(木)'가, '믈프레'는 '믈'과 '프레'가 결합된 어형이다. '믈'은 '水(수)'의 뜻이고, '프레'는 형용사 어간 '프르-(靑)'에 접미사 '-에'가 결합된 어형이어서, '믈프레'는 '물을 푸르게 하는 것' 정도의 의미를 띤다. 물푸레나무의 가지를 꺾어 물에 담그면 푸른 물이 우러나와 물 전체가 푸르게 변하기 때문에 '믈'과 '프르다'를 이용하여 나무 이름을 만든 것이다. '믈프레' 자체가 나무 이름이어서 '믈프레나모'는 그것이 '나무'임을 강조하기 위해 '나모'를 덧붙인 어형이 된다.

나무 이름 '믈프레'는 제1음절에서 'ㄹ'이 탈락하여 '므프레'로 변한다. 양순음 'ㅍ' 앞에서 'ㄹ'이 탈락하는 현상은 '골프다(고프다)'가 '고프다'로, '알프다(아프다)'가 '아프다'로 변한 예에서도 발견된다. 이어서 '므프레'는 제1음절의 모음이 원순모음화하여 '무프레'로, '무프레'는 제2음절의 모음까지 원순모음화하여 '무푸레'로 변한다. '믈프레나모' 또한 '믈프레'의 변화에 따라 '므프레나모', '무프레나모'를 거쳐 '무푸레나무'가 된다. 이들 어형이 모두 옛 문헌에 나타나므로 변화의 과정은 의심의 여지가 없다.

역사적으로 보면 '무푸레'와 '무푸레나무'를 표준어로 삼아야 하나, 현대국어에서는 '물푸레'와 '물푸레나무'를 표준어로 삼고 있다. 어원을 밝혀 적은 어형을 표준어로 정한 것이다. 특이하게도 《조선어사전》(1938)에는 '수청목(水靑木)'이라는 한자어가 올라 있다. 이는 차자 표기 형태가 한자어로 굳어진 예다. 이후 사전에도 '수청목(水靑木)'이 올라 있다. 결국 현재 '물푸레, 물푸레나무, 수청목(水靑木)'이 표준어인 셈이다.

박태기나무

밥알(밥태기)과 같은 꽃이 피는 나무

몇 차례 봄비가 지나가자 일찍 찾아온 목련꽃, 개나리꽃, 벚꽃은 이내 스러지고 4월의 꽃들만 풀죽은 듯 남아 있다. 그 화려함을 뽐내던 '박태기나무'의 진홍빛 꽃도 상처를 입고 생기를 잃었다.

박태기나무는 아주 먼 옛날 중국을 왕래하던 스님들이 들여와 절 주변에 심은 나무라고 한다. 이 나무가 어느덧 널리 퍼져 일급의 관상용 꽃나무로 융숭한 대접을 받고 있다. 다닥다닥 붙은 작고 화려한 꽃과 함께 윤기 있는 잎이 유난히 매력적이어서 큰 관심을 끈 것이다. 박태기나무는 외래종이지만 순수한 우리식 이름을 갖고 있어 더욱 마음이 간다.

'박태기나무'의 어원은 그 방언형인 '밥티나무, 밥태기나무' 등을 고려하면 그 실마리를 어느 정도 잡을 수 있다. '밥티나무'의 '밥티'는 '밥알'의 북한 방언이고, '밥태기나무'의 '밥태기'는 '밥알'의 전남 방언이다. 이로 보면 '밥티나무'나 '밥태기나무'는 '밥알과 같은 꽃이 피는 나무'라는 뜻이 된다. 진홍빛 꽃이 7~8개 또는 20~30개씩 한 군데 모여 달리는데, 그 하나하나가 밥풀 모양이어서 그러한 이름이 붙은 것이다.

방언형 '밥태기나무'가 있으니 '박태기나무'의 '박태기'를 '밥태기'에서 온 것으로 보아도 무리가 없다. '밥'의 종성 'ㅂ'이 'ㄱ'으로 바뀐 것인데, 이러한 변화는 '거붑'이 '거북'으로, '붑'이 '북(鼓)'으로 변한 예에서도 확인된다. 그런데 '밥태기'의 '태기'가 무엇인지에 대해서는 답이 궁색하다. '밥태기'와 같은 의미의 '밥티, 밥알'이 있으므로 '태기' 또는 '태'가 '티(작은 부스러기)' 또는 '알(작은 곡식의 낱개)'과 같은 성격일 것이라는 추정은 가능하다.

그렇다고 어느 식물학자처럼 '밥태기'를 '밥튀기(밥을 튀긴 것)'에서 온 것으로 설명할 수는 없다. '밥'과 '튀기'가 결합된 '밥튀기'라는 단어가 어색하거니와, 이것이 변하여 '밥태기'가 되기도 어렵기 때문이다. 방언형 '밥태기나무'가 있어 '박태기나무'의 '박'이 '밥'에서 온 것이라는 사실만이라도 밝힌 것이 그나마 다행이다.

예수를 배반한 유다가 나중에 후회하며 이 나무에 목을 매어 죽었다고 하여 '유다나무'라고도 한다. 흰 꽃이 피다가 유다가 목을 맨 이후 자주색으로 꽃 색깔이 변했다고 전해진다. 한자어 명칭은 '자형(紫荊)'이다. 북한에서는 꽃봉오리가 '구슬' 같다고 하여 '구슬꽃나무'라고 한다.

배롱나무
100일 동안 붉은 꽃, '백일홍(百日紅)'에서 '배롱'으로

우리 학교(충북대학교) 중앙도서관 앞 도로에는 '배롱나무' 예닐곱 그루가 줄지어 서 있다. 7월이 되자 살며시 보랏빛을 띤 짙은 분홍색 꽃을 피우고 있다. 화려하고 고상한 자태에 절로 눈길이 간다. 늦여름까지 그 고운 꽃을 원 없이 감상할 수 있으리라.

배롱나무는 중국이 원산지다. 이 나무가 우리나라에 전래된 시기는 정확히 알 수 없지만, 부산 양정동에 있는 배롱나무의 수령이 800년인 것으로 미루어보면 적어도 고려 시대에는 국내에 들어와 있던 것으로 추정된다. 배롱나무는 일찍부터 '백일홍(百日紅)'이라 불렸다. 그런데 '백일홍'에는 국화과의 한해살이풀도 있어서 주의를 요한다. 나무로서의 백일홍을 풀로서의 백일홍과 구별하기 위해 특별히 '나무백일홍(--百日紅)', '목백일홍(木百日紅)'이라 부르기도 한다. 아울러 풀로서의 백일홍 또한 '백일초(百日草)'라는 별도의 명칭을 갖고 있기도 하다.

나무 이름 '백일홍(百日紅)'은 한자 뜻 그대로는 '100일 동안 붉은 꽃이 피어 있는 나무'라는 뜻이다. 사육신(死六臣)의 한 사람인 성삼문(1418~1456)이 '배롱나무꽃'을 보고 지은 "어제 저녁 꽃 한 송이 지고 오늘 아침 꽃 한 송이 피어 서로 일백 일을 바라보니 내 너를 대하며 좋아 한잔 하리라"라는 한시에서도 백일홍을 그렇게 보고 있다.

이렇듯 백일홍을 여름에 피는 붉은 꽃이 100일 동안이나 피어 있다고 하여 붙여진 이름으로 설명하는 것이 일반적이지만, 실제로는 한 꽃이 100일 동안 그대로 피어 있는 것은 아니다. 한 가지에 여러 개의 꽃송이가 달리는데, 한 송이가 지면 또 다른 송이가 연속하여 피기 때문에 꽃이 늘 피어 있는 것처럼 보일 뿐이다. 붉은 꽃이 오랫동안 피어 있다고 하여 '백일홍(百日紅)'이라 명명한 것으로 이해하는 것이 합당하다.

나무 이름 '백일홍'에 이것이 나무임을 강조하기 위해 '나무'를 덧붙인 명칭이 '백일홍나무'다. '배롱나무'는 바로 이 '백일홍나무'에서 변한 것이다. 곧 '백일홍'이 변하여 '배롱'이 된 것인데, 아주 복잡한 음운 변화를 거친 것이기는 하나 그 과정을 설명하는 것이 어렵지는 않다.

현재 '배롱나무'와 '백일홍'은 둘 다 표준어다. 그런데 배롱나무에 피는 꽃을 '배롱나무꽃'이라 하지 '백일홍꽃'이라 하지는 않는다. '백일홍'에서 '배롱나무'라는 의미가 크게 약화되었음을 알 수 있다.

시금치

붉은 뿌리의 채소, 중국어 '赤根菜(치근차이)'에서 온 말

'시금치'는 국거리나 나물로 사시사철 즐겨 먹는 녹황색 채소다. 100세 건강을 외치는 요즘 시금치는 각종 영양 성분이 듬뿍 들어 있는 완전 건강식품으로 특별한 사랑을 받고 있다. 그런데 시금치는 우리 땅에서 자생하던 토종 채소는 아니다. 아시아 서남부 일대에서 재배되다가 중국을 거쳐 조선 초기에 국내에 들어온 외래종이다.

'시금치'는 16세기의 《훈몽자회》(1527)에 '시근치'로 처음 보인다. 여기에는 '시근치'를 중국어 속어(俗語)로 '菠薐菜, 赤根菜, 菠菜'라 한다는 기록이 나온다. 이들 가운데 주목되는 것은 '赤根菜(적근채)'다. 이것이 16세기의 '시근치'와 대응되기 때문이다. 중국어 학습서인 《노걸대언해》(1670)에서 '시근치'에 대응된 '赤根'을 중국어로 '치근'이라 읽고 있는 것을 보면, '시근치'는 중국어 '赤根菜(치근차이)'를 차용한 말임을 알 수 있다. '赤根菜'는 한자 뜻 그대로 '붉은 뿌리의 채소'라는 뜻이다. 연한 붉은색을 띠는 뿌리에 초점을 맞춘 채소 명칭임을 알 수 있다.

중국어 '赤根菜(치근차이)'가 우리말에 '시근치'로 들어온 것인데, '치근'이 '시근'으로 변하는 과정을 설명하기란 쉽지 않다. 다만 분명한 것은 '시근치'는 중국어에서 들어온 말이라는 사실이다. 중국어 '赤根菜(치근차이)'가 '붉은 뿌리의 채소'라는 뜻이므로 그 차용어인 '시근치'도 그와 같은 의미를 띤다.

풀과 나무

'시근치'가 '시금치'로 변하는 과정은 어렵지 않게 설명할 수 있다. '시근치'는 비어두 음절에서의 'ㆍ>ㅡ'에 따라 '시근츼'로 변했을 것이다. 그러나 이러한 어형은 문헌에 보이지 않는다. 19세기 문헌에는 '시근취'(《물보》, 1802), '싀근치'(《한불자전》, 1880) 등이 보인다. '시근취'는 '시근츼'에서 제3음절의 모음 'ㅢ'가 'ㅟ'로 변한 어형이고, '싀근치'는 '시근치'에서 제1음절의 모음 'ㅣ'가 'ㅢ'로 변한 어형이다. 《한불자전》(1880)에서 '싀근치'를 '酸菜(산채)'로 기술한 것을 보면, 형용사 '싀다(시다, 酸)'에 이끌려 제1음절의 모음이 그렇게 변한 것이 아닌가 한다.

20세기 초의 《조선어사전》(1920)에는 '시근치'가, 《조선어사전》(1938)에는 '시금치'와 '싱금초'가 올라 있다. '시금치'가 비로소 사전에까지 오른 것이다. '시금치'는 '시근치'가 '시근츼'를 거쳐 '시근치'로 변한 뒤에 나타난 어형이다. 'ㄴ'이 'ㅁ'으로 변한 것이 특이한데, 이러한 변화는 'ᄀᆞ초다'가 '곰초다(감추다)'로, '진재(긴 고개)'가 '짐재'로, '준자리'가 '잠자리'로 변한 예에서도 확인되어 전혀 어색하지 않다. 현대국어 사전에는 중국어 차용어 '시금치' 이외에 한자어 '마아초(馬牙草), 적근채(赤根菜), 파릉채(菠薐菜)'도 올라 있다.

억새
'억새'는 억센 풀이 아니다

10월의 마지막 주 어느 날 소슬바람을 맞으며 아내와 함께 제주도 애월의 '새별오름'에 올랐다. 오름(山)의 비탈을 타고 내린, 햇솜처럼 부풀어 오른 은빛 억새가 파도처럼 일렁이고 있었다. 그야말로 억새의 바다였다. 바람에 실려 오는 억새의 비릿한 풀냄새를 맡고 서 있노라니 몸과 마음이 한순간에 맑아졌다.

현재 제주에서는 '억새'를 '어웍' 또는 '어웍새'라 한다. '어웍새'가 17세기 말의 《역어유해》(1690)에 나오고 있어 제주어가 얼마나 보수적인 말인지 이로써도 실감할 수 있다. '어웍새'는 '어웍'과 '새'가 결합하여 만들어진 말이다. 그런데 '어웍'의 어원은 알기 어렵다. 다만 경상 방언에 '억새'가 '어벅새'로 나타나는 것을 보면, '어웍'은 '어벅'에서 변한 어형임을 알 수 있다. '어벅새'가 '어벅새'를 거쳐 '어웍새'로 변하는 것은 아주 자연스럽다.

'어웍새'의 '새'는 '풀(草)'의 뜻인 것이 분명하다. 풀이름 '기름새, 나래새, 솔새, 오리새' 등에 보이는 '새' 또한 그러한 것이다. '새'는 '띠, 억새'와 같은 볏과 식물을 통틀어 이르는 말이다. "새 잎에 눈 다치랴"에서 보듯 '새'가 속담에도 이용된 것을 보면, 한때 흔히 쓰이던 말이었음을 알 수 있다. 이 속담은 새(草) 잎에 귀한 눈을 다칠 리 없다는 뜻으로, 하찮은 것에 해를 입을 리 없음을 비유적으로 이를 때 쓴다.

풀과 나무

그러나 지금 '새'는 단독으로 잘 쓰이지 않는다. 앞에 제시한 '기름 새, 나래새' 등과 같은 특정 풀이름에나 흔적을 남기고 세력을 잃었다. 물론 '새별오름'에 보이는 '새'까지 '풀'의 뜻으로 보아서는 안 된다. 여기서의 '새'는 '東(동)'의 뜻이어서 '새별'은 '새벽녘 동쪽에서 뜨는 별', 곧 '금성(金星)'을 가리키며, 현재는 사이시옷이 들어간 '샛별'로 표기한다.

　'어웍새'의 '새'가 '풀(草)'의 뜻이므로 그 앞에 붙은 '어웍'은 일반 풀과 억새와의 차이를 드러내는 변별 요소라 볼 수 있다. 그러나 그것이 어떤 의미인지는 알기 어렵다. 제주 방언 '어웍'에서 보듯 본래 '어웍' 자체가 '억새'를 지시했을 수도 있는데, 그렇다면 '어웍새'의 '새'는 '어웍'이 풀의 일종이라는 사실을 강조하기 위해 덧붙인 요소가 된다.

　17세기의 '어웍새'는 '어욱새, 웍새'를 거쳐 '억새'로 변한다. '억새'가 19세기 문헌에 보인다. '억새'의 줄기가 억세다는 점에 이끌려 '억새'를 '억세다'에서 온 말로 보기도 하나, 그 이전 어형들을 고려하면 전혀 이치에 닿지 않음을 알 수 있다.

　현대국어에서는 '억새' 이외에 '억새풀'이라는 단어도 쓰인다. 이는 '억새'에 '새'와 의미가 같은 '풀'을 덧붙인 동의 중복형 합성어다. 고유어 '새'가 '풀'을 뜻한다는 사실을 모르고, '억새'가 풀의 일종이라는 사실을 강조하기 위해 '억새'에 '풀'을 덧붙인 겹말이다. '억새'가 무성한 곳이 '억새밭'이며, '억새밭'보다 더 우거진 곳이 '억새숲'이다.

엄나무
엄니 모양의 가시를 품은 나무

'엄나무'는 오래전부터 한반도에서 자생한 토종 나무다. 어린 순(개두릅)은 식용하고 나무껍질은 약용하여 더없이 유익하다. 요즘에는 삶은 닭과도 음식 궁합이 잘 맞아 삼계탕에도 약재로 이용된다. 이런 삼계탕을 일명 '엄나무삼계탕'이라 한다.

'엄나무'는 15세기 문헌에 '엄나모'로 처음 보인 이후 여러 문헌에 자주 나온다. 이로써도 '엄나무'가 우리와 아주 친숙한 나무였음을 알 수 있다. 그럼 '엄나모'는 어떤 의미를 갖는가?

이에 대해 식물학계에서는 대체로 '엄'을 한자 '嚴'으로 보고, '엄나모'를 '줄기에 가시가 날카롭게 나 있어 엄하게 보이는 나무'로 해석한다. 그런데 줄기에 난 가시가 날카로워 위협적으로 보일지는 몰라도, 그것으로 인하여 나무 자체가 엄하게 보인다는 인식은 좀 과해 보인다. 곧 '엄'이 한자 '嚴'이 아닐 가능성이 있다는 것이다. 또한 '엄나무'의 '엄'의 성조는 상성인데 한자 '嚴'의 성조는 평성으로 성조가 다르다는 점에서도 '엄'이 한자 '嚴'일 가능성은 낮아 보인다. 한편 '엄'을 '새싹'의 뜻으로 보아 '엄나모'를 '새싹이 돋는 나무'로 해석하기도 한다. 그런데 '새싹'과 이 나무가 무슨 관계에 있을까를 생각하면 이와 같은 설은 더더욱 받아들이기 어렵다.

'엄'의 어원은 이 나무를 '牙木(아목)'이라 하는 점에 주목해보면 어렵지 않게 풀 수 있다. '牙木'은 본래 우리말 '엄나모'에 대한 차자 표

풀과 나무

기였을 것으로 추정되는데, 일찍이 한자어화한 것으로 이해된다. 한자 '牙(아)'는 보통 '어금니'를 뜻한다. 그런데 '牙'에 대응되는 '엄'은 중세국어에서 '어금니'와 더불어 '엄니'라는 의미도 있었다. '코끼리, 호랑이, 사자, 멧돼지' 등의 크고 날카로운 이가 바로 '엄니'다. '엄나모'의 '엄'은 바로 '엄니'를 가리킨다. 나무줄기에 '엄니'처럼 생긴 크고 날카로운 가시가 있어서 그러한 의미의 '엄'을 이용하여 나무 이름을 만들었다고 본다. '엄나모'의 '엄'과 '엄니'를 뜻하는 '엄'의 성조가 상성(上聲)으로 일치한다는 점도 '엄'을 '엄니'로 볼 수 있는 중요한 근거가 될 수 있다.

'엄나모'는 '나모'가 '나무'로 변함으로써 '엄나무'가 된다. 그리고 '엄나무'는 고모음화하여 '음나무'로 변한다. '엄나무'가 '음나무'로 변한 것은 '고더름'이 '고드름'으로, '어험'이 '어흠'을 거쳐 '어음'으로, '처엄'이 '처음'으로 변한 것과 같아서 자연스럽다.

현재 '엄나무'와 '음나무'는 복수 표준어인데, 이 가운데 '음나무'를 주표제어로 삼고 있다. 〈국가식물표준목록〉에서도 '음나무, 엄나무, 개두릅나무, 당엄나무, 멍구나무, 엉개나무'와 같은 여러 명칭 가운데 '음나무'를 추천 명칭으로 정하고 있다. 식물학계에서 '음나무'를 공식 명칭으로 삼은 것이다.

'음나무'는 '자동(刺桐), 해동(海桐)'이라고도 한다. '자동(刺桐)'은 오동나무와 비슷하되 가시가 있어서, '해동(海桐)'은 오동나무와 비슷하되 바닷가에서 잘 자라서 붙여진 이름이다. 특히 나뭇잎이 오동나무의 그것과 흡사하다.

옥수수(玉--)
옥구슬같이 동글동글한 알맹이가 맺히다

'옥수수'는 남미가 원산지다. 15세기 말 콜럼버스가 유럽에 전한 뒤 포르투갈 항해자들이 인도와 중국으로 퍼뜨린 것으로 알려져 있다. 우리나라에는 16세기경 중국을 통해 들어왔다고 한다. 농서(農書)인 《금양잡록》(1492)에 '옥수수'가 나오지 않는 것을 보면, 15세기에는 이것이 국내에서 재배되지 않았음을 추정할 수 있다.

'옥수수'는 17세기 문헌에 '옥슈슈'로 처음 보인다. '옥슈슈'에 대해서는 중국어 '玉蜀黍(옥촉서)'를 차용한 말로 보는 것이 일반적이다. 그런데 굳이 곰파보면 '옥슈슈'의 '옥'은 한국식 한자음을, '슈슈'는 '蜀黍(촉서)'에 대한 근세 중국어 음을 반영한 것이어서 결국 반쪽만 중국어를 차용한 셈이 된다. 옥수수 알이 구슬처럼 동글동글하고 빛나기에 '수수'를 뜻하는 '蜀黍(촉서)'에 '玉(옥)'을 붙여 그것과 변별한 것으로 이해된다. '蜀黍(촉서)'는 '玉蜀黍(옥촉서)'보다 일찍이 중국어 음(슈슈) 그대로 우리말에 들어와 지금 '수수'로 남아 있다. '수수'와 '옥수수'는 다른 식물이다. 17세기의 '옥슈슈'는 제2, 3음절의 모음이 단모음화하여 '옥수수'로 변한다.

'옥수수'는 식물 이름뿐만 아니라 거기에 달리는 열매 이름으로도 쓰인다. 열매 '옥수수'는 주로 쪄서 먹는다. 쫄깃한 식감, 달콤한 맛으로 우리의 입맛을 금방 사로잡는다. 거기에 출출한 배까지 채워주니 여름철 간식거리로 이만한 것이 없다.

최근 들어 식물 이름으로서의 '옥수수'를 '옥수수나무'라 칭하기도 한다. 이는 초본(草本, 지상부가 연하고 물기가 많아 목질을 이루지 않는 식물)인 '옥수수'를 목본(木本, 줄기나 뿌리가 비대해져서 질이 단단한 식물)으로 잘못 이해하고 만든 이름이다. 또한 식물에 달리는 열매만을 따로 '옥촉서'라 부르기도 한다. 이는 '玉蜀黍' 전체를 한국식 한자음으로 읽은 것이다. 결국 '옥수수'는 식물(옥수수나무)과 열매(옥촉서)를 아우르나 '옥수수나무'는 식물만을, '옥촉서'는 열매만을 지시하여 세 단어의 지시 범주가 다르다.

　　'옥수수'와 같은 식물 이름으로 '강냉이'가 있다. 이는 '강낭이'의 'ㅣ' 모음 역행동화 형태이며, '강낭이'는 '강남이'에서 변한 것이다. '강남이'의 '강남'은 중국의 '江南(강남)' 지역을 가리킨다. '강남이(江南-)'는 옥수수가 중국의 양쯔강 남쪽 지역에서 들어온 식물이어서 붙여진 이름이다. '강냉이' 또한 한때 식물과 더불어 열매를 지시했으나 지금은 열매만을 지시한다. 최근에는 '옥수수 열매를 튀긴 것'도 '강냉이'라 하여 또 한 차례의 의미 변화를 겪었다.

이팝나무

쌀밥 같은 꽃이 피는 나무

우리 학교 캠퍼스 정문에서 중앙도서관에 이르는 중앙로에는 전에 없던 나무가 줄지어 심겨 있다. 봄이 한참 지날 때까지도 이 나무가 어떤 종류인지 잘 몰랐는데, 5월부터 피기 시작한 하얀 꽃을 보고서야 '이팝나무'라는 것을 알게 되었다. 요즘 이팝나무는 가로수의 수종(樹種)으로 아주 인기가 높다. 그러나 대학의 중앙로에도 이 나무가 어울리는지는 고개가 갸우뚱해진다.

이 나무는 토종 수목이지만 그 명칭은 옛 문헌에 잘 나타나지 않는다. 아마도 그 초기 어형은 '니팝나모'가 아니었을까 한다. '니팝나모'는 '니팝'과 '나모(나무)'가 결합된 어형이며, '니팝'은 '니ㅎ'와 '밥'이 결합된 어형이다. '니밥나모'가 아니라 '니팝나모'로 나타난 것은 '니ㅎ'의 말음 'ㅎ' 때문이다. 'ㅎ'과 'ㅂ'이 만나 'ㅍ'이 된 것이다.

'니ㅎ'의 단독 용례는 옛 문헌에서 발견되지 않는다. 다만 '니뿔(稻米)', '닛딥(稻草)' 등과 같은 합성어 속에서 그 흔적을 찾을 수 있으며, 그 본래 의미는 '벼(稻)'였다. 그런데 '니ㅎ'는 '니밥(이밥)', '니쥭(이죽, 입쌀로 쑨 죽)' 등에서 보듯 '입쌀'을 뜻하기도 했다. 이로 보면 '니ㅎ'는 '벼'라는 식물을 가리키다가 거기서 나오는 '곡식 낱알'까지 가리키게 된 것으로 이해된다. '니팝'의 '니ㅎ'도 '입쌀'의 뜻이어서 '니팝'은 '입쌀밥'이라는 뜻이다. '니팝'은 '이팝'으로 이어졌으나 표준어는 아니며, 표준어는 '이밥(입쌀로 지은 밥)'이다. "이밥에 고깃국", "이밥이면 다 젯

밥인가"라는 표현 속의 '이밥'이 바로 그것이다. 다만 '이팝나무'에서 만큼은 '이팝'을 인정하고 있다. '이팝나무'는 '니팝나모'가 '이팝나모'를 거쳐 나온 어형이다.

　나무 이름을 만드는데, '니팝'을 이용한 이유가 무엇인지 궁금하다. 그 이유는 아마도 이 나무에 피는 꽃의 모양과 관련이 있어 보인다. 이팝나무에 흐드러지게 피는 흰 꽃이 마치 소복하게 쌓인 쌀밥과 같아 보여서 '니팝'을 이용하여 나무 이름을 만든 것으로 추정된다.

　물론 '니팝'을 '입하(立夏)'로 보고 입하 무렵에 꽃이 피어서 붙여진 이름으로 설명하기도 하고, 또 '니팝'을 '이씨의 밥'으로 보고 꽃이 조선 시대 왕족인 이씨나 먹을 수 있는 '쌀밥'처럼 피어서 붙여진 이름으로 설명하기도 하며, '니팝'을 '쌀밥'으로 보고 '쌀밥'을 먹느냐 못 먹느냐를 점쳐주는 나무라 하여 붙여진 이름으로 설명하기도 하나, 이들은 그야말로 속설에 불과하다.

　이렇듯 '이팝나무'에 여러 어원설이 결부되어 있는 것은, 이 나무에 우리 선조들이 얼마나 관심이 많았는지를 알려주는 동시에 또 그 어원 해석이 얼마나 어려웠는지를 말해준다.

찔레
배처럼 둥근 열매가 달린다

'찔레'에는 '찔레나무'와 '찔레의 순'이라는 두 가지 의미가 있다. 따라서 나무 이름으로는 '찔레'와 '찔레나무'가 있는 셈이다. '찔레'에 피는 꽃이 '찔레꽃'이다. "찔레꽃 붉게 피는 남쪽 나라 내 고향, 언덕 위에 초가삼간 그립습니다"라는 대중가요 속의 '찔레꽃'은 '때찔레', 곧 '해당화(海棠花)'를 가리켜, 하얀 꽃인 '찔레꽃'과는 다른 것이다. 하얀 찔레꽃은 모내기철인 음력 5월에 피는데, 그리하여 그 무렵에 드는 가뭄을 특별히 '찔레꽃가뭄'이라 한다.

'찔레' 하면 우선 먼저 떠오르는 것이 '가시'다. 이 나무의 줄기에 갈퀴 같은 가시가 많이 나 있어서다. 그래서 대부분의 식물학자들은 '찔레'의 어원을 동사 '찌르다'와 관련해서 설명한다. '찌르다'의 경상 방언이 '찔레다'이고, 또 '찌르다'의 어간 '찌르-'에 접미사 '-에'가 붙으면 '찔레'로 나타날 수 있어 이와 같은 설명이 그럴듯해 보이기는 하지만, '찔레'에 대한 중세국어 어형을 고려하면 전혀 신뢰할 수 없다.

'찔레'는 15세기 초의 《향약채취월령》(1431)에 '地乙梨(지을리)'로 차자 표기되어 나온다. '地乙梨(지을리)'는 우리말 '딜뷔'를 한자를 빌려 표기한 것이며, 이는 '딜'과 '뷔'로 분석된다. 그런데 아쉽게도 '딜'의 어원은 알기 어렵다. '딜'을 중세국어 '디르다(찌르다)'와 연계하여 설명하기도 하나 전혀 신빙성이 없다. '뷔'는 '梨(리, 배)'의 뜻이다. 차자

풀과 나무

표기 '地乙梨(지을리)'에서 굳이 '梨' 자를 선택한 것은 '딜뵈'가 '배(梨)'의 하나라는 사실을 인식한 결과다. 아마도 '찔레'의 열매가 배처럼 둥글게 생겨서 '비'를 이용하여 명명한 것으로 이해된다. 작은 '배'처럼 생긴 '찔레'의 열매는 10월에 빨갛게 익는다. 이렇게 보면 '딜뵈'는 본래 열매 이름이었음을 알 수 있으며, 이것이 일찍이 나무 이름으로 전용된 것으로 추정된다.

15세기의 '딜뵈'는 이후 '딜외', '딜위', '질위', '질뤼', '질늬', '질네', '찔네'를 거쳐 '찔레'로 정착한다. '찔레'가 사전으로는 《조선어사전》(1938)에 처음 올라 있다. '딜뵈'가 '찔레'로 크게 변하면서 '비(梨)'와의 유연성(有緣性)이 거의 상실되어 그 어원을 밝히기가 더욱 어렵게 되었다.

19세기 문헌에는 '나무'가 붙은 '찔늬나무'가 보인다. 이는 '질늬'의 된소리화 어형인 '찔늬'에 '나무'를 덧붙인 어형이다. '나무'를 포함하는 이름이 언제 등장했는지는 정확히 알 수 없으나 적어도 19세기 이전인 것은 분명하다. '찔레나무'가 사전으로는 《큰사전》(1957)에 처음 올라 있다.

'찔레'를 '들장미, 야장미(野--)'라고도 한다. 이들은 '찔레'를 일종의 '장미'로 보고 만든 이름이다. 방언에 '황소나물'(평북)도 있는데, 이는 황소가 찔레의 부드러운 순을 잘 먹어서 붙여진 이름이다.

함박꽃
큰 박처럼 탐스러운 꽃이 핀다

봄철 내내 연구실 앞쪽 화단에서는 여러 꽃이 다투어 피고 졌다. 그 많은 봄꽃 가운데는 붉은빛을 띤 채 환하게 웃는 '함박꽃'도 있었다. 연구실의 탁한 공기를 피하여 화단에 나서면 함박꽃이 활짝 웃는 모습으로 반겨주곤 했는데, 그런 함박꽃이 6월이 되자마자 싹 자취를 감추었다.

'함박꽃'은 여러해살이풀인 '작약'에 피는 꽃이다. 물론 깊은 산골짜기에서 자라는 '함박꽃나무'에 피는 '함박꽃'도 있다. '작약'에 피는 '함박꽃'과 '함박꽃나무'에 피는 '함박꽃'은 모양은 조금 다르나 단어가 갖는 의미는 같다.

'함박꽃'은 '함박'과 '꽃'이 결합된 말이다. '함박'은 '한박'의 자음동화 형태이며, '한박'은 형용사 '하다(大)'의 관형사형 '한'과 명사 '박'이 결합된 어형이다. '한'은 '한길(넓은 길)'(《번역소학》, 1518), '한비(큰비)'(《용비어천가》, 1447), '한새(황새)'(《역어유해》, 1690), '한쇼(황소)'(《용비어천가》, 1447) 등에서 보듯 단어 만들기에 적극적으로 이용되었다. '박'은 본래 '한해살이 덩굴풀'과 '그 열매'를 가리킨다. 또한 그 열매로 만든 '바가지'를 가리키기도 한다.

이렇게 보면 '한박', 곧 '함박'은 '큰 박' 또는 '큰 바가지'라는 뜻이다. "함박 시키면 바가지 시키고 바가지 시키면 쪽박 시킨다(윗사람이 아랫사람에게 무슨 일을 시키면 그도 자기의 아랫사람을 불러 일을 시킨다는 말)"와 같은 속담 속의 '함박'은 '큰 바가지'라는 의미로 쓰인 것이다. '함박'은 보통의 바가지보다 큰 바가지이고, '쪽박'보다 훨씬 큰 바가지임을 알 수 있다. 곧 '함박'과 '쪽박'은 정반대 개념이다. '바가지'를 뜻하는 '함박'이 전남 방언에서 확인된다.

'함박꽃'의 '함박'은 '큰 박'의 뜻이어서 '함박꽃'은 '큰 박처럼 크고 탐스러운 꽃'으로 해석된다. '함박꽃'을 이것에서 '꽃'을 생략한 채 '함박'이라고도 한다. 합성어 '함박눈, 함박웃음'의 '함박'도 그러한 것이다. '함박눈'은 '함박꽃 송이처럼 굵고 탐스러운 눈'이고, '함박웃음'은 '함박꽃 송이처럼 크고 환하게 웃는 웃음'이다.

그런데 현재 '함박'은 '큰 박'이나 '큰 바가지'라는 의미로 쓰이지 않는다. '함박꽃(작약의 꽃)'이라는 의미로만 쓰인다. '함지박(통나무의 속을 파서 큰 바가지같이 만든 그릇)'을 뜻하는 '함박'도 있는데, 이는 '함지박'에서 '지'가 생략된 어형이어서 '한박'에서 변한 '함박'과는 성격이 다르다.

화단의 함박꽃이 사라진 지 오래되었건만 자꾸 그쪽으로 눈길이 간다. 꽃은 사라졌어도 그 꽃을 피우는 작약은 여전하다. 작약이 그대로 있기에 내년 5월이 되면 다시 크고 탐스러운 함박꽃을 볼 수 있으리라.

9장
육체와 정신, 생리와 질병과 죽음

감질나다

'감질(疳疾)'이라는 병이 나면 자꾸 먹고 싶어진다

우리말에는 '관용구'가 변용되어 한 '단어'로 굳어진 예가 적지 않다. 관용구에 쓰인 주격 조사 '이/가'나 목적격 조사 '을/를'이 생략되면서 생겨난 현상이다. '감질나다'도 이에 해당하는데, 이는 '감질이 나다'라는 관용구에서 주격조사 '이'가 생략된 뒤 단어화한 것이다.

지금은 '감질이 나다'라는 표현이 좀 어색하지만, "옥희는 그 말을 듣더니 감질이 나셔 밧삭 디드러 안즈며(옥희는 그 말을 듣더니 감질이 나서 바싹 대들어 앉으며)"(김교제, 《현미경》, 1912)에서 보듯 한때 일상적으로 쓰던 표현이었다. '감질이 나다'의 '감질'은 한자어 '疳疾'이다. '감질(疳疾)'은 '젖이나 음식 조절을 하지 못하여 어린아이에게 생기는 병'으로, '감병(疳病)'과 같은 뜻이다. 이 병에 걸리면 얼굴이 누렇게 뜨고 몸이 여위며, 목이 마르고 배가 아프면서 만성 소화불량이나 영양장애 등의 증상을 보인다.

'나다'는 '生(생)'의 뜻이다. '병이 나다', '탈이 나다' 등에 쓰인 '나다'와 같은 것이다. 그렇다면 '감질이 나다'는 본래 '감질이라는 병이 생기다'의 뜻이다. '감질'이 나면 배가 불러 끓고 소화불량 증상이 나타나지만 속이 헛헛하여 무엇이든 먹고 싶어진다. 그러나 먹고는 싶은데 소화가 잘 되지 않아 내 풀로(내 마음대로) 먹지도 못한다. 욕구는 있으나 그것을 충족하지 못하는 것이다. 그리하여 '감질이 나다'에 '무엇이 먹고 싶거나 가지고 싶거나 한데 그 욕구를 충족하지 못하여

육체와 정신, 생리와 질병과 죽음

애를 태우다'와 같은 비유적 의미가 생겨날 수 있다. 곧 그 본래의 의미가 아닌 제3의 의미를 새로 얻은 것이다. 앞에서 예로 든 신소설 《현미경》에 나오는 '감질이 나다'가 그러한 의미로 쓰인 것이다.

그러나 사전에서는 '감질이 나다'를 관용구로 처리하지 않는다. 이것을 대신하는 것이 이로부터 단어화한 '감질나다'다. 여기서 흥미로운 점은 '감질나다'는 더 이상 '감질이라는 병이 생기다'라는 그 본래의 의미로 쓰이지 않고 비유적 의미로만 쓰인다는 것이다. '감질나다'가 비유적 의미를 띠면서 그 어원을 밝히기 어렵게 된 것이다.

'감질나다'는 한꺼번에 욕구가 충족되지 못하고 조금씩 맛만 보게 되어 더더욱 먹고 싶을 때, 또는 무엇을 몹시 알고 싶거나 어떤 일을 간절히 하고 싶어 애태울 때 등에 잘 어울린다. "감질나게 조금씩 내오지 말고 한꺼번에 다 내왔으면 한다"나 "감질나게 굴지 말고, 태도를 분명히 밝혀라"와 같이 쓸 수 있다.

그런데 요즘 '감질나다'를 '간질나다' 또는 '감질맛나다'로 잘못 쓰기도 한다. '간질나다'는 '감질'을 '간질병'의 '간질'과 혼동하여 나타난 것이고, '감질맛나다'는 '감질'을 '감칠맛나다'에 이끌려 '감질맛'으로 대체한 결과 나타난 것이다. 어형이 유사한 단어가 있으면 자꾸 그 단어에 이끌려 본모습을 잃는 일이 잦다.

고뿔
감기에 걸리면 코에서 불이 난다

요즘(2018년 2월) 병원마다 감기 환자가 넘쳐난다고 한다. 살인적인 한파(寒波)가 계속되고 농도 짙은 미세 먼지가 기승을 부리고 있으니 감기에 걸릴 수밖에 없는 최악의 환경이다. 약을 먹어도 몇 주는 족히 고생해야 그나마 조금 차도가 있는 것이 요즘 감기다.

'감기'는 한자어 '感氣'로, '(찬) 기운에 감염되다'라는 뜻이다. '感氣(감기)'는 우리나라에서 만들어진 한자어일 가능성이 높다. 중국에서는 '感冒(감모)'라는 단어를 썼다. '감모(感冒)'가 일찍이 우리말에 들어와 활발히 쓰였으나 지금은 '감기(感氣)'에 밀려나 거의 쓰이지 않는다.

'감기'를 순우리말로는 '고뿔'이라 한다. '고뿔'은 현대의 국어사전에도 올라 있고, 문학 작품에도 나오지만 실제 언어생활에서는 잘 쓰이지 않는다. 이 또한 '감기'라는 한자어에 세력을 빼앗긴 결과다. 지금은 "감기 고뿔도 남은 안 준다(감기까지도 남에게 주지 않을 만큼 지독하게 인색하다는 말)", "남의 염병이 내 고뿔만 못하다(남의 괴로움이 아무리 크다고 해도 자기의 작은 괴로움보다는 마음이 쓰이지 아니함을 비유적으로 이르는 말)", "정승 될 아이는 고뿔도 안 한다(장차 훌륭한 인재가 될 아이는 어려서부터 남다른 데가 있음을 비유적으로 이르는 말)" 등의 속담이나 '고뿔앓이', '돌림고뿔(전염성이 있는 감기)', '고뿔들다('임신하다'의 속어)' 등과 같은 합성어 속에서나 그 명맥을 유지하고 있다.

육체와 정신, 생리와 질병과 죽음

고유어 '고뿔'은 역사가 아주 깊다. 16세기 문헌에 '곳블'로 처음 보이는데, 오래전부터 그렇게 쓰여 왔을 것이다. '곳블'은 명사 '고ㅎ(鼻, 코)'와 '블(火, 불)' 사이에 사이시옷이 개재된 어형이다. '고ㅎ'와 '블'의 성조가 거성(去聲)이고 '곳블'의 성조가 '거성 + 거성'으로서 성조가 같다는 점 또한 이러한 설명을 뒷받침한다. 이에 따르면 '곳블'은 '코에서 나는 불'로 해석된다. 감기에 걸리면 콧물이 줄줄 흐르고 심해지면 코까지 막혀 급기야 코에서 뜨거운 열기가 나는데, 이와 같은 '코감기'의 증상에 주목하여 '곳블'이라 명명한 것이다.

16세기의 '곳블'은 제2음절의 모음이 원순모음으로 바뀌어 '곳불'이 된다. '곳불'에서 제2음절의 어두음이 된소리로 발음 나는 것을 반영한 표기 형태가 현재의 '고뿔'이다. 현재 '고뿔'은 한자어 '감기'에 밀려나 세력을 거의 잃었으나 힘을 몰아주어 소생시켰으면 한다.

'감기'를 속되게 이르는 말에 '개좆부리'가 있다. 전남 방언에서는 '개좆머리'라고 하는데, 그렇다면 '머리'에 대응하는 '부리'는 '주둥이'를 뜻한다고 볼 수 있다. 콧물이 나고 기침을 하는 '감기'가 지저분한 병이어서 그와 같은 성격의 '개좆(개의 생식기)'을 이용하여 명명한 것이다. '개좆부리'를 줄여서 '개좆불'이라고도 한다.

골로 가다
사람이 죽으면 깊은 골(골짜기)에 묻힌다

요즘 유행하는 '골로족'을 아는가? '골로족'은 '욜로족(인생을 후회 없이 즐기자는 사람들)'처럼 살다가는 '골로 간다'고 하여, 최대한 돈을 아끼기 위해 여러 방법을 동원하는 젊은이들을 가리킨다고 한다. 이는 '골로 가다'의 '골로'에 접미사 '-족(族)'을 결합한 아주 이상한 말이다.

'골로족'이라는 말의 근간이 되는 '골로 가다'는 '죽다'를 속되게 이르는 말이다. '골로 가다'니 그럼 '골'은 무엇인가? 여러 어원사전에서는 '골'을 '棺(관)'을 뜻하는 옛말로 본다. '골'을 그렇게 보면, '골로 가다'는 '관 속으로 들어가다'가 된다. 죽어서야 관 속으로 들어가므로 '관 속으로 들어가다'가 '죽다'는 비유적 의미로 발전할 수 있다고 본 것이다. 그러나 '관(棺)'은 한정된 공간이기에 '棺'의 '골'을 이용한다면 '골로 들어가다'로 표현하는 것이 자연스러워 이러한 어원설은 좀 의심스럽다.

또한 인터넷 공간에서는 '골'을 관용구 '고택골로 가다'에 쓰인 '고택골'에서 '고택'이 생략된 어형으로 보고 있다. '고택골'은 서울시 은평구 신사동에 해당하는 마을의 옛 이름인데, 이곳에 공동묘지가 있었다고 한다. 공동묘지가 있는 '고택골'로 가는 것은 죽어서 묻히기 위한 것이므로 '고택골로 가다'에 얼마든지 '죽다'는 비유적 의미가 생겨날 수 있다. 그러나 과연 '고택골로 가다'에서 '고택'이 생략되어 '골로 가다'가 만들어질 수 있는지는 좀 더 고민을 해보아야 한다.

육체와 정신, 생리와 질병과 죽음

‘골로 가다’의 ‘골’은 ‘谷(곡, 골짜기)’의 뜻이 아닌가 한다. 사람이 죽으면 대체로 깊은 골짜기에 묻혔고, 또 늙고 병들면 멀리 떨어진 골짜기에 버려졌기 때문이다. 그리고 ‘골로 가다’와 같은 의미의 관용구인 ‘고택골로 가다’, ‘북망산으로 가다’에서 보듯, ‘가다’의 목적어로 ‘고택골’, ‘북망산’과 같은 무덤이 있는 구체적 장소 명사가 온다는 점도 ‘골’이 ‘谷(곡)’일 가능성을 뒷받침한다.

시인 조지훈(1920~1968)은 〈「사꾸라」론〉(1964)에서 ‘골로 가다’의 ‘골’을 ‘谷(곡)’의 뜻으로 보되, 6·25동란 때 인민군이 우익을, 국군이 좌익을 골짜기로 끌고 가 학살하거나 생매장하면서 생겨난 말이라고 주장한다. 이러한 주장이 성립하려면 이 말이 6·25동란 이후부터 쓰인 것이어야 한다. 그런데 지금으로서는 이 말이 언제부터 쓰였는지 정확히 알 수 없다. 정말 6·25동란 이후 쓰인 말인지 더 세심히 살펴보아야 할 것이다.

골짜기로 가는 것이 죽어서 묻히기 위해서거나 늙고 병들어 죽음을 맞기 위해서라면, 또는 누구를 죽여서 묻기 위해서라면 ‘골로 가다’에 ‘죽다’는 비유적 의미가 생겨난 것은 자연스럽다. 그런데 ‘골로 가다’는 ‘뒈지다’, ‘거꾸러지다’와 같이 ‘죽다’에 대한 속된 말이어서 쓰기에 거북하다. ‘돌아가다’, ‘눈을 감다’, ‘숨을 거두다’ 등과 같은 순화된 표현을 쓰면 무난하다.

곱창
지방 성분으로 이루어진 창자

소의 작은창자를 '소창(小腸)' 또는 '곱창'이라 한다. '소창'은 생소하나 '곱창'은 익숙하다. 북한에서는 '곱창'을 '곱밸'이라 한다. '곱창'과 '곱밸'은 '곱'을 공유한다는 점에서 눈에 띈다.

그럼 '곱'은 무엇인가? '곱'을 형용사 '곱다(曲)'의 어간으로 보고, '곱창'을 '굽은 창자'로 해석하는 사람들이 의외로 많다. 소의 작은창자가 꼬불꼬불하기에 '곱창'의 '곱'을 그렇게 보는 것도 무리는 아니나 정답은 아니다.

'곱'은 15세기 문헌에도 나오는데, '동물의 지방'을 뜻했다. 현대국어 '눈곱, 곱똥, 곱돌' 등에 보이는 '곱'도 그러한 것이다. 그런데 현대국어에서 '곱'은 단독으로 더 이상 '동물의 지방'이라는 의미로 쓰이지 않는다. '헌데에 끼는 골마지 같은 물질' 또는 '이질에 걸린 사람의 똥에 섞여 나오는 희거나 피가 섞인 끈끈한 물질'이라는 아주 특수한 의미를 띠고 있다.

이렇듯 '동물의 지방'을 뜻하던 '곱'이 특수한 의미로 변한 것은 '기름'이라는 단어의 강력한 견제 때문이다. 동물뿐만 아니라 식물, 광물의 지방까지 아울러 지시하는 '기름'이 동물의 지방만을 제한적으로 지시하는 '곱'의 세력을 약화시켜 결국 의미 변화의 길로 유도한 것이라는 판단이다. 이는 달리 말하면, '곱'이 '기름'과의 유의 경쟁을 피하여 의미 변화의 길을 택했다는 것이다.

육체와 정신, 생리와 질병과 죽음

한편 '창'은 중국어 '腸'에서 온 말이다. 이는 '腸'의 중국어 근세음을 받아들인 것으로 추정된다. '소창(小腸)'과 '대창(大腸, 소의 큰창자)'의 '창'도 그러한 것이다.

'곱밸'의 '밸'은 '배알'이 줄어든 말이며, '배알'은 중세국어 '비술ㅎ'로 소급한다. '비술ㅎ'은 '비(腹)'와 '술ㅎ(飢)'이 결합된 형태로 '배 속의 살'이라는 뜻이다. 곧 '창자'를 가리킨다. 이로써 '곱창'과 '곱밸'은 의미가 같은 단어임이 드러난다.

'곱'이 '동물의 지방'을 뜻하고, '창'이 중국어 '腸'이므로, '곱창'은 '지방으로 된 창자' 또는 '지방분이 많은 창자'로 해석된다. 소의 작은창자가 지방질로 뒤덮여 있어서 '곱'을 이용하여 그렇게 이름을 붙인 것이다. 유달리 기름이 많이 배어 나오는 '곱창구이'나 국물이 기름으로 뒤덮이는 '곱창전골'을 먹어본 사람이라면 '곱창'이 지방 덩어리라는 사실을 쉽게 수긍할 것이다.

'곱창구이'나 '곱창전골'은 술안주로 아주 인기가 높다. 그리하여 이들만 전문으로 파는 체인점이나 포장마차가 많다. 그런 포장마차를 '곱창마차'라고 한다. 요즘 곱창 집에서는 '양곱창'이라는 특별한 고기를 팔기도 한다. '양곱창'은 '양'과 '곱창'이 결합된 말이며, '양'은 '소의 위장'을 뜻한다. '소의 위장'과 '소의 작은창자'가 '양곱창'이다.

기침
지금은 쓰이지 않는 동사 '깇다'가 있었다

'콧물과 코막힘', '목 부위의 통증', '기침', '미열', '근육통'은 흔하게 나타나는 감기 증상이다. 이러한 증상에 따라 감기를 '코감기', '목감기', '기침감기', '열감기', '몸살감기' 등으로 나누어 부른다. 이 가운데 '기침감기'는 물론 기침이 나오는 증상의 감기다. 감기에 의한 '기침'에는 '마른기침(강기침)'과 '젖은기침' 두 종류가 있는데, '가래'가 나오느냐 그렇지 않느냐에 따라 나뉜다.

'기침'이라는 단어는 역사가 제법 깊다. 이미 15세기 문헌에 '기츰'으로 보이고 있어서다. '기츰'은 동사 '깇다'의 어간 '깇-'에 명사를 만드는 접미사 '-음'이 결합된 어형이다. 동사 '깇다'는 '기침하다'의 뜻이어서, 이 말에서 '기침'을 뜻하는 명사가 파생되어 나오는 것은 아주 자연스럽다. 그런데 동사 '깇다'의 어원은 밝히기 어렵다.

동사 '깇다'는 근대국어까지 쓰이다가 사라졌다. 지금은 북한어에서나 확인할 수 있다. "미곡상은 으험으험 기침을 깇으며 바지 괴춤을 추슬러 올렸다"(박유학, 《그리운 조국 산천》, 1985)에 보이는 '깇다'가 바로 그것인데, '기침'과만 어울려 나타나는 문법적 제약이 있다. 그만큼 단어 세력이 약해진 것이다.

'깇다'가 서울말에서 사라진 이유는 같은 의미를 지니는 '기츰ᄒ다'와 오랜 세월에 거쳐 경쟁을 해왔기 때문이다. '기츰ᄒ다' 또한 15세기 문헌에 보이는데, 이는 동사 '깇다'로부터 명사 '기츰'이 만들어

육체와 정신, 생리와 질병과 죽음

진 뒤에 나타난 것이므로 '깄다'보다는 역사가 깊지 않다.

15세기의 '기츰'은 '기침'으로 변한다. '기침'이 19세기 문헌에 처음 보인다. '거츨다'가 '거칠다'로, '아츰'이 '아침'으로 변한 예에서 보듯, 'ㅊ' 아래에서 'ㅡ'가 'ㅣ'로 변하는 현상은 자못 일반적이었다.

명사 '기츰'이 '기침'으로 변하면서 동사 '기츰ᄒ다'도 '기침하다'로 변한다. 북한에서도 우리와 같이 '기침하다'를 쓰고 있다. 북한에서는 '깄다'도 쓰므로 결국 두 동사를 쓰는 셈이다. 그런데 '깄다'가 '기침'이라는 동족(同族) 목적어와만 제한적으로 어울리는 것을 보면, '기침하다'가 더 일반적임을 알 수 있다. '기침하다'보다는 잘 쓰이지 않지만 북한어가 '깄다'를 여전히 보존하고 있는 것을 보면, 북한어가 보수적이라는 사실을 이로써도 알 수 있다.

북한의 평북 지역에서는 '기침하다'와 같은 의미의 동사로 '기침깄다'를 쓰고 있다. 이는 명사 '기침'과 동사 '깄다'가 결합된 형태로, 중세국어 '기츰깃다'에 닿는다. 그러니 단어의 역사가 제법 깊다고 볼 수 있다. 북한의 특정 지역에 '기침깄다'가 남아 있는 것으로도 북한어의 보수성을 엿볼 수 있다.

꼬락서니

'꼴'이 말이 아니면 '꼬락서니'가 된다

서울에서 공부하던 청년 시절, 청주 고향에 내려가면 우선 아버님께 큰절로 인사를 올려야 했다. 그때 얼굴이 좀 수척해 보이면 근엄하신 아버님께서는 "어째 꼬닥서니가 그러냐?"라고 걱정을 하셨다. 애정 어린 말씀이었지만 듣기에 조금은 거북했는데, 그 이유는 '꼬닥서니'라는 말 때문이었다.

'꼬닥서니'는 '꼬락서니'의 충청도식 발음이고, '꼬락서니'는 '꼴'을 낮잡아 이르는 말이다. 곧 비어(卑語)인 것이다. 비어가 섞여 있으니 철부지 아들은 아버님 말씀이 좀 거슬렸던 것이다. '꼬락서니'라는 말은 일찍부터 쓰였을 것이나 20세기 이전의 문헌에는 나타나지 않는다. 이 말이 비어라 주로 구어에서 쓰였을 것이므로 우연히 문헌에 나타나지 않은 것으로 보인다.

'꼬락서니'는 사전으로는 《조선어사전》(1938)에 처음 보인다. 그런데 이 사전에서는 '꼬라구니'를 주표제어로, '꼬락서니'와 '꼴막서니'를 부표제어로 삼고 있다. 반면 《조선말큰사전》(1947)에서는 '꼬락서니'를 표준어로, '꼬라구니'와 '꼴막서니'를 비표준어로 정하고 있어 역전된 모습이다. 이는 지금도 마찬가지다.

'꼬락서니'에 대해서는 대체로 '꼴'에 접미사 '-악서니'가 결합된 형태로 설명한다. '꼴'은 15세기 문헌에 '골'로 나오며, 이때의 '골'은 '사물의 모양새'를 지시했다. '골'이 '꼴'로 변한 뒤에 의미 가치가 떨어져 낮잡는 말이 된 것으로 이해된다.

'-악서니' 전체를 접미사로 내세울 수 있는지는 좀 의심스럽다. '꼬락서니' 외에는 이와 같은 접미사를 쉽게 발견할 수 없기 때문이다. '-악서니'는 기원적으로 보면 접미사 '-악'과 '-서니'가 결합된 형태일 수 있다. '꼴'에 먼저 접미사 '-악'이 결합되어 '꼴악'이 되고, 다시 거기에 접미사 '-서니'가 결합되어 '꼬락서니'가 된 것이 아닌가 한다. '꼴악'의 흔적이 '꼬락서니'를 뜻하는 평북 방언 '꼬락'에 남아 있고, 접미사 '-서니'가 '철딱서니'에서 확인된다.

그런데 현재는 '꼬락서니'보다 '꼬라지'라는 말이 더 흔히 쓰인다. "네 꼬라지를 알아라"라는 문장의 '꼬라지'를 '꼬락서니'로 대체하면 좀 어색한데, 그만큼 '꼬라지'의 의미 가치가 더 부정적이기 때문일 것이다. '꼬라지'는 방언형이니 마냥 쓸 수는 없으나, 워낙 흔히 쓰이고 있어서 조만간 표준어의 자격을 얻게 될지도 모른다.

'꼬라지'는 '꼴'에 접미사 '-아지'가 결합된 어형이다. 여기서 '-아지'는 '보가지', '보라지'(볼'의 방언), '싸가지'('싹수'의 방언) 등에 보이는 '-아지'와 같이 비하(卑下)의 의미를 담고 있다. 이러한 비하의 의미는 '강아지, 망아지, 송아지' 등에 보이는 '-아지'가 갖는 '작은 것'이라는 의미에서 파생된 것이다. 작으면 하찮게 여겨지고 깔보이기 때문에 얼마든지 비하의 의미가 생겨날 수 있다.

뒈지다

뒤집어지면 죽을 수도 있다

인생에서 '죽음'은 '삶'에 못지않은 중요 관심사다. '죽음'에 대한 지대한 관심은 언어에도 그대로 투영되어 다양한 죽음 관련어를 만들어냈다. 이런 말들은 맞이하는 죽음이 어떤 종류냐에 따라 달리 선택된다. '고귀한' 죽음이면 '돌아가시다, 작고하다, 별세하다, 타계하다, 귀천하다' 등이, '하찮은' 죽음이면 '거꾸러지다, 뒈지다, 뻗다, 골로 가다, 고택골로 가다, 밥숟갈을 놓다' 등이 선택된다.

이들 '죽음'과 관련된 말 가운데 가장 속된 말은 아마도 '뒈지다'가 아닌가 한다. '나가 죽어라'와 '나가 뒈져라', '맞아 죽었다'와 '맞아 뒈졌다'를 비교해보면 '뒈지다'가 얼마나 막되고 상스러운 말인지 금방 알 수 있을 것이다. 그런데 '뒈지다'가 본래부터 '죽다'에 대한 속된 말로 쓰인 것은 아니다. 처음에는 다른 의미로 쓰이다가 '죽다'는 의미를 나중에 얻은 것이다. 또한 그 어형도 처음부터 '뒈지다'가 아니었다.

'뒈지다'에 대한 중세국어는 확인되지 않는다. 우리가 볼 수 있는 가장 이른 시기의 것은 17세기 문헌에 나오는 '뒤어디다'다. '뒤어디다'는 동사 '뒤다'의 활용형 '뒤어'와 동사 '디다'가 결합된 어형이다. '뒤다'는 중세국어 '드위다'로 소급하며, '틀어지거나 구부러지다'의 뜻이다. 현대국어에 '뒤다'가 남아 있으나 잘 쓰이지 않는다. '디다'는 '落(낙)'의 뜻으로 현대국어에 '지다'로 남아 있다. 이렇게 보면 '뒤어디다'는 '뒤집어지다' 정도의 의미를 띤다고 볼 수 있다.

17세기의 '뒤어디다'는 같은 시기 문헌에 '뒤여디다'로 나오기도 한다. 이들은 구개음화하여 '뒤어지다'와 '뒤여지다'로 변한다. 또한 의미도 '뒤집어지다'에서 '죽다'로 변한다. "뒤여질 놈"(《광재물보》, 18××), "져 경칠놈이 여긔셔 뒤어지면 우리가 큰일이 날 터이니"(김교제, 《목단화》, 1911)에서 보듯 '뒤여지다, 뒤어지다'가 '놈'과 같이 쓰이는 것을 참작하면 의미가 변하면서 속된 말이 된 것으로 추정된다. '뒤집어지다'에서 '죽다'로의 의미 변화는 뒤집어지면 죽을 수도 있기 때문에 그렇게 어색해 보이지 않는다.

'죽다'는 의미를 새로 얻은 '뒤어지다'와 '뒤여지다'가 20세기 초 문헌까지도 보인다. 그러다가 '뒤어지다'는 축약되어 '뒈지다'로 변한다. '뒈지다'는 나도향의 소설 〈쌍〉(1925)에서 확인된다. 사전으로는 '뒈지다'가 《조선어사전》(1938)에 처음 올라 있으며, '뒤어지다'에 대한 부표제어로 되어 있다. 반면 《조선말큰사전》(1949)에서는 '뒈지다'를 표준어로 삼고, '뒤어지다'를 비표준어로 처리하고 있다. 한편 '뒤여지다'는 현재 제주 방언에서 명맥을 유지하고 있다. '죽다'의 속된 말인 '뒈지다'가 '뒤집어지다'라는 의미의 '뒤어디다'에서 온 말이라고 하니 흥미롭지 않은가.

맨발

아무것도 없는 '맨–'과 '민–'

얼마 전부터 '맨발 걷기'를 시작했다. 고비늙은 몸을 되돌리기 위한 어쩔 수 없는 고육책이다. 맨발 걷기는 혈액 순환, 뇌 운동, 활성산소 배출 등에 효과가 있다고 하니 이보다 좋은 운동은 없어 보인다. 맨발 걷기는 말 그대로 신과 양말을 벗은 상태의 발로 흙을 밟고 걷는 운동이다. '맨발'이라는 것과 '흙' 위를 걷는다는 것이 핵심이다.

'맨발'은 '아무것도 신지 아니한 발'이다. 이러한 의미는 '맨발'의 '맨'의 어원을 살펴보면 쉽게 드러난다. '맨발'은 17세기 문헌에 '민발'로 보인다. 아마 그 이전 시기에도 '민발'이었을 것이다. '민발'은 명사 '발(足)'에 접두사 '민–'이 결합된 형태다. '발'은 15세기에서도 '발'이었으나 그 어원은 알기 어렵다. 다만 '발'을 뜻하는 골디어 'palgan', 에벤키어 'halgan', 아이누어 'paraure' 등과 어형이 유사하여 상호 비교될 만하다.

접두사 '민–'은 '미다'의 관형사형 '민'에서 온 것으로 추정된다. 관형사형이 접두사로 굳어지는 일은 흔하다. '민발'뿐만 아니라 '민밥(맨밥)'(《번역노걸대》, 1517), '민믈(맹물)'(《언해두창집요》, 1608), '민손(맨손)'(《동국신속삼강행실도》, 1617) 등에 보이는 '민–'도 접두사로 쓰인 것이다.

'미다'는 제1음절의 모음에서만 차이가 나는 '믜다'와 함께 쓰였다. '민머리(대머리)'(《역어유해》, 1690), '민비단'(《번역노걸대》, 1517), '믠산(민둥산)'(《한청문감》, 1779) 등에 보이는 '믠–'은 '믜다'의 관형사형 '믠'이 접두

육체와 정신. 생리와 질병과 죽음

사화한 것이다.

접두사 '민-'과 '믠-'의 의미는 '미다'와 '믜다'의 의미를 통해 파악할 수 있다. '미다'는 문헌에 나타나지 않아 그 의미를 정확히 알 수 없으나, '믜다'는 여러 용례를 통해 '(털이) 빠지다', '아무것도 없다'는 의미를 띠었음을 알 수 있다. '미다' 또한 이와 유사한 의미를 띠지 않았나 한다. 접두사 '민-'과 '믠-'은 이들 의미에 준하여 '아무것도 없는'의 뜻을 더한다고 볼 수 있다. 그리하여 '민발'은 '아무것도 신지 않은 발', '민밥'은 '반찬이 없는 밥', '민믈'은 '아무것도 타지 않은 물'로, '믠머리'는 '털이 없는 머리', '믠비단'은 '꾸미지 않은 비단', '믠산'은 '아무것도 없는 산'으로 해석된다.

접두사 '민-'은 '맨-'으로 변하여 '다른 것이 없는'의 뜻을 더하고, 접두사 '믠-'은 '민-'으로 변하여 '꾸미거나 딸린 것이 없는', '그것이 없음 또는 그것이 없는 것'의 뜻을 더한다. '맨발, 맨밥', '민머리, 민비단, 민산' 이외에 '맨다리, 맨땅, 맨주먹', '민얼굴, 민가락지, 민꽃, 민소매' 등에서 보듯 '맨-'과 '민-'을 이용한 단어가 의외로 많다. 특이한 것은 '민믈'의 경우 '맨물'이 아니라 '맹물'로 남아 있다는 점이다. '민믈'이 '밍물'을 거쳐 '맹물'이 된 것이다.

'맨발 걷기'를 이제 막 시작했으니 그 효험은 아직 경험하지 못했다. 무엇이든 꾸준히 해야 결과가 나온다. 오늘도 맨땅을 찾아나서 본다.

사랑

오랫동안 생각하면 사랑이 싹튼다

얼마 전 필자의 강의를 듣는 학생들에게 어원이 궁금한 단어 열 개
만 들어보라고 했다. 학생들이 적어낸 자료를 추려보니 '사랑'이라는
단어가 맨 앞에 있었다. 20대 청춘에게는 무엇보다 남녀 간의 '사랑'
이 소중할 테니, 이 말의 어원 또한 궁금했으리라 짐작이 된다.

'사랑'은 15세기 문헌에도 나올 정도로 오래된 말이다. 이때의 어
형은 '스랑'이었으며, '愛(애, 사랑)'와 '思(사, 생각)'의 의미를 띠었다. 이
가운데 '思'가 그 본래의 의미였다.

'스랑'이 '思(사)'의 의미를 띠었다는 점을 중시하여 이것이 한자어
'스량(思量, 생각하여 헤아림)'에서 온 것이라는 주장이 제기된 바 있다. 물
론 이러한 주장은 15세기 이전에 '량'의 모음 'ㅑ'가 'ㅏ'로 변하는 것
이 쉽지 않다는 점에서 의심을 받기도 한다. '스량(思量)' 설을 의심하
는 쪽에서는 '사랑'을 과감하게 고유어로 설명한다. 곧 '사랑'을 고유
어 '사람, 삶, 살림, -살이' 등과 같은 무리로 묶을 수 있는 단어로 보
는 것이다. 그러나 고유어 설은 한자어 '스량(思量)' 설에 비해 미덥지
않다.

최근 학계에서는 '사랑'이 한자어 '스량(思量)'에서 왔다는 설에 더
큰 무게를 두고 있다. 15세기 문헌에 한문 원문의 '思量'을 '스랑'으로
번역한 예가 나오고, 한문 원문의 '愛'를 '思量'으로 변역한 예가 나오
고 있어서다. '思量=스랑', '愛=思量'의 등식은 '스랑'이 한자어 '스량

육체와 정신, 생리와 질병과 죽음

(思量)'에서 왔다는 심증을 굳히게 한다.

중세국어 '스랑'이 한자어 '스량(思量)'에서 온 것이라면, 이것이 '思(사)'의 의미를 띠는 것은 당연하다. '愛(애)'는 바로 '思(사)'에서 파생된 의미여서 이질적인 것이 전혀 아니다. '思(사)'에서 '愛(애)'로의 의미 변화는 아주 자연스럽다. 오랫동안 생각하여 애틋한 마음이 들면 그리워지기 마련인데, 그것이 다름 아닌 '愛(애)'이기 때문이다.

15세기의 '스랑'은 '사랑'으로 변한다. 한편 16세기 이후에는 의미 변화의 기미도 엿보인다. '思(사)'와 '愛(애)'에서 점차 '愛(애)' 쪽으로 기울어지는 경향을 보이다가 급기야 17세기 이후에는 아예 '愛(애)'로 국한된다. 이른바 의미 축소에 의한 의미 변화를 겪은 것이다.

현대국어 사전에는 '사랑'과 비슷한 의미의 단어로 '굄(유난히 귀엽게 여겨 사랑함)'도 올라 있다. '굄'은 중세국어 '괴다(사랑하다)'에서 파생된 명사로 본래부터 '愛(애)'의 의미를 띠던 것이다. 지금은 '사랑'에 밀려나 잘 쓰이지 않는다. 오히려 '굄'보다 '다솜'이 더 많이 쓰인다. '다솜'은 중세국어 '돗다(사랑하다)'와 관련된 어형인데, 명사가 아니라 명사형이어서 사전에 실려 있지는 않으나 이 말의 어감이 특별해서인지 몰라도 아름다운 우리말 목록에 단골로 올라온다.

손님
손님처럼 정중히 모셔야 할 병, '천연두'

'손님'에는 무려 일곱 가지 의미가 달려 있다. 지금은 쓰이지 않는 '궁중에서, 상궁이 바느질 따위의 시중드는 일로 사사로이 부리는 여자'라는 의미를 제외해도 여섯 가지나 된다. 이들 의미 가운데 중심이 되는 의미는 물론 '다른 곳에서 찾아온 사람'이다.

이러한 의미에서 '영업장소에 찾아온 사람', '결혼식이나 장례식에 참석하러 온 사람', '공연이나 전시회 따위를 구경하러 온 사람', '영업 행위를 하는 교통편을 이용하는 사람', '천연두(天然痘)'라는 의미로 변한 것이다. 그런데 이들 의미 가운데 '천연두'는 좀 생경하다. 어떻게 하여 '손님'에 이러한 의미가 생겨난 것인지 궁금하다. 이에 대한 답은 '손님'과 '천연두'가 어떤 연관성이 있는지를 살펴보면 어렵지 않게 구할 수 있다.

천연두는 지금이야 지구상에서 사라졌지만, 오랫동안 인간을 괴롭혀온 바이러스성 감염병이다. 우리의 경우 조선 시대만 해도 40여 회 넘게 유행했다고 하며, 그 규모도 대단히 컸다고 한다. 이 병에 걸렸다가 운 좋게 살아남는다 하더라도 피부에 많은 흉터가 생기고 심하면 실명까지 했다. 천연두를 '열사흘부스럼'이라고 하는 것만 보아도 피부 발진으로 인한 흉터가 이 병의 특징임을 알 수 있다. 필자가 어렸을 때만 해도 천연두를 앓아 얼굴이 얽은 이른바 '곰보, 얽보'를 심심찮게 볼 수 있었다.

육체와 정신, 생리와 질병과 죽음

천연두가 아주 무서운 병이기에 두려워 떨기도 했고, 또 도무지 인간의 힘으로는 어찌할 수 없는 병이기에 체념하고 그저 받들어 모시기도 했다. 이러한 '공포심'과 '경외심'에서 '손' 또는 '손님'과 같은, 에둘러 표현하는 완곡어(婉曲語)가 발달한 것이다. 그런데 굳이 '손' 또는 '손님'을 택한 것은 '천연두'를 '손님'처럼 정중히 모셔야 할 대상으로 인식했기 때문이다. '천연두'를 '손님'처럼 정성껏 모시면 병을 피해갈 수 있고 또 병에 걸려도 피해를 최소화할 수 있다고 믿었다.

　'천연두'를 대접하기에는 '손님'만으로 부족하여 이것에 '마마'를 덧붙인 것이 '손님마마'다. '마마'는 '동궁마마, 대비마마, 상감마마' 등에서 보듯 왕 및 왕족과 관련된 명사 뒤에 붙어 존대의 뜻을 나타내던 말이다. '천연두'를 지시하는 '손님'에 이러한 의미의 '마마'를 덧붙인 이유는, 병마를 최고로 높여서라도 달래보려는 간절한 마음에서였다. '천연두'를 '마마'라고도 하는데, 이는 아마도 '손님마마'에서 '손님'이 생략된 것이 아닌가 한다.

　'천연두'를 지시하는 단어에 '손, 손님, 손님마마, 마마, 열사흘부스럼' 이외에도 '두역(痘疫), 백세창(百世瘡), 역신(疫神), 역질(疫疾), 역환(疫患), 천행두(天行痘), 호역(戶疫)' 등도 있다. 한 돌림병에 이렇게 많은 이름이 붙어 있는 것을 보면, 이 병에 대한 관심이 얼마나 지대했는지를 짐작할 수 있다.

쓸개
맛이 써서 '쓸개'가 아니다

'쓸개'는 간에서 분비된 쓸개즙을 저장하는 가지 모양의 주머니다. 주머니 모양이라 '담(膽)'이나 '담즙'에 '낭(囊, 주머니)'을 붙여 '담낭, 담즙낭'이라고도 하고, '쓸개'에 '주머니'나 '자루'를 붙여 '쓸개주머니, 쓸개자루'라고도 한다. 물론 일상에서는 '쓸개'가 널리 쓰인다.

'쓸개'는 15세기 문헌에 '쓸게'로 보인다. 이 시기에는 '쓸게'와 같은 의미의 단어로 '열'도 있었다. '열'은 한동안 '쓸게'와 함께 쓰이다가 사라졌다. 현재 '열뜨다(마음이 안정되지 못하여 주변 일에 우왕좌왕하다)', '열없다(담이 작고 겁이 많다)' 등에 흔적을 남긴 채 강원, 경기, 평안 방언으로만 존재한다. 이런 지역에서는 '웅담(熊膽, 곰의 쓸개)'을 '곰열'이라 한다. 오늘날 '혼(魂)'을 뜻하는 '얼'도 이 '열'에서 온 것이다.

'쓸게'의 어원에 대해서는 대체로 '쁨(고)'의 '쓰다(쁘다)'와 관련하여 설명한다. '쓰다'의 관형사형 '쁠'에 접미사 '-게'가 결합되었다고 보는 것이다. 이런 설명은 쓸개즙이 매우 쓰다는 점에 근거한 것이어서 의미론적으로는 타당해 보이지만, 조어론적인 측면에서는 문제가 있다. 형용사의 관형사형에 접미사 '-게'가 붙는다는 것은 우리말 조어법에 맞지 않기 때문이다. '쁠'이 만약 관형사형이라면 그 뒤에는 접미사가 아닌 체언이 와야 한다.

'쓸게'가 '쓰다'에서 파생된 명사라는 설을 의심하는 쪽에서는 이를 만주어 'silxi', 여진어 'silixi' 등과 비교되는 '슬게'에서 온 말로 본

육체와 정신, 생리와 질병과 죽음

다. '슬게'는 옛 문헌에 나타나지 않지만 제주 방언 '슬게, 실게, 실개' 등을 통해 그 존재를 추정할 수 있다. 그런데 문제는 '슬게'가 어떻게 '쓸게'로 변했는가 하는 점이다. 중세국어에서 'ㅄ'은 'ㅂ'과 'ㅅ'이 각각 발음이 나는 이른바 어두자음군(語頭子音群)이어서 'ㅅ'과는 음성적으로 다른 것이기 때문에 단순히 '슬게'가 '쓸게'로 변했다고 설명할수는 없다. 이에 대해 쓸개즙의 맛이 쓰기에 '쓰다'를 연상하여 '슬게'를 '쓸게'로 바꾼 것이라고 설명하기도 한다. 그러나 '슬게'의 어원이 무엇이냐 하는 점은 여전히 의문으로 남는다.

　15세기의 '쓸게'는 17세기 말 문헌에 '쓸개'로 변해 나온다. '쓸게'가 '쓸개'로 변한 것은 'ㅔ'와 'ㅐ'가 이중모음에서 단모음으로 바뀐 뒤상호 혼동되었기 때문이다. '쓸개'는 어두자음군 'ㅄ'이 된소리로 변한 뒤에 '쓸개'로 표기되기도 한다. 현재와 같은 '쓸개'는 18세기 말문헌에 보인다.

　한편 15세기의 '쓸게'는 일부 지역 방언에서는 'ㄹ' 뒤의 'ㄱ'이 'ㅇ'으로 교체되어 '쓸에'로 변하기도 한다. '쓸에'가 '쓰레'를 거쳐 현재강원, 전북 등지의 방언에 '쓰래, 씨래'로 남아 있다. 지역에 따라 'ㄹ'뒤에서 'ㄱ'을 유지하기도 하고 그렇지 못하기도 한 것이다. '쓸개'에대한 '쓰래'는 '날개(날- + -개)'에 대한 '나래'의 관계와 같아서 흥미롭다. '쓸게'가 '쓸에'로 변하기도 한 것을 보면, '쓸게'가 어간 '쓸-'에 접미사 '-게'가 결합된 어형일 수도 있다는 생각을 해본다. 'ㄹ' 말음을가진 어간 뒤의 'ㄱ'은 'ㅇ'으로 교체되는 것이 일반적이기 때문이다. 그러나 그것이 어간 '쓸-'이라 하더라도 그에 대한 마땅한 정보는 없다. '쓸개'의 어원론은 아직 갈 길이 멀다.

어이없다

정신이 없으면 어이가 없어진다

사전에서는 '어이'를 '엄청나게 큰 사람이나 사물'로 풀이하고, 그 동의어로 '어처구니'를 대응하고 있다. 그런데 '어이'를 어떤 근거로 이렇게 풀이한 것인지 궁금하기 짝이 없다. 부정어 '없다'와만 어울려 나타나는 '어이'에서 그러한 의미가 전혀 감지되지 않기 때문이다.

'어이'를 '엄청나게 큰 사람이나 사물'로 풀이한 것은 형용사 '어이없다'가 '어처구니없다'와 같은 의미를 띠자 '어이'까지 '어처구니'와 같은 의미로 착각했기 때문으로 이해된다. 이는 명백한 오류다. 사전의 의미 기술에서도 간혹 이와 같은 어이없는 일이 벌어진다.

'어이'가 '어처구니'와 전혀 다른 의미를 띤다는 사실은 그 기원형을 찾아 형태 구조를 분석해보면 어렵지 않게 알 수 있다. '어이없다'는 16세기 문헌에 '어히없다'로 보이는데, 이는 '어히 없다'라는 구(句) 구조에서 어휘화한 것이다. '어히'는 명사 '엏'에 주격조사 '이'가 결합된 주격형이다. '어히 없다'가 '어히없다'로 어휘화한 것은 'ㄱᅀᅵ 없다'가 'ㄱᅀᅵ없다(가이없다)'로 어휘화한 것과 같다.

그런데 명사 '엏'는 옛 문헌에서 발견되지 않으며, 현대국어에도 흔적이 남아 있지 않다. 다만 중세국어 부사 '어흐로'를 통해 그 존재와 의미를 추정할 수 있을 뿐이다. '어흐로'는 명사 '엏'에 조사 '으로'가 결합된 어형으로, "보낼 길히 업거든 어니 어흐로 보내리"(순천김씨 묘 출토 간찰, 15××)에서 보듯 언제나 '어니(어느)'와 함께 나타난다. '어니

어흐로'는 '어떤 정신으로', '어떤 정신에', '무슨 정신이 있어' 정도로 해석되어 '엏'는 '정신'이라는 의미에 가깝다. 이에 따르면 '어히없다'는 본래 '정신이 없다'가 된다. 정신이 없으면 어찌할 바를 모르고 당황하게 되는데, 이 같은 어리둥절하고 황당한 상태를 '어히 없다'라 표현한 것이다. '어히 없다'가 '어히없다'로 어휘화한 뒤에 모음 사이에서 'ㅎ'이 탈락하여 '어이없다'가 된다.

'어이없다'에 대한 어원 의식이 희박해지면서 급기야 '어이'를 주격형이 아니라 명사로 오인하게 되었을 것이다. 우리말에는 주격형이 명사로 굳어진 예가 적지 않아 '어이'를 명사로 착각하는 일은 이상하지 않다. '나ㅎ(나이)'의 주격형인 '나히(나ㅎ + ㅣ)'가 명사로 인식된 것도 그러한 예다. '어이'가 명사로 인식되면서 그것에 주격조사 '가'가 연결된 '어이가 없다'라는 표현까지 만들어진다. '어이가 없다'의 '어이' 또한 기원형인 '엏'와 같이 '정신'이라는 의미로 이해할 수 있다. 요즘 많이 쓰이는 '어이 상실'이라는 표현 속의 '어이'도 굳이 따지면 그러한 의미로 해석되지 않나 한다.

이로써 '어이'는 '어처구니'와는 전혀 관계가 없는 말임이 드러난다. 곧 '엄청나게 큰 사람이나 사물'이 아니라는 것이다. 이제 사전의 의미 기술을 과감히 수정해야 할 것이다.

얼

쓸개가 빠지면 얼빠진 사람이 된다

"우리는 민족중흥의 역사적 사명을 띠고 이 땅에 태어났다. 조상의 빛난 얼을 오늘에 되살려, 안으로 자주독립의 자세를 확립하고, 밖으로 인류 공영에 이바지할 때다." 이는 1968년 반포된 '국민교육헌장'의 도입부다. 초등학생 시절 이 '헌장'을 억지로 외운 덕에 '얼'이란 다소 무거운 단어를 알게 되었다. 당시 '얼'이란 말이 어린 마음에도 묵직한 울림으로 다가왔다.

'얼'에 대해 일찍이 국어학자 양주동(1903~1977) 선생은 '어리석음'을 뜻하는 '얼'에서 온 것으로 설명했다. 동사 '얼빠지다'를 우연히 '넋 빠지다'라는 구(句)와 대비함에 따라 '어리석음'을 뜻하는 '얼'이 '넋', 곧 '혼(魂)'의 의미를 띠게 된 것이라는 설명이다. 이 설은 무엇보다 '얼빠지다'의 '얼'이 '어리석음'을 뜻한다는 것이 전제되어야 하나, 그럴 가능성은 낮아 보인다.

'얼'에 대한 이러한 어원설은 상당 기간 학계의 정설이 되다시피 했다. 필자도 한때 이러한 설을 별 생각 없이 받아들인 적이 있다. 그러다가 양주동 선생의 글을 재차 읽다가 어원에 대한 안목이 좀 생겨서인지 몰라도, '얼빠지다'의 '얼'이 '어리석음'을 뜻하는 단어가 아닐 수 있다는 의심을 하게 되었다. 옛 문헌에서 '얼빠지다'의 이전 어형인 '열쌔지다'를 찾은 후로는 더욱 그러한 의심을 굳혔다.

'열쌔지다'는 '열이 쌔지다'라는 구(句)에서 온 단어다. 여기에서 '열'

육체와 정신, 생리와 질병과 죽음

은 놀랍게도 육부(六腑)의 하나인 '쓸개'를 가리킨다. 현재 '열'은 '쓸개'에 밀려나 강원, 평안 등의 일부 지역에서나 쓰이고 있다. 이런 지역에서는 '웅담(熊膽)'을 '곰쓸개'가 아닌 '곰열'이라 한다. '열'이 '쓸개'를 뜻하므로 '열이 빠지다'의 표면적 의미는 '쓸개가 빠지다'가 된다. 그러나 속뜻은 이와 크게 다르다.

동양 철학이나 의학에서는 '쓸개'를 '정신', '주체', '용기' 등을 관장하는 기관으로 인식한다. 줏대 없는 사람을 '쓸개 빠진 사람'이라 하지 않는가. 그리하여 '열이 빠지다'에 '정신이 빠지다', '줏대가 없다'와 같은 비유적 의미가 생겨날 수 있다. 그 표면적 의미와는 엄청나게 달라진 것이다.

'열이 빠지다'가 비유적 의미를 띠게 되자 여기에 쓰인 '열' 또한 자연스럽게 '정신', '줏대'라는 비유적 의미를 띠게 된다. '얼'은 바로 이러한 의미의 '열'에서 변한 말이다. '얼'이 20세기 초 문헌부터 보이기 시작하므로 그렇게 역사가 있는 단어는 아니다.

고품격 단어인 '얼'이 겨우 신체 부위의 하나인 '쓸개'를 뜻하는 '열'에서 왔다니 좀 떨떠름할지 모른다. 그러나 말은 그 형태든 의미든 간단없이 변하는 것이어서 어찌해볼 도리가 없다.

얼굴
얼굴은 '얼'을 담은 그릇이 아니다

우리나라 사람들은 의외로 우리말과 글에 관심이 많다. 더러는 전문가인 양 지나치게 훈수를 두기도 한다. 특히 어원 문제에서는 더욱 그러하다. 필자는 이를 아주 나쁘다고는 생각하지 않는다. 자기 나름대로 상상의 나래를 펴는 것도 적극적인 언어활동의 일환이기 때문이다.

그런데 영향력 있는 사람이 엉뚱하게 해석한 자기만의 어원설을 대중에게 설파할 때는 문제가 된다. 예를 들어 대중 강연에서 어떤 유명한 한의사가 안면(顔面)의 혈(穴) 자리를 언급하다가 이해를 돕기 위해 '얼굴'을 '혼이 깃든 꼴' 또는 '영혼을 담은 그릇'으로 해석하여 전달했다면 문제다. 강연을 듣는 대부분의 청중은 이를 곧이곧대로 듣고 믿어버리기 때문이다. 꼭 누가 이렇게 말해서가 아니라 실제 이러한 어원설이 널리 퍼져 있다.

'얼굴'을 '혼이 깃든 꼴'로 해석한 것은 '얼'을 '혼(魂)'을 뜻하는 '얼'로, '굴'을 '꼴'을 뜻하는 '골'의 변화형으로 보았기 때문이다. 그러나 이러한 어원설은 '혼(魂)'을 뜻하는 '얼'이 20세기 이후 '쓸개'를 뜻하는 '열'로부터 변형되어 나온 것이라는 사실만으로도 부정된다. 아마도 '얼굴'이 15세기 이후 한동안 '안면(顔面)'이 아니라 '몸 전체', '형상', '형체', '틀' 등을 지시했다는 점을 알았다면 이러한 주장은 나오지 않았을 것이다.

육체와 정신, 생리와 질병과 죽음

국어학자 중에서도 이와 같은 엉터리 어원설을 주장하는 사람이 있어 누구를 탓할 처지가 못 된다. 비전문가가 국어학자의 잘못된 해석을 어쩌다 듣고 그렇게 주장한 것이라면 국어학자의 책임이 크다. 아쉽게도 우리 학계는 아직 '얼굴'의 어원을 명쾌히 밝히지 못하고 있다. '얼굴'이 본래 '몸 전체', '틀' 등을 지시하던 단어라는 사실을 염두에 두고, 동사 '얽다(이리저리 걸다)'의 어간 '얽-'과 명사 '울'이 결합된 어형일 가능성을 언급하는 정도에서 그치고 있다. '얼'을 '얽-'으로 본다 하더라도 '울'의 정체가 무엇이냐에서 걸리게 되어 이 또한 불완전한 해석일 뿐이다.

'얼굴'이 본래 '몸 전체'를 지시하고, 이와 같은 의미에서 '안면(顔面)'이라는 의미로 축소된 것이라는 사실을 밝힌 것은 그나마 다행이다. "ᄀᆞ난아히ᄅᆞᆯ 보니 얼굴리 녕감 ᄀᆞᆺ자온 ᄃᆡ 만코(갓난아이를 보니 얼굴이 영감 같은 데 많고)"(진주하씨 묘 출토 간찰, 16××)에서 보듯 17세기의 '얼굴'에서 변화된 의미가 목격된다. '얼굴'이 지니던 본래의 의미는 합성어 '문얼굴(문틀)'에서나 확인할 수 있다.

'안면(顔面)'으로 의미가 변한 '얼굴'은 '놏(낯)'과 동의어가 된다. '놏'은 15세기 이래 보이는데, 17세기 이후 '안면(顔面)'이라는 의미를 놓고 '얼굴'과 경쟁하면서 '낯'으로 이어졌다. 현재 '얼굴'에 비해 세력이 약할 뿐만 아니라 '낯바닥, 낯바대기, 낯짝' 등과 같은 비속어를 만드는 데까지 이용되어 의미 가치도 상당히 떨어졌다. '얼굴' 때문에 '낯'의 처지가 말이 아닌 것이다.

염병할(染病-)
전염병에 대한 공포와 혐오

'염병'은 한자어 '染病'이다. '染病(염병)'의 글자 그대로의 뜻은 '전염성이 있는 병'이다. 곧 '돌림병, 전염병'과 같은 말이다. 요즘 창궐하는 코로나19는 현대판 염병이라 할 만하다. 염병은 특별히 장티푸스를 가리키기도 한다. 예전에 가장 흔하고 무서운 돌림병이 장티푸스였기 때문에 '돌림병'을 지시하는 '염병'이 그러한 특수한 의미를 덤으로 얻은 것이다. 장티푸스를 앓는 사람을 낮잡아 '염병쟁이'라고 한다.

장티푸스는 티푸스균이 창자에 들어가 일으키는 급성 감염병이다. 치료약이 없던 시절에는 이 병에 한번 걸리면 고열과 설사에 시달리다 비참하게 죽었다. 그리고 이 병은 전염성이 강하여 삽시간에 주변 사람들에게 옮겨가 마을 전체를 죽음으로 내몰았다. 그러므로 이 병에 대한 두려움이나 공포, 혐오감이 얼마나 컸을까 짐작이 간다. '몹시 심하게 쓰는 때'를 '염병때'라 하는데, 이로써도 '염병'이 얼마나 무섭고 치명적인 병이었는지 짐작할 수 있다.

이 병에 대한 혐오감이 '염병'을 이용한 '염병할 놈', '염병에 땀을 못 낼 놈', '염병할' 등과 같은 심한 욕까지 만들어냈다. '염병할 놈'은 '걸리면 곧 죽을 염병이나 앓을 놈'이라는 뜻으로, 특정 상대를 심히 미워하고 저주하는 욕이다. '염병에 땀을 못 낼 놈'은 '염병은 땀을 내야 낫는데 염병을 앓으면서도 땀도 못 내고 죽을 놈'이라는 뜻으로,

육체와 정신, 생리와 질병과 죽음

이 또한 특정 상대를 저주하는 데 초점이 놓여 있다.

'염병할'은 좀 특별하다. 특정 상대를 미워하고 저주하는 욕이 아니라 마음에 들지 않아 매우 못마땅한 상황을 한탄하는 넋두리 같은 욕이기 때문이다. "염병할, 왜 이렇게 무거워!"에서 '염병할'의 욕으로서의 기능이 잘 드러난다.

'염병할'은 '염병할 놈'에서 후행하는 '놈'이 생략되어 만들어진 욕이다. '오라질 놈', '오사랄 놈', '육시랄 놈', '떡을 할 놈'에서 후행 요소 '놈'이 생략되어 '오라질', '오사랄', '육시랄', '떡을할'이라는 욕이 만들어지듯, '염병할 놈'에서 '놈'이 생략되어 '염병할'이라는 욕이 만들어지는 것은 자연스럽다.

여기서 대단히 흥미로운 점은 특정 상대를 저주하는 욕에서 후행 요소 '놈'이 생략되면 특정 상황을 한탄하는 욕으로 기능이 전환된다는 것이다. 이 정도면 우리말 욕의 생성도 규칙적이라 할 만하다. 이런 규칙을 찾아내는 것도 우리말을 공부하는 작은 즐거움이 아닌가 한다.

콩팥
콩을 닮은 모양, 팥을 닮은 색깔

'콩팥'은 배의 등 쪽에 쌍으로 있는, 강낭콩 모양의 비뇨기과 장기다. 몸 안에 생긴 노폐물을 걸러 내어 소변을 통해 몸 밖으로 배출하는 기능을 담당한다. 그리하여 '콩팥'을 우리 몸의 '정수기' 또는 '필터'라 부르기도 한다. 이에 대응하는 한자어가 '신장(腎臟)'이다.

'콩팥'은 15세기 문헌에 '콩풋'으로 보인다. 이 시기에는 '콩풋'과 더불어 '콩폿'도 있었다. '콩폿'은 '콩'과 '폿'이, '콩풋'은 '콩'과 '풋'이 결합된 어형이다. '콩'은 물론 '豆(두)'의 뜻이고, '폿'과 '풋'은 '小豆(소두)'의 뜻이다. '小豆'를 뜻하는 단어로 어형이 흡사한 '폿'과 '풋'이 공존한 점이 특이하다. 이들은 '풋ㄱ'으로 소급하는데, 'ㅈ'이 'ㄱ' 앞에서 중화(中和)하면 '폿'으로 나타나고, 'ㄱ'이 약화되어 'ㅎ'으로 변한 후 격음화하면 '풋'으로 나타난다. 이 가운데 '폿'은 15세기 이후 문헌에는 나타나지 않는다. 아울러 '폿'을 포함하는 '콩폿'도 마찬가지이다. '풋'은 '팥'으로 이어져 현재 경기 방언에 남아 있다.

15세기의 '콩풋'은 단어 뜻 그대로 '콩과 팥'이라는 뜻이다. 곡물 이름 두 개가 붙어 하나의 장기 이름이 된 것이니 아주 특별하다. 그런데 여기서 '콩'과 '팥'은 단순히 곡물을 지시하지 않는다. '콩'은 콩과 같은 모양을, '팥'은 팥과 같은 색깔을 지시한다. 장기의 모양이 강낭콩을 양옆으로 세워놓은 듯하고, 장기의 색깔이 팥 빛깔처럼 적색이기에 '콩'과 '팥'을 연상하여 '콩풋'이라 명명한 것이다. 기발한 이

육체와 정신, 생리와 질병과 죽음

름 붙이기 방식이다.

그런데 합성어의 배열에서 '콩'을 앞에 두고, '팥'을 뒤에 둔 이유가 무엇인지 궁금하다. 얼마든지 배열 순서를 바꾸어 '팥콩'이라 할 수도 있기 때문이다. '팥'이 '콩'의 일종이라는 점에서, 범위가 넓은 '콩'을 뒤에 배치하는 것이 자연스럽다고 생각하기도 하는데, 합성어 배열 순서의 일반적 원리를 고려하면 꼭 그렇게 볼 것만도 아니다. 두 단어를 결합하여 합성어를 만들 때는 '중요하고 일반적'인 것을 앞에 내세우는 심리적 원칙이 있다. 이에 따르면 당연히 더 중요하고 일반적인 곡식인 '콩'이 '팥'에 앞서 배열되는 게 자연스럽다. '모양'과 '색깔'에서 '모양'이 우선할 수 있다는 점에서도 그러하다.

15세기의 '콩퐂'은 당시의 표기 방식에 따라 '콩퐛'으로 표기되다가 '콩팟'으로 변했다. 20세기 초까지도 '콩팟'이 주류를 이루는데, 《조선어사전》(1920)에도 '콩팟'이 올라 있다. 그런데 《조선어사전》(1938)에는 '콩팟'과 제2음절의 종성에서 차이가 나는 '콩팥'이 올라 있어 주목된다.

'콩팟'의 'ㅅ(기저음은 'ㅊ')'이 'ㅌ'으로 바뀌어 '콩팥'이 된 것인데, 이는 아주 특수한 변화다. 이러한 변화는 구개음화와 관련된 현상으로 이해된다. 어간 말음이 'ㅌ'인 명사는 주격조사 '이'가 오면 구개음화하여 'ㅊ'으로 발음이 나는데, 어간 말음이 'ㅊ'인 '퐂(팣)'도 이러한 구개음화에 의해 'ㅊ'으로 바뀐 것으로 잘못 이해하고 'ㅊ'을 고쳐 'ㅌ'으로 표기하게 된 것이라는 추정이다.

학(瘧)을 떼다

'학질'이라는 무시무시한 병에서 벗어나기

'학(瘧)'은 다름 아닌 질병 이름이다. 한자 '瘧'을 자전에서 찾아보면 '학질 학'으로 나온다. '학'이 '학질(瘧疾)'임을 알 수 있다. 이는 말라리아 원충을 가진 학질모기에게 물려서 감염되는 병이어서 '말라리아(malaria)' 또는 '말라리아열'이라고도 한다. 하루씩 걸러 앓는 학질을 특별히 '하루거리' 또는 '초학(初瘧)'이라고 한다. 물론 '초학'에는 '처음으로 앓는 학질'이라는 뜻도 있다.

'학'은 조선 시대만 해도 흔하고 무서운 돌림병이었다. 의료 선교사 알렌이 1885년부터 1년 동안 제중원(濟衆院, 조선 시대에 세워진 최초의 근대식 국립 병원)에서 진료한 후 작성한 보고서에는 그가 치료한 환자 중에 말라리아 환자가 가장 많았다는 기록이 나온다. 당시 제중원에서 구할 수 있었던 학질 치료제인 금계랍(키니네)이 아주 인기가 있었다고 한다.

'학'에 걸리면 고열이 나고 설사와 구토, 발작을 동반한다. 그리고 비장(脾臟)이 부으면서 빈혈 증상까지 보인다. 무엇보다도 일정한 시간 간격을 두고 오한과 열증이 반복되는 증상을 보인다. 고열이 나기 때문에 자연히 땀을 많이 흘리는데, 그래야만 낫는다고 믿었다.

진땀을 빼든, 약을 쓰든, 굿을 하든 하여 '학'이라는 병을 몸에서 떼어내 이 병에서 벗어나는 것을 '학(을) 떼다'나 '학질(을) 떼다'라고 하였다. 물론 '말라리아(를) 떼다'나 '하루거리를 떼다'와 같은 표현은 존

육체와 정신, 생리와 질병과 죽음

재하지 않는다. '학(을) 떼다'나 '학질(을) 떼다'가 '말라리아'라는 외래어가 들어오기 훨씬 전에 생겨난 관용구임을 알 수 있다.

'학'이라는 고통스러운 병에서 벗어나기 위해서는 한동안 이불을 뒤집어쓴 채 진땀을 빼야 했다. 그리하여 '학(을) 떼다'나 '학질(을) 떼다'에 '괴롭거나 어려운 상황을 벗어나느라고 진땀을 빼다'라는 비유적 의미가 생겨날 수 있다. "귀찮게 자꾸 꼬치꼬치 캐묻는 바람에 아주 학질을 뗐어"의 '학질을 떼다'가 바로 그러한 의미로 쓰인 것이다.

요즘에는 '학(을) 떼다'나 '학질(을) 떼다'는 '질리다', '진저리나다' 등과 같은 극단의 혐오적 의미로 쓰인다. "그 학생의 불경한 태도를 보고 아주 학을 뗐어"에 쓰인 '학 떼다'가 바로 그러한 것이다. 이러한 의미는 '학질'이 사람을 질리게 하는 고통스럽고 모진 질병이라는 점이 매개 요인으로 작용한 결과 생겨난 것이다.

10장
말과 행위, 상황과 심리

감쪽같다
감나무에 접을 붙인 것처럼 흔적이 없다

최근 모 일간신문에 '감쪽같다'의 어원에 관한 글이 올라와 급히 읽은 적이 있다. 이 글에서는 대중에 널리 퍼져 있는 '곶감 쪽과 같다'에서 온 것이라는 설은 물론이고 필자가 주장한 '감접(-椄)과 같다'에서 온 것이라는 설도 비판하고 있었다.

그러면서 어떤 원로 국어학자가 주장한 것이라 하며, '여성의 쪽(?)과 같다'에서 온 것이라는 다소 외설적인 설을 펴고 있었다. 이러한 설은 '여성의 쪽(?)'이 부부관계를 한 후에도 별다른 흔적이 없다는 점에 착안한 것이라고 한다. 여기서 '쪽'은 아마도 말하기 거북한 여성의 은밀한 신체 부위(생식기)를 가리키는 것으로 보인다.

그런데 '여성'을 뜻하는 '감'이나 여성의 은밀한 신체 부위를 지시하는 '쪽'이라는 단어가 확인되지 않고, 또 일상어를 만드는 데 입에 올리기 민망한 여성의 주요 부위와 관련된 단어를 이용하기가 쉽지 않다는 점에서 이러한 설은 전혀 믿음이 가지 않는다. 상상력이 지나쳐 어원 해석이 신뢰를 잃은 것이다. 어원 해석에서 상상력은 필요하지만 지나치면 독이 된다.

필자는 '감접과 같다' 설을 버리고 싶은 마음이 전혀 없다. 감나무 가지를 '고욤나무' 동아리 대목(臺木, 접을 붙일 때 그 바탕이 되는 나무)에 붙이고 끈으로 칭칭 감아둔 채 한참 있으면 고욤나무와 감나무가 밀착되어 접을 붙인 표시가 나지 않으므로 얼마든지 '감접'을 붙인 것처

말과 행위, 상황과 심리

럼 흔적이 없는 상태를 '감접과 같다'라 표현할 수 있다고 여전히 믿고 있기 때문이다. '감접과 같다'가 '감접같다'로 어휘화하는 것은 문제가 아니다.

그렇다면 '감접같다'가 실재(實在)했는지가 관건이다. '감접같다'가 《조선말큰사전》(1947)에 '감쪽같다'에 대한 비표준어로 제시되어 있고, 또 이것이 현재 전라 방언에 '감접같다'로 남아 있어 그 존재가 분명하다. 무엇보다 주목되는 점은 몇몇 사전에서 '감쪽같다'가 '감접같다'에서 유래한 것이라 설명하고 있는 것이다. 필자는 이들 사전의 설명에 살을 덧대 '감접같다' 설을 제기한 것뿐이다.

'감접같다'가 '감쪽같다'로 변하는 과정은 음운론적으로 어렵지 않게 설명된다. '감접같다'가 '감쩝같다'로 변한 뒤에 'ㅂ'이 'ㄱ'에 동화되어 '감쩍같다'로 변하고, 이것이 모음조화에 의해 '감쪽같다'로 변할 수 있어서다. 20세기 초 신문에 '감쩍가치'라는 부사가 많이 나와 변화의 중간 단계 어형인 '감쩍같다'가 있었음이 이로써도 입증된다. 이제 '감쪽같다'의 어원에 대해 시비를 거는 일은 의미가 없지 않나 한다.

개판
승부가 나지 않으면 다시 하게 되는 판

며칠 전 모 방송국 인턴 기자로부터 '개판'의 어원을 묻는 전화를 받았다. '개판'의 어원을 퀴즈로 내려고 하는데 그 답이 궁금하다는 것이다. 세상이 하 무질서하고 난잡하니 대중이 '개판'의 어원에 큰 관심을 갖고 있을 것이라 판단한 모양이다.

'개판'의 어원은 아쉽게도 정확히 밝혀져 있지 않고 설만 무성하다. 지금까지 제기된 어원설에는 '開板(개판, 나무 널로 된 솥뚜껑을 엶)' 설, '개(犬)판(개가 날뛰는 자리)' 설, '改版(개판, 판을 고침)' 설, '개판(改-)' 설 등이 있다.

이들 여러 설 가운데 필자는 '개판(改-)' 설에 무게를 두고 있다. '개판(改-)'은 '씨름에서 승부가 나지 않거나 승부가 분명하지 않은 경우에 다시 하게 되는 판'을 뜻하는 씨름 용어다. 씨름 경기에서 두 선수가 함께 넘어졌을 때 누가 먼저 땅에 닿았느냐를 두고 시비가 벌어질 수 있다. 그 판정 시비는 쉽게 결론이 나지 않고 큰 소란으로 번지기도 한다. 그렇게 되면 그 판을 무효로 하고 다른 판으로 승부를 겨루게 되는데, 바로 다시 하는 경기 판을 '改(개)' 자를 이용해 '개판(改-)'이라 한다. 이는 '재경기'와 같은 뜻이다.

이렇듯 재경기를 하기 직전에는 서로 자기편 선수가 이겼다고 우겨대며 옥신각신 싸우는 어수선한 상황이 벌어진다. 그리하여 '재경기 5분 전'이라는 뜻의 '개판 5분 전'이라는 표현이 만들어지고, 이것

말과 행위, 상황과 심리

이 씨름판의 어수선한 상황과 맞물려 '무질서하고 난잡한 상황'이라는 비유적 의미로 발전하게 된다. 그리고 '개판 5분 전'에서 '5분 전'이 생략된 '개판(改-)'도 그와 같은 의미를 띠게 된다. '5분 전'이 생략되면서 '개판(改-)'에 의미 변화가 일어난 것인데, 이를 '생략에 의한 의미 변화'라 한다.

필자가 '개판(改-)' 설을 지지한다고 하자, 어떤 분이 '씨름'은 '5분'이라는 시간 표시 방법이 생겨 나기 이전부터 있었던 전통 민속놀이인데, 어찌 '5분 전'과 어울릴 수 있느냐고 반문한 적이 있다. 이에 대해 좀 궁색하지만 '개판 5분 전'은 비교적 최근에 만들어진 표현일 가능성이 있다고 에두른 적이 있다.

'개판(改-)' 설은 일단 한자 '改'가 '개판'의 '개'와 같이 장음으로 발음이 난다는 점에서 믿음이 간다. 그리고 무엇보다 "서로 싸우고 욕하고 함으로써 그로 인한 결과는 과연 무엇이냐? 한 말로 말하면 개판 씨름 격밖에 되지 안 했을 것이다"(《동아일보》 1948년 4월 10일)에서 보듯, 씨름 용어 '개판(改-)'이 '서로 싸우고 욕하는 상황'에서 실제 사용된 예가 있어서 신뢰가 간다.

꼬치꼬치

꼬챙이처럼 뾰족하고 날카로운

대표적 국어사전인 《표준국어대사전》(1999)에는 두 개의 '꼬치꼬치'가 별개로 올라 있다. 그 하나는 '몹시 여위고 마른 모양'을 뜻하는 것이고, 다른 하나는 '낱낱이 따지고 캐어묻는 모양'을 뜻하는 것이다. '꼬치꼬치'를 동음이의어(同音異義語)로 처리한 것인데, 기실 두 의미는 무관한 것이 아니어서 다의어(多義語)로 처리하는 것이 마땅하다. 이러한 사실은 '꼬치꼬치'의 어원을 살펴보면 금방 드러난다.

'꼬치꼬치'는 '꼬치'가 중첩된 말이다. 그리고 '꼬치'는 '고지'가 '고치'를 거쳐 나타난 어형이며, '고지'는 '곶'에 접미사 '-이'가 결합된 어형이다. 중세국어 '곶'은 '꼬챙이'와 함께 '바다를 향해 길게 내민 땅'을 뜻하였다. 전자의 '곶'은 '고깔, 고잔, 꼬챙이, 송곳, 꽃게, 적꽂(적(炙)을 꿰는 대꼬챙이)' 등에 흔적을 남기고 사라진 반면, 후자의 '곶'은 그대로 남아 있다. '바다를 향해 길게 내민 땅'을 '곶'에 접미사 '-이'를 붙여 '곶이'라고도 한다.

'고지(곶 + -이)'의 '곶'은 '꼬챙이'를 뜻하여 '고지'는 물론이고 이것에서 변한 '고치, 꼬치'도 그러한 의미를 띤다. 그러므로 '꼬치꼬치'는 '꼬챙이'를 뜻하는 '꼬치'가 중첩되어 형성된 부사가 된다. 꼬챙이는 무엇보다 길고 뾰족한 것이 특징이다. 이를 토대로 '꼬치'는 꼬챙이처럼 여위고 마른 모양을 지시하는 부사를 만드는 데 이용될 수 있다. "꼬치꼬치 말라 갔다"의 '꼬치꼬치'가 바로 그것이다. 이에 준해

말과 행위, 상황과 심리

서 20세기 전반기에 나온 사전들은 '꼬치꼬치'를 '몹시 여위고 마른 모양'으로 기술하고 있다.

한편 꼬챙이는 몹시 날카롭다는 특징도 있다. 이러한 특징이 핵심 성분으로 작용한 결과 '꼬치'는 아주 예리하게 따져 묻는 모양을 지시하는 부사를 만드는 데도 이용된다. "꼬치꼬치 캐묻다"의 '꼬치꼬치'가 바로 그것이다. 《국어대사전》(1961)의 '꼬치꼬치'에는 이 두 가지 의미가 정확히 반영되어 있다.

이로 보면, '꼬치꼬치'에 결부된 두 가지 의미는 '꼬챙이'의 특성과 관련하여 생성된 것이라는 공통점이 있다. '꼬치꼬치'를 동음이의어가 아니라 다의어로 처리해야 하는 이유가 바로 여기에 있다.

꼴불견(-不見)
외양은 우스워도 내면은 충실해야

요즘 사회 전반에서 꼴사나운 일이 자주 일어나서인지, '꼴불견'이라는 말이 여기저기서 들린다. 염치없고 무례한 그리고 야멸치고 까칠한 우리 시대의 단면을 보는 듯하여 씁쓸하다.

'꼴불견'이라는 말은 모습이나 행동이 정상을 크게 벗어나 비웃음거리가 될 때 곧잘 쓰인다. 그런데 본래부터 그러한 것은 아니어서 이 단어에 특별히 관심이 간다.

'꼴불견'은 19세기 말 사전에 '골불견'으로 처음 보인다. 이는 고유어 '골'과 한문 구성의 일부인 '불견(不見)'이 결합된, 좀 특이한 구조의 단어다. '골'은 15세기의 문헌에도 나오는데, '사물의 모양새'라는 중립적 의미를 띠었다. 중세국어 '골'을 한자 '骨'로 보기도 하지만, 성조가 다르다는 점만으로도 둘 사이의 관련성은 희박해 보인다. '골'은 '몰골(볼품없는 모양새)', '매골(축이 나서 못쓰게 된 사람의 모습)' 등에 흔적을 남긴 채 된소리화하여 '꼴'로 어형이 변했으며, 또 의미도 '사람의 모양새나 행태를 낮잡아 이르는 말'이라는 부정적 의미로 변했다.

'불견(不見)'은 '볼 수가 없다'는 뜻이다. 따라서 '골불견'의 표면적 의미는 '모습을 (차마) 볼 수가 없다'가 된다. 겉모습이 하도 우스워서 차마 볼 수가 없다는 뜻을 담고 있다. '골불견'은 '골'이 '꼴'로 변하면서 '꼴불견'이 된다. 19세기 말의 《한영자전》(1897)을 비롯하여 20세기 초의 《조선어사전》(1920)에 '꼴불견'이 올라 있다. 그런데 이들 사

　　　　　　　　　　　　　　　　　말과 행위, 상황과 심리

전에서는 '꼴불견'을 '외양은 볼품이 없으나 내실이 있는 것'으로 풀이하여 아주 주목된다. '꼴불견'이 '외양은 우스워도 내면이 충실한 것'이라는 긍정적 의미를 띠었다니 놀랍지 않은가. 또한 이러한 긍정적 의미에서 지금과 같은 '외양도 우습고 내면도 같잖아서 차마 볼 수 없음'이라는 부정적 의미로 변한 것도 놀랍다.

문세영의《조선어사전》(1938)에는 새롭게 생겨난 부정적 의미가 본래의 긍정적 의미와 함께 제시되어 있다. 그런데《조선말큰사전》(1947)에는 긍정적 의미는 배제된 채 부정적 의미만 달려 있다. 이 사전에서는 '꼴불견'의 의미 변화가 완결되어 단일화한 것으로 파악한 것이다.

그런데 "상식이 잇는 자의 코우슴과 비방은 참 꼴불견이요"(《동아일보》 1922년 3월 15일), "조선 옷을 입고 장구를 치면서 일본 노래 하는 것은 상투쟁이가 자전거 타는 꼴불견보다 훨씬 더하다"(《동아일보》 1933년 3월 25일) 등에서 보듯, 실제 언어생활에서는 이미 20세기 초부터 '꼴불견'이 부정적 의미로 쓰이고 있었다.

꼼수
작고 얕은 수는 소용없다

"공수처 출범 위한 꼼수", "역풍 의식한 정치적 꼼수", "위증적 회피 꼼수" 등은 요즘 신문 기사의 헤드라인에 나오는 표현이다. 이들 표현만 보면 '꼼수'가 마치 정치 용어처럼 느껴진다. 요즘의 정치가 속임과 거짓으로 가득 차 있다는 증거일 터다.

요즘 이렇게 많이 쓰이는 '꼼수'는 정작 1960년대 문헌에서야 발견된다. 그것도 "내 줄바둑과 김 군의 꼼수 바둑이 동수인지라"(김소운, 《일본의 두 얼굴》, 1967)에서 보듯, 바둑 용어의 하나로 등장한다. 그래서 그런지 '꼼수'가 '원래는 안 되는 수지만 상대를 속이기 위해 만드는 수'라는 뜻의 바둑 용어에서 출발한 것으로 보기도 한다. 이런 시각에서는 '묘수, 악수, 승부수, 무리수' 등과 같이 '수'가 들어간 대부분의 단어들까지 바둑 용어로 간주한다.

'꼼수'가 사전으로는 《(수정증보판) 국어대사전》(1982)에 처음 실려 있다. 여기에는 '꼼수'와 어형이 유사하고 의미가 가까운 '꾐수(거짓으로 달래어 제게만 이롭도록 하는 수단)'도 올라 있다. 특이하게도 《우리말큰사전》(1991)에서는 '꼼수'를 '꾐수'의 잘못으로 설명하고 있다. '꼼수'를 '꾐수'에서 온 것으로 본 것이다. '꾐수'가 "京鄕漫評: 對局 - 꾐수에는 「名人」이군 - "(《경향신문》 1964년 2월 24일)에서 보듯, '꼼수'와 마찬가지로 바둑과 관련하여 쓰이고 있어 둘 사이에 모종의 관련성이 있어 보인다. 만약 '꼼수'가 '꾐수'에서 온 것이라면 '꾐수'가 '꼬임수'의 준

말과 행위, 상황과 심리

말이므로 '꼼수'는 결국 '꼬임수'에서 온 말이 된다.

한편 '꼼'은 '꼼꼼쟁이(빈틈이 없이 매우 차분하고 조심스러운 사람을 낮잡아 이르는 말)', '꼼바르다(도량이 좁고 너무 인색하여 야멸치다)', '꼼바리(마음이 좁고 지나치게 인색한 사람을 낮잡아 이르는 말)', '꼼쥐('꼼바리'의 방언)', '꼼치(작은 것, 적은 것)' 등에 보이는 '꼼'과 같은 성격의 것일 수도 있다. 그렇다면 '꼼수'는 '꾐수'와 거리가 있다. 이들 예에서 보듯 '꼼'은 '작음', '적음', '좁음' 등을 지시한다. 특히 '꼼치'가 이러한 사실을 강력히 뒷받침한다.

'꼼수'나 '꾐수'의 '수'는 '일을 처리하는 방법이나 수완'을 뜻한다. '수가 나다', '수가 없다', '속임수', '아리수(속임수)' 등에 쓰인 '수'가 바로 그것이다. 바둑에서는 '바둑을 두는 기술 또는 그 기술 수준'을 '수(手)'라 하는데, 만약 '꼼수'가 바둑 용어에서 온 것이라면 여기서의 '수'는 '手'가 된다.

'수' 가운데 작고, 적고, 좁은 수를 '꼼수'라고 볼 수 있다. 이런 '꼼수'가 비유적으로 확대되면 '쩨쩨한 수단이나 방법'이라는 의미로 변할 수 있다. 그러나 '꼼수'가 정말 '작고 좁은 것'을 뜻하는 '꼼'과 '방법이나 수단'을 뜻하는 '수'가 결합된 것인지는 더 두고 살펴야 할 듯하다. '꾐수'에서 왔다는 설을 전적으로 부인하기도 어렵기 때문이다. 또한 이것이 본래 바둑 용어였다는 주장도 아주 무시할 수는 없어 보인다. 이래저래 '꼼수'의 어원은 아직 미상이다.

꿀밤

굴참나무에 달리는 밤톨 같은 열매

어른의 권위가 있던 시절에는 내 자식이든 남의 자식이든 잘못을 저지르거나 얄밉게 굴면 구부린 손가락 마디 끝으로 머리를 쥐어박을 수 있었다. 이러한 행위를 '꿀밤을 먹이다', '꿀밤을 주다'라고 했다. 요즘은 아이들에게 함부로 손을 댈 수 없는 시절이라서 이러한 표현은 잘 쓰이지 않는다. '꿀밤'이 '먹이다, 주다'와 어울려 나타나므로 먹을 수 있고 또 남에게 줄 수 있는 근사한 것으로 생각할지도 모르나, 이는 '꿀처럼 달기'까지 한 맛 좋은 대상이 아니다.

'꿀밤'은 '굴밤'에서 온 말이고, '굴밤'은 '졸참나무 열매'를 가리킨다. 곧 '굴밤'은 '도토리'의 한 종류다. '졸참나무의 열매가 '굴밤'이어서 '졸참나무'를 '굴밤나무'라고도 한다. '굴밤'의 '굴'은 '밤(栗)'을 뜻하는 일본어 'くり(구리)'와 어원적으로 관련이 있어 보이나 확신할 수는 없다. 반면 '굴밤'의 '밤'은 '栗(율)'의 뜻인 것이 분명하다. '굴참나무'에 달리는 도토리가 밤톨처럼 크게 생겨서 '밤'의 일종으로 본 것이다.

'굴밤'은 일부 지역에서는 어두음이 된소리로 바뀐 '꿀밤'으로 나타난다. 물론 '구람'으로 나타나는 지역도 있다. '굴밤'이 '구람'이 된 것은 '알밤(밤송이에서 빠지거나 떨어진 밤톨)'이 '아람'이 된 것과 같다. 방언형인 '꿀밤'이 '굴밤'과 함께 1920년대 이후 신문 기사에 적지 않게 나오는데, 그렇다면 한때 서울말에서 두 어형이 졸참나무의 열매 이름으로 함께 쓰였다고 볼 수 있다.

말과 행위, 상황과 심리

《국어대사전》(1961) 이후 사전에서는 '꿀밤'을 '굴밤'의 방언형으로 기술하고 있다. 이에 따라 '굴밤'이 열리는 '꿀밤나무'도 방언형이 된다. 그런데 번안 동요에 나오는 "커다란 꿀밤 나무 아래서"의 '꿀밤 나무'는 'chestnut tree'를 번역한 것이어서 '굴밤나무'와는 무관한 것이다. 그래서 두 단어를 띄어 쓰고 있다. '밤' 종류에 '꿀밤'이 따로 있는 것은 아니어서 여기서의 '꿀밤'은 단순한 번역어에 불과하다.

'굴밤'의 변화형인 '꿀밤'이 동사 '먹이다, 주다' 등과 어울려 쓰이면서 의미에 변화가 일어났다. '꿀밤을 먹이다', '꿀밤을 주다'와 같은 표현 속의 '꿀밤'은 '졸참나무의 열매'가 아니라 '주먹 끝이나 살짝 더 튀어나오게 한 중지(中指)'를 뜻한다. '꿀밤'에 이러한 의미가 생겨난 것은 머리를 쥐어박기 위해 취한 주먹이나 손가락의 모양새가 '졸참 나무'의 열매인 '굴밤'과 닮아서다.

'꿀밤'은 '꿀밤을 먹이다', '꿀밤을 주다'가 갖는 행위적 의미에 영향을 받아 다시 '주먹 끝이나 구부린 중지로 가볍게 머리를 때리는 짓'이라는 행위적 의미로 변한다. 곧 대상적 의미가 행위적 의미로 변한 것이다. 이렇게 의미가 크게 변함으로써 '굴밤(졸참나무의 열매)'과의 인연은 더욱 멀어지게 되었다.

'꿀밤'이 '주먹 끝이나 구부린 중지로 가볍게 머리를 때리는 짓'이라면 '알밤'은 '주먹으로 머리를 쥐어박는 짓'이다. '알밤' 또한 '알처럼 생긴 밤'이라는 의미에서 '주먹'이라는 의미로 변했다가 '그 주먹으로 쥐어박는 짓'이라는 의미로 변했다. '꿀밤'과 '알밤'이 동일한 의미 변화의 길을 걸은 것이 흥미롭다.

낙동강 오리알
어미 품을 벗어난 오리알

'낙동강(洛東江)'은 태백산의 황지(黃池)에서 발원하여 황강(黃江), 남강(南江)을 아울러 남해로 들어가는 긴 강이다. '낙동강'의 '낙동(洛東)'은 '가락의 동쪽'이라는 뜻이다. 여기서 '가락'은 삼국 시대에 가락국 땅이었던 경상도 '상주'라는 설이 있다. 그렇다면 '낙동'은 '상주의 동쪽'이라는 뜻이고, '낙동강'은 바로 이곳을 흐르는 강이 된다.

'낙동강'과 관련하여 좀 특이한 관용구가 하나 있다. 바로 '낙동강 오리알'이다. 이는 '무리에서 떨어져 나오거나 홀로 소외되어 처량하게 된 신세'를 비유적으로 이르는 말이다. 그리하여 주로 '신세'와 어울려 "낙동강 오리알 신세"로 흔히 쓰인다.

'낙동강 오리알'의 유래와 관련하여 6·25전쟁 당시의 낙동강 전투와 관련된 이야기가 전한다. "국군과 유엔군이 낙동강 방어 진지를 구축했던 1950년 8월 4일 낙동강 변 낙동리(낙정리)에 배치된 국군 제1사단 12연대 11중대 앞에는 1개 대대 정도의 인민군이 낙동강을 건너기 위해 필사적인 도하를 시도했다. 치열한 총격전이 계속되고 있을 때 유엔 항공기에서 네이팜탄을 퍼부어 적의 진지를 불바다로 만들었고 신이 난 국군 용사들은 기관총의 총열이 벌게질 때까지 사격을 계속했다. 이때 항공기에서 떨어지는 포탄과 국군의 사격으로 적이 쓰러지는 모습을 바라보던 11중대장(강영걸 대위)은 갑자기 큰 소리로 '야! 낙동강에 오리알 떨어진다' 하고 소리쳤고, 그 후 '낙동강 오

말과 행위. 상황과 심리

리알'은 국군 용사들이 인민군을 조롱하는 말로 널리 사용되었다."

상황이 아주 구체적이기는 하지만 유엔군과 아군의 공격으로 쓰러지는 인민군을 '낙동강 오리알'로 표현했다는 것은 좀 과하지 않나 한다. 또 '처량하게 된 신세'라는 그 본래의 의미에도 부합하지 않는다. 이보다는 낙동강에 모여드는 철새인 오리와 관련하여 이해하는 것이 맞지 않을까 한다.

잘 알다시피 낙동강 하구에는 매년 많은 철새가 날아들고, 거기에는 오리 종류도 많다. 1990년대 후반까지 낙동강 하구에는 100만 마리의 새가 살고 있었는데, 이 가운데 오릿과가 33종이나 되었으며 개체수로는 가장 많았던 것으로 추정하기도 한다. 그러다 보니 오리떼가 깐 오리알이 지천으로 널려 있었을 것이다.

이 오리알은 어미의 품이나 안전한 곳에 있어야 한다. 그렇지 않으면 물이 불어나거나 홍수가 질 때 떠내려갈 수 있다. 어미 품을 벗어나 속절없이 떠내려가는 오리알은 처량하기 그지없는 신세다. 그리하여 낙동강의 오리알처럼 버림받아 처량해진 신세를 비유하여 '낙동강 오리알'이라 표현한 것으로 추정된다.

노가리
명태는 한꺼번에 수많은 알을 깐다

'노가리'는 명태 새끼를 가리킨다. 대체로 1년 정도 자란 새끼 명태를 그렇게 부른다. 작은 명태여서 '애태, 애기태'라고도 한다. 갓 구운 노가리는 노르스름하여 먹음직스럽고 또 쫄깃하여 맛도 그만이다. 생맥주의 일등 안줏감으로 큰 대접을 받는 것은 바로 그 쫄깃한 맛 때문이다.

'노가리'가 본래부터 명태 새끼를 가리키던 말이 아니라는 설이 있다. 명태 새끼와 비슷한 바닷물고기인 '노가리'에서 온 것이라는 주장이다. '노가리'는 아주 작아서 명태 새끼와 잘 식별이 되지 않는데, 이것이 안줏감으로 인기를 끌자 마구 잡아 씨가 마르게 되었다고 한다. 그 대안으로 비슷한 크기의 명태 새끼를 '노가리'로 둔갑시켰다는 것이다.

'명태 새끼'를 뜻하는 '노가리'가 다른 바닷물고기의 이름을 빌려 온 것이든 아니든 우리의 관심은 그 어원에 있다. 한 물고기 전문가는 '노가리'를 '농담(弄談)'의 '농(弄, 희롱하다)'에 접미사 '-가리'가 결합된 어형으로 설명했다. '노가리'에 '잡담', '거짓말'이라는 의미가 있어서 '농(弄)'을 끌어들여 그렇게 분석한 것인 듯한데, 한자 '농(弄)'에 접미사 '-가리'가 붙는 것도 이상하거니와 '농가리'가 변하여 '노가리'가 되는 것도 어려워 이 설은 그다지 설득력이 없다. 그러나 아직 국어학계에서는 이렇다 할 어원설을 내놓지 못하고 있다. 다만 '노가리'가 '명

말과 행위, 상황과 심리

태 새끼'에서 '잡담'이나 '거짓말'이라는 의미로 변한 사실은 그런대로 설명할 수 있어 체면을 아주 구긴 것은 아니다.

명태는 한꺼번에 수많은 알을 깐다. 명태가 알을 까서 새끼를 낳는 것을 '노가리를 까다'라고 한다. 알 수가 많기 때문에 자연히 한꺼번에 부화하는 '노가리' 수도 많을 수밖에 없다. 그러나 대부분의 '노가리'는 큰 물고기에 잡아먹혀 끝까지 살아남아 성어(成魚)가 되는 수는 그리 많지 않다. 명태 알에서 부화하여 나오는 '노가리' 수가 많기 때문에 '노가리를 까다'에는 늘 '많다'는 특성이 따라붙는다. 이러한 특성이 '말'에 적용되어 '노가리를 까다'에 '하찮은 말을 많이 하다'는 비유적 의미가 생겨난 것이다. 이러한 비유적 의미를 통해 '노가리'는 '하찮은 말', 곧 '잡담'이라는 새로운 의미를 얻게 된다.

쓸데없는 말을 많이 하다 보면 말실수가 잦고 또 그 말의 진실성도 떨어진다. 그리하여 '노가리를 까다'가 '하찮은 말을 많이 하다'에서 '거짓말을 하다'는 의미로 변할 수 있다. 이러한 비유적 의미를 통해 '노가리'는 다시 '거짓말'이라는 의미를 새롭게 얻는다. '잡담'이나 '거짓말'을 뜻하는 '노가리'는 주로 '떨다, 치다, 풀다' 등과 같은 부정적 의미의 서술어와 통합하여 쓰이는 경향이 있다.

뗑깡
'간질'을 뜻하는, 일본어 잔재

최근 정치권에서 '뗑깡'이라는 말 때문에 작은 소란이 있었다. 여당 대표가 특정 야당의 공적인 의사 표현 행위를 '뗑깡'으로 평가절하하면서 거센 항의를 받았던 것이다. '심심한 유감'이라는 모호한 말로 사태는 일단락되었으나, 정치 지도자의 입에서 '뗑깡'이라는 속된 말이 나와 적잖이 놀란 것이 사실이다.

'뗑깡'은 일본어 'てんかん(뎅칸, 癲癇)'에서 온 말이라는 점에서 더더욱 문제가 된다. 이 말은 1950년대 이후 신문 기사에서 검색되지만, 일제강점기 이후 국어에 들어온 것으로 보인다. 일본어 'てんかん(뎅칸)'은 경련을 일으키고 의식 장애를 일으키는 발작 증상이 되풀이하여 나타나는 질병이다. 우리말로는 보통 '간질(癎疾)', '지랄병'이라 하고, 전문적으로 '뇌전증(腦電症)'이라 한다.

이 병의 특징은 발작 증상이 일어나 발광을 한다는 것이다. 그것도 땅에 쓰러져 거품을 물며 한동안 의식을 잃은 듯 보인다. 남의 행동이 못마땅할 때 쓰는 "지랄하고 자빠졌네"라는 표현 속에 이러한 행동 특징이 잘 드러난다.

그런데 일본어 'てんかん(뎅칸)'이 우리말에 '뗑깡'으로 들어와서는 본래의 의미인 '간질', '지랄병'이라는 의미로 쓰이지 않고, '억지', '생떼'라는 의미로 쓰이고 있어 특이하다. '간질'의 발작 증상이 마치 무엇을 해달라고 억지를 쓰는 행위로 비칠 수 있어서 이 같은 의미가

말과 행위, 상황과 심리

생겨난 것도 무리는 아니라고 본다. 물론 일본어 'てんかん(덴칸)'이 우리말에 들어오자마자 이러한 의미로 쓰였는지는 좀 더 생각을 해보아야 한다. '뗑깡'은 주로 구어(口語)에서 '부리다, 놓다, 피우다, 쓰다' 등과 어울려 쓰인다.

〈생활 용어 수정 보완 고시 자료〉(1966년 3월)에는 '뗑깡' 대신 순화한 용어 '생떼'만 쓰라고 되어 있다. 《표준국어대사전》(1999)에 '뗑깡'을 올리지 않은 것도 그 때문으로 이해된다. 그런데 국립국어원의 개방형 사전인 《우리말샘》(2016)에서는 '뗑깡'이 아닌 '땡깡'을 공식 표기로 삼고 있다. '땡깡'은 '뗑깡'의 제1음절 모음 'ㅔ'가 'ㅐ'와 혼동되면서 나타난 것이다. '기지게'가 '기지개'로, '무지게'가 '무지개'로 변한 것과 같은 양상이다.

그런데 현실에서는 '뗑깡'과 '땡깡'을 같이 쓰고 있다. '뗑깡'이든, '땡깡'이든 이것이 속된 의미의 일본어계 단어이고, 또 이를 대체할 만한 '억지', '생떼' 등과 같은 우리말이 있다는 점에서 굳이 쓸 이유는 없다. '뗑깡'은 그야말로 버려야 할 우리말 속 일본어 잔재다. '억지를 부리다', '억지를 쓰다', '생떼를 부리다', '생떼를 쓰다'라고 하면 그만이다.

경북 지역에서는 '깡패'를 '땡깡재이'라고도 한다. 이는 '땡깡쟁이'에서 변한 말로, '땡깡'에 접미사 '-쟁이'가 결합된 어형이다. 건으로(터무니없이) 억지 부리는 '깡패'의 속성을 반영하여 만든 말이다.

말썽
'말'에도 모양새가 있다

우리말에는 '말(언어)'과 관련된 합성어가 대단히 많다. 2음절어만 추려보아도 '말값, 말귀, 말꾀, 말뜻, 말문, 말씨, 말품' 등 근 30여 개나 된다. '말썽'도 그 하나다. 이들 '말'을 포함하는 대부분 단어들의 어원이나 의미는 어렵지 않게 파악할 수 있으나, '말썽'의 경우는 좀 사정이 다르다. '썽'의 어원이 분명하지 않기 때문이다.

'말썽'을 '말성'에서 온 것으로 보고, '성'을 한자 '聲(성)' 또는 '性(성)'으로 파악하기도 한다. '성'을 '聲'으로 보면 '말성'은 '말소리'가 되고, '성'을 '性'으로 보면 '말성'은 '말의 성질'이 된다. 그러나 '말썽'의 기원이 '말성'에 있는 것이 아니어서 '성'을 한자로 보는 설은 잘못이다.

'말썽'과 관련된 단어는 이상하게도 옛 문헌에 나타나지 않으며, 20세기 초 문헌에서야 발견된다. 그것도 '말상, 말성, 말쌍, 말썽' 등과 같이 다양하게 나타난다. 이 가운데 기원형이 있을 듯한데, 아마도 '말상'이 아닐까 한다.

'말상'의 '상'은 한자 '相'이다. '상(相)'은 '모양새'를 뜻한다. '음상(音相, 한 단어 안에 표현 가치가 다른 모음이나 자음이 교체됨으로써 어감의 차이를 가져오게 되는 것)'의 '상(相)'도 그러한 것이다. 이에 따라 '음상(音相)'은 '음의 모양새', '말상(-相)'은 '말의 모양새'로 해석해볼 수 있다.

'말썽'을 평북 방언에서는 '마새'라고 한다. 이는 '말새'에서 'ㅅ' 앞의 'ㄹ'이 탈락한 어형으로, 이 또한 '말의 모양새'라는 뜻이다. '말의

말과 행위, 상황과 심리

모양새'는 아마도 '말을 하는 태도'에 가까운 것으로 추정된다. 말을 하는 태도에 따라 문젯거리가 발생할 수도 있다는 점을 고려하면, '말상'이 '말썽'에 한결 가까워 보인다.

'말상'은 제2음절의 모음이 변하여 '말성'이 된다. 이는 '복상(福相, 복스럽게 생긴 얼굴)'이 '복성(福-)'으로, '볼상(-相)'이 '볼성(볼썽, 남에게 보이는 체면이나 태도)'으로 변하는 것과 같다. '말상'과 '말성'의 실제 발음은 [말쌍]과 [말썽]이며, 이를 표기에 반영한 것이 '말쌍'과 '말썽'이다. "산토닌에 기생충이 붙어서 말쌍이던"(《동아일보》 1956년 3월 24일)에서 보듯 실제 '말쌍'이 쓰였다.

그런데 《사정한 조선어 표준말 모음》(1936)에 '말썽'은 올라 있지 않으며, 그 대신 '말썽부리다'가 올라 있다. '말썽부리다'를 참고하면 '말상, 말성, 말쌍, 말썽' 가운데 '말썽'을 표준어로 삼았음을 짐작할 수 있다. 《조선말큰사전》(1949) 이후 사전에는 '말썽'이 올라 있다.

'말썽'에는 '군말썽, 뒷말썽'이 있다. '군말썽'은 '공연히 일으키는 말썽'이고, '뒷말썽'은 '뒤에 일어날 말썽'이다. 이렇듯 '말썽'을 일으키는 사람을 '말썽꾸러기, 말썽꾼, 말썽쟁이'라고 한다.

부랴부랴
"불이야! 불이야!"

'수해'와 '화재'는 '악마(惡魔)'와 같이 무섭고 두렵다. 그래서 '수해'는 '수마(水魔)', '화재'는 '화마(火魔)'라고 하지 않는가. 얼마 전 충북 제천에서 무고한 시민 20여 명이 화마에 목숨을 잃었다. 대통령까지 나서서 원인을 규명하고 책임자를 처벌하는 등 호들갑을 떨었으나 그것이 무슨 소용이 있겠는가. '사후 약방문(死後藥方文)', '사후 청심환(死後淸心丸)'인 것을.

불이 나면 본능적으로 "불이야! 불이야!"를 외친다. 불이 난 사실을 주변에 알려 도움을 청하기 위해서다. 아마도 이보다 다급한 외침은 없을 것이다. "모다 소리 디루고 불이야 불이야 웨거늘 모든 닉인은 다 와 보디(모두 소리 지르고 불이야 불이야 외치거늘 모든 내인은 다 와서 보되)"(《서궁일기》60, 16××)에서 보듯, 이러한 외침 소리가 17세기 문헌에도 나온다.

그런데 "불이야! 불이야!"라는 외침은 "그는 불이야불이야 구두를 닥기 시작하얏다"(현진건, 《지새는 안개》, 1923)에서 보듯 불이 났다고 소리치면서 내달리듯 매우 급하게 서두르는 모양을 지시하는 부사로 굳어진다. "불이야! 불이야!"라는 외침이 갖는 '급박성'이 매개가 되어 '황급히 서두르는 모양'을 지시하는 부사가 만들어진 것이다.

부사 '불이야불이야'가 줄어든 어형이 '불야불야'고, 이를 연철 표기한 형태가 '부랴부랴'다. 20세기 전반기 문헌을 보면 이들 '불이야

말과 행위, 상황과 심리

불이야, 불야불야, 부랴부랴가 모두 나오는데, '불야불야'의 빈도가 가장 높으며 그다음이 '부랴부랴'다. '불이야불이야'는 출현 빈도가 낮다.

《조선어사전》(1938)에도 '불야불야'가 표준어로 실려 있다. 그런데 《큰사전》(1950) 이후 사전에는 '부랴부랴'로 올라 있다. '불(火)'과의 유연성(有緣性)이 상실되면서 연철 표기된 '부랴부랴'를 표준어로 삼은 것이다.

한편《조선어사전》(1938)에는 '불야불야'와 같은 의미의 단어로 '불야살야'도 올라 있다. 1930년대에 나온 김유정의 소설에 '불야살야'가 여럿 보인다. 이는 외침 소리인 "불이야! 살이야!"에서 온 '불이야살이야'가 줄어든 어형이다. '불야살야'의 '불'은 물론 '火(화)'의 뜻이고, '살'은 '화살'을 가리킨다. 활터에서 사람이 다치지 않도록 접근을 막기 위하여 소리치는 "활이야 살이야"의 '살'이 바로 그것이다. '살'을 동사 '살다'의 어간으로 보고, '불야살야' 전체를 불이 났으니 살려 달라는 뜻으로 해석하기도 하나, 단어 구조상 '살'을 동사 어간으로 보기는 어렵다.

'불'도 위험하고 '화살'도 위험하여 그것을 피하기 위해 다급하게 서두르는 모양을 '불야살야'로 표현한 것이다. 현재 '불야살야'도 '부랴사랴'로 연철 표기하고 있다. 그런데 '부랴사랴'는 부랴부랴에 밀려 잘 쓰이지 않는다.

뻘쭘하다

틈이 벌어지면 난감하고 머쓱해진다

이러지도 못 하고 저러지도 못 하여 난감할 때, 나의 주장이 거짓으로 드러나 무안할 때, 자기가 한 일에 다른 사람들의 반응이 신통치 않아 멋쩍을 때 '뻘쭘하다'라는 말을 쓴다. 곧 '뻘쭘하다'는 '난감하다, 무안하다, 민망하다, 멋쩍다, 어색하다' 등과 의미가 통한다.

그런데 이러한 의미의 '뻘쭘하다'가 본격적으로 쓰이기 시작한 것은 그리 오래되지 않는다. 신문을 검색해보면 '어색하고 민망하다'의 '뻘쭘하다'는 《한국일보》 2001년 4월 5일 자 기사에서 처음 검색된다.

그렇다고 '뻘쭘하다'가 예전에 쓰이지 않은 것은 아니다. 그 어형과 의미는 달랐으나 일찍부터 쓰였다. '뻘쭘하다'가 《조선어사전》(1938)에 '벌쯤하다'로 보이며, '버름하다(물건의 틈이 꼭 맞지 않다)'로 풀이되어 있다. '벌쯤하다'에서 변한 '뻘쭘하다'도 "한사코 방문을 뻘쭘하게 열어놓고 출입하는 아내의 버릇을 매도한다"(김원우, 《짐승의 시간》, 1985)에서 보듯 그러한 의미를 띤다.

'뻘쭘하다'가 '벌쯤하다'에서 변한 것이므로 그 어원 풀이는 '벌쯤하다'를 분석하는 것으로 시작할 수 있다. 추정컨대 '벌쯤하다'는 근대국어 '벌즘ᄒ다'로, '벌즘ᄒ다'는 중세국어 '벌즈슴ᄒ다'로 소급하지 않나 한다. '범즘ᄒ다, 벌즈슴ᄒ다'는 문헌에 나타나지 않으나 존재했을 것으로 추정된다.

기원형인 '벌즈슴ᄒ다'는 동사 어간 '벌-'과 '즈슴ᄒ-'가 결합된 구조다. '벌다'는 '틈이 나서 사이가 뜨다'의 뜻이고, '즈슴ᄒ다'는 '격(隔)하다'의 뜻이므로 '벌즈슴ᄒ다'는 '물건의 사이가 벌어져 있다' 정도로 해석된다.

그런데 《조선어사전》(1938)에 당당히 올라 있던 '벌쯤하다'가 《큰사전》(1950) 이후의 사전에는 '버름하다'의 비표준어로 처리되어 있다. 《(개정판) 표준국어대사전》(2008)에는 '어색하고 민망하다'를 속되게 이르는 '뻘쯤하다'가 올라 있어 주목된다. '물건의 사이가 벌어져 있다'는 그 본래의 의미를 배제하고 '어색하고 민망하다'는 새로운 의미를 내세운 것이다. 어쨌든 이로써 '버름하다'와 '뻘쯤하다'의 지시 의미가 분명해졌다. 다만 사전이 '뻘쯤하다'에서 그 본래의 의미를 배제한 이유가 무엇인지 궁금하다.

'뻘쯤하다'가 새로 얻은 '어색하고 민망하다'는 의미는, '물건의 사이가 벌어져 있다'에서 '사람의 마음이 맞지 않아 사이가 뜨다'로 의미가 변한 뒤에 나온 것으로 이해된다. 상대방과의 심리적 거리가 멀어지면 섬서해지고(서먹해지고) 그러한 관계가 지속되면 민망해질 수 있기 때문이다.

한편 '뻘쯤하다'를 '얼쯤하다(행동 따위를 주춤거리다)'에서 온 말로 보기도 한다. 물론 이는 잘못이다. 다만 '얼쯤하다'의 '쯤하다'는 '벌쯤하다'의 그것과 같은 것으로 볼 수 있다.

삿대질
삿대를 저어 배를 밀고 나가듯

사소한 일로 시작된 말싸움이 격해지면 흥분한 쪽이 먼저 '삿대질'을 해대며 대들기 시작한다. 그러면 상대는 십중팔구 "감히, 어디다 대고 삿대질이야? 삿대질이!"라고 하며 거칠게 맞대응을 한다. 말싸움에서 '삿대질'은 상대를 순간 격분시키는 돌발 행동이다.

그런데 '삿대질'은 본래 말다툼이 아니라 배질(상앗대나 노 따위를 저어 배를 가게 함 또는 그런 일)과 관련된 말이다. '삿대'를 이용하여 배를 밀고 나가는 일이 '삿대질'이다. '삿대'를 '상앗대'라고도 하므로 '삿대질'을 '상앗대질'이라고도 한다.

'삿대'나 '상앗대'는 16세기 문헌에 '사횟대'로 보인다. '사횟대'는 '사회'와 '대' 사이에 사이시옷이 들어간 어형인데, '사회'와 '대'의 어원은 분명하지 않다. 다만 '대'는 '막대, 돛대' 등에 보이는 '대'와 같이 '긴 막대기' 정도의 의미를 띤다고 볼 수 있다.

16세기의 '사횟대'는 그 후 '사홧대, 사왓대, 사앗대'를 거쳐 '삿대'로 변한다. '삿대'가 19세기 문헌에 보인다. '사앗대'는 '삿대'로 축약되기도 하고, 'ㅇ'이 첨가되어 '상앗대'로 변하기도 한다. '상앗대'는 20세기 이후 문헌에 보인다. 이로써 보면 '삿대'와 '상앗대'는 기원은 같지만 서로 다른 변화 과정을 거쳐 온 단어임을 알 수 있다. 그런데 대부분의 사전에서는 '삿대'를 '상앗대'의 준말로 잘못 설명하고 있다. 이에 따라 '삿대질'도 '상앗대질'에서 줄어든 어형으로 잘못 보고

말과 행위, 상황과 심리

있다.

'사횟대', 곧 '삿대'와 '상앗대'는 '배질을 할 때 쓰는 긴 막대'다. 배를 댈 때나 띄울 때 또는 물이 얕은 곳에서 배를 밀고 나갈 때 이용하는 도구다. 이 막대를 이용하여 배를 밀고 나가는 일을, '그 도구를 갖고 하는 일'을 뜻하는 접미사 '-질'을 붙여 '삿대질' 또는 '상앗대질'이라 한다.

물속에 내려진 긴 '삿대'를 이리저리 밀고 당기는 행위와 말다툼을 할 때 주먹이나 손가락 따위를 상대편 얼굴 쪽으로 힘껏 내지르는 행위는 어찌 보면 유사하다. '긴 막대(삿대)'와 '주먹', '손가락'이 대응하고, '막대기'를 바닥에 내리고 배질을 하는 행위와 '주먹'이나 '손가락'을 얼굴에 대고 내지르는 행위가 대응한다. 이러한 대상과 행위의 유사성으로 말미암아 '삿대질'이 '삿대를 가지고 배질하는 행위'에서 '주먹이나 손가락 따위를 내지르는 짓'이라는 의미로 변한 것이다. 다만 그 의미 변화의 시기는 정확히 알 수 없다.

'삿대질'로 말싸움이 몸싸움으로 번질 수도 있으니 말싸움할 때는 주먹이나 손가락을 함부로 움직이지 않도록 조심해야 한다. 물론 흥분하면 그렇게 하기가 쉽지는 않지만.

설거지
수습하고 정리하는 일

간혹 일간지에 특정 단어의 어원에 대한 글이 올라오기도 한다. 이런 글이 올라오면 전공자로서 반가워 단숨에 읽게 된다. 그런데 기대에 못 미치는 글이 대부분이어서 실망이 크다. 최근에 읽은 '설거지'의 어원에 대한 글도 예외는 아니다.

이 글에서는 '설거지'를 '설'과 '걷이'로 분석한 뒤, '설'을 한자 設(설)로, '걷이'를 '거두어들이기'로 보아 '잔치 자리나 제사상에 설(設)했던 것을 거두어들임'으로 해석한다. '설거지'를 거두어들이는 행위로 본 것은 그렇다 하더라도, 어떤 근거로 잔칫상이나 제사상에 진설했던 것을 거두어들이는 행위로 파악한 것인지 도무지 이해가 가지 않는다. '설거지'라는 단어의 역사적 정보에 무지하여 이러한 어설픈 해석이 나온 것이다.

'설거지'는 19세기 문헌에 처음 보이며, 동사 '설겆다'에서 파생된 명사다. '설겆다'는 '설거지하다'에 밀려나 현재 표준어는 아니나 한동안 표준어로서의 자격이 있었다. 15세기 문헌에는 '설엊다'로 나오는데, 이는 '설겆다'에서 'ㄹ' 뒤의 'ㄱ'이 'ㅇ'으로 교체된 어형이다. '설엊다'에서 파생된 명사로 '설어지'가 있었으며, 이는 제2음절에서 'ㅇ'이 소실된 '서러지'를 거쳐 제2음절의 모음이 달라진 '서르지'로 이어졌다.

동사 '설겆다'는 '설다'와 '겆다'가 결합된 합성어다. 중세국어 '설다'는 '수습하다, 치우다'의 뜻이다. 그런데 중세국어 '겆다'는 어떤 뜻인지 잘 드러나지 않는다. 다만 '설다'와 같거나 그와 유사한 의미를 띠지 않았나 하여, '설겆다' 전체를 '수습하다, 정리하다'로 해석하는 데 무리는 없어 보인다. 마침 '설겆다'에서 변한 중세국어 '설엊다'에서 이러한 의미와 함께 이것에서 파생된 '음식을 먹고 난 후에 식기를 씻어 정리하다'라는 특수한 의미가 확인되어 이러한 추정이 힘을 얻는다. 아울러 '설엊다'에서 파생된 명사 '설어지'도 '치우거나 정리하는 일'과 '식기를 씻어 정리하는 일'이라는 두 가지 의미를 띠었을 것으로 추정된다.

'설어지'에 기원하는 '서러지, 서르지'는 한동안 쓰이다가 '설거지'에 밀려나 사라졌다. '서러지'는 현재 강원 방언에 남아 있다. '설거지'는 'ㄹ' 뒤에서 'ㄱ'이 'ㅇ'으로 약화되는 규칙이 사라지면서 '설엊다'에서 부활한 '설겆다'를 통해 새롭게 만들어진 말이다. 이는 동사 '설겆다'의 어간 '설겆−'에 접미사 '−이'가 결합된 형태로, 19세기 문헌에 처음 보이며, 이 또한 '치우거나 정리하는 일'과 '식기를 씻어 정리하는 일'이라는 두 가지 의미를 띠었다. 20세기 초까지도 '치우거나 정리하는 일'이라는 그 본래의 의미를 유지했으나 현재 이와 같은 의미는 사라졌다.

합성어 '비설거지(비를 피해 물건을 치우거나 덮는 일)', '눈설거지(눈이 오려고 하거나 눈이 내릴 때 눈을 맞으면 안 되는 물건을 다른 곳으로 치우거나 덮개로 덮는 일)', '잔치설거지(잔치를 끝내고 남은 음식을 먹어 치우는 일)', '갈설거지(가을걷이를 한 다음에 하는 뒷정리. 경북 방언)' 등에서나 '설거지'의 본래 의미를 확인할 수 있다.

싸가지
막 땅을 뚫고 나온 싹을 보면 앞날을 알 수 있다

'싸가지'는 '싹수'의 강원, 전남 방언이다. 그러나 실제로는 지역에 관계없이 널리 쓰이고 있다. '싹수'는 '싹(어린잎이나 줄기)'과 '수'가 결합된 어형이다. 여기서 '수'가 무엇인지 궁금하다. '싹수'를 속되게 이르는 말에 '싹수머리, 싹수대가리'가 있고, 또 '싹수가 노랗다', '싹수가 보이다'와 같은 표현이 쓰이는 것을 보면, '수'는 한자 '首(슈)'일 가능성이 있다. 그렇다면 '싹수'의 본래 의미는 '싹의 머리'가 된다.

'싸가지'는 '싹'에 접미사 '-아지'가 결합된 형태다. '-아지'는 '강아지, 망아지, 바가지, 송아지' 등에서 보듯 '작은 것'을 지시한다. '싹'이 작은 것임을 분명히 보이기 위해 '싹'에 '-아지'를 결합한 것이거나, 아니면 '싹'의 작은 것인 '머리'를 지시하기 위해 '싹'에 '-아지'를 결합한 것으로 이해된다. '싹의 머리'가 올라와 있는 것이 '싹수(싸가지)가 있다'이고, 그것이 올라오지 못하여 없는 것이 '싹수(싸가지)가 없다'다.

그런데 '싹수'와 '싸가지'는 현재 그 본래의 의미로 쓰이지 않는다. '싹수가 보이다'나 '싹수가 노랗다'와 같은 표현의 표면적 의미에서나 그 본래의 의미를 감지할 수 있다. '싹수'와 '싸가지'는 '어떤 일이나 사람이 앞으로 잘될 것 같은 낌새나 징조'라는 비유적 의미로 쓰인다. 이러한 의미는 '싹수(싸가지)가 있다'가 '잘될 것 같은 낌새가 있다'는 관용적 의미를, '싹수(싸가지)가 없다'가 '잘될 것 같은 낌새가 없

말과 행위, 상황과 심리

다'는 관용적 의미를 띠면서 생겨난 것으로 추정된다. 싹의 머리가 나오면 싹이 잘 자랄 징조이지만 그것이 나오지 않으면 죽을 징조여서, '싹수(싸가지)가 있다'와 '싹수(싸가지)가 없다'에 그와 같은 관용적 의미가 생겨날 수 있다고 본다.

'싹수'와 '싸가지'는 '가능성'이나 '희망'이라는 의미를 띠기도 한다. 이러한 의미는 관용구 '싹수가 노랗다'가 지니는 '잘될 가능성이나 희망이 애초부터 보이지 아니하다'는 의미를 토대로 하여 생겨난 것으로 추정된다. '싹수(싸가지) 없는 진보', '싹수(싸가지) 없는 정치' 등의 '싹수(싸가지)'는 일차적으로 '가능성'이나 '희망'의 의미로 이해할 수 있다. 물론 이 경우의 '싹수(싸가지)'는 '예의, 배려, 버릇' 등의 의미로 더 확대하여 해석할 수도 있다.

'싸가지'는 "아, 싸가지네", "뭐, 저런 싸가지가 다 있냐?", "싸가지, 그런 재미있는 일을 저 혼자만 즐기다니!" 등에서 보듯 '예의(버릇, 배려)가 없는 것' 또는 '예의(버릇, 배려)가 없는 사람'이라는 부정적 의미를 띠기도 한다. 이러한 부정적 의미는 '싸가지'와 빈번히 어울려 나타나는 '없다'의 부정적 의미 가치에 전염(傳染)되어 생겨난 것이다. '왕싸가지'라는 신조어가 생겨날 정도로 '싸가지'에 부정적 의미가 깊게 들어와 있다.

이렇듯 '싸가지'는 여러 차례의 의미 변화를 겪었다. 이는 이 단어가 적극적으로 쓰여왔음을 알린다. '싸가지'를 표준어로 삼아야 한다는 주장이 그래서 나온 것이다.

안달복달
안이 달고(조급해지고), 또 달다

'걱정'은 관심이고 애정이지만 지나치면 불편하다. 별것도 아닌 일에 공연히 속을 태우며 조급하게 굴고, 자칫 스스로를 성급하게 몰아치기도 하기 때문이다. 이렇게 되면 자신은 물론이고 주변 사람들도 피곤해진다. 이렇듯 '속을 태우며 조급하게 구는 일'을 '안달'이라 하고, '안달을 하며 몹시 조급하게 볶아치는 일'을 '안달복달'이라 한다. 이와 비슷한 의미의 단어로 '애달복달(마음이 불안하여 어찌하지 못하고 속을 태우며 조급해하는 일)'이 있다.

'안달'은 동사 '안달다'의 어간이 그대로 명사로 굳어진 것이다. '안달다'는 옛 문헌에서 발견되지 않고 또 현재 쓰이지 않으나 북한어에 남아 있다. 북한어에서는 '안달다'와 더불어 그 사동형인 '안달구다'도 쓰인다. '안달다'는 명사 '안'과 동사 '달다'가 결합된 구성이다. '안이 달다'라는 구(句)에서 주격조사가 생략되면서 어휘화한 것이다.

'안'은 본래 '內(내)'의 뜻이지만, '안달다'에서는 '속마음'을 뜻한다. 그리고 '달다'는 '안타깝거나 조마조마하여 마음이 몹시 조급해지다'의 뜻이다. '애달다'의 '달다'도 그러한 것이다. '안달다, 애달다'의 '달다'는 '타지 않은 단단한 물체가 열로 몹시 뜨거워지다'는 뜻의 '달다'에서 온 것이다. 그러므로 '안달다'의 기원적 의미는 '속마음이 타서 몹시 조급해지다'가 된다. 우리는 현재 '안달다' 대신 '안달'에 접미사 '-하다'가 결합된 '안달하다'를 쓰고 있다.

말과 행위, 상황과 심리

쉽게 안달하는 증세를 '안달증'이라 하고, 안달증이 있어 걸핏하면 안달하는 사람을 '안달이', '안달뱅이'라 놀려 말한다. 그리고 안달하며 여지저기 다니는 사람을 특별히 '안달재신(--財神)'이라 한다. '재신(財神)'은 '사람의 재물을 맡아보는 신'을 뜻하는데, 이것이 '안달'과 결합하여 어떻게 이러한 의미를 띠게 되었는지 궁금하다.

'안달'을 강조하여 말할 때는 이것에 '복달'을 결합하여 '안달복달'이라 한다. 여기서 '복달'은 별다른 의미가 없다. 그저 '눈치코치'의 '코치'와 같이 운(韻)을 맞추기 위해 이용된 첩어(疊語) 요소에 불과하다. '안달'이 굳이 첩어 요소로 '복달'을 취한 것은 안달을 심하게 하면 조급하게 볶아친다는 사실을 연상했기 때문일 것이다. 그러면서 '안달복달'의 의미도 '안달을 강조하여 이르는 말'에서 '안달하며 볶아치는 일'로 재조정된 것으로 이해된다.

'안달복달'에는 '안달하며 볶아치는 일'이라는 명사로서만이 아니라 '몹시 속을 태우며 조급하게 볶아치는 모양'이라는 부사로서의 기능도 있다. "구경을 못 해서 안달복달 야단이 났다"의 '안달복달'이 그러한 것이다. 명사 '안달복달'에 접미사 '-하다'가 결합된 것이 동사 '안달복달하다'다. 특히 다른 사람을 견디지 못할 정도로 볶아치는 것을 '족대기다'라고 한다.

여쭙다

나는 선생님께 여쭙고, 선생님은 나에게 물으셨다

다음 두 문장의 문제점을 지적해 보자. "선생님께서 나에게 어느 대학에 입학 원서를 제출할 것인지를 여쭈워(여쭤) 보았다." "나는 선생님께 댁이 어디냐고 물어보았다." 첫 번째 문장은 '여쭈워(여쭤)'를, 두 번째 문장은 '물어'를 잘못 써서 비문(非文)이 된 예다.

'묻다'와 '여쭙다'는 궁금한 것을 상대가 설명해주기를 바라는 행위라는 공통점이 있으나 그 쓰임은 전혀 다르다. '묻다'는 또래나 손아랫사람에게, '여쭙다'와 '여쭈다'는 윗사람에게 써야 하는 제약이 있기 때문이다. 그런데 이를 무시하고 '묻다' 및 '여쭙다'와 '여쭈다'를 아무렇게나 선택해서 쓰는 경향이 있어 걱정스럽다. '여쭙다'나 '여쭈다'의 어원을 알면, 이들이 윗사람이 아랫사람에게 쓸 수 있는 말이 아님을 어렵지 않게 알 수 있다.

'여쭙다'와 '여쭈다'는 중세국어 '엳줍다'에서 온 말이다. '엳줍-'은 동사 '엳다'의 어간 '엳-'과 겸양법 선어말어미 '-줍-'이 결합된 어형이다. '엳줍-'이 당시의 표기법에 따라 '엳줍-'으로 표기된 것이다. '엳다'는 '말하다', '알리다'의 뜻인데, 15·16세기 문헌에 단독으로 쓰인 용례는 많이 나타나지 않고, 주로 '엳줍-' 형태로 쓰였다. '엳-'은 중세국어에서 세력이 약화되어 '엳줍다'에 화석(化石)처럼 남아 있었다고 볼 수 있다. '-줍-'은 자신을 낮추고 상대를 높이는 데 이용되는 선어말어미다. 따라서 '엳줍다'는 자신을 낮추어 말하는 행위이므로 상대는 예를 갖추어야 할 윗사람이 된다.

중세국어 '엳줍다'는 '엿줍다, 엿즙다, 엿줍다'를 거쳐 '여쭙다'로 변한다. '여쭙다'가 20세기 초 문헌에 보인다. 현대국어에서는 '여쭙다' 말고도 '여쭈다'를 표준어로 인정하고 있다. '여쭈다'는 '엳줍다'의 활용형인 '엳즈오니, 엳즈오며' 등을 통해 '엳즈오-'를 어간으로 잘못 인식한 뒤에 이로부터 변형되어 나온 것이다. 곧 '엳즈오다'가 '엿즈오다, 엿주오다, 엿주다'를 거쳐 나타난 어형이다. 이로 보면 '여쭙다'와 '여쭈다'는 중세국어 '엳줍다'에서 출발한 것임을 알 수 있다.

'여쭙다'와 '여쭈다'는 윗사람에게 쓸 수 있는 것이어서, 사전에서는 이들을 '웃어른에게 말씀을 올리다'로 풀이하고 있다. 또한 사전에서는 이들에 '웃어른에게 인사를 드리다'라는 뜻도 부여하고 있다. 곧 "부모님께 여쭤워(여쭤) 보고 말씀 드리겠습니다"와 같이 쓸 수 있을 뿐만 아니라, "사돈어른께 인사를 여쭙다(여쭈다)"와 같이 쓸 수 있는 것이다. '여쭙다'는 '여쭤워, 여쭈우니, 여쭙는' 등으로, '여쭈다'는 '여쭈어, 여쭈니, 여쭈는' 등으로 활용하는 차이가 있다.

영문
조선 시대 감영의 문은 언제 열리는지 알 수 없었다

도통 일이 돌아가는 형편이나 까닭을 모를 때 '영문도 모른다'는 표현을 쓴다. 이 표현의 의미를 고려하면 여기에 쓰인 '영문'은 '일이 돌아가는 형편이나 그 까닭'이라는 의미를 띤다고 볼 수 있다. 실제 사전에서도 '영문'을 그렇게 기술하고 있다.

그럼 이와 같은 의미의 '영문'은 어디서 온 것인가? '영문'은 뜻밖에도 '중앙의 각 군문(軍門), 감영이나 병영의 큰 출입문'을 가리키는 한자어 '營門(영문)'에서 온 말이다. 그런데 사전에는 이러한 사실이 잘 밝혀져 있지 않다. 의아한 점은 특정 관청의 큰 문을 지시하는 '營門(영문)'이 어떻게 하여 '일이 돌아가는 형편이나 그 까닭'이라는 추상적 의미로 변했느냐 하는 것이다. 의미 변화치고는 너무나 큰 변화다.

'영문'의 의미 변화와 관련하여 그럴듯한 이야기가 전해온다. "옛날 한 농민이 자기의 친지를 따라 처음으로 서울 구경을 하게 되었다. 번화한 거리, 붐비는 사람들의 모습 등 모든 것이 다 의아하고 생소하게 느껴지는 가운데 특히 어마어마한 울타리로 둘러싸이고 둔중한 널문으로 되어 있는 감영(監營)의 문이 제일 의심스러웠다. 사람이 나들도록 만든 문은 틀림없는데 하루가 지나도록 열리고 닫히는 것이 잘 보이지 않았다. 그리하여 지나가는 몇 사람에게 무슨 문인가 하고 물으니 대답해주는 사람이 별로 없었다. '무슨 문이겠소.

말과 행위, 상황과 심리

영문이 아니오. 그 영문이 언제 열리는지는 우리도 모르오.' 당시 이 감영의 기본 영문은 고관들만이 드나들었기 때문에 늘 닫혀 있었고 보통 때는 열리는 법이 없었다. 일반 관리들은 감영의 뒤에 따로 난 조그마한 문으로 드나들었다. 그리하여 그 주변 사람들은 그 '영문'이 어떤 '영문'이며 어떻게 이용되는 '영문'인지 도저히 알 수 없는 '영문'이라고 늘 말해 왔고, 까닭이나 사유를 모르는 일이면 그 '영문에 빗대어 '영문을 모를 일'이라 하게 되었다."

이러한 이야기의 세세한 진위야 잘 알 수 없지만, 지금의 '영문'이 '營門'에서 온 것임을 알려주는 데는 부족함이 없다. '영문(營門)'이 아무나 접근할 수 없는 출입문이기에 누가 출입을 하고, 언제 열리고 닫히는지 백성들은 늘 궁금했을 것이다. 그래서 '영문을 알 수 없다', '영문을 모르다'와 같은 표현이 생겨났을 것이고, 점차 이들이 자주 쓰이면서 '까닭이나 형편을 알 수 없다', '까닭이나 형편을 모르다'와 같은 비유적 의미를 띠었을 것이다. 이러한 비유적 의미에 근거하여 '영문'이 자연스럽게 '까닭이나 형편'과 같은 의미를 얻었다. '영문'의 의미가 크게 변한 것이다.

그런데 현대국어 사전에서는 본래 의미로서의 '영문(營門)'과 변화된 의미로서의 '영문'을 별개의 단어로 취급한다. 말하자면 동음이의어(同音異議語)로 간주한 것이다. 이는 두 단어 사이의 의미 관련성을 인식하지 못한 결과인데, 지금이라도 그 의미 관련성을 인정하여 다의어(多義語)로 기술해야 할 것이다.

을씨년스럽다
심한 기근이 들었던 '을사년'의 공포

'을씨년스럽다'는 말은 신소설 《빈상설》(1908)에 처음 보인다. 그것도 '을사년시럽다'로 나오는데, 이는 '을사년스럽다'에서 변한 말이다. '을사년스럽다'는 '을사년(乙巳年)'에 접미사 '-스럽다'가 결합된 어형일 가능성이 높다.

여기서의 '을사년'에 대해서는 을사늑약(乙巳勒約)이 체결된 1905년으로 보는 것이 통설이다. 을사늑약에 의해 외교권을 박탈당해 온 나라가 비통에 빠져 있던 차에 이와 흡사한 상황이 또다시 벌어지자 '을사년스럽다'라는 말을 만들어 그 비통한 심정을 절실히 표현했다고 설명한다. 필자도 한때 을사년을 1905년으로 보고, '을사년스럽다'의 생성 과정을 이렇게 설명한 적이 있으나 지금은 아니다.

'을사년'이 1905년이 아니라면 어느 해를 가리키는지 궁금하다. 이에 대한 중요한 단서가 될 만한 기록이 《한영자전》(1897)에 나온다. 이 사전의 '을ᄉ(乙巳)' 항목에서는 을사년인 1785년에 큰 기근이 들었고, 이 때문에 '을ᄉ'가 '가난'과 '고통'을 표현하는 말로 쓰인다고 증언하고 있다. 이로써 '을사년스럽다'의 '을사년'이 1785년이고, 형용사 '을사년스럽다'가 '가난'과 '고통'을 표현하기 위해 만들어진 단어임을 짐작할 수 있다.

《조선왕조실록》을 보면 1783년과 1784년 이태에 걸쳐 큰 흉년이 들었고, 그에 따른 전국적인 규모의 구휼 사업이 실행되었다는 기

말과 행위, 상황과 심리

록이 나온다. 큰 흉년이 연이어 든 1783년과 1784년보다 그다음 해인 1785년이 더 견디기 어려운 해였을 수 있다. 그리하여 얼마든지 1785년 '을사년'이 기근에 따른 '가난'과 '고통'의 해로 크게 각인될 수 있다.

1785년 이후 어느 해(19세기 초로 추정됨)에 흉년에 따른 기근이 다시 발생해 1785년과 똑같은 상황이 벌어지자 그 고통스러운 상황을 표현하기 위해 '을사년'에 '-스럽다'를 붙여 '을사년스럽다'라는 말을 만들어냈을 가능성이 있다. 그렇다면 '을사년스럽다'는 을사늑약과는 아무런 관련이 없는 단어가 된다. '을사년스럽다'와 그 이후의 변화형들이 '쓸쓸하고 적막하다', '스산하다', '추레하다', '으스스하다', '썰렁하다', '가난하다' 등의 여러 의미로 쓰였다는 점에서도 이 말이 을사늑약과 같은 놀랄 만한 '사건'이 아니라 흉년에 따른 엄청난 '기근' 때문에 생겨난 말임을 짐작할 수 있다.

문제는 '을사년스럽다'에서 '을씨년스럽다'로 변하는 과정이 음운론적으로 잘 설명되지 않는다는 것이다. 그리하여 '을사년(乙巳年) + -스럽다' 설을 부정한 채 '을사늑약'과 관련된 어원설을 철저히 위장된 민간어원으로 간주하고, '을씨년스럽다'의 '을씨년'을 고유어로 보려는 시각이 있다. 그러나 《한영자전》(1897)의 기록을 완벽하게 부정할 만한 근거가 마땅히 없다면, '을씨년스럽다'가 '을사년스럽다'로 소급하고, 그 '을사년'이 1785년이라는 설을 존중해야 하지 않나 한다.

이판사판

불교 용어 '이판(理判)'과 '사판(事判)'이 결합하면?

'이판사판'이라는 말이 판사(判事)가 주인공으로 나오는 드라마의 제목이나 법조인이 개설한 익명의 카페 이름에까지 쓰이고 있어 생뚱맞다. '이판사판'의 둘째 음절과 셋째 음절을 취하면 '판사'가 된다는 점을 재빨리 간파하고 조금은 자극적인 '이판사판'을 끌어들여 드라마 제목이나 카페 이름을 삼은 것이다. 재치 있는 언어유희(言語遊戲)지만, '이판사판'이 주는 부정적 이미지 때문에 '판사'와 같이 점잖은 분들에게는 잘 어울리지 않는 말이 아닌가 한다.

'이판사판'은 불교 용어 '이판(理判)'과 '사판(事判)'이 결합된 말이다. '이판'은 속세와의 인연을 끊고 도를 닦는 일을 뜻하며, 그와 같은 일을 수행하는 스님을 '이판승, 이판중, 공부승'이라 한다. '사판'은 절의 재물과 사무를 맡아 처리하는 일을 뜻하며, 그러한 일을 수행하는 스님을 '사판승, 사판중, 산림중'이라고 한다. '이판'이 있어야 부처의 지혜 광명이 이어지고, '사판'이 있어야 가람(절)이 운영되므로 '이판'과 '사판'은 아주 효율적인 역할 분담이다. 물론 '이판'이 해이해지고 '사판'이 세속화하면 절간에 꼴사나운 일이 벌어진다.

'이판사판'은 '막다른 데 이르러 어찌할 수 없는 지경'을 뜻한다. 이러한 의미는 '이판'과 '사판'이 지니는 본래의 의미와 사뭇 동떨어져 있어 특이하다. 이와 같은 의미가 어떻게 불교 용어 '이판'과 '사판'의 의미를 통해 생성될 수 있었는지 대단히 궁금하다. 그런데 이에 대

말과 행위, 상황과 심리

한 답은 그렇게 신통하지 않다.

전하기를, 조선 시대에 스님은 최하위 신분 계층이라서 이판이든 사판이든 스님이 되는 길은 인생의 끝이었기에 '이판사판'에 '마지막 궁지' 또는 '끝장'이라는 극단적 의미가 생겨났다고 한다. 또한 이판 승과 사판승이 갈등하고 대립하던 시기가 있었다는 점에서 상대에 대한 극한 감정으로부터 '극단성'을 내재하는 의미가 파생됐다고 보기도 한다. 이러한 설들을 완전히 무시할 수는 없지만, 그렇다고 맞는다고 하기도 어렵다.

오히려 스님의 길은 이판과 사판으로 갈라지기에 이쪽 아니면 저쪽 하나를 양단간(兩端間)에 선택해야 한다는 극단적 생각이 '이판사판'을 어느 쪽이나 막다른 지경이라는 극단적 의미로 몰고 갔다고 보는 것이 합리적이지 않을까 한다.

이로 보면 아직 '이판사판'의 의미 변화 과정을 속단하여 말할 처지가 아님을 알 수 있다. 우리가 분명히 알 수 있는 것은, 이것이 불교 용어 '이판'과 '사판'의 합성 형태라는 점뿐이다. 그러나 이러한 사실조차 제대로 알려져 있지 않다.

일본새(-本-)
일에도 모양새가 있다

신문에 소개되는 북한 소식을 읽다 보면 가끔 생소한 단어가 툭 튀어나와 눈길을 끌기도 한다. 최근 북한의 젊은 지도자가 이곳저곳 다니면서 일꾼들의 무책임한 일처리 태도를 질타하면서 쓴 '일본새'도 그러한 말 중의 하나다.

북한 사전에서는 '일본새[일뽄새]'를 '일하는 본새나 모양새'로 풀이하고 있다. '일하는 태도'를 뜻한다고 보면 크게 벗어나지 않는다. "일군(일꾼)들의 일본새가 틀려먹었다고 심각히 비판했다"와 같은 문장에서 그 의미가 잘 드러난다. 아울러 북한 사전에서는 '일본새'의 '본'을 [뽄]으로 되게 발음하라고 특별히 지시하고 있다.

'일본새'는 옛 문헌은 물론이고 20세기 이후 문헌에도 나오지 않는다. 이는 '일본새'가 북한어일 가능성을 암시한다. 물론 '일'이 붙지 않은 '본새(어떤 물건의 본디 생김새)'나 그것에 '말'이 결합된 '말본새(말하는 태도나 모양새)'는 우리도 쓰고 있다.

'본새'는 기원적으로 보면 명사 '본(本)'과 명사 '새'가 결합된 형태다. 물론 사전에서는 '본(本)-'을 '애초부터 바탕이 되는'을 뜻하는 접두사로 분류하고 있다. 명사가 접두사화한 것인데, '본고장, 본서방' 등의 '본-'이 여기에 속한다. '본새'에서 '본'은 '일본새'의 그것과 달리 [본]으로 발음해야지 [뽄]으로 발음해서는 안 된다.

'새'는 그 어원은 알 수 없으나 '모양'을 뜻하는 것만은 분명하다.

말과 행위, 상황과 심리

'면새(面-, 평평한 물건의 겉모양)', '문새(門-, 문의 생김새)' 등의 '새'는 물론이고, '먹새(음식을 먹는 태도)', '마음새(마음을 쓰는 성질)' 등의 '새'도 그러한 것이다. 그렇다면 '본새'는 '어떤 물건의 본디 모양새'라는 의미를 띤다.

'본새'는 비유적으로 확대되어 '어떤 짓이나 버릇의 됨됨이'라는 의미를 띠기도 한다. "우산의 묘한 본새는 살이 짜르고 안으로 옥아"(《동아일보》 1921년 3월 12일)의 '본새'는 본래의 의미로, "원래 고구려 사람의 노는 본새가 그러치오!"(《동아일보》 1934년 8월 16일)의 그것은 변화된 의미로 쓰인 것이다.

일하는 '본새'가 '일본새'라면, 말하는 '본새'는 '말본새(말하는 모양새나 태도)'다. '말본새'의 '본'도 '일본새'의 그것과 같이 [뽄]으로 되게 발음해야 한다. '본새'는 《한영자전》(1897)에서, '말본새'는 소설 《임꺽정》(1939)에서 처음 확인된다. 우리말 고유어의 보고인 《임꺽정》에도 '일본새'는 나타나지 않는다. 그리고 어떤 사전에도 '일본새'는 올라 있지 않다. 이렇듯 '일본새'가 문헌에 나타나지 않고 또 사전에도 실려 있지 않은 것은 북한어여서일 가능성이 높다.

점잖다

젊지 않으니 의젓하다

엄격한 유교적 가풍 속에서 자란 필자는 어려서부터 '점잖다'는 말을 수없이 들으면서 자랐다. 그래서 그런지 무의식중에 '점잖은 사람', 곧 '점잔이'가 되어야 한다는 강박 관념이 있었다. 점잖지도 못하면서 공연히 점잖은 척했던 일이 잦았던 것은 바로 그 때문이었다.

'점잖다'는 그렇게 일찍부터 쓰인 단어는 아니다. 구(句) 구조에서 어휘화한 것이어서 역사가 깊지 않다. 이 말은 19세기 말 문헌에서야 '점잖다'로 처음 보인다. '점잖다'는 '졈디 아니ᄒ다'라는 구에서 출발한다. "셜ᄉ 넉넉히 역절질ᄒ 쇠룰 ᄒ엿다 ᄒ고 졈디 아니ᄒ 거시 엇디 가히 지만ᄒ리잇가 뭇ᄌ오시ᄃ"《속명의록언해》, 1778)에 보이는 '졈디 아니ᄒ다'가 바로 그것인데, 여기서 '졈디 아니ᄒ다'는 그 축약형인 '점잖다'와는 다른 의미를 띤다. 18세기의 '졈다'는 '幼(유, 어리다)'의 뜻과 아울러 '壯(장, 젊다)'의 뜻을 갖고 있었으므로 이 시기의 '졈디 아니ᄒ다'는 '어리지 않다' 또는 '젊지 않다'로 해석된다. 중세국어에서는 '졈다'가 '幼(유)'의 뜻만 갖고 있었으므로 이 시기의 '졈디 아니ᄒ다'는 '어리지 않다'의 의미를 띠었을 것이다.

'졈디 아니ᄒ다'는 구개음화하여 '졈지 아니ᄒ다'《인어대방》, 1790)로 변한다. "가만가만히 옷깃을 바르고 몸을 바르고 눈과 얼굴에 아모조록 졈지 안이ᄒ 위엄을 보이려 ᄒ다"(이광수, 《무정》, 1917)에서 보듯 20세기 초의 '졈지 아니ᄒ다'는 지금의 '점잖다'와 같은 의미를 띤다.

'어리지 않다'나 '젊지 않다'에서 '의젓하다'는 의미로 변한 것이다.

'졈지 아니ㅎ다'에서 어휘화한 '졈잖다'도 "간악ᄒᆞᆫ 빅셩아 네 샤특ᄒᆞᆫ 교를 져러ᄒᆞᆫ 졈잔은 사ᄅᆞᆷ들이 증참ᄒᆞᄂ 거슬 듯ᄂᆞ냐 듯지 못ᄒᆞᄂ냐"《천로역정》, 1894), "박진ᄉᆞ의 위인이 졈잔코 인ᄌᆞᄒᆞ고 근엄ᄒᆞ고도 쾌활ᄒᆞ야 어린 사ᄅᆞᆷ들도 무셔운 션ᄉᆡᆼ으로 아는 동시에"(이광수, 《무정》, 1917) 등에서 보듯 '의젓하다'는 의미를 띤다. 이로써 보면 형태 변화와 함께 의미 변화가 20세기 이전에 완료되었음을 알 수 있다.

'졈잖다'는 제1음절의 모음이 단모음화하여 '점잖다'로 변한다. '점잖다'에 대한 작은 말은 '잠잖다'다. 흥미로운 것은 '점잖다'를 통해 '점잔'이라는 명사가 만들어진 사실이다. 현대국어 '점잔이(점잖은 사람)'나 '점잔을 빼다', '점잔을 피우다' 등의 '점잔'이 바로 그것이다.

요즘은 세상이 하 어지럽고 수상하여 '점잖은 사람'을 찾아보기 힘들다. 그저 저 잘난 사람, 언죽번죽한 사람 천지다. '점잔이'가 많아야 품격 있는 사회다. 어려서 선친께서 '점잖은 사람'을 강조한 이유를 이제야 조금은 알 것 같다.

조촐하다
깨끗해야 조촐해진다

올(2020) 연말은 차분하다 못해 착잡하다. 돌림병 코로나19가 기승을 부리고 있어 몸도 마음도 지쳐 있어서다. 올 연말연시는 어쩔 수 없이 혼자 조용히 보내거나 가족과 조촐하게 보낼 수밖에 없다. 물론 코로나19가 아니더라도 사실 연말연시는 그렇게 보내는 것이 바람직하다.

여기서 '조촐하다'는 '호젓하고 단출하다'의 뜻이다. '조촐한 모임', '조촐한 자리' 등에 쓰인 '조촐하다'가 그러한 의미로 쓰인 것인데, '소박하다'는 의미에 가깝다. 그런데 '조촐하다'가 본래부터 이러한 의미로 쓰인 것은 아니며, 또한 현재 이와 같은 의미로만 쓰이는 것도 아니다.

'조촐하다'는 15세기 문헌에 '조촐ᄒ다'로 보인다. 15세기의 '조촐ᄒ다'는 '깨끗하다'의 뜻이어서 좀 의외다. 이 시기에 '깨끗하다'의 뜻으로 '좋다'도 쓰였다. 현대국어 '좋다(好)'는 중세국어에서 '둏다'였기 때문에 중세국어 '좋다'를 현대국어 '좋다'와 같은 단어로 보아서는 안 된다.

'조촐ᄒ다'는 그 동의어인 '좋다'와 형태상 아주 무관해 보이지 않는다. 그리하여 '조촐ᄒ다'를 '좋다'를 통해 만들어진 단어로 볼 여지가 있다. '좋다'의 어간 '좋-'에 접미사 '-졸'이 붙어 '조촐'이라는 어근이 만들어지고, 이어서 이것에 접미사 '-ᄒ다'가 결합되어 '조촐ᄒ다'

가 만들어진 것으로 추정된다. '조촐ᄒᆞ다'가 '둏다'를 포함하는 단어이기에 '둏다'와 같이 '깨끗하다'는 의미를 띨 수 있다고 본다.

15세기의 '조촐ᄒᆞ다'는 '조촐ᄒᆞ다'를 거쳐 '조촐하다'로 이어졌다. 그 사이에 의미도 상당히 변했다. 우선 '깨끗하다'에서 '외모나 모습이 말쑥하고 맵시가 있다'로, 이어서 '행동이나 행실이 깔끔하고 얌전하다'로 변했다. 이들 의미는 물리적인 깨끗함이 외모와 행동에 적용되어 생성된 것이다. 이어서 '호젓하고 단출하다'는 비유적 의미로까지 발전했는데, 이는 '말끔하고 깔끔한' 결과로서 생겨날 수 있는 의미다.

현대국어 '조촐하다'에는 '깨끗하다'를 비롯하여 이들 여러 의미가 모두 있다. 물론 이들 가운데 가장 일반적으로 쓰이는 의미는 '호젓하고 단출하다'다. 그런데 특이하게도 현대국어 사전에서는 '조촐하다'의 동의어로 '조하다'를 연결해놓고 있다. '조하다'는 중세국어 '조ᄒᆞ다'로 소급하는데, 이는 당시의 '둏다'와 같은 것이다. 현재 '조하다'는 '조촐하다'에 밀려나 거의 쓰이지 않는다. '조촐하다'는 작아서 양에 차지 않은 상태인 듯하나, 실제로는 소박하여 도리어 만족스러운 상태다.

주책

줏대 있는 판단력, '주착(主着)'에서 온 말

'근묵자흑(近墨者黑)'이라는 한자 성어를 아는가? 나쁜 사람과 가까이 지내면 나쁜 버릇에 물들기 쉬움을 비유적으로 이르는 말이다. 이는 언어에도 그대로 적용되어 아주 흥미롭다. 특정 단어가 부정적 의미의 단어와 빈번히 어울려 쓰이면 그 단어의 영향을 받아 부정적인 의미로 변하는 것이 일반적이다. 이를 언어학에서는 '전염(傳染)'에 의한 의미 변화라고 한다. 우리말에 이러한 예가 적지 않은데, '주책'도 그러한 것 중 하나다.

'주책'은 한자어 '주착(主着)'에서 온 말이다. '주착'은 '일정하게 자리 잡힌 주장이나 판단력'이라는 긍정적 의미를 띤다. "그 어른은 주착이 분명하신 분이다"와 같이 쓸 수 있다. 그런데 "적당히 주착을 부리고 완전히 손아래 사람과 어울려 놀면서도"(《경향신문》 1964년 1월 23일)에서 보듯, '주착'은 언제인지 모르지만 '일정한 줏대가 없이 되는 대로 하는 짓'이라는 부정적 의미로 변한다. 이러한 의미 변화는 '주착'이 부정어 '없다'와 빈번히 어울려 나타나면서 그 부정적 의미 가치에 전염된 결과 시작된 것이다.

'주착'이 부정적 의미를 띠면서, 이것이 '주착망나니'와 같이 주책 없는 사람을 욕하는 데나 '주착바가지'와 같이 주책없는 사람을 비웃는 데까지 이용된다. 또한 '주착맞다, 주착스럽다'와 같은 말도 만들어진다. 한편 '주착'은 '주책'으로 어형이 변하기도 한다. 그 변화 시

말과 행위, 상황과 심리

기는 정확히 알 수 없지만, 1924년 신문 기사에서 '주책'이 처음으로 검색된다.

그런데 '주책'은 한동안 비표준어로 대접을 받았다. 그러다가 1989년 시행된 《표준어 규정》에 와서야 비로소 표준어로 인정을 받았다. 이는 "모음의 발음 변화를 인정하여, 발음이 바뀌어 굳어진 형태를 표준어로 삼는다"라는 규정에 따른 것이다. '주책'이 표준어가 되면서 '주착망나니'에 대한 '주책망나니', '주착바가지'에 대한 '주책바가지'도 표준어로서의 지위를 얻었다. 《금성판) 국어대사전》(1991)에서는 '주책'을 ① '일정하게 자리 잡힌 생각', ② '일정한 줏대가 없이 되는대로 하는 짓'으로 풀이했는데, 이로써 '주착'의 의미를 그대로 넘겨받았음을 알 수 있다. ②의 '주책'을 한자어 '주착(做錯, 잘못인 줄 알면서 저지른 과실)'에서 온 것으로 보기도 하지만 이는 잘못이다.

'주책'은 부정적 의미를 띠면서 점차 그러한 의미로 굳어졌다. '주책'의 본래 의미인 ①은 '주책이 없다', '주책없다'에서나 확인될 정도로 아주 미약하다. '주책망나니, 주책바가지, 주책스럽다, 주책맞다, 주책이다' 등은 '주책'의 의미 부정화 정도가 얼마나 심한지를 잘 알려준다. 곧 의미의 부정화가 완료된 것이다.

줄행랑(-行廊)
줄지어 있는 행랑이 '도망'의 뜻으로

사전에서는 '줄행랑'을 '대문의 좌우로 죽 벌여 있는 종의 방'과 '도망을 속되게 이르는 말'의 두 가지로 풀이하고 있다. 이 가운데 첫 번째가 그 본래의 의미다. 그런데 두 번째 '도망'이라는 의미는 첫 번째 '종의 방'이라는 의미와 너무나 동떨어져 있어 이것이 과연 어떤 과정을 거쳐 나온 의미인지 자못 궁금하다.

'줄행랑'은 '줄'과 '행랑(行廊)'이 결합된 합성어여서 '줄을 지어 있는, 대문간에 붙어 있는 방'이라는 의미가 분명히 드러난다. 솟을대문(행랑채의 지붕보다 높이 솟게 지은 대문)이 있는 큰 기와집을 생각하면 대문 양옆으로 길게 늘어서 있는 줄행랑의 모습이 쉽게 연상될 것이다. 줄행랑에는 주로 그 집에 딸린 종들이 거처했기에 첫 번째와 같은 의미가 생겨난 것이다.

길게 줄지어 있는 행랑이 '줄행랑'이라면, 달랑 하나뿐인 행랑은 '단행랑(單行廊)'이다. '단행랑'은 그 어느 사전에도 올라 있지 않으나, "줄행랑 집을 팔아 단행랑 집을 사고 단행랑 집을 또 팔게 되자 더 적은 집엔 들 수 업다 하야"(현진건, 《지새는 안개》, 1923)에서 보듯 '줄행랑'의 대응 개념으로 실제 쓰이던 말이다. 현재는 아쉽게도 북한어로 분류되어 있다. 우리 사전에 올려야 할 단어임에 틀림이 없다.

행랑을 죽 이어서 쌓는 것을 보통 '줄행랑을 치다'라고 표현한다. 여기서의 '치다'는 '담을 치다'의 그것과 같이 '벽 따위를 둘러서 세우

말과 행위, 상황과 심리

거나 쌓다'의 뜻이다. 그런데 '줄행랑을 치다'는 그 본래의 의미를 넘어 '피하여 달아나다'는 관용적 의미를 띠게 된다. 행랑을 길게 치는 것이 마치 꽁무니를 뺀 채 줄달음질을 치는 것과 같아 보여 '줄행랑을 치다'에 이러한 관용적 의미가 생겨난 것이 아닌가 한다. '줄행랑을 치다'는 목적격 조사 '을'이 생략되어 '줄행랑치다'로 어휘화하기도 한다.

'줄행랑'이 갖는 '도망'이라는 의미는 '줄행랑을 치다'가 갖는 '피하여 달아나다'라는 관용적 의미를 통하여 나온 것이다. 곧 관용구의 한 요소인 '줄행랑'이 관용구 전체의 의미에 영향을 받아 '도망'이라는 새로운 의미를 얻은 것이다.

이러한 의미의 '줄행랑'은 '줄걸음'과 의미가 같다. 우리가 잘 아는 "삼십육계 줄행랑이 제일(위험이 닥쳐 몸을 피해야 할 때는 싸우거나 다른 계책을 세우기보다 우선 피하는 것이 상책이라는 말)"이라는 속담 속의 '줄행랑'도 '도망'이라는 의미로 쓰인 것이다. 이로써 '줄행랑'이 지니는 '도망'이라는 의미가 어떤 과정을 거쳐 나온 것인지 분명해졌다.

찾아보기

가두리 184

가마솥더위 218

가문비나무 308

가시버시 018

가위바위보 136

가짜/짝퉁 138

갈매기살 092

감질나다 346

감쪽같다 382

개구쟁이 040

개나리 310

개장국 094

개차반 042

개판 384

겨레 020

고구마 312

고드름 220

고바우 044

고뿔 348

고슴도치 250

골로 가다 350

곰팡이 222

곱창 352

곶감 096

과메기 252

괴불나무/괴좆나무 314

기러기 254

기침 354

김치 098

까치놀 224

까치설 140

깡통 142

깡패 046

꺼벙이 048

꼬락서니 356

꼬치꼬치 386

꼴불견 388

꼴통 050

꼼수 390

꽃게 256

꽃제비 052

꿀밤 392

나도밤나무/너도밤나무 316

나들목 186

나방 258

나부랭이 054

나이 226

낙동강 오리알 394

난장판 188

냄비 144

넙치 260

노가리 396

노다지 190

논산 192

놈팡이 056

누나 022

누비 146

단무지 100

담쟁이 318

도떼기 148

도루묵 262

도시락 150

독도 194

돈저냐 102

동생 024

두더지 264

뒈지다 358

뒤안길 196

등신 058

따오기 266

딱따구리 268

뗑깡 398

또라이 060

만날 228

말똥구리 270

말모이 152

말미잘 272

말썽 400

말죽거리 198

맨발 360

메아리 230

며느리 026

모과 320

무궁화 322

무더위 232

물푸레나무 324

미꾸라지 274

미리 234

민둥산 200

박쥐 276

박태기나무 326

방아깨비 278

배롱나무 328

버마재비 280

벽창호 062

병신 064

보리윷 154

부랴부랴 402

불고기 104

불쌍놈 066

비둘기 282

비빔밥 106

빈대떡 108

빨갱이 068

뻘쭘하다 404

사다리 156

사랑 362

사흘 236

살쾡이 284

삼겹살 110

삽살개 286

삿대질 406

새알심 112

선술집 202

설거지 408

소나기 238

손님 364

송편 114

수박 116

수육 118

찾아보기

수저 158

수제비 120

숙맥 070

숟가락 160

스라소니 288

시금치 330

싸가지 410

쌈짓돈 162

썰매 164

쑥대밭 204

쓰르라미 290

쓸개 366

아우내 206

안달복달 412

안성맞춤 166

애시당초 244

얌생이 072

얌체 074

양념 122

양아치 076

어깃장 168

어버이 028

어이없다 368

억새 332

언니 030

얼 370

얼간이 078

얼굴 372

얼룩빼기 292

엄나무 334

여쭙다 414

염병할 374

염소 294

영문 416

오솔길 208

오지랖 170

옥수수 336

올레길 210

올해 246

외톨밤 124

우두머리 080

우레 240

을씨년스럽다 418

의붓아비 032

이판사판 420

이팝나무 338

일본새 422

잔나비 296

장마/장맛비 242

점잖다 424

제육볶음 126

조랑말 298

조촐하다 426

졸개 082

주책 428

줄행랑 430

짬밥 128

짱깨집 212

쪼다 084

찌개 130

찔레 340

청국장 132

청설모 300

콩팥 376

크낙새 302

판문점 214

학을 떼다 378

한가위 172

한글 174

할배 034

할빠/할마 036

함박꽃 342

행주치마 176

허수아비 178

헹가래 180

호구 086

호랑이 304

화냥 088

찾아보기